십대의 재능은
어떻게 발달하고 어떻게 감소하는가

TALENTED
TEENAGERS

십대의 재능은 어떻게 발달하고 어떻게 감소하는가

초판 1쇄 인쇄일 2016년 7월 15일 **초판 1쇄 발행일** 2016년 7월 20일

지은이 미하이 칙센트미하이 · 케빈 래선드 · 새뮤얼 웰런 | **옮긴이** 조미현
펴낸이 박재환 | **편집** 유은재 | **관리** 조영란
펴낸곳 에코리브르 | **주소** 서울시 마포구 동교로 15길 34 3층(04003) | **전화** 702-2530 | **팩스** 702-2532
이메일 ecolivres@hanmail.net | **블로그** http://blog.naver.com/ecolivres
출판등록 2001년 5월 7일 제10-2147호
종이 세종페이퍼 | **인쇄 · 제본** 상지사 P&B

ISBN 978-89-6263-149-4 93180

책값은 뒤표지에 있습니다. 잘못된 책은 구입한 곳에서 바꿔드립니다.

십대의 재능은 어떻게 발달하고 어떻게 감소하는가

미하이 칙센트미하이 · 케빈 래선드 · 새뮤얼 웰런 지음 | 조미현 옮김

에코리브르

부모님들께 바칩니다.

차례

머리말 9

01 서문 13

1부 재능 있는 십대들

02 재능이란 무엇인가 39
03 연구 수행의 방법과 절차 63
04 재능 있는 십대들은 누구인가 93
05 재능 있는 십대들은 어떻게 사는가 117

2부 재능의 발달

06 청소년기의 재능 분야와 영역 141
07 재능의 경험 169
08 가족은 재능 발달에 어떤 영향을 주는가 203
09 학교, 교사 그리고 재능 발달 231

3부 재능의 육성

10 재능에 대한 전념과 그 상관관계 259
11 평생에 걸친 재능 육성 287
12 우리는 무엇을 배웠는가 313

부록 339
주 361
참고문헌 375
찾아보기 393

머리말

이 책에서 요약한 연구는 종종 복잡하고 고된 작업이었으며, 많은 친구와 동료들의 열렬한 응원과 노력이 없었다면 불가능했을 것이다. 무엇보다도 자료 수집과 분석에 필요한 4년 동안 아낌없이 프로젝트를 지원해준 스펜서 재단에 감사하고 싶다. 제2 저자의 스펜서 사전 학위 논문 보조금(Spencer Pre-Dissertation Grant)은 재능과 가족이라는 주제에 대한 연구에 보충 자금을 마련해줬다.

오크 파크리버 포리스트(Oak Park-River Forest) 고등학교와 라이언즈 타운십(Lyons Township) 고등학교의 학생, 부모, 교직원 여러분에게도 역시 감사를 드리고 싶다. 빡빡한 일정에도 흔쾌히 우리 연구에 도움을 준 그들의 자세는 지역 사회와 아이들 모두의 재능에 대한 헌신이라는 두 가지 측면에서 혁신 정신을 반영한다. 행정 직원뿐 아니라 미술, 체육, 수학, 음악, 과학 부문 교직원들의 도움이 없었다면 많은 자료를 수집하는 것조차도 불가능했을 것이다.

자료 수집의 경험 표집(experience sampling) 단계를 실행에 옮기기 위해 시카고 대학교에서 매우 유능한 연구팀을 초빙했다. 그들의 헌신과 효율성은 프로젝트를 성공시키는 데 필수였다. 주디스 르페버(Judith LeFevre) 박사는 연구 현장에서 일어나는 모든 활동을 조율하는 한편 고등학교 직원들과의 관계를 담당했다. 에드워드 도너(Edward Donner) 박사는 기술 지원과 데이터 분석의 최고 책임자 역할을 맡았다. 그들의 융통성과 재치 덕분에 초반의 자료 수집이 순조롭게 이뤄졌고, 일반 팀원들의 연구 기량 또한 부쩍 향상되었다. 마리아 웡(Maria Wong)은 프로젝트 후기 단계에서 자료 분석의 많은 부분을 담당하는 한편 척도 개발(instrument development)에도 기여했다. 연구에 공헌한 그 밖의 분들로는 실라 블랙(Sheila Black), 캐슬린 채틴(Kathleen Chattin), 최인수(현재 성균관대학교 아동청소년학과 교수—옮긴이), 노마 더빌라(Norma Davila), 크리스틴 핸첸(Christine Haenchen), 엘리스 전(Elise Junn), 리사 롬바드(Lisa Lombard), 로버트 매닝(Robert Manning), 에밀리 움스(Emily Ooms), 조앤 오설리번(Joanne O'Sullivan), 캐럴린 슈나이더(Carolyn Schneider), 마디 솔로몬(Mardi Solomon), 수전 웹스터(Susan Webster), 엘런 화이트(Ellen White), 리처드 울프(Richard Wolf), 파진 야즈단파(Farzin Yazdanfar) 그리고 게리 짐머먼(Gary Zimmerman)이 있다.

하워드 가드너(Howard Gardner), 마리아 웡, 울리히 쉬펠레(Ulrich Schiefele), 제임스 스티글러(James Stigler)를 비롯해 많은 동료들이 초안을 검토해주었다. 이사벨라 칙센트미하이(Isabella Csikszentmihalyi)는 작업 중이던 원고를 처음으로 편집적 측면에서 점검하고, 차후 원고의 편집에도 도움을 주었다. 우리는 또한 케임브리지 대학 출판부 편집진에게도 고마움을 전한다. 특히 편집 과정을 매우 효율적으로 총괄해준 줄리아 허프(Julia Hough)에게 감사드린다.

마지막으로, 많은 관심과 시간이 필요했던 한 권의 책을 출간하기까지 인내하며 응원해준 가족들에게, 특히 이사벨라, 비키, 수지에게 감사한다. 케이시, 켄델, 조너선에 대해서는 이 연구에서 비롯된 통찰이 그 애들의 재능 발달은 물론 그들 세대의 뛰어난 인재들의 전망을 향상시켰으면 하는 바람이다. 우리는 이 책을 부모님들(앨프리드와 에디트 칙센트미하이, 아서와 엘리자베스 래선드, 새뮤얼과 애나 메리 웰런)에게 바친다. 우리의 관심사와 잠재력에 대한 그분들의 변치 않는 헌신이 아주 많은 것을 가능해 보이도록 만들었다.

01 서문

유사한 환경적 조건 아래서 어떤 십대들은 계속 자신의 소질을 키우는 반면, 재능 있는 일부 아이들은 자신의 능력을 포기한 채 절대 계발하려 하지 않는 이유는 무엇일까? 이 책은 이런 문제를 이해하기 위한 노력의 일환으로 착수한, 200명 넘는 십대 영재들에 관한 연구를 담고 있다.[1] 예술이나 과학 분야에서 위대한 미래를 보장받은 듯했던 많은 개인이 흥미를 잃고 평범한 기술을 요하는 직업에 안주하는 것처럼 보이는 때가 바로 사춘기와 청소년기다.

재능의 낭비

청소년 영재들에게서 나타나는 저(低)성취나 중도 하차는 체육,[2] 미술,[3] 과학,[4] 수학,[5] 수학과 과학[6] 그리고 음악[7]처럼 각기 다른 분야에서 연구해왔다. 아울러 재능으로부터의 이런 이탈 현상을 설명하는 데 많은 이유가 제기되었다. 확실한 것은 수학[8]과 음악[9]에서, 그리고 아마 다른 분야에서도 사춘기의 어떤 신경생리학적 변화가 좀더 높은 기량을 발휘하는 데 필요한 인지적 조직화를 방해할 가능성이다.[10] 이로 인해 청소년들이 필수적인 기술에 더 이상 숙달할 수 없고, 따라서 소질 있는 분야에 흥미를 잃는다는 것이다. 다른 설명은 학생들에 대한 학교의 정보 제공 방식에 더 많은 책임을 전가하기도 한다.[11] 예를 들어 스탠리(J. C. Stanley)와 벤보(C. P. Benbow)는 "따분함, 좌절감, 지독한 부주의 습관"은 필시 고등학교에서 대수학(algebra)을 가르치는 방식 때문이라고 주장하면서 "수학에 대한 학습 동기가 그 과목에 충실한 소수 학생들을 제외한 모두에게서 눈에 띄게 악화할 수 있다"고 결론 맺는다.[12] 하지만 그 밖에 많은 이유가 관련되어 있을지도 모른다. 가령 앨버트(R. S. Albert)와 런코(M. A. Runco), 벤저민 블룸(Benjamin Bloom), 림(S. B. Rimm)[13]은 아이들이 소질을 계발하는 데는 막대한 인력과 기관들의 지원이 필요하다는 것을 입증해왔다. 헌신적인 부모, 수완 있는 코치와 멘토, 좋은 학교 그리고 소질을 표출할 도전적인 기회 없이는 십대들이 재능 육성에 필요한 힘든 수련을 끈질기게 지속하기란 매우 어렵다는 얘기다.

하지만 강력하게 자리 잡은 신화들이 앞서 언급한 시각에 반기를 드는 듯싶다. 많은 이들은 외부 환경과 상관없이 "재능은 언젠가 드러난다"고 믿는다. 실제로 크나큰 역경에도 불구하고 고군분투한 끝에 자신의 잠재력을 성공적으로 실현시킨 인물들의 사례를 많이 찾을 수 있다. 토머스 에디슨은 교사가 정신 지체라고 생각한 탓에 1학년 때 퇴학당했고, 오직 어머니만이 오랫동안 이런 평가에 동의하지 않았다. 음악적 소양이 없는 이스라엘 가정에서 태어난 이츠하크 펄먼(Itzhak Perlman)은 3세 때 야샤 하이페츠(Jascha Heifetz: 러시아 출신의 미국 바이올린 연주자—옮긴이)가 연주하는 협주곡 방송을 들었다고 한다. 바이올린 소리를 들은 펄먼은 라디오를 가리키며 부모가 알아들을 때까지 계속 "나 저거 줘!"라고 말했고, 부모는 악기 연주법을 배울 수 있도록 개인 교사를 붙여주었다. 신체 일부가 마비되었음에도 불구하고 펄먼은 이 시대 최고의 거장 중 한 명으로 평가받고 있다. 1967년 노벨 화학상을 수상한 만프레트 아이겐(Manfred Eigen)은 독일군의 대공(對空) 부대에서 복무하기 위해 징집된 15세 때 학교를 그만뒀다. 3년 뒤 소련군에 포로로 붙잡힌 그는 탈출에 성공해 걸어서 국경을 넘었고, 이후 과학 분야에서 탁월한 명성을 얻고 있던 괴팅겐 대학교에 입학했다. 고등학교를 마치지 못했음에도 아이겐은 22세의 나이에 박사 학위를 땄다. 천재적인 인물들이 자기 재능을 초지일관 밀고 나간 끈기에 대해서라면 이외에도 비슷한 이야기를 얼마든지 언급할 수 있다.

그러나 재능이 꽃필 기회를 얻기도 전에 말라죽는 바람에 얼마나 많은 천재가 인정을 받지 못했는지 아는가? 그건 아무도 모른다. 이 질문에 대해서는 이론상 대답을 할 수 없다. 의심스럽긴 해도 가장 타당한 추정은 재능이란 발현되는 것보다 훨씬 더 널리 분포해 있다는 점일 듯하다. 천재적인 아동 비율이 천재적인 성인 비율보다 훨씬 더 높은 것으로 나타난다. 그렇다면 사춘기를 통과하는 그 위험한 시기 동안 아이들에게 무슨 일이 일어나는 걸까?

천재의 비율이 감소하는 것은 어느 정도 사회적·경제적 불평등의 결과라고 할 수 있을 것이다. 불균형하게 다수를 차지하는 소외 계층 아이들은 수년간 맹훈련을 해봤자 자기 재능을 통해 이익을 얻지 못할 것이라고 믿기에 낙담한다. 사회적으로 혜택 받지 못한 민족 집단에게는 삶의 전망에 실질적 변화가 있어야만 이러한 감소의 원천이 줄어들 것이다. 하지만 혜택 받은 아이들 역시 자신의 소질 계발을 포기한다. (아울러 우리는 그들 중 천재 비율의 감소가 얼마나 더 적은지 여부를 결코 알 수 없다.) 그렇지만 재능을 소중하게 여기고 최대한 발전시키는 사회에 사느냐, 아니면 잠재력이 정체하고 실현되지 않는 사회에 사느냐 여부가 아이들에게 막대한 차이를 초래할 것이다.

청소년기의 재능 발달에 억제 요인으로 작용하는 일상의 스트레스를 더 잘 파악하기 위해 이 책의 바탕이 된 연구에 참여했던 한 학생의 주말을 들여다보기로 하자. 샌디(우리에게 도움을 준 다른 학생들의 이름과 마찬가지로 가명이다)는 생물 성적이 매우 뛰어나 여러 교사들이 과학에 소질이 있다고 추천한 똑똑하고 활발한 14세 소녀다. 샌디는 공부를 무척 좋아한다. 하지만 그 애의 관심 혹은 심리적 에너지 상당 부분은 가족과 또래들 사이의 생존 문제가 차지하고 있다. 금요일 아침 8시 35분, 샌디에게 일어난 이야기를 들어보자. 샌디는 "복수를 계획하며" 거실 소파에 앉아 있다. 다음은 우리가 연구에서 사용한 전자호출기의 응답 신호를 받고 샌디가 설문지 책자에 쓴 내용이다.

> 엄마가 너무 밉다. 나는 지금 시간이면 내가 마땅히 있어야 할 학교에 가려고 나가던 중이었다. 남동생이 자전거를 타고 학교에 가고 싶다고 하자, 엄마는 내 잠금장치를 동생한테 주라고 했다. 나는 엄마가 차로 나를 학교까지 태워다줄 거라는 뜻으로 생각했다. 그래서 조금 있다가 2층으로 올라가 "빨리 가요!"라고 말했다. 그러자 엄마는 "버스 왜 안 탔어? 넌 날 왜 그렇게 미워하니? 왜 죽어라고 내 인생을 망치려드니?"라고 말하며 소리를 지르기 시작했다. 우리는 대판 싸웠고, 엄마는 울기 시작했다. 그러더니 2마일이나 떨어진 학교까지 걸어가라고 했다. 시간 맞춰 갈 수 있는 방법은 없다. 그래서 나는 아직 집에 있다. 학교는 지

각이다.

설문지 책자의 다음 페이지는 호출기로 신호를 보낸 10시 15분에 작성했다. 샌디는 결국 학교에 갔지만 교실로 들어가지 않았다. 그 애는 "복도를 걷고 성가신 녀석들을 피해 다니다 칸막이 화장실 안에 숨어서 울고" 있었다. 다음은 샌디가 쓴 내용이다.

엄마는 젖먹이 여동생을 할머니 댁에 맡겼다. 난 근무 중인 아빠한테 전화를 했고, 아빠가 집에 오셨다. 엄마는 짐을 싸서 나가버렸다. 죄책감이 든다. 내 잘못이란 걸 안다. 학교까지 걸어왔어야 했다. 학교에 오긴 했지만 계속 눈물이 나와서 교실에 들어가지 않았다. 엄마가 집에 돌아왔으면 좋겠다.

다행히 가정의 위기는 저녁 무렵 해결된다. 아빠가 엄마를 집에 데려왔고, 샌디는 "여전히 우울하고 엄마한테 화가 나긴" 했지만 부모님과 그럭저럭 화해했다. 하지만 주말은 이제야 시작될 판이다. 토요일에 샌디는 이웃집 마당에 떨어진 낙엽을 치우고, 가족과 함께 외출해 동생 팀이 축구 경기에서 지는 것을 관람하고, 옷을 사러 가느라 시간을 보낸다. 그리고 밤 11시쯤에는 친구 사브리나 집에서 술을 마시며 "지구상의 이곳에 왜 우리가 존재하는지 진정한 이유에 대해 토론"했다. 샌디는 이후의 신호를 대여섯 차례 건너뛴다. 그다음 기재한 것은 일요일 저녁 6시 30분이 되어서였다.

현재 시각 6시 30분. 어젯밤 파티 때 두 남자(오빠의 친구들)와 산책을 나갔다. 오헤어 공항 근처를 돌아다니며 놀려고 차를 달렸다. 도착 시각은 새벽 1시경. 재미나게 놀고 길 건너 호텔 쪽으로 가던 우리(에릭하고 나)는 데니스를 놓쳤다. 데니스가 차 열쇠를 가지고 있는데. 우리는 1시 30분까지 오빠한테 돌아가야 했다. 그래서 에릭하고 나는 공항, 주차장, 호텔 주변을 한참 동안 뒤지고 다녔다. 우리는 자동차로 돌아가 문을 따고 들어갔다. 새벽 3시. 엄마 아빠와 오빠는 지금쯤 난리가 났을 게 뻔했다. 그래서 에릭한테 전화를 하라고 했다. 얼마 후 우리는 차 안에서 잠이 들었다. 태양이 잠든 나를 깨웠다. 에릭과 나는 잠잘 생각이 전혀 없었는데. 에릭이 엄마한테 전화를 걸었다. 새벽 4시에 전화를 하기로 했는데 8시경이 되어서야 건 것이다. 엄마는 경찰들을 불러 우리를 수색하게 했다. 엄마가 와서 우리를 데려갔다. 집에 도착한 것은 9시 30분. 11시 30분까지 교회에 가야 했다. 집에 돌아와 저녁 6시까지 잠을 잤다. 그런 다음 밥을 먹고, 그제야 모든 신호를 놓쳤다는 것을 깨달았다. 죄송! 광란의 밤이었다.

주말의 마지막 기록은 그날 밤 10시, 호출기 신호를 보냈을 때 작성했다. 그때 샌디는 지난밤 차 안에서 에릭하고 너무 붙어 자는 바람에 전염성 단핵증(mononucleosis: 젊은 층이 주로 걸리는 바이러스 감염 질환. 타액에 의해 감염되는 경우가 많아 '키스병'이라고도 부른다—옮긴이)에 걸리지는 않을까 걱정하며 거실에서 TV를 보고 있었다. 샌디는 이렇게 썼다.

이렇게 늦게까지 깨어 있던 적은 지금까지 없었던 것 같다. 잘 알지도 못하는 남자애랑 밖에서 처음으로 밤새 놀았고, 많이 취해서 같이 잤다. 어떻게 해야 할지 모르겠다. 에릭을 많이 좋아하는 것 같다. 걔는 전국 체조 대회에서 3등을 했고 똑똑하다. 다만 걱정되는 건 그 애가 파티를 너무 많이 한다는 점이다. 마약도 너무 많이 한다. 나는 한 번도 마약을 한 적이 없다.

이렇게 14세 영재의 삶에서 한 주가 막을 내린다. 여기엔 집안의 사건, 사랑, 증오, 알코올, 마약, 섹스, 스포츠, 경찰, 무단 침입, 국제공항에서 길을 잃는 것 등 흥미진진한 황금시간대 프로의 모든 요소가 있다. 샌디는 분명 사는 게 심심하다고 불평할 리 없다. 하지만 (우리가 연구한 청소년들의 일상적 리듬에서 결코 드물지 않은) 이런 사건들이 모든 재능에 궁극적으로 수반되는 절제력 계발에 필수적인 집중을 어느 정도나 방해할까? 이것이 우리가 이번 연구를 설계하고 대답하고자 한 근원적 질문이다. 샌디의 경우, 그 답은 꽤 명확하다. 이 "광란의" 주말이 있고 4년 뒤, 샌디는 중위권으로 고등학교를 졸업했다. 고급반 과학 수업은 일찌감치 중단했고, 미래에 대한 전망에는 한층 수월한 문과대 학위·결혼·심심풀이 시간제 일자리가 포함되었을 것이다. 교사들은 샌디의 성적이 잠재력에 훨씬 못 미친다고, 즉 그 애와 비슷한 학생 그룹에서 약간 평균 이하라고 생각했다. 이는 많은 학생들에게 결코 나쁜 성적이 아니다. 하지만 샌디로서는 초등학교 졸업 때 보여준 특출한 가능성과 한참 동떨어진 것이다.

현대인의 습관에 지속적으로 관심을 갖고 있는 사람이면 누구라도 알듯이 샌디의 심리적 에너지에 드리운 부담은 결코 특이하지 않다. 사실상 요즘은 대다수 청소년이 재능 계발에 전혀 도움을 주지 않는 환경 속에서 살아간다. 적어도 샌디는 비교적 풍족하고 온전한 가정에서 태어나 종교적인 분위기 속에서 자랐다. 또한 지적 호기심을 자극하는 교외 지역에 거주했고, 우수한 학교에 다녔다. 그런 샌디가 자신의 보기 드문 소질을 계발하기 위해 필요한 에너지를 투자할 수 없었다고 한다면, 잠재적으로 뛰어난 다른 많은 청소년들은 또 얼마나 발전 기회를 포기하고 있겠는가?

이 책은 다음 질문에 대답하기 위해 수행한 5년간의 종단 연구(longitudinal study: 일정 기간 동안 같은 집단 또는 개인의 특성을 반복적으로 관찰하고 조사하는 연구 방법—옮긴이)에 기초한 것이다. 청소년들은 어떻게 자기의 소질 계발에 열중하는가? 혹은 반대로 왜 어떤 청소년들은 자신의 재능으로부터 이탈하고 마는가? 우리는 연구 결과가 부모, 교사 그리고 관심 있는 다른 사람들이 비범한 능력을 충분히 활용하지 못한 데 따른 손실을 예방하는 데 일조하길 바랐다. 어쨌든 남다른 재능은 사회 전체의 잠재적 이익이다. 따라서 이를 잃는 것은 모두의 손실이다.

그러나 이 책의 목표는 훨씬 광범위하다. 재능 있는 청소년들에게 초점을 맞췄다고 해서 우리가 엘리트주의적 교육관을 지지하는 것은 아니다. 교사나 학교 커리큘럼에 의해 정식으로 인정받지 못하더라도 모든 아이들에겐 어쨌거나 재능이 있다고 우리는 믿는다. 하워드 가드너가 설득력 있게 주장했듯 영재성의 범주에는 몸동작, 공감, 시각적 예리함 등이 포함된다.[14] 혹자는 정신이 환경과 소통하는 어떤 채널이든 그 문화가 주어진 기술을 인정하고 지지하기만 한다면 재능으로 발전할 수 있다고 주장하기도 한다.[15] 요점은 수학, 과학, 음악 같은 전통적인 분야에서 재능을 인정받은 다수의 청소년을 연구함으로써 모든 아이에게 유익한 점을 많이 배울 수 있다는 것이다. 재능 감소는 가장 재능 있는 아이들에게서 가장 쉽게 조사할 수 있다. 그러나 거기에서 습득한 것은 수준이야 어떻든 자신의 가능성을 발전시키기 위해 분투하는 모든 아이에게 적용할 수 있을 것이다.

재능 발달의 열쇠로서 동기

이 책의 실증적 기반을 형성한 연구는 재능으로부터 이탈이라는 문제의 온갖 양상을 다루지 않는다. 가장 두드러지게 누락한 부분은 인지적 차원이다. 요컨대 우리는 지적 능력의 기여도를 조사하지 않았다. 즉 소질을 지속적으로 계발한 학생이 형식적 조작을 더 수월하게 하는지,[16] 특정 뇌반구를 선호하는 특성이 있는지,[17] 정보 처리나 반응 시간이 더 빠른지,[18] 아니면 추론 기술과 지적 표현이 우세한지[19] 다루지 않았다.

인지적 차원을 누락시킨 데는 두 가지 이유가 있다. 첫째, 대다수 학자는 영재아(gifted child)와 재능아(talented child)가 어떻게 '평범한' 아이들과 인지적 측면에서 다른가 하는 문제에 초점을 맞춰왔다. 이 질문에 쏟아 부은 잉크의 바다에 침몰하지 않을까 두려울 정도다. 그에 비해 (이것이 두 번째 이유인데) 재능 발달에 지장을 주는 다른 차원에 대해서는 알려진 게 거의 없다. 그중 감정적이고 동기적인 문제가 전적으로 인지적인 것만큼, 혹은 그 이상으로 중요할지 모른다는 의문을 품을 이유가 우리에게는 충분히 있었다. 그토록 많은 재능 있는 아이들이 숙련된 과학자와 예술가가 되지 못하는 (그리고 평균적인 자질을 가진 더 많은 수의 아이들이 읽고 셈하는 것을 절대 배우려 하지 않는) 이유는 그들이 지적 도전에 대처할 수 없어서라기보다 그저 학습에 필요한 노력을 쏟아 붓고 싶지 않기 때문이다.[20] 우리 프로젝트의 논지는 미국 교육부에서 발표한 최신 보고서의 결론과 일치한다. 즉 학업 성적 우수자는 다른 아이들보다 반드시 '더 똑똑하게' 태어난 것이 아니라, 더 열심히 공부하고 더 많은 자기 훈련을 배양한다.

그러므로 이번 연구는 주로 다음의 질문을 다룬다. 어떤 십대들은 소질 있는 분야에 계속 집중하고, 다른 십대들은 거기서 낙오하는 동기를 유발하는 것은 무엇인가? 하지만 이 질문은 결코 단순하지 않다. 동기는 부분적으로 성격의 문제다. 즉 동기는 시간의 흐름과 함께 발전해 다소 안정적으로 유지되는 사고 및 행동의 습관적 패턴을 포함한다. 따라서 그 질문에 답하기 위해 우리는 맨 먼저 자신의 소질에 전념하는 재능 있는 청소년을 특징짓는 성격 패턴을 살펴봐야 했다.

이러한 자질은 결국 개인이 시간을 어떻게 활용하고 자신의 심리적 에너지를 어떻게 투자하는지와 관련이 있다. 어떤 십대들은 나이가 들수록 공부에는 점점 더 적은 시간을 쓰고 친구들과 교제하는 데 점점 더 많은 시간을 보낸다. 어려운 과제에 주의를 기울이는 법을 익히는 것은 어떤 기술 개발에서든 필수다. 따라서 동기에 대한 질문에 또 다른 답을 얻기 위해 우리는 재능 있는 십대들의 활동 및 시간 활용 패턴을 조사하기로 했다.

청소년들의 동기는 또한 그들이 살아가는 사회적 환경과도 아주 밀접한 관련이 있다. 얼마나 많은 시간과 노력을 공부하고 연습하는 데 기울이는지는 대부분 부모가 제공할 수 있는 물질적이고 감정적인 지원에 달려 있다. 비록 많은 천재가 비참한 초년기의 가정 환경을 극복해냈다고는 하지만,[21] 가족이 더욱 안정적인 발판을 제공했다면 그 재능을 더 많이 꽃피웠을지도 모른다. 부모가 얼마만큼 재능 계발을 가치 있게 여기는지,[22] 그리고 얼마만큼 감정적 지원을 아끼지 않는지[23]가 청소년들이 스스로의 재능에 계속 집중하는 데 중요한 요인인 것 같다. 래선드(K. Rathunde)는 힘든 과제에 대한 아이의 주의 집중 능력을 최대한 끌어올리는 가족의 상호 작용 유형을 설명해왔다.[24] 래선드의 결론은 그 방면의 다른 연구자들의 연구 결과와 일치한다.[25]

나중에는 학교 또한 학생들의 동기에 큰 영향을 미친다.[26] 이따금 학교 전체가 배움에 대한 엄청난 열정을 학생들에게 불러일으키기도 하는 것 같다. 〔가령 금세기 초반 그토록 많은 위대한 수학자와 물리학자들이 처음 과학에 흥미를 갖게 된 브롱크스 과학고(Bronx High School of Science)나 부다페스트의 루테런(Lutheran) 고등학교와 모델(Model) 고등학교를 떠올려보라.〕 어떤 학과목에 흥미를 갖게 된 대부분의 학생은 그들의 관심을 불러일으킨 스승을 만났기 때문이다.[27] 따라서 십대들의 재능 성장을 가능케 하는 이러한 기술의 지속적 발전 동기가 무엇이냐는 질문에 답하기 위해 우리는 가족과 학교도 고려해야 했다.

그러나 성격, 습관, 가족, 학교에 대해 안다고 해도 동기를 이해하기에는 아직 충분하지 않다. 어떤 십대가 화학이나 음악 공부에 많은 시간을 바치고 싶어 할지 여부는 그 또는 그녀가 실험실에서 연구하거나 악기를 연주하는 데서 얻는 경험의 질에 달려 있기도 하다. 순간적 경험의 총합이 결국에는 기쁨 또는 지루함과 불안으로 귀결된다. 그중 무엇이 우세하냐가 청소년의 향후 몰입을 대부분 결정할 것이다.

이런 점에 관한 한 자신의 소질을 성공적으로 계발해온 개인들의 증언은 명쾌하다. 요컨대 지금 하고 있는 일을 하는 주된 이유는 그게 즐겁기 때문이라는 것이다. 1934년 슐리크(M. Schlick)는 과학자들의 활동을 지속시키는 데 즐거움이 얼마나 중요한지 언급했다.[28] 최초의 진정한 근대 과학자이자 지금도 여전히 가장 위대한 과학자 중 한 명으로 꼽히는 갈릴레오 갈릴레이는 실험을 준비할 때 느꼈던 재미에 대해 말하곤 했다. 그것도 지금보다 재미란 말을 훨씬 덜 진지하게 받아들이던 시대에 말이다.[29] 비슷한 사례로, 최초의 과학 분야 노벨상을 수상한 미국인 앨버트 마이컬슨(Albert Michelson)은 왜 평생토록 광속 측정과 관련한 실험을 계속했냐는 질문에 "아주 재미있었으니까요"라고 대답했다고 한다.[30] 시간상으로 우리 시대와 좀더 가까운 노벨상 수상자로 이중나선 구조를 공동 발견한 프랜시스 크릭(Francis H. C. Crick)은 최근 연구와 관련한 인터뷰에서 다른 과학자나 예술가와 마찬가지로 (창의성, 능숙함, 폭넓은 지식 같은 32가지 다른 특성에 앞서) "작업의 즐거움"을 성공의 가장 큰 특성으로 꼽았다.[31] 숙련된 운동선수, 예술가, 장인, 과학자들은 자신의 재능을 활용하는 게 매우 즐겁다고 말하는 경향이 있다.

그러나 즐거움과 재미에 관한 이 모든 얘기에는 오해의 소지가 있다. 재능 있는 인재들이 즐거운 경험의 끊임없는 물결 속에 흠뻑 빠져 황홀경에서 다음 황홀경으로 넘어간다는 인상을 주기 때문이다. 사실은 거의 반대인 듯하다. 자기 능력을 최대치까지 활용하는 이들의 특징은 과제의 어려움과 도전을 즐긴다는 사실에 있다. 그들은 즐거운 경험과 마주칠 가능성이 더 많은 게 아니라, 다른 사람이라면 겁먹었을 역경에도 굴하지 않고 다른 이들은 무의미하고 위험하다고 느낄 경험을 매우 즐거운 것으로 바꿔놓는 데 종종 성공한다. 재능 발달에 도움을 주는 이런 기술을 어떻게 습득할 수 있을까? 이 질문에 대답하는 것이 이 책의 목표 중 하나다.

최근 몇 년간 일부 학자들은 내적 보상이 어떻게 영재아로 하여금 자신의 작업에 계속 몰입할 수 있는 동기를 부여하는지 관심을 가져왔다. 데시(E. L. Deci)와 라이언(R. M. Ryan)[32] 그리고 애머빌(T. M. Amabile)[33]의 연구는 인간은 주어진 활동이 외적 보상을 받긴 하지만 당사자의 통제 아래 있지 않을 때보다 동일한 활동을 즐기고 외적인 고려 때문에 주의가 흐트러지지 않을 때 한층 더 오래 그것을 지속하고 더욱 창의적으로 접근한다는 것을 입증함으로써 특히 영향을 끼쳤다. 그 밖의 학자들은 학습에서 관심의 역할〔어떻게 한 과목에 대한 개인적 관심이 정보의 기억과 인지적 조직화(cognitive organization)를 가능케 하는지,[34] 어떻게 관심이 과학[35]과 수학[36]에 대한 몰입을 돕는지, 그리고 어떻게 그것이 특히 과학에 대한 학업 성취를 돕는지〕을 탐구해왔다.[37]

재능 육성 관련 교육자들은 당연히 학습에 대한 학생들의 관심에 불을 지피고, 그들이 학습의 내적 보상을 발견하도록 돕는 것을 최우선 과제로 삼을 것 같지만 불행히도 현실은 그렇지 않다. 대부분의 교사들한테 우선 사항은 학생들이 학습에 관심을 갖는지 여부와 무관하게 가능한 한 많은 정보를 다루는 것인 듯하다. 예를 들어 "수학적 사실과 원칙을 학습하는 것과 …… 문제 해결로 가는 체계적 접근법을 발전시키는 것"[38] 같은 중요한 목적과 비교했을 때 학생들이 수학에 관심을 갖도록 하는 것은 수학 교사들에게 가장 중요하지 않은 목표 중 하나다. 앞의 것도 분명 가치 있는 목표지만 학생들에게 학습 동기가 없다면 어찌 달성할 수 있겠는가? 수학에 흥미를 느낀다고 말하는 학생 비율 또한 학년별로 떨어지고 있다는 사실은 놀랄 일이 아니다.[39] 국가 차원에서 교육에 비교적 막대한 투자를 하고 있음에도 불구하고, 학생들을 우선적으로 고려하지 않는 가르침은 무용지물이라는 것을 우리는 아직도 깨닫지 못하고 있는 듯하다. 관심도 없고, 그래서 동기도 없는 누군가를 가르친다는 것은 낭비다.

동기와 관련한 쟁점이 공식적 교육 의제에서 순위가 다소 낮은 이유 중 하나는 과거 수십 년간 인지심리학자들이 정보 처리라는 컴퓨터식 비유를 인간의 학습에 너무 쉽게 적용해왔기 때문이다. 컴퓨터는 플러그를 콘센트에 꽂고 시스템만 제대로 부팅하면 그 안에 프로그램된 정보는 무엇이건 저장하고 사용한다. 이런 이유 때문에 컴퓨터 프로그램과 관련한 주요 쟁점은 그것이 얼마나 명확하고 합리적인가에 있다. 컴퓨터와 인간 뇌 사이의 비유를 밀어붙이는 동안 명확성과 합리성에 대한 똑같은 고려가 학교 교과 과정과 수업을 설계하는 교육자들의 주요 목표가 되어왔다. 그러나 이 비유에서는 학생들이 컴퓨터와 달리 그럴 만한 동기를 부여받지 않으면 자신에게 제시된 정보를 처리하지 않으려 한다는 사실을 간과하고 있다.[40] 정보가 명확하고 합리적인 것만으로는 충분치 않다. 흥미롭기도 해야 한다. 학습이란 학생들이 배우고 싶을 정도로 매력적이어야 하고 보상도 있어야 한다.

한층 더 순수하게 인지적 차원을 희생시키면서 동기 요인을 간과하는 일반적 추세에도 불구하고, 특정한 동기적 상태(motivational state)가 학습을 방해한다는 것을 입증하는 충분한 증거가 있다. 2개의 악조건이 특히 위험하다. 바로 불안과 권태다. 불안은 주로 교사들이 학생한테 지나치게 많은 기대를 할 때 발생하고,[41] 권태는 교사들이 너무 조금 기대할 때 일어난다.[42] 교육 과정의 기대치가 학생들의 능력과 조화를 이루지 못할 때 동기는 물론 성취도 하락한다.[43]

우리는 아직 관심과 동기가 어떻게 아이들이 지속적으로 학습에 열중하는 데 도움을 주는지 그다지 확실하게 알지 못하기 때문에 이 책에서는 주로 재능 발달과 관련한 측면에 초점을 맞추려 한다. 우리가 수행한 연구는 고등학교 4년간 자신의 소질 계발에 몰두한 학생들의 진행 중인 경험(ongoing experience)에 초점을 맞춘다는 점에서 이 분야의 과거 연구와 다르다. 우리는 십대 영재들의 머릿속에서 공부하는 동안 무슨 일이 일어나는지(무엇을 생각하는지, 어떻게 느끼는지, 하고 있는 일을 얼마만큼 원해서 하는 것인지), 그 경험의 질을 통해 4년 뒤 고등학교를 마칠 때 재능에 대한 몰입 정도를 예측할 수 있는지 더 잘 알고 싶었다.

심리적 복합성이라는 개념

우리는 사고, 활동, 정신적 상태를 정확히 조사하기 위해 우리 연구소에서 개발한 경험표집법(Experience Sampling Method, ESM)을 통해 '진행 중인 경험'을 체계적으로 측정할 수 있었다.[44] ESM 연구에 참가한 사람들은 전자 호출기를 착용하고 자기 보고(self-report) 양식의 소책자를 일주일간 갖고 다닌다. 매일 무작위로 선택한 시간에 신호가 호출기를 작동시키면 응답자는 (샌디가 앞서 요약한 주말에 그랬듯이) 자신의 행동과 주관적 상태를 소책자에 상세히 기입한다. 이번 연구에서 확보한 7000건 넘는 자기 보고서는 변화무쌍한 기분과 동기에 대한 역동적 기록을 제공한다.

체계적 현상학(systematic phenomenology)을 개발하려는 이런 노력 덕분에 십대 청소년들이 특정 소질을 지속적으로 추구하고 싶어 할지 여부를 결정하는 데 중차대한 주관적 사건을 더욱 면밀히 관찰할 수 있었다. ESM 외에도 우리는 광범위한 인터뷰를 수행하는 한편, 학생들은 물론 적절한 때마다 그들의 부모와 교사들에게서 받은 설문지와 표준적인 검사를 통해 데이터를 수집했다.

연구 방법에 대해서는 이쯤 해두자. 우리의 이론적 관점은 단순한 가정에서 영향을 받았다. 요컨대 재능 발달이란 한 사람의 초기 환경에서 구축된 습관에 기반을 두고 있으며, 너무나 깊이 뿌리가 박혀서 마침내 성격적 특징 비슷한 어떤 것을 형성하는 특유의 사고방식을 요구한다는 것이다. 우리는 이런 사고방식을 그 과정의 어떤 측면에 주로 관심을 갖느냐에 따라 복합 주의 구조(complex attentional structure) 또는 복합 의식(complex consciousness) 혹은 복합 자아(complex self)라고 부를 것이다.

한 사람의 주의 구조를 재능 발달의 열쇠로 간주하는 이유는 인간이란 주의를 집중하지 않고는 어떤 새로운 혹은 어려운 과제도 완수할 수 없기 때문이다. 어떤 일을 발생하게 만드는 데는 주의가 필요하므로, 주의를 심리적 에너지로 생각하는 게 유용하다. 다른 유형의 에너지처럼 주의는 한정된 자원이다. 우리는 한 개 이상의 힘든 과제를 한 번에 다룰 수 없다.[45] 가령 "광란의" 주말이었던 사흘 내내 샌디는 엄마와 파티에 집착하느라 학업에 대한 생각을 전혀 보고하지 않았다. 이런 다른 이슈들에 정신을 빼앗긴 동안 재능과 관련한 학습은 거의 이뤄지지 않았다. 궁극적으로 번잡한 일상사와 존재의 필연적 문제들을 마음에서 (최소한 가끔씩 또는 일시적으로라도)

몰아내지 못한 십대는 평균 수준 이상으로는 소질을 키울 수 없을 것이라고 예측해도 무방하다.

그렇다면 복합 주의 구조란 무엇인가? 이 질문에 답하기 위해서는 우리의 연구에 영향을 미친 이론 틀을 통해 우회할 필요가 있다. 다른 발달 이론가들도 공유하는 이런 시각에 따르면, 심리적 성장이란 변증법적 모델과 개념으로 가장 잘 파악할 수 있다. 변증법적 모델은 외관상으로 길항하는(사실상 상호 밀접하게 연관되어 서로를 규정하며, 더 높은 수준의 발전을 추진하기 위해 결합하는) 두 힘 혹은 과정을 설명하려 한다. 이러한 접근법으로 가장 널리 알려진 사례가 장 피아제(Jean Piaget)다. 피아제는 인지적 발달이 동화(assimilation)와 조절(accommodation)의 상호 보완적 과정을 통해 움직인다고 생각했다. 동화는 정신이 새로운 정보를 기존의 패턴에 통합시키는 것을, 조절은 정신이 스스로를 새로운 정보에 적응시키는 것을 말한다. 그 밖에 여기서 검토하지는 않겠지만 다양한 범위의 용어를 사용하면서도 유사한 논리를 내포하는 다른 모델이 많다. 특정 전문 용어는 발달 과정을 설명하려는 시도보다 덜 중요하지만, 이는 결국 진행 중인 발달에서 항상성(constancy)과 변화(change)의 역할에 대해 사고할 것을 요구한다. 일차원적 모델, 즉 이러한 관점들 각각의 중요한 기여를 설명하는 데 실패한 모델은 인간의 발달에 대해 적절한 설명을 해내지 못할 것이다.

이 책에서는 통합(integration)과 분화(differentiation)라는 용어가 항상성과 변화의 일반적인 변증법적 과정을 대신할 것이다. 이런 용어는 체계 이론(systems theory)에서 널리 사용해왔고,[46] 생물학부터 컴퓨터과학에 이르기까지 다양한 학문에서 성공적으로 적용해왔다. 통합된 체계란 개별적인 구성 부분들이 성공적으로 상호 밀접하게 연관되어 있고 서로를 보강해주는 체계다. 분화된 체계란 그와 반대로 개별 부분들이 독특하거나 특화된 기능을 갖는 체계다. 좀더 과정 지향적 언어로 말하자면, 통합한다는 것은 부분들을 합치거나 정리하거나 조화시키는 것이고, 분화한다는 것은 부분들을 구분 짓거나 차이점을 식별하는 것이다.

물론 이런 일반적이고 모호한 개념은 복잡한 현상에 대한 보편적 관점을 찾고, 다양한 개념적 접근법 간의 기본 연결 고리를 알 수 있는 지배적 틀을 마련해주는 것 이상으로 해주는 게 없다. 모든 실용적인 목적을 위해 통합과 분화는 우리가 이해하고자 하는 체계의 유형에 따라 운용상의 다른 관점에서 정의해야 한다. 예를 들어 체계 이론은 응집력(cohesion)과 적응력(adaptability) 같은 개념을 통해 가족 연구에 영향을 미쳐왔는데,[47] 여기서 통합 요소는 가족 구성원의 상호성(mutuality)을 다루고 분화 요소는 가족 체계 내의 변화에 대한 반응의 유연성을 다룬다. 하지만 가족이란 통합과 분화의 관점에서 고려해야 할 중요한 체계의 하나일 뿐이다. 요컨대 그런 식으로 설명할 수 있는 여러 가지 다른 체계가 존재한다는 얘기다.

이 책에서는 성격 수준(4장과 5장에서 설명할 특성 또는 사고 및 행동의 습관적 패턴과 관련한 체계)부터 문화 영역(6장에서 논의할 수학, 과학, 음악 등의 상징을 포함한 정보 체계)과 즉각적 경험(7장에서 거론할 주의 또는 의식 체계) 그리고 사회 체계(예를 들면 가정이나 교실 환경. 8장과 9장 참조)에 이르기까지 적어도 네 가지 체계에 대해 조사한다. 각각의 체계는 통합/분화 모델의 템플레이트(template: '틀' 또는 '견본'—옮긴이)를 통해 통찰할 수 있고, 우리는 각 경우마다 그것을 운용할 수 있게끔 해준 다양한 기준을 적용하고자 했다. 시간이 더 있거나 추가로 측정을 했더라면 이런 과정을 들여다볼 다른 방법을 발견했으리라는 데는 의심의 여지가 없다. 그리고 아마 이런 다양한 수준을 '통합된' 이론으로 결합시키는 데도 성공했을 것이다. 아직 할 일은 많이 남아 있다. 그럼에도 우리 분석의 다양한 단계 그리고 재능 발달을 위한 최적의 조건과 관련해 마지막에 등장하는 한결같은 이야기에는 우리가 생각하기에 일관성이 있다. 네 가지 단계 각각에 대해서는 뒷장들에서 상세히 설명할 것이다. 다음은 네 가지 단계에 공통된 개요를 간단히 정리한 것이다.

모든 단계의 분석에서 공통된 것은 통합과 안정(항상성) 그리고 분화와 변화의 연관성이다. 최적의 체계는 복합적이다. 다시 말해, 통합적이면서 동시에 분화되어 있다. 최적의 체계는 결속되어 있고 안정적이지만, 필요할 때에는 적응하고 변화할 수 있다. 이런 생각만으로는 최적으로 작동하는 체계에 대한 다른 유사한 개념에 새롭게 추가할 것이 없다. 우리 접근법의 독보적 면모는 안정성과 변화 사이의 역학 관계를 좀더 명확히 이해하기 위해 시도했다는 점이다. 우리는 다음 질문에 답하려고 노력했다. 무엇이 통합적인 체계가 분화되도록 혹은 분화한 체계가 통합되도록 활성화 또는 동기 유발을 하는가? 구체적 사례를 들자면, 왜 십대들은 부모로부터 독립하기를 원하면서도 동시에 부모와의 관계를 유지하고 싶어 하는가? 이런 질문에 대답하는 우리의 접근법은 주관적 경험의 관점에서 이를 살펴보는 것이었다. 바꿔 말하면, 그들의 '객관적' 특징이라는 관점에서 성격·가족·정보 체계를 비교하는 것은 매우 어려운 일이다. 그러나 한 사람의 경험 속에서는 이런 여러 가지 수준이 융합을 이룬다. 즉 모든 정보는 (그 유형과 상관없이) 의식을 통해 처리 및 '경험된다'.

동기에 관한 우리의 관점은 사람들이 어떤 활동을 하는 게 즐겁다면 그것을 계속하려 할 것이며, 자신이 잘할 수 있는 일을 즐기는 경향이 있다는 것이다. 이는 새로운 발상이 아니다. 아리스토텔레스는 활동에서 탁월한 성취를 함으로써 얻는 기쁨을 극찬하며 그것을 "미덕"이라고 불렀다.[48] 이는 초기 심리학자들, 특히 윌리엄 제임스(William James)와 존 듀이(John Dewey)가 정통한 개념이었다. 이 책에서는 그러한 개념을 최적 경험의 플로

모델(flow model of optimal experience) 형태로 표현한다.[49]

플로와 복합성

'플로'란 사람들이 시간 가는 줄 모르고 활동 자체 외에는 피곤함이나 다른 모든 것을 자각하지 못할 정도로 무언가에 완전히 몰입했을 때 보고하는 주관적 상태다. 우리는 훌륭한 소설을 읽을 때나 멋진 스쿼시 경기를 할 때, 또는 지적 호기심을 자극하는 대화에 참여할 때 이런 것을 느낀다. 깊이 있는 몰입은 우리가 즐겁고 내적 보상이 있다고 생각하는 어떤 것이다. 이런 플로 경험은 일상생활에서는 상대적으로 드물지만 깊이 몰두하기에 좋은 조건이 주어진다면 거의 모든 상황(놀이와 일, 공부와 종교 의식)에서 발생할 수 있다.

그렇다면 무엇이 플로라는 최적 경험을 가능하게 만들까? 여러 ESM 연구를 비롯해 연령과 문화권 그리고 사회적 계층이 다른 7000명 이상의 개인들로부터 수집한 인터뷰 보고서는 어떤 사람이 자기가 하고 있는 일을 그 자체로 즐길 때 드러나는 것처럼 보이는 조건을 시사한다.[50] 무엇보다 깊이 몰입하는 플로 경험은 보통 목표가 확실하고 활동에 대해 즉각적이고 모호하지 않은 피드백을 받을 때 일어난다. 확실한 목표와 피드백은 대부분의 게임과 운동 그리고 많은 예술적·종교적 과제 수행에서 쉽게 얻을 수 있다. 확실한 목표와 피드백은 이런 활동이 플로를 쉽게 제공하고 내적 동기를 부여하는 이유다. 일상생활에서는 (그리고 대체로 교실에서는) 개개인이 자신의 활동 목적이 무엇인지 제대로 알지 못하며, 자신이 얼마나 잘하고 있는지 파악하려면 시간이 오래 걸린다.

플로 경험을 가능케 하는 또 다른 조건은 주어진 상황에서 행동 기회와 개인의 행동력 사이의 균형이다. 아슬아슬한 테니스 경기나 만족스러운 뮤지컬 공연에서처럼 도전 과제와 기술이 들어맞았을 때 모든 행위자의 주의는 눈앞의 일에 초점을 둘 필요가 있다. 현실적인 한도 내에서 행동함으로써 사람들은 적어도 원칙으로는 그 상황을 통제할 수 있다는 느낌을 갖는다. 이것이 플로 경험에 또 다른 요소를 추가하는데, 행동과 의식의 일체가 바로 그것이다. 어떤 사람이 너무나 집중하고 몰입하면 행위자와 행동 사이의 이원성이 사라진다. 요컨대 그 사람은 마치 자동 조종 장치처럼 의식적 노력 없이 해야 할 필요가 있는 일을 하는 것처럼 느낀다.

깊은 몰입은 사람을 현재에 집중할 수밖에 없게끔 만들기 때문에 일상생활에서 우리의 정신을 짓누르는 무관한 생각과 걱정이 사라지는 경향이 있다. 사람들은 이런 경험의 강렬함이 과거나 미래에 대해 생각하지 못하도록 하기 때문에 자신의 고민거리를 잊어버린다고 보고한다. 이는 나아가 자의식의 상실로 이어진다. 더 이상 그 또는 그녀가 어떻게 보이는지, 아니면 다른 사람이 자기를 좋아하는지 걱정하지 않기 때문이다. 유난히 아름다운 멜로디를 듣고 있는 뮤지션이 우주의 질서와 합일됨을 느낄 때나, 무용수가 자신과 다른 무용수들을 움직이게 만드는 리듬과 일체가 되는 것을 느낄 때처럼 실제로 사람들은 종종 자기 초월(self-transcendence)의 느낌을 언급한다. 덧붙여 시간 감각의 왜곡도 흔히 보고하는데, 몇 시간이 몇 분만에 지나간 것처럼 느껴질 정도다.

이런 차원이 대부분 하나의 경험 안에서 나타날 때 그런 활동은 자기 목적적(autotelic), 즉 그 자체를 위해 할 만한 가치가 있는 것이 되는 경향이 있다. 플로 경험이 너무나 즐거워 그것을 반복하고 싶기 때문이다. 누군가가 스쿠버 다이빙에서 플로를 경험하면, 비슷한 느낌을 갖기 위해 또다시 다이빙을 하고 싶을 것이다. 그리고 수학 문제를 풀어서 플로 상태에 도달하면, 풀어야 할 문제를 계속해서 더 많이 찾아낼 것이다.

플로는 복합성으로 이어진다. 어떤 활동을 지속적으로 즐기려면 지루함을 피하기 위해 끊임없이 새로운 도전을 찾아야 하고, 불안을 피하기 위해 새로운 기술을 완벽하게 연마할 필요가 있기 때문이다. 도전과 기술의 균형은 결코 정적이지 않다. 사람이 똑같은 일을 똑같이 숙달한 수준으로 장기간 하면서 여전히 즐거울 리는 없다. 어느 정도 시간이 지나면 기술은 늘 것이고, 처음에는 그렇게도 흥미로워 보였던 것들이 지루해지기 시작할 것이다. 그 시점에서 플로로 되돌아가기 위해서는 활동에서 새로운 행동 기회를 찾아야 한다. 이렇게 즐거움의 맥을 이어가려는 욕망이 우리를 어쩔 수 없이 더 복합적이게(환경 안에서 새로운 도전 과제를 분화시키고, 새로운 기술을 우리의 기술 목록에 통합하도록) 만든다. 인간의 발달에서 가장 중요한 과제는 생산적이고 친사회적인 활동 속에서 플로 창출법을 익히는 것이며, 그렇게 함으로써 개인적 삶과 사회적 삶의 질 모두를 극대화하는 것이 가능하도록 만들 수 있다. 교육에서 가장 중요한 과제는 아이들이 올바른 것 안에서 기쁨을 찾도록 가르치는 것이라는 플라톤의 말은 바로 이것을 의미한다.

이 책의 이론적 시각은 이렇게 통합과 분화에 기반을 둔 복합성이라는 체계 논리와 관련한 것부터 최적 경험의 플로 모델로까지 진화해왔다.[51] 연구의 기본 가설은 복합적인 체계가 최적 경험과 연관되어 있다는 생각에서 비롯되었고, 이는 결국 재능의 성장과 관련이 있다. 복합적인 가족, 성격 또는 영역은 흥미나 플로에 도움을 주는 조건을 제공함으로써 재능 발달을 향상시킨다고 믿어진다.

플로 경험이 재능 발달과 관련 있을 것이라고 예상하는 이유는 보통 플로가 자기 기술에 딱 맞거나 그 이상인 도전 과제를 맡았을 때 시작되기 때문이다. 이것이 변화 또는 분화 국면이다. 즐길 수 있으려면 이 단계에 이어 그 도전에 적합한 기술을 개발하는 안정 또는 통합 국면이 뒤따라야 한다. 분화와 통합 주기의 결말 지점에서 활동 완료는 그 사람의 존재를 신장하거나 확장하는 결과를 낳는다. 한 학생이 처음으로 망원경을 통해 빛나는 별을 보고, 호기심을 갖는다. 그리고 별의 나이를 밝히고 싶어 별빛의 스펙트럼 분석 방법을 배우고, 수개월간 그러한 분석에 공을 들인다. 프로젝트가 끝날 즈음, 그 학생은 더 이상 예전의 학생이 아니다. 학생의 천체물리학 지식은 더욱 복잡해지고, 아울러 그 과정을 즐긴다.

이 책의 개요

2장에서 우리는 이 책에서 사용한 재능이란 용어의 의미를 정의할 것이다. 그리고 이어지는 장들을 위해 재능 발달을 돕거나 방해하는 개인적·사회적·문화적 조건을 그 중요도에 따라 검토할 것이다.

3장에서는 연구에 적용한 절차를 설명할 것이다. 이 방법론 부분은 자료 수집과 분석의 세부 사항에 흥미를 가진 학자에게는 중요하겠지만, 연구 결과에 더 관심 있는 비전문가라면 안심하고 건너뛰어도 좋다. 독자들은 나중에 명확한 설명이 필요할 경우 언제든 이 장으로 돌아올 수 있다.

4장은 영재와 '평범한' 청소년에 대한 일련의 비교로 이뤄져 있다. 우리가 입수한 평균치와 비교하면서 표본의 가정 환경, 학업 능력, 성격 패턴을 설명한다. 5장에서는 십대 영재들의 일일 활동 패턴과 시간 활용을 소개하며 좀더 일반적인 청소년들과 비교한다. 여기서 우리는 시간이 경과함에 따라 재능 육성으로 이어질 복합 주의 구조의 기저를 이루는 일상의 습관을 발견할 수 있다. 이렇게 해서 재능 있는 학생을 또래와 구분하는 특징에 초점을 맞춘 이 책의 1부를 마무리한다.

2부는 청소년들이 자기가 소질 있는 분야에 몰입할 때 어떻게 생각하고 느낀다고 보고했는지에 대한 설명으로 넘어간다. 6장은 예술을 좋아하는 학생과 과학을 좋아하는 학생을 구분한다. 이 두 학문 영역을 좋아하는 학생들의 주의 구조가 매우 다르다는 사실이 드러났기 때문이다. 7장에서는 다양한 재능 영역에 몰입하는 것이 어떤 느낌인지 설명하는 사례 연구를 소개하며, 무엇이 청소년들로 하여금 자신의 재능을 발달시킬 수 있는 동기를 부여하는지에 대한 질문을 파고든다. 8장은 다양한 유형의 가족 상호 작용이 학생들의 학과목 관련 주의 집중에 미치는 영향을 다룬다. 아울러 복합적인 주의 구조를 발전시키는 능력과 관련한 영향에 대해서도 다룬다. 9장에서는 재능 있는 청소년들이 심리적 에너지를 재능 육성에 집중하도록 동기를 부여하는 데 효과적인 것으로 여겨지는 교수법과 교사 유형에 대해 설명한다.

가장 중요한 연구 결과의 일부는 3부에 있다. 여기서 우리는 재능에 대한 참여 및 이탈과 관련한 종단 연구의 결론을 검토한다. 10장은 재능에 대한 참여는 어떻게 작동하는지 기술하고(다소 어렵긴 하지만 그 자체로 중요한 과제다), 고등학교를 마칠 때까지 재능 발달과 가장 밀접한 관련이 있는 변수들을 제시한다. 11장은 가장 열성적인 학생 집단에 밀착해 초점을 맞추고, 우리의 이론적 시각이라는 틀 안에서 공부에 대한 접근 및 소질 계발을 설명한다. 마지막으로 12장에서는 주요 연구 결과를 요약하며 재능이라는 현상 그리고 분석의 기저를 이루는 동기 및 최적 경험 이론 모두에 관해 우리가 배운 것들을 짚어본다.

이 책의 기본 목표는 어떤 청소년들이 무엇에 이끌려 계속 힘겹게 탁월함을 추구하려 하는지 이해하도록 돕는 데 있다. 우리 문화 속의 너무나 많은 힘들이 그냥 대충 살라고, 쉬운 길을 택하라고, 할 수만 있다면 어떻게든 빠져나가라고 부추기는 이 시대에 말이다. 요즘은 최선 자체를 위해 최선을 다한다는 생각은 인기가 없을뿐더러 현대 사회과학의 상대주의적 토양 안에서는 이치에 맞는 것 같지도 않다. 결국 우리에게 최선이라는 개념은 뭘 의미할까? '자기중심주의' 시대가 막을 내린 지 얼마 안 된 지금, 탐욕과 이기심이 존경할 만한 게 되어버렸고 임무 자체를 위해 일을 훌륭히 소화해내는 것이 희미한 구시대적 발상으로 전락해버렸다. 이런 때 탁월함 추구에 대해 걱정하는 것은 시대착오처럼 보일지 모른다. 그러나 우리는 사람들 각자는 최선을 다한다는 게 무슨 뜻인지 꽤 분명히 알고 있으며, 기회가 주어진다면 모든 이가 가능한 한 자주 그런 경험을 향유하고 싶어 한다고 믿는다. 우리는 이 책이 그 목표를 달성하는 데 도움을 주었으면 한다.

1부
재능 있는 십대들

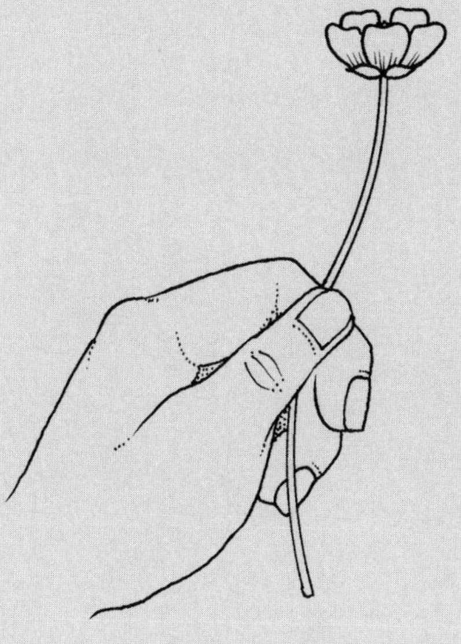

02 재능이란 무엇인가

재능이란 단어는 성서와 아주 깊은 관련이 있다. 달란트(talent)는 중동에서 널리 쓰이던 값비싼 동전, 곧 화폐 단위를 가리키는 명사였다. 그 은유적 의미는 신약의 한 구절(마태복음 25장)에 있는 달란트 우화에서 파생했다. 예수는 긴 여행을 떠나기 직전 하인 3명에게 '각자가 가진 능력에 따라' 달란트를 조금씩 주고는 뜻있게 사용하라고 명한 어떤 지주 이야기를 들려준다. 지주는 여행에서 돌아와 하인들에게 달란트의 사용 내역을 보고하라고 명한다. 처음 2명은 받은 동전을 2배로 불린 반면, 세 번째 하인은 자신이 맡은 동전을 잃을까 겁나 안전한 곳에 숨겨두었다가 주인에게 돌려준다. 이에 지주는 달란트를 최대한 활용한 두 하인을 칭찬하고, 그냥 보관한 하인을 꾸짖는다.

우리가 살고 있는 문명이 비록 대단히 세속화하긴 했지만 여전히 이 우화의 많은 요소는 능력의 개인차에 대한 우리의 태도를 반영한다. 우리는 어떤 사람이 다른 이들보다 더 큰 재능, 더 예리한 재치, 더 좋은 기억력,

더 뛰어난 감각을 타고났다고 믿는다. 많은 사람이 중요한 것은 애초 재능의 크기가 아니라 바로 각자가 그것을 어떻게 활용하느냐에 달렸다고 생각하기도 한다. 달란트를 늘릴 기회를 마지막 하인이 날려버렸듯 향상시키지 못한 천부적 자질은 쓸모가 없어진다. 고대의 이 우화에 담긴 어떤 중요성은 여전히 우리 곁에 존재하며, 아울러 우리 연구에도 영향을 미쳤다.

이 책의 결론을 이끌어낸 연구에는 208명의 뛰어난 학생이 참여했다. 모두 교사들로부터 미술, 체육, 수학, 음악, 과학의 다섯 분야 중 하나에서 이례적일 정도로 우수한 재능을 보인다고 인정받은 학생들이다. 우리는 이 학생들을 고등학교 1학년부터 졸업할 때까지 지켜봤다. 우리의 첫 번째 과제는 그들의 재능이 좀더 평범한 학생들과 어떻게 다른지 밝혀내는 것이었다. 아울러 두 번째이자 가장 중요한 과제는 무엇이 이들 학생 중 일부는 타고난 재능을 넘어서게 하고, 다른 학생들은 재능을 '낭비하게끔' 만드는지 알아내는 것이었다.

경험에 의하면 청소년 집단 중 대부분이 고등학교 4년간 재능 있는 분야에 대한 진지한 추구를 포기할 가능성이 높았다. 전문가들은 일반적으로 어린 음악가나 어린 과학자가 고등학교를 마치기 전에 흥미를 잃어버릴 경우 차후 그 흥미를 되찾는 건 매우 힘들다는 데 동의한다.[1] 물론 음악 연습과 연주를 중단한 촉망받는 음악가가 훌륭한 은행가나 대학 총장으로 변신할 수도 있다. (요컨대 이렇게 해서 완전히 다르지만 어쩌면 훨씬 더 가치 있는 재능을 발달시킬 수도 있다.) 하지만 적어도 음악 재능에 관한 한 청소년기 말에 연습을 멈춘다는 것은 그 재능을 포기하는 것과 다름없다.

우리는 재능 발달이 인간의 자원 보존에서 가장 중요한 목표 중 하나라는 가정 아래 연구를 시작했다. 무엇이 재능 있는 청소년을 특출하게 만드는지, 그리고 어떤 이유로 재능으로부터 이탈하는지 이해함으로써 우리는 개인 생활은 물론 사회생활의 질을 개선할 더 나은 위치에 설 수 있을 것이다. 그렇다면 어디서 이러한 이해를 구해야 할까? 이 질문에 답하기 전에 재능이 무엇을 의미하는지 더 면밀히 들여다볼 필요가 있다.

재능의 요소

인간의 기본 특성은 놀라운 다양성에 있다. 우리 중 일부는 키를 크게 만드는 유전자를 갖고 태어난다. 반면 다른 이들은 상대적으로 키가 작을 운명을 타고난다. 어떤 아이들은 많은 노력 없이도 절대 음감을 획득할 수 있다. 반면 다른 아이들은 도무지 음정을 맞출 줄 모른다. 어떤 이들은 뛰어난 공간 시각화 능력을 타고난다. 또 어떤 이들은 확실히 운동 신경이 좋거나, 이중 관절이 있거나, 특별히 빠른 반사 신경을 갖고 있다. 이러한 재능이 어떻게 배분되는지는 항상 미스터리다. 이는 당연하게도 먼 옛날이건 최근이건 어떤 조상의 유전자에서 비롯되었음에 틀림없다. 그러나 어떤 특별한 아이에게서 그런 능력이 나타날지, 또 어떤 강도로 어떤 다른 특성과 결합해 드러날지는 현시점에서 도무지 예측할 수 없다. 우연이 우리가 물려받는 특성을 전적으로 지배한다.

매우 다양한 이런 잠재력은 인류 진화 전략의 일환이다. 만일 우리 모두가 거의 비슷하다면 인간은 제한적으로만 전문화한 유기체로 성장할 것이다. 그럴 경우 변해가는 상황에 적응하기 힘들 것이며, 문화적 변화의 속도는 훨씬 더 느리고 좀더 예측 가능할 것이다. 현시점에서 우리는 어떤 특성이 내년 혹은 다음 세대에 나타날지 예견할 수 없다. 어쩌면 키가 작고 음치에 운동 신경도 둔한 사람들이 다음 세기의 기회를 움켜잡고 외부의 위험이나 우리 자신으로부터 인류를 구하는 데 가장 적합한 주인공이 될 수도 있다. 또 한편으로는 아닐 수도 있다. 미래 상황이 요구하는 잠재력은 끊임없이 변화하므로 때에 따라 선택할 수 있는 다양한 특성 풀(pool)은 인간의 진화가 예측할 수 없는 미래의 도전에 대비해온 방법이었다. 다양성은 우리 인간 종에 탑재된 창의적 잠재력이다.

사람들이 (굉장히 높은 지능지수나 엄청난 음악적 능력 같은) '재능' 혹은 '천재성'에 대해 갖고 있는 공통된 태도는 이런 특성이 어떤 개인들이 운 좋게 갖고 태어난 자연 발생적인 장점이라는 것이다. 그러나 재능은 자연 범주가 아니다. 재능은 사회 구조물이다. 즉 재능은 우리가 살고 있는 특수한 맥락 안에서 긍정적 가치를 갖는 특성에 대해 우리가 붙이는 승인 라벨이다. 어떤 문화권에서는 간질(epilepsy)을 신성한 재능으로 여긴다. 다른 문화권에서는 과체중인 사람들이 추앙을 받는다. 우리 문화(갈수록 상징적 정보 조작에 의존하는 문화)에서는 지적 능력, 특히 논리와 수량화 능력을 가치 있는 자질로 간주한다.

여기서 재능이 무엇인지 밝히는 데 도움을 줄 전문 용어 몇 개를 소개하는 것이 유용하겠다. 재능은 다음 세 가지 요소로 구성되었다고 볼 수 있다. 요컨대 개인적 **특성**(individual trait: 일부는 유전적이고 일부는 성장과 함께 발달한다), **문화 영역**(cultural domain: 특정 범위의 성과를 의미 있고 가치 있다고 규정하는 규칙 체계), **그리고 사회 분야**(social field: 어떤 성과를 가치 있게 여길지 아닐지 결정하는 임무를 가진 사람들과 제도로 이뤄진다)가 그것이다.

예를 들어, 어떤 청소년이 해당 영역(우리가 수학에서 알고 있는 공리, 규칙, 절차)에 노출되지 않는다면 아무리 관계와 수량의 정신적 조작에 능숙하다 해도 재능 있는 수학자가 되기는 불가능할 것이다. 아울러 아이의 성과가 일반적으로 그 문제에 관해 사회로부터 전문 지식을 인정받은 사람들 및 제도에 의해 평가받지 않는다면 그 재능을 인정받을 수도 없을 것이다.

좋은 사례로 1930년대에 천재성으로 세상을 떠들썩하게 했던 인도 수학자 스리니바사 라마누잔(Srinivasa Ramanujan)의 경우를 들 수 있다. 라마누잔은 수학 영역이 그다지 발달하지 않고 그 분야에서 새로운 인재를 찾고 있지도 않던 인도의 한 지역에서 태어나 성장했다. 운 좋게도 그는 특이하지만 수용 가능한 수학적 형식으로 자신의 역량을 표출할 수 있을 만큼 충분히 그 영역에 노출된 적이 있었다. 그는 독학으로 다른 수학자들이 이전에 세웠던 증명과 정리들을 재발견했다. 고향에 머물러 있었다면 사람들은 그에 대해 매우 높은 가능성이 있다는 것 정도만 알았을 것이다. 그러나 라마누잔은 자신이 계산한 것 중 일부를 당대의 저명한 영국인 수학자이자 그 분야에서 영향력을 갖고 있던 하디(G. H. Hardy)에게 보냈다. 하디는 라마누잔에게 놀라운 재능이 있다고 결론 내렸다. 그는 케임브리지 대학교에 라마누잔을 위한 연구비를 주선하고, 라마누잔이 도착하자 잠재적 능력을 온전히 개발할 때까지 멘토 역할을 해주었다. 후일담은 알려진 그대로다. 우리는 오늘날 라마누잔을 촉망받는 아마추어 대신 20세기의 가장 위대한 수학 인재 중 한 명으로 알고 있다. 명성과 무명의 차이를 만든 것은 선천적 특성과 무관했다. 요컨대 라마누잔이 성공한 것은 그 분야의 지원을 끌어들이고, 해당 영역의 최신 발전 환경에 소개되고, 그 분야에 공헌하는 것을 허락받은 덕분이다.

이와 같이 어떤 영역에서 명성으로 이어질 수 있는 잠재력을 가진 특성은 생물학적으로 획득했을지 몰라도 그것을 재능으로 승인하는 것은 문화의 특정 요구나 가치와 관련해 사회적으로 구축된다. 탁월한 과학자 소질을 지닌 아이는 과학 영역이 제대로 발달하고 그 분야의 게이트키퍼(gatekeeper)들이 활발하게 새로운 인재를 찾고 있는 문화가 아니면 그 재능을 인정받지 못한다. 회화 전통이 결여된 에스키모들 사이에서 뛰어난 색채 감수성을 타고난 아이는 그 재능을 인정받지 못할 것이다. 운동 능력은 서유럽보다 미국에서 훨씬 더 재능으로 인정받는다. 그리고 우월한 신체 기능의 상징적 선전 가치가 대단히 중요했던 과거 동구권에서 가장 높은 평가를 받았다.

현재는 지능지수 상위 3퍼센트 혹은 5퍼센트의 아이들을 천재라고 부르는 것이 관례다. 이는 높은 지능지수가 모든 분야 혹은 적어도 좀더 학구적인 분야의 우수한 실적에 적용할 수 있는 만능의 추상적 인지 능력을 의미한다고 가정한다. 〔스피어먼의 g 요인(Spearman's g factor) 같은〕 일반적 인지 능력이 많은 영역에서 성취의 기초를 이룬다는 데는 의심의 여지가 없지만, 우리 문화에서 이 추상적 추리력의 중요성을 과장하고 이를 다른 모든 것보다 우위에 있는 일종의 초영역(superdomain)의 왕좌에 앉혀온 것도 사실이다. 〔스피어먼은 인간의 지적 능력이 일반 지능 요인(general factor, g 요인)과 특수한 과제 수행에 관여하는 특수 요인(specific factor, s 요인)으로 구성되었다고 주장했다—옮긴이.〕 지능 검사의 성능은 그것이 삶의 다른 영역에 어떤 결과를 가져올지 여부와 무관하게 그 자체로 하나의 영역이 되어왔다. 아울러 지능 검사 산업은 그 중요성을 옹호하는 강력한 분야가 되었다.

우리는 찬반을 떠나 지능 검사를 둘러싼 논쟁에는 관심이 없다. 이 책에서 우리는 몇몇 구체적 영역(특히 수학, 과학, 음악, 미술, 체육)의 성과 측면에서 정의한 재능만을 탐구할 것이다. 이들 영역 중 일부에서, 특히 처음 두 영역에서는 지능 검사 결과가 분명 중요한 역할을 한다. 그러나 지능 자체는 우리의 관심사가 아니다. 우리가 대답을 찾으려는 질문은 그 종류가 무엇이건 의미 있는 사회문화적 맥락 속에서 사용할 수 있는 재능이 되도록 무엇이 개인의 능력 발달을 촉진하는가이다.

재능 발달은 왜 중요한가

민간의 통념에 따르면 "재주는 언젠가 드러난다"고 한다. 다른 말로 하면, 어떤 영역에서 가능성을 보이는 개인을 지원하는 것에 대해서는 걱정하지 말라는 얘기다. 왜냐하면 그들이 진정 재능을 갖췄다면 도움이나 방해와 무관하게 표출될 것이기 때문이다. 우리는 앞서 언급했듯 실증적이고 존재론적인 이유 모두에 의거해 이런 의견에 반대한다. 바꿔 말해, 우리는 잠재 소질은 종종 표출되지 않은 채로 남을 뿐만 아니라 재능이라는 개념 자체가 문화적 형식과 사회적 승인의 맥락을 제외하면 무의미하다고 주장한다.

실증적 증거의 견지에서, 벤저민 블룸은 어떤 분야에서 재능을 인정받을 때까지 장래가 촉망되는 아이들을 육성하는 데 얼마나 많은 자원 투자가 필요한지 입증해왔다.[2] 가령 음악 영재아의 부모는 가정교사, 선생, 과외 강사를 찾는 데 엄청난 시간과 비용을 써야 한다. 차편을 제공해야 하고 연습, 리허설, 콩쿠르, 공연 내내 아이의 매니저 노릇도 해야 한다. 그리고 무엇보다 지나친 압박이나 너무 높은 기대 때문에 아이를 재능과 멀어지게 하지 않으면서도 잘 훈련받은 몰입을 지속할 수 있는 방법을 찾아야 한다. 다른 모든 재능을 계발하는 데도 이와 비슷한 지원이 수반된다. 아이의 능력이 실로 엄청날 때는 부모와 사회의 투자 또한 엄청나게 필요하다.[3]

이와 같이 재능은 '모 아니면 도' 같은 현상이라기보다 발달이라는 관점에서 보는 것이 가장 좋다. 재능은 유전적으로 물려받은 후 남은 일생 동안 변하지 않고 유지되는 어떤 특성이라기보다 오랜 시간에 걸쳐 펼쳐지는 하나의 과정이다. 아이들은 미래의 잠재력이라는 의미에서만 재능이 있는 것이다. 그 잠재력을 실현하기 위해서는 최첨단 수준에 맞추는 법을 알아야 하고, 기술을 발달시킨 후에는 재능 활용 기회를 찾아야만 한다. 역사적 조건은 언제나 재능을 꽃피우는 데 영향을 준다. 가끔씩 특정 분야가 사회적 지지를 얻고 거기에 유망한 재원들을 끌어들이곤 한다. 하지만 몇 년 후 그러한 지원이 철회될 수 있으며, 아무리 신동이라 해도 일자리를 찾지 못할 뿐 아니라 자기 재능을 최대치로 계발하지 못할 수도 있다.

예를 들어, 요즘은 최고 대학의 박사 학위를 가진 매우 유능한 많은 젊은 물리학자들이 자기 능력 이하의 일을 한다. 몇십 년 전에는 귀했을 그들의 재능을 옛날이라면 연구하고 명성을 쌓을 기회를 제공하던 연구소에서 흡수하지 않기 때문이다. 더구나 해외에는 이론물리학이 수십 년 전만큼 흥미진진하지 않다는 분위기가 팽배해 갈수록 잠재적으로 유능한 학생을 극소수만 끌어 모을 것이다. 한 세대 전이었다면 의학계로 갔을 많은 똑똑한 젊은이들이 이제는 고비용 의료보험과 레지던트 자리를 제공하는 대도시 병원의 형편없는 조건 때문에 이 분야를 단념하고 만다. 간단히 요약하면 잠재적 재능이란 그것을 문화 영역에 끼워 넣지 않는다면, 그리고 해당 분야로부터 진정한 기여를 인정받을 때까지 사회적으로 육성하지 않는다면 실현할 수 없다.

그렇다면 애당초 우리는 무슨 이유로 재능 육성에 대해 염려해야 하는가? 재능 육성은 사회의 책임일까? 재능 계발을 통해 얻는 집단적 이익이 있는 걸까? 이런 질문에 답하기는 힘들다. 첫째, 이런 질문에는 가치 판단이 필요한 이데올로기적 쟁점이 포함되어 있기 때문이다. 둘째, 여기에 답하는 데 필요한 증거가 사실상 부족하기 때문이다. 가령 수학 재능을 가진 모든 아이가 그 능력을 제대로 꽃피울 수 있게 계발할 기회를 갖는다고 해서 미국 전체 혹은 우리 모두가 개인적으로 정말 더 나은 삶을 살지 우리는 알 수 없다.

우리의 시각은 재능 계발을 돕는다면 개인적·사회적 수준 모두에서 결과적으로 장기적 이익을 줄 것이라는 쪽이다. 개인적 수준에서 볼 때, 어떤 사람이 잠재력을 최대한 계발하지 않은 채 더 잘살 수 있을 거라고 주장하기는 어렵다. 뛰어난 예술적 자질을 가진 사람이 그 능력을 계속해서 발전시키고 매우 드문 인정을 받기 위해 경쟁하기보다 평범한 사람으로 조용히 자족하는 삶을 살 수도 있다. 그러나 아리스토텔레스부터 오늘날에 이르기까지 예술의 여신이 술과 마약과 어수선함으로 몰아간다 할지라도 그 여신의 목소리를 무시하기보다는 귀 기울이는 편이 낫다는 데는 의견이 일치하는 것 같다. 우리가 소유한 능력을 연마하지 않으면 남은 생을 해칠 수 있는 후회로 이어진다.

사회적 수준에서 볼 때, 재능 육성의 혜택은 한층 더 명확하다. 가끔씩은 국가 전체가 이를 깨닫기도 한다. 소련이 최초로 인공위성을 발사하고 난 1957년, 그리고 일본의 기술이 미국의 우위를 앞질렀던 1980년대에 과학과 수학 교육의 중요성이 많이 거론되었다. 불행히도 지금까지 모든 엄청난 논란은 실제 개선으로 거의 이어지지 않았다. 미국의 최상위 학생들은 다른 어느 나라의 학생만큼 성적을 내며 국가적으로 여전히 노벨상에서 한몫을 차지하고 있지만, 미국의 평범한 학생들은 다른 나라의 평범한 아이들과 비교할 때 수학과 과학의 수행 비교 연구에서 항상 중간 이하의 점수를 받는다.[4] 수학적 능력에 관한 일련의 비교 연구 저자들은 다음과 같은 결론을 맺는다.

> 미국 아이들에게서 볼 수 있는 결핍은 우리의 예상보다 더욱 심각했다. 계산이건 속도건 수학 공식 적용이건 그들이 일본 및 대만 아이들에게 뒤지지 않은 분야는 없었다. ……이런 상황은 1학년과 5학년 사이에 전혀 개선되지 않았다. 중

국 및 일본 아이들과 비교하면 미국 아이들의 상황은 사실상 악화했다.[5]

체육 인재 육성의 시급성은 보통 미국 대표팀이 독일이나 구소련 같은 나라들과 비교해 실망스럽게도 빈약한 메달을 따고 돌아온 올림픽 대회가 끝날 때면 매번 거론된다. 미국에서 활동하는 위대한 지휘자와 독주자 다수가 외국인이라는 사실로 인해 많은 이들이 클래식 음악 영재 육성을 긴급한 사안으로 여긴다. 반면 다른 예술적 재능의 보존을 국가 우선 사항 목록에 좀처럼 넣지 않는다. 그러나 이것 역시 이따금 다른 문화권과의 미묘한 차이에 뒤지지 말아야 한다는 이유만으로 중요한 사회적 목표로 여겨지기도 한다.

진화론 시각에 기초한 좀더 일반적 관점에서 보면, 어떤 인간 집단이 개별 구성원의 자질을 최대한 완전히 발달시키는 것(그 한계는 오직 '정글의 법칙' 같은 서바이벌 쇼뿐이다)은 좋은 전략이다. 즉 사회가 물리적 존재의 연명에 필요한 것을 해결한 후, 그다음으로 자원을 투자할 만한 가장 유용한 목표는 개개인의 재능 계발이다. 이러한 우선순위를 따른 집단은 더 많이 진화할 수 있는 최상의 지위에 설 것이며, 최고의 성공 가능성을 가진 미래를 맞이할 것이다.

계발해야 할 재능 목록에 공학이나 사업 수완처럼 오늘날 우리가 유용하다고 생각하는 것들을 주로 포함시킨다면 이런 시각에 동의하기는 비교적 쉬울지 모른다. 하지만 진화론 시각은 한층 급진적인 결론을 주장한다. 바로 모든 잠재 소질은 당장은 난해해 보일지라도 명백하게 범죄거나 반사회 행동이 아니라면 우리의 미래 적응에 기여하는 것으로 드러날 경우를 대비해 육성해야 한다는 것이다. 다음 세기에 인류에게 이익을 줄 가장 중요한 것은 테크놀로지보다 미술, 음악 혹은 철학에서 나올 수 있다. 지금 현재 이런 분야가 필수로 보이지 않는다고 해서 이 분야에서 아이들의 재능을 계발하지 않는 것은 근시안적인 일이다. 진화가 가르쳐주는 한 가지 교훈은 현재를 너무 심각하게 받아들이면 인간은 미래에 준비되지 않은 채로 남겨진다는 사실이다.

재능의 발달

영역의 발전

만일 재능이 관련 분야의 정립 기준에 따라 인정받은 영역의 규칙에 맞춰 수행하는 특별한 능력에 달려 있다고 한다면, 우리는 어떻게 그것의 발달을 장려할 수 있을까? 여기에는 적어도 세 가지 방법이 있다. 첫째는 그 영역의 일부 특징을 바꾸는 것이다. 가령 계산을 하거나 양을 표기할 공인된 코드(code)가 없는 한 잠재적으로 가장 뛰어난 수학자조차도 엄밀한 의미에서 인정을 받을 수 없을 것이다. 고대 이집트인, 메소포타미아인, 그리스인들이 산술 규칙을 공식화한 후에야 명석한 젊은이들이 수학에서 자기 능력을 입증하고 그 속에서 천재성을 인정받는 게 가능해지기 시작했다. 건축 재능은 르네상스 시기의 학자들이 체계적인 건축 방식을 재발견하고 공식화한 1400년대가 될 때까지 유럽에서 인정을 받지 못했다. 시간상 우리와 좀더 가까운 또 다른 사례를 든다면, 활동사진 카메라를 발명하기 이전에는 재능 있는 영화감독이나 촬영감독이 존재할 수 없었다. 영화라는 영역 자체가 아직 등장하지 않았기 때문이다.

한 영역을 합리적으로 개선할 때마다 그 안에서 성과를 측정하고 그로 인해 유망한 인재를 식별하는 것이 더 수월해진다. 수학보다는 체스, 음악보다는 수학, 미술보다는 음악, 도덕적 우수성보다는 미술에서 재능을 판별하는 것이 한층 쉽다. 이는 체스가 도덕적 우수성보다 더 낫다거나 중요하다고 암시하는 것은 결코 아니다. 단지 체스의 규칙이 매우 제한적인 영역을 다루기 때문이다. 매우 분명하게 구조화되어 있으므로 누가 가장 잘하는지 확인하는 게 한층 쉽다는 얘기다.

학문 영역은 학생들이 다양한 과목에 훨씬 쉽게 접근할 수 있을 것이라는 희망 때문에 교육자들이 끊임없이 재구조화하고 있다. 교과서를 개정하고, 컴퓨터를 교육 과정에 편입시키고, 전국 시험을 제도화하고, '새로운 수학(new math)'과 그에 상응하는 것을 큰 공을 들여 개발한다. 이는 모두 좀더 손쉬운 교육을 위해 영역의 콘텐츠를 합리화하기 위한 노력이다. 이 같은 합리화의 결과 중 하나는 이런 영역의 재능을 감지하고 육성하고 지원하는 게 훨씬 쉬워진다는 사실이다.

분야의 강화

재능 발달에 관한 두 번째 접근법은 특정 영역의 성과를 자극하고 인정하고 보상해주는 분야별 역량을 증대시키는 것이다. 이런 전략은 많은 다른 방식으로 시행할 수 있다. 요컨대 특정 영역에 할당한 예산을 늘림으로써, 그 영역을 필수 교과 과정에 포함시킴으로써, 그 분야에 더 많은 일자리를 창출함으로써, 그리고 보통은 그 가시성과 명성을 늘림으로써 시행할 수 있다.

특정 영역에 집중적으로 자원이 몰릴 때마다 그렇지 않을 경우 다른 일을 선택했을 유능한 젊은이들을 끌어들인다. 예를 들어, 15세기 피렌체의 놀라운 미술 부흥은 대부분 도시의 부유한 은행가들이 그곳을 '새로운 아테네'로 변모시키기로 결심한 덕분에 일어났다. 명사들은 거대한 성당 돔에서 세례당(Baptistry)의 문에 이르기까지, 조각상에서 벽화에 이르기까지, 궁전과 교회 건축에서 교량에 이르기까지 미술 작품 대회를 후원했다. 이런 대회는 공동체 전체가 매우 진지하게 받아들이고, 엄밀한 심사를 거쳤으며, 수상한 예술가들은 후한 보상을 받았다. 미술을 향해 쏟아진 보기 드문 관심의 집중은 그렇지 않았으면 변호사나 은행가가 됐을지도 모를 청년들을 미술 직종으로 끌어들였다.[6] 르네상스는 중부 이탈리아가 일부 유전적 우연에 의해 갑자기 생물학적으로 재능 있는 엄청나게 많은 예술가를 배출했기 때문에 일어난 게 아니다. 예술 분야에 전례 없는 자원을 투입했기에 일어났던 것이다.

물론 어떤 분야에 인재를 끌어들이는 것은 단지 돈과 지위만은 아니다. 특정 시점의 특정 분야가 많은 젊은이들이 거부하기 힘든 마력을 발달시킨다. 해양생물학, 인공 지능, 환경법은 매혹적인 분야 중 현재 매력을 끌고 있는 일부 사례다. 첨단 아이디어나 관심사를 다루는 영역은 무엇이건 미래로 가는 길을 열어줌으로써 진보의 최전선에 있기를 열렬히 원하는 청년들을 거의 자석처럼 끌어당긴다. 끝으로, 어떤 영역은 다른 영역보다 내적 보상을 더 많이 제공한다. 이런 영역은 어떤 분야로부터 많은 지원이 필요치 않다. 가령 예술(회화, 음악, 문학, 무용, 연극)은 거기에 투자하는 외부 자원이 최소일 때조차도 끼를 타고난 젊은 피를 수혈하곤 한다. 그것을 하면 즐겁고, 심오한 감정을 끄집어내고, 갈등을 해결하는 개인적으로 의미 있는 방법을 제공해주기 때문이다.

따라서 한 분야의 변수를 변화시키면 특정 영역의 재능 계발에서 많은 것을 수행할 수 있다. 거기에 더 많은 사회적 에너지(돈과 관심)를 투자함으로써 말이다. 통상 돈만으로는 충분하지 않다. 예를 들어, 단지 수학에 포상과 장학금을 추가로 제공한다고 해서 잠재적으로 능력 있는 청소년을 더 많이 끌어들이지는 못할 것이다. 어린 수학자들의 성과를 모니터해줄 교사, 경쟁 성적을 평가해줄 심사위원, 전문지 편집자와 그 밖에 다른 전문가들의 비판적 관심 역시 필수다. 또한 훈련을 마치면 수학자들이 채워야 할 매력적인 전문직 일자리가 있을 거라는 현실적 기대도 존재해야 한다.

개인 기량의 계발

어떤 영역의 구조를 합리화하고 그 분야의 자원을 증대하는 것은 한 사회에서 개인의 재능과 관련한 빈도(frequency)와 강도(intensity)를 발전시키는 중요한 방식이다. 이러한 발전에 영향을 미치는 세 번째 주요 방법은 개개인 자신을 통해서 이뤄진다. 결국 영역과 분야의 중요성에도 불구하고 최종 분석에서 우리가 재능이라 부르는 우수한 성과를 무대에 올려야 하는 장본인은 바로 당사자라는 얘기다.

현재로서는 재능의 생물학적 기층(substratum)을 개선하기 위해 할 수 있는 일이 많지 않다. 우수한 능력을 위해 인간 종의 개량 가능성을 고려한 적은 종종 있지만, 우리가 알고 있는 어떤 사회도 능력 향상을 목표로 지속적인 우생학적 정책을 시행할 만큼 강심장이지는 못했다. (사실상 많은 문화권에서 다양한 유형의 동족결혼 부작용으로 이런 결과가 나타났을 수는 있지만 말이다.) 좋건 싫건 유전공학의 발전으로 머지않아 인간의 신체적·정신적 잠재력을 어떤 특정 영역에서 우세한 쪽으로 변화시키는 게 가능할 것이다. 그런 날이 오면 우리 후손들은 우리가 다행히 모면할 수 있었던 어떤 힘겨운 선택에 직면할 것이다.

그러나 한편으로는 비록 유전적 구성(genetic stock)을 개선하기 위해 인간이 할 수 있는 게 거의 없다 하더라도(설령 가능하다고 해도 거의 하지 말아야 할 것이다), 선천적 능력의 계발을 도울 다른 방법이 있다. 훈련이 확실한 사례다. 국가(19세기의 프랑스와 제2차 세계대전 이전의 독일 그리고 오늘날의 일본) 전체가 초·중등 교육을 심각하게 여김으로써, 그리고 재능 있는 아이들을 마치 중요한 천연자원인 양 지원함으로써 과학에서 탁월한 성공을 달성한 적이 있다. 심지어 한 고등학교가 다양한 영역에서 뛰어난 인재를 배출한 전설적인 사례도 있다. 재능이 만개할지 숨은 채로 남을지와 관련해 학교가 큰 차이를 만들 수 있다는 데는 의문의 여지가 없다.

가정 환경은 또 다른 중차대한 결정 요인이다. 아이가 지나친 결핍, 갈등 혹은 부모의 방치를 겪는다면 잠재적 재능은 금방 곁길로 샐 수 있다. 부모의 문화가 추상적 사고를 막는다면 아이가 추상적 영역을 진지하게 받아들이기는 힘들 것이다. 한 가지 예술 방면에 재능의 징후를 보이는 아이의 부모는 보통 그 자식이 우리 문화권에서 물질적 보상을 거의 제공하지 않는 분야에 진입하는 것을 단념시킨다.

이런 소수의 사례만 봐도 개인적 특성을 재능으로 키우는 데 필요한 것들에 대한 일반화의 근거가 나온다. 첫째는 정보다. 정보는 지원을 아끼지 않는 가정과 우수한 학교가 제공해준다. 해당 영역에 대한 지식(도구) 없이 잠재력을 실현할 수는 없다. 두 번째는 동기다. 동기는 해당 분야와 가족의 독려 및 지지에 의해 부분적으로 영향을 받는다. 어떤 사람이 재능 계발을 향한 힘든 여정을 계속 추구하려 하지 않는다면 타고난 잠재력도, 세상의 모든 지식도 충분하지 않을 것이다. 세 번째 필요조건은 훈련이다. 한 사람으로 하여금 우수한 성과에 필요한 기술을 발전시킬 정도로 충분히 오래 공부하고 어떤 영역에 집중할 수 있도록 하는 일련의 습관을 말한다.

이 책의 결론을 이끌어낸 연구에서 중심축을 이룬 것은 바로 이 마지막 두 차원이다. 청소년들이 소질 있는 분야에서 훈련하는 법을 향상시킬 만큼 충분히 동기를 부여하는 것이 무엇인지는 거의 알려진 게 없다. 그 결과 모든 세대마다 잠재적으로 귀중한 인간의 재능이 매우 많이 허비되고 있다는 게 우리의 생각이다. 우리가 더 많이 깨닫는다면, 정보의 시대로 나아갈수록 점점 더 위험해지고 있는 이러한 두뇌 유출 속도를 어쩌면 늦출 수 있을 것이다.

습관과 동기의 계발만을 다루느라 우리는 어쩔 수 없이 사회적 형평성이라는 중요한 문제를 우리의 이해 범위에서 제외하고 말았다. 영역별 접근 가능성이 더욱 고르게 분포되어 있다면, 그리고 분야별로 다양한 배경을 가진 청소년들의 기량을 지원할 채비가 되어 있다면, 국가적 차원의 재능 계발을 매우 가속화하고 확장할 수 있다는 데는 의문의 여지가 없다. 그러나 이 책은 이러한 쟁점을 비켜가는 대신 다른 사회적 조건에도 적용할 수 있는 보편적 동향을 감지하겠다는 바람을 가지고, 상대적으로 혜택 받은 대부분 중산층인 미국 십대 집단 안에서 재능이 어떻게 발달하는가에 초점을 맞출 것이다. 사회적 형평성 및 재능 육성과 관련한 정치적 이슈는 그것들이 중요하지 않다고 생각해서 간과한 것이 아니다. 사실상 이런 문제는 아주 중요하며, 사회는 조만간 이를 인정해야만 한다. 그러나 단 한 권의 책으로 재능 발달과 관련한 모든 차원을 공평하게 다룰 수는 없었다. 그래서 우리는 우리가 이해하도록 훈련받은 것, 즉 그 문제의 좀더 심리학적인 측면을 조사하는 쪽을 택했다.

그러나 이 표본 집단의 외적 조건이 미국 중서부에 있는 준(semi)교외 지역 사회만의 전형일지라도, 그래서 다른 문화권과 다른 계층 학생들에게 적용하는 데 일반화할 수 없다 하더라도, 이 재능 있는 십대들의 심리학적 과정(관심과 동기의 역학)은 전 인류적이라는 것, 그리고 시공을 넘어 그렇게 다르지 않을 것이라는 게 우리의 견해다.[7]

우리는 개인적 자질에서 재능의 숙달로 이어지는 주요 심리적 과정이 음악이나 수학 같은 영역에 특화되어 있다고 여기지 않는다. 이러한 심리적 과정은 오히려 보편적인 재능 획득에 필요한 사고방식이다. 아울러 재능을 실현하려면 반드시 있어야 한다고 우리가 예상하는 일련의 초기술(metaskill)로 이뤄져 있다. 이 초기술에는 복합 주의 구조의 발달 혹은 호기심과 집중력을 통해 과제에 접근하는 능력이 포함된다. 십대들이 재능을 키울 때 필요한 고독을 견뎌낼 수 있도록 하는 감정적 자율성(emotional autonomy) 습득, 그리고 외적 보상뿐 아니라 내적 보상이 힘겨운 탐구를 지속하는 동력이 되도록 재능 관련 활동을 즐기는 능력도 초기술에 속한다.

자기 분야에 정통한 유명인들과 대화를 하다 보면, 재능은 널려 있다는 말을 흔히 듣는다. 그들이 말하는 속뜻은 고도의 지성이나 영역과 관련 있는 자질은 그것을 실행 가능한 재능으로 발전시키는 데 실제로 성공한 소수의 인물을 보면서 사람들이 생각하는 것보다 훨씬 더 흔하다는 것이다. 잠재적으로 재능 있는 음악가, 미술가, 수학자 중 비교적 적은 수가 자기 능력의 최대치를 뽑을 때까지 해당 영역을 완전히 익힌다. 음악 재능을 타고난 사람 대다수는 성인이 되면 자기 기술을 완벽히 익히겠다는 야심을 버린 채 그저 취미로 악기를 연주할 것이다. 시각 예술에 재주 있는 사람 대부분은 잘해봤자 미술을 가르치든지 아니면 광고나 산업 미술 분야에서 일할 것이다. 그리고 천부적 수학자들은 운이 좋을 경우 컴퓨터 직종이나 보험 통계 혹은 은행 등 관련 분야에서 직업을 찾을 것이다. 잠재적 재능은 왜 그 가능성을 충분히 실현하지 못하는 걸까?

대답은 어느 정도 간단하다. 요컨대 그것은 개인적 특성이 아니라 해당 분야를 제약하는 사회적 현실에 달려 있다. 일자리가 충분치 않고 해당 영역과 관련 있는 역할을 강구할 기회가 없다면 잠재적 재능은 종종 실행 가능한 커리어를 창출하기에 부족할 것이다. 각 사회가 특정 영역에서 많은 기회를 제공하는 데는 한계가 있다. 인구조사 수치에 따르면 약 25만 명의 미국인이 미술가를 표방하지만, 그중 100명당 한 명도 작품 판매로 벌어들인 수입만으로 살지 못할 것이다. 이는 기술, 독창성, 투지가 부족해서 그런 게 아니라 단지 그들의 재능을 위한 시장이 없기 때문이다. 작품을 보고 감상할 수 있는 전문 매장이 충분하지 않고, 그들이 하는 작업에 관심을 갖는 관람객도 많지 않다. 성공한 많은 화가는 자신들과 수백만 명의 미술계 '실패자' 사이의 차이는 좀더 뛰어난 재능이 아니라 연줄과 그들의 작품이 눈에 띄게 된 우연한 사건들(간단히 말해, 전적으로 행운)이라는 것을 씁쓸하게 인정한다. 대부분 영역에서, 성 마태오의 "청함을 받은 자는 많으나 택함을 입은 자는 적다"는 말은 유감스럽게도 전부 사실이다.

개인의 특성 역시 사람들이 재능을 계발할지 여부를 결정하는 데 일조한다. 행운과 외부의 이점이 일정하다고 할 때, 어떤 분야가 소수의 자리만을 제공할 수 있다면 그 자리는 기회를 이용할 수 있는 동기와 훈련을 보유한 이들이 차지할 것이다. 진정으로 그 분야를 좋아하고 그 분야의 원칙 습득에 투자할 충분한 심리적 에너지를 가진 청춘 남녀들은 자리가 날 때까지 인내하며 버틸 가능성이 높다. 재능 있는 어린 미술가들에 대한 종단 연구 분석을 보고하면서, 진 카니(Jeanne Carney)는 내적 동기가 예술적 성공의 중요한 특성임을 발견했다.[8] 돈이나 명성이 주요 동기인 미술 학도들은 보통 졸업 직후 성공하지 못할 경우 미술가가 되려는 노력을 포기했다. 요컨대 학교 졸업 후 몇 년 안에 작품을 판매하지 못하면 부동산이나 배관공사, 자동차 영업소 운영 같은 좀더 안정적인 일자리를 찾았다. 반면 창의적 체험 자체가 주요 동기인 학생들은 비록 최소한의 인정을 받더라도 계속해서 그림을 그리거나 조각을 했다. 그리고 얼마 지나지 않아 그들 중 일부(하지만 절대 모두는 아니다)는 평론가, 갤러리 관장, 수집가들로부터 인정을 받기 시작했다. 다른 재능 영역에서도 마찬가지로 행운은 준비된 이들을, 다시 말해 동기가 있고 그 영역이 요구하는 작업에 필요한 훈련된 습관을 계발해온 이들을 편애한다.

플로와 재능 발달

우리는 이전의 많은 연구를 통해 사람들이 플로를 경험하면 그것이 너무나 즐겁다는 이유 하나만으로도 그런 경험을 창출하기 위해 필요한 것은 무엇이든 반복하려는 경향이 있음을 알고 있다.[9] 이러한 내적 보상을 안겨주는 플로 경험은 스포츠, 게임, 종교적 관행과 의식, 노래와 춤 그리고 연극 같은 예술적 활동 등등에서 발견할 수 있다. 하지만 거의 모든 활동은 플로를 생산할 수 있고, 따라서 내적으로 보상을 준다. 노동이나 육아 또는 수학 문제 풀이도 무척 즐거울 수 있으며, 그래서 어떤 사람은 가능한 한 오래도록 그 일을 계속한다.[10] 플로가 발생할 수 있는 필수 조건 중 하나는 어떤 상황에서의 행동 기회가 그 사람의 활동 능력과 맞아떨어지는 것이다. 다시 말해, 도전과 기술이 균형을 이룰 때 활동은 그 자체로 보상이 된다. 그러므로 어떤 십대가 소질 있는 영역에 몰입해 플로를 경험하는 데 성공한다면, 그 또는 그녀는 그것을 지속적으로 학습하고 향상시킬 뿐 아니라 그렇게 하는 걸 즐길 것이다. 재능 계발은 내적으로 보상을 주게 마련이다.

그러나 재능을 펼치기까지 걸어야 할 경로는 결코 쉬운 길이 아니다. 십대들이 즐거운 발전 대신 겪는 것은 대체로 과도한 도전에 따른 불안이나 도전할 게 너무 없을 때 일어나는 권태다. 이러한 불균형 상황 아래서 그들은 갈수록 자신의 재능으로부터 멀어진다. 더 이상 재미도 없고, 그래서 점점 더 적은 시간을 자기 재능에 쏟는다. 새로운 관심거리가 그들의 심리적 에너지를 잡아당긴다. 어떤 것은 목적의식이 있고, 어떤 것은 아무런 도움도 되지 않는다. 아울러 동기와 복합성 또한 감소한다. 요컨대 재능을 갈고 닦는 게 덜 즐거워지면 예전의 도전이 더 이상 매력적이지 않고 능력도 떨어진다. 그렇게 십대 영재는 흥미를 잃고 그 재능은 결국 '허비'된다.

우리가 인터뷰한 재능 있는 학생들은 소질을 연마하는 데서 얼마나 많은 기쁨을 발견했는가라는 견지에서 볼 때 매우 다양했다. 지적 능력은 무척 비슷했지만, 일부는 자신이 아주 잘하는 것을 부모와 교사들이 강요하는 데 압박감을 느꼈고, 일부는 타고난 재능을 활용할 수 있는 것을 매우 다행스럽게 여겼다. 어떤 학생들은 자신의 수학 실력에 자신감이 있었지만, 다른 학생들은 자기가 대단히 명석하지는 않다고 생각했다. 소수의 아이들은 유용한 학위를 따기 위해 지루하다고 생각하는 수업을 참고 견뎠지만, 다른 아이들은 수업 시간을 거의 고대하지 않았다. 학생들마다 자기 재능에 대해 제각각의 시각을 갖고 있었다. 그럼에도 불구하고 몇 가지 기본적 차이가 다수의 개별적인 다양성에 영향을 미쳤다. 몇 가지 사례가 자기 재능에 대한 이들 십대의 생각과 관련해 어떤 예비적인 개념을 제공할 수 있을 것이다.

몇 가지 간략한 스케치

말라는 과학, 수학, 음악 분야에서 추천을 받은 뛰어난 여학생이다. 생물학을 좋아하며 "시 월드(Sea World)에 가서 돌고래를 조련하는" 미래의 꿈을 갖고 있지만, 더욱 현실적인 목표는 의사와 결혼할 수 있도록 "병원에 자주 드나드는 것"이다. 말라는 "멋있는 남편과 아이들, 캘리포니아의 집, 편안한 삶"을 누리고 싶어 한다. 과학 강좌를 택한 것은 주로 외적인 이유 때문이다. 요컨대 부모와 교사들의 칭찬과 미래로 향한 좋은 티켓이기 때문이다. 그리고 생물학을 공부하는 단 한 가지 본질적 이유는 실험을 자기 마음대로 재미있게 할 수 있기 때문이다.

레이철 역시 매우 뛰어난 어린 과학자다. 동물을 연구하는 생물학에서 경력을 계속 쌓고 싶어 한다. "항상 사람보다 동물을 좋아했고, 동물이 사람보다 더 낫다고 생각하기" 때문이다. 레이철은 학교에서 다른 아이들로부터 따돌림을 당하고, 지금은 스스로를 외톨이라고 생각한다. 레이철이 7학년 화학을 좋아한 이유는 계속 뭔가를 폭발시켜 선생님한테 겁을 줬기 때문이다. 긴장을 풀고 따분한 현실에서 벗어나기 위해 많은 글을 쓰지만, 대부분은 우울하고 "죽음을 동경하는" 내용이다.

다른 많은 수학 영재들처럼 실라는 문제를 해결하는 도전 의식 때문에, 그러니까 "거기에 확실한 답이 있어서" 수학 공부를 좋아한다. "생물학자나 고고학자가 되고" 싶지만, 주된 목표는 좋은 친구들을 사귀고 잘생긴 남자와 결혼하는 것이다. ("그 남자가 부자라면 좋겠죠.") 수학 공부가 즐거울 때 어떤 느낌인지 설명하면서 실라는 플로 경험에 대해 (약간 순환 논리적이긴 했지만) 훌륭한 묘사를 했다. "도전 의식이 생기는 것처럼 느껴져요. 너무 쉬우면, 사실, 진짜 좋지는 않아요. 너무 어려워도 좋지 않고요. 하지만 도전 의식이 있으면 그다지 어렵지 않죠."

그레그는 음악과 수학에서 대단히 특출한 학생이다. 주된 관심사는 하나같이 "괴짜이고" 어디나 책을 갖고 다니며 뭐든지 아는 것처럼 행동하는 다른 수학 영재들과 너무 똑같이 취급받지 않는 것이다. 그레그는 많은 친구들이 오케스트라에서 연주하기 때문에 음악을 좋아하며, 작년에는 친구들이랑 유럽 순회공연에도 다녀왔다. 4학년 때는 "아주 다루기 힘들어 보이고 되게 재미있게 생겨서" 프렌치 호른을 연주하기 시작했다. "다른 악기는 전부 아주 단순해 보였어요. 흐름이 재밌어 보였죠." 또한 고등학교 1학년인 지금은 고급 기하학을 듣고 있다. "아주 쉽고 좋아요. 재밌거든요. 모든 법칙을 좋아해요. 음악보다 훨씬 더 정확하죠. 음악은 부정확해요."

샘은 드로잉과 회화를 좋아하는데 주된 이유는 자신이 잘하는 것이고 많은 또래 친구들이 그 재능을 부러워하기 때문이다. 샘은 출세하는 게 꿈인데 "멋진 자동차와 멋진 옷을 좋아하기" 때문이다.

에밀리는 그림 그리는 걸 좋아한다. "언제나, 음, 뭐든 그리는 걸 좋아했어요. 아마 그림 그리는 게 좋아서 그랬을 거예요. 그냥 사람들을 행복하게 만드는 게 좋아서." 그리고 이렇게 말하기도 했다. "그림은 어떻게 보면 마술같이 느껴져요. 뭔가를 멋지게 그렸을 때 말이에요. 저는 그림 그리는 게 즐거워요."

수전은 수학, 과학, 음악에서 추천을 받았다. 과학에 대한 관심은 5학년 때 시작되었다. 고고학 현장 학습 때 약간의 물질적 단서를 가지고 과거를 재구성하는 과학자들의 능력에 매혹되었다. 현재 수전은 실험실에서 실험하는 것을 매우 좋아한다. 그 이유는 "나를 정말 흥미롭게 만드는 것은 무슨 일이 일어날지 예측할 수 있기" 때문이다. 그리고 수학도 좋아하는데 "무언가에 대한 정답을 찾아야만 하는 도전이 좋기" 때문이다. "수학이 좋은 것은 또한 다른 과목들과 연관시킬 수 있기 때문이에요. 추상적인 방식일지라도 모든 것은 어느 지점에선가 수학으로 소급되죠." 음악 분야에서 수전은 특히 성악 공연을 즐긴다. "왜냐하면 꾸준히 노력한 것을 청중들에게 선사하는 것은 정말 좋은 일이라고 생각하기 때문이에요." 수전은 과학과 경영을 결합할 계획인데, "실제 세상이 작동하는 방식에 영향을 주고 싶기" 때문이다. 하지만 현재의 주된 목표는 이렇다. "나 자신을 좋아하는 법을 배우는 것이에요. 왜냐하면 나는 나 자신을 항상 싫어하거든요."

이 7명의 학생은 모두 나머지 아이들과 아주 많이 다르다는 점에서 서로 비슷하다. 만약 우리가 다른 학생 201명과의 인터뷰를 발췌해 소개한다면, 그들 역시 어떤 면에서는 모두 독특하게 보일 것이다. 하지만 이 7명 중에서도 향후 재능 계발에서 중요한 경향일지 모르는 것을 포착할 수 있다. 이들 십대 중 몇몇은 해당 분야에 심리적 에너지를 투자하는 데서 어떤 특별한 즐거움도 얻는 것 같지 않다. 그들에게 수학이나 미술 또는 음악을 하는 것은 그 자체로는 보상이 되지 않는다. 그것은 하나같이 외적인 이유 때문이다. 요컨대 칭찬, 압박, 미래의 보상에 대한 기대가 그것이다. 하지만 위의 스케치에서 살펴본 실라, 그레그, 에밀리, 수전 같은 십대 아이들은 해당 분야의 활동에서 대단히 큰 기쁨을 얻는 것 같다.

우리의 이론은 재능 발달이라는 힘든 과제에 청소년들이 계속 몰입하도록 하기 위해서는 해당 영역이 요구하는 것에서 보상을 발견하는 게 필수적이라고 주장한다. 어떤 십대가 물리학을 즐길 수 없다면, 거기서 지루함이나 좌절을 느낀다면 계속 공부하기는 매우 힘들다. 뒤이은 연구에서는 고등학생들이 자신의 학업에서 플로를 발견할 수 있는지 여부, 그리고 그 이유는 무엇인지에 특별히 주목할 것이다. 여기서 깨달은 것을 통해 청소년 영재들이 너무나 많은 가능성이 흔적도 없이 흩어지는 사춘기라는 어려운 시기와 어떻게 협상하는지 좀더 잘 이해할 수 있는 지식을 뽑아냈으면 한다.

결론

뛰어난 자질을 타고난 아이가 어떤 영역에서 재능 있는 실력자로 성장할 것인지 여부는 서로 무관한 많은 요인에 달려 있다. 그중 일부는 문화와 관계가 있다. 가령 지식 및 전문 기술의 입수 가능성과 보급이 그것이다. 다른 요인들은 가용 자산과 그 분야가 부여할 수 있는 관심의 양과 격려 같은 사회적 변인과 관련이 있다. 또 많은 부분이 당사자가 태어난 사회적 환경에 달려 있다. 민족적, 인종적, 경제적 출신 성분이 그것이다. 행운, 이를테면 접촉하는 만남의 유형, 당사자가 만나는 멘토, 그리고 우연히 닥친 예기치 못한 기회 또한 지대한 역할을 한다.

재능 실현에 기여하는 개인적 자질도 있다. 그중 일부는 당사자도 통제할 수 없는데 이를테면 지능, 특별한 재주, 기질에 미치는 유전적 기여가 그것이다. 하지만 개인이 어느 정도 영향을 줄 수 있는 특성도 존재한다. 여기에는 적절한 주의 구조, 집중 습관, 그리고 성격과 동기 유형의 발달이 포함된다.

우리는 아이들의 선천적 재능을 증대시킬 수 없으며, 능력을 펼치는 데 영향을 주는 문화적·사회적 변수를 변화시키기 위해 개인으로서 할 수 있는 일도 거의 없다. 하지만 약간이나마 조치를 취할 수 있는 문제 요소를 더 잘 이해할 수 있다면, 가족과 학교와 지역 사회 속에서 청소년들이 지닌 고유의 인간적 잠재력을 보호하고 육성할 수 있을지도 모른다. 성격, 습관, 동기가 재능 영역에서 어떻게 아이들의 몰입을 유지하도록 돕는지 이해하기 위해 고등학교 4년 내내 청소년 영재 집단의 발달을 기록하는 것이 우리가 이 책에서 설정한 과제다.

03 연구 수행의 방법과 절차

저술이나 논문의 방법론은 연구에 전념하는 학자를 제외하면 일반적으로 누구에게나 초미의 관심사는 아니다. 하지만 저자들이 언급하는 다양한 개념이 어떻게 쓰이고 측정되는지 알지 못한다면, 독자는 실증 연구의 결론을 평가하기 어렵다. 이 책에서 '재능'은 무슨 의미일까? 우리는 발달을 어떻게 측정했는가? 이번 장에서는 이와 함께 좀더 기술적인 성격의 다른 많은 질문을 가능한 한 간단하면서도 필요한 수준에서 상세하게 다룬다. 우리는 특히 독자 여러분이 연구의 주요 자료 출처인 경험표집법의 기본 작동 방식에 익숙해졌으면 한다.

재능 표본 선별하기

지능 검사가 유일하게 '객관적' 능력의 척도로 여겨지고, 학업 성취도가 모든 실용적인 목적 중 유일하게 진지한 연구의 초점이었던 시대 이래 많은 게 바뀌었다. 최근의 이론은 점차 재능 표출을 접근 가능한 정보(영역)의 유의미한 구조, 그리고 우수한 성과를 규정하는 사회적 맥락(해당 분야)이 개인의 능력과 수렴하는 것으로 바라본다. 좀더 역동적인 관점에서 보면, 개개인은 능력을 갖고 태어날 수 있지만 그들의 적성이 역사적으로 결정된 특정 분야의 기준을 통해 걸러지고 그것 안에서 사회화할 때에만 재능을 발휘할 수 있다. 날것으로서 적성이 사회적으로 조정된 재능으로 가는 이 경로에서 청소년기는 인생의 중요한 시기다. 십대 영재들은 시간을 얼마만큼 재능 계발에 투자해야 할지, 그리고 특정 분야의 성공에 대해 얼마만큼 신경을 써야 할지에 대한 선택을 영재아들보다 한층 더 많이 직면해야 한다. 타인이 그들을 위해 이런 결정을 내릴 수 있는 때는 지났다.

날것으로서 적성과 객관적 능력으로부터 재능의 사회적 구축을 인식하고 구체화하는 입장으로 연구 초점을 전환한 것은 최신 연구를 영재성과 창의성으로까지 해방시키는 데 영향을 미쳤다. 한편으로 이런 전환은 재능 발달에 대한 집중적이고 체계적인 연구를 이전에는 소홀했던 무용, 음악, 미술 같은 다수의 재능 영역으로까지 확장시켰다.[1] 이런 활동에 대한 연구는 개개인이 참여 방법을 알고 있어야 하는 분야 및 영역의 특이한 구조는 물론, 관련 있는 개개인의 신경학적·심리학적 성향에 초점을 맞추면서 점점 더 고유한 방식으로 이뤄지고 있다. 다른 한편, 확장된 이러한 연구 의제는 매우 다양한 영역에서 비롯된 통찰의 영향을 받아 개인의 재능 발달이라는 비교과학의 가능성을 제기해왔다.

그러나 이러한 새로운 시도는 흥미진진한 가능성을 내놓으면서도 방법론상의 성가신 문제 또한 제기한다. 그중 기본적인 것은 해당 영역의 어떤 연구에서건 초기에 다뤄야 할 다음과 같은 질문들이다. 누구를 재능 있다고 여길 것인가? 이러한 개인들을 어떻게 선별할 것인가? 특정 분야에서 영재를 찾아낼 때는 어떤 종류의 증거(지능지수, 학점, 전문가의 판단)에 가장 큰 비중을 두어야 하는가?

이런 질문에 대한 답변으로 많은 연구자들이 재능 선별의 다차원 모델을 제안해왔다. 이 모델은 흔히 개인적 동기 및 태도, 입증된 성과와 잠재적 창의성의 지표를 포함한 다양한 기준을 통합한다.[2] 아울러 이 모델은 연구 전략상 우수한 수행 능력 및 잠재적 탁월함에 대한 '객관적' 증거와 함께 해당 분야를 잘 아는 교사와 경험 많은 현역 같은 구성원의 판단을 가능한 한 어디에서든 종합하려 한다.

그러나 재능 선별의 일반적 전략은 좀더 폭넓은 연구 목표를 고려한 뒤에야 제안할 수 있다. 어떤 연구는 우수한 능력의 표준화한 지표에 과도하게 의존하기도 한다. 가령 수학 문제 해결에 대한 탁월한 능력은 평균 학점과는 별도로 표준화한 검사를 통해 가장 잘 식별할 수 있다. 그 밖에 다른 재능 영역은 학습자와 교사 사이의 상호 작용 패턴에 한층 더 면밀한 주의를 요구할 수도 있으며, 따라서 특정 영역의 숙련된 활동에 대한 최초의 입맛을 어린 학생에게 제공하는 어른들의 의견에 더 많이 의지할 수도 있다.

재능 선별과 밀접하게 연관된 문제(이는 당면한 연구의 더 넓은 목표에 달려 있다)는 어디에서 그리고 언제 재능을 연구할 것인가라는 질문, 즉 재능의 사회적이고 심리적인 맥락이다. 예를 들어, 수학과 음악 영재에 관한 많은 연구는 재능과 무관한 방해 요인을 제한하고 완벽한 집중을 허용하는 수학 캠프나 음악 캠프 같은 특화한 환경에 초점을 맞춰왔다. 이런 상황은 흔히 통제된 조건 아래서 펼쳐지는 학습 과정을 목격하며 기록할 수 있는 소중한 기회를 제공한다. 하지만 이는 일상생활의 집중 방해 요인과 스트레스에 직면했을 때 재능 있는 아이들이 취하는 선택에 대해서는 유용한 정보를 주지 않는다. 대다수 재능 연구는 사춘기의 사회적·성적 변화로 인해 아직 삶이 복잡하지 않은 아동들에게 집중해온 경향이 있다. 아마도 사춘기 이전 아이들의 스케줄이 더욱 통제하기 수월해서일 것이다. 바로 이런 이유 때문에 일반적인 십대들에게 닥쳐오는 온갖 도전이 전부 작용하는 맥락 속에서 청소년 재능 발달을 조사하는 연구는 더욱 드물어졌다. 특출한 영재아들의 조기 식별에 더 큰 중점을 두는 바람에 청소년기가 재능 발달 문헌의 주류 관심사에서 벗어나 주변부로 전락하는 경향이 있었던 것이다.

짐작했겠지만, 우리는 사춘기는 재능 발달을 크게 변화시키기에 너무 늦었다는 생각에 동의하지 않는다. 우리가 볼 때 사춘기란 대부분의 사람이 주의(attention)라는 자신의 한정된 자원을 어떻게 배분할 것인지, 그리고 가장 해볼 만한 가치 있는 일이 무엇인지에 대해 중대한 결정을 내리는 최초의 시기다. 아이가 아무리 철저하게 훈련을 받았건 혹은 그 성과가 아무리 출중했건 사춘기는 재능 발달의 평탄한 과정에 사회적·심리적·지적 도전이라는 신선한 배터리를 장착한다.[3] 사춘기 삶의 전방위적 맥락 속에서 영재들의 경험을 밝히는 것이 이 책의 과제다. 그다음으로 선별 전략을 택하는 데 있어 우리는 다양한 범위의 관심사를 탐구할 풍부한 기회를 제공하면서도 '정상적인' 미국 청소년의 환경이라 할 만한 고등학교와 지역 사회를 물색했다.

이번 연구를 위해 선택한 교외의 두 고등학교는 감탄스러우리만치 이 목적에 부합했다. 두 곳 모두 주 전체 수준, 아니 사실은 전국적 명성을 갖고 있으며, 다른 학교 시스템으로부터 종종 모범 사례로 여겨지는 교사진을 보유하고 있다. 아울러 두 학교 모두 상당히 크고(4000명 이상의 학생), 십대의 삶을 구성하는 모든 문제점과 즐거움을 갖춘 지역 사회에 위치한다. 각각의 학교 안에서 우리는 가능한 한 학생들의 능력을 재는 일체의 표준적인 측정법과 장단기 잠재력에 대한 교사의 평가 사이에서 균형을 잡으며 재능을 선별하는 혼합 전략을 추구했다. 우리는 이런 방식을 통해 그들의 영역을 더 잘 파악하고, 풍부한 정보를 가진 교사들에게 각 분야에 완전한 성인으로 참여할 수 있을 거라는 인상을 남긴 청소년을 식별할 수 있길 바랐다.

좀더 구체적으로, 우선 각 재능 영역에서 상급반이나 고급반의 9학년과 10학년으로 선별군(selection pool)을 국한했다. 이 그룹 내에서 교사들은 자기 분야에서 월등히 정통한 수준까지 재능 계발을 밀고나갈 잠재력을 갖춘 학생들의 하위 집단을 지정했다. 이런 접근법을 사용해 우리는 5개 재능 영역(수학, 과학, 음악, 체육, 미술)에서 총 394명의 학생을 선정했다. 그중 309명(78퍼센트)은 단일 영역에서만 뛰어난 것으로 뽑혔고, 85명(22퍼센트)은 2개 이상 영역에서 추천을 받았다. 두 학교에서 (여러 분야에 자질이 있는 경우를 포함해) 추천받은 재능은 총 505건에 달했다. 후보자 중 208명(53퍼센트)은 믿음직스럽게도 프로젝트 자료 수집 첫 단계의 모든 측면을 완료했다(남학생 92명, 여학생 116명). 수학, 과학, 체육에 뽑힌 학생은 모두 학교 1 출신이었다. 음악은 두 곳 모두에서 뽑혔고, 미술에 뽑힌 학생 전원은 학교 2 출신이었다. 표 3.1은 학교별, 성별, 학년별 최종 표본의 분포를 요약한 것이다. 물론 재능 영역별로 이 기본 선정 절차에 약간의 변형이 필요했다. 이 절차에 관한 얘기로 잠시 넘어가보자.

수학

학교 1의 교사들에게 우수반 수학을 듣는 고등학교 1·2학년 중 수학에 가장 뛰어난 선천적 능력을 보이고 진로로 삼을 만한 잠재력을 갖춘 학생을 추천해달라고 요청했다. 그 결과 대수학, 기하학, 삼각법의 고급반 수업을

표 3.1 남녀, 학교, 학년에 따른 재능 영역별 십대 영재 최종 표본 요약(N=208)

	9학년		10학년		합계
	남	여	남	여	
추천받은 학생 수					
단일 재능	31	39	36	49	155
복수 재능	9	8	16	20	53
	40	47	52	69	208
영역별 학생 수					
수학(학교 1)	12	14	17	25	68
과학(학교 1)	10	7	11	19	47
음악(학교 1)	9	17	14	21	61
음악(학교 2)	6	4	4	4	18
체육(학교 1)	12	9	17	20	58
미술(학교 2)	6	3	9	10	28
	55	54	72	99	280

듣는 132명(여학생 68명, 남학생 64명)의 학생이 뽑혔다. 이 그룹은 대략 학교 1의 수학 분야에서 9학년과 10학년 전체의 상위 7퍼센트를 대표했다. 그중 남학생 29명과 여학생 39명(총 68명)이 프로젝트 합류에 동의한 후 첫 번째 단계를 완료했다. 68명 중 26명은 수학에서만 뽑혔고, 42명은 다른 재능 영역에서도 추천을 받았다. 선정된 모든 학생은 일반 동급생들이 듣는 대수학 입문(고1)이나 기하학 수업(고2)보다 적어도 1년 앞선 수준을 공부하고 있었다. 고급반 편성은 표준적인 검사의 월등한 점수와 함께 중학교 고급 대수학을 마스터했다는 입증된 실력을 기초로 이루어졌다. 선정된 학생 대다수는 중학교 때 고등학교 대수학 입문 수업을 들은 적이 있고, 선정 교

사들도 이를 잘 알고 있었다. 이 그룹의 한 하위 집단은 지역 내 다른 고등학교와 벌이는 수학 경시대회에도 참가했다.

과학

선정 과정은 수학의 경우와 아주 비슷했다. 학교 1의 과학부 교사들에게 1·2학년 과학 우수반 학생 중 가장 뛰어난 학업 능력과 진로 잠재성을 가진 학생을 추천해달라고 요청했다. 생물학과 화학 고급반에서 76명(남학생 40명, 여학생 36명)의 학생을 추천받았다. 이들 학생은 대략 학교 1의 9학년과 10학년 중 상위 8퍼센트를 대표했다. 그중 남학생 21명과 여학생 26명(총 47명)이 프로젝트에 합류해 연구의 첫 단계를 마쳤다. 47명 중 11명은 과학 분야에서만 뽑혔고, 36명은 다른 재능 영역에서도 추천을 받았다. 그리고 선정자 전원은 과학 입문반의 평범한 9학년이나 생물학 수업을 듣는 평범한 10학년보다 최소 1년 앞선 수준의 공부를 하고 있었다.

음악

수상 경력이 있는 두 고등학교 음악부 교사들에게 그들이 생각하기에 진로의 일환으로 음악을 추구할 역량이 충분히 있는 1·2학년 학생을 추천해달라고 요청했다. 대상자는 학교 오디션에서 통과한, 한 개 이상의 성악팀이나 기악팀 전임 연주자여야 했다. 123명(남학생 51명, 여학생 72명)의 후보가 있었다. 그중 79명(남학생 33명, 여학생 46명)이 프로젝트에 합류해 연구의 첫 단계를 완료했다. 이들 학생 중 상당수는 높은 평가를 받고 있는 두 학교의 예비 고등학생 연극·음악 프로그램에 참여했고, 다수는 합주 작업 외에도 음악과 연극에서 계속 활발히 활동했다. 표본 내의 한 막강한 하위 집단은 벌써부터 방과 후 전문 공연에 참여하고 있었다.

체육

체육 특기생 표본을 제공한 학교는 운동 강팀으로 지역적·전국적 명성을 자랑했다. 우리의 표본에 올라 있는 동안(1984~1989) 이 학교는 수영·야구·미식축구·축구·배구·농구·테니스·레슬링처럼 경쟁이 매우 치열한 종목에서 주(州) 선수권대회 토너먼트 결승전에 20차례나 진출하고, 주 선수권과 지역 선수권대회에서 우승했다. 매년 경쟁력 있는 체육 프로그램을 갖춘 전국의 대학들로부터 많은 러브콜을 받고 있으며, 학생들은 상당한 성공을 거뒀다.

코치들에게 그들이 봤을 때 대학 혹은 프로팀 수준에서도 성공적으로 겨룰 수 있는 재능을 가진 학생을 추천해달라고 부탁했다. 코치들은 127명(남학생 72명, 여학생 55명)의 선수를 지명했다. 그중 학창 시절에 접할 수 있는 다양한 종목에서 출중함을 보인 58명(남학생 29명, 여학생 29명)이 연구의 첫 번째 단계를 마쳤다. 이들 선수 대부분은 고등학교와 인근 지역 사회가 제공한 예비 고등학교 체육 프로그램에 참여했고, 코칭스태프에게도 이미 잘 알려져 있었다. 58명 중 38명은 체육에서만 뽑혔고, 20명은 다른 재능 영역에서도 추천을 받았다.

미술

이번 연구에서 조사한 5개 영역 중 미술 재능 식별 기준은 본질적으로 가장 주관적이고 기능상으로도 가장 규정하기 어렵다. 청소년 미술가들은 아무리 최고라 할지라도 일반적으로 아직은 작품을 대중에게 전시하거나 전문가들의 심사를 받아본 적이 없다. 고등학교 미술 과정은 개인의 발달 속도에 맞춰져 있고 천부적 능력에 대해 기존의 판단을 제공하지 않는다. 그래서 우리는 우수한 미술 영재를 찾는 데 학생들의 작품에 친숙한 교사들의 정통한 판단에 특히 의존했다. 우리에게 표본을 제공한 미술부는 일리노이 주에서 가장 질 높고 혁신적이라고 알려진 학교다. 학교는 광범위한 학생 참여를 보장하기 위해 많은 미술 전임 교원을 확보하고 있으며, 재능 계발을 위한 자원을 공급하기 위해 오랜 기간 공을 들여왔다. 미술부는 학교에서 학생들이 작품을 전시할 기회를 정기적으로 제공하고 학생들의 지역 사회 전시나 경시대회 참여를 독려한다. 아울러 학생들은 여기서 지속적으로 좋은 성적을 내고 있다.

교사들은 미술의 일부 영역에서 잠재력을 보유하고 있다고 판단한 1·2학년 학생을 추천했다(총 47명 중 남학생 23명, 여학생 24명). 그중 최종 표본에 뽑힌 학생 28명(남학생 15명, 여학생 13명)은 학점을 인정받을 수 있는 미술 강좌를 듣고 있었다. 아울러 이들 학생 대부분은 고등학교에서 실시하는 예비 고등학교 재능 개발 프로그램에 등록한 전력이 있고, 교사들도 이런 사실을 알고 있었다.

물론 우리는 위에서 개괄한 일반적 선정 전략에 문제점이 없지 않다는 사실을 알고 있다. 우리의 접근법은 아마도 최종 표본의 모든 구성원이 재능을 갖추었다는 사실을 보장할 것이다. (이로써 통계학자들이 '1종 오류'라고 부르는 것을 비켜간 셈이다.)[4] 그러나 교사 추천에 의존했기에 능력 이하의 성적을 내거나 학교 바깥에서 실력을 떨치는 유능한 십대를 놓쳤을 가능성을 배제할 수 없다(2종 오류). 후자의 가능성은 미술과 체육에서 특히 우려된다. 이런 영역에서 고급 수준의 재능을 드러낼 많은 기회는 수업이 끝난 뒤에 얻을 수 있다. 사실 재능 있는 십대의 부모는 자녀들이 교육 과정에서 제공하는 것을 너무나 빨리 흡수해버리므로 학교에서 가능한 것을 넘어 새로운 자원을 찾아야만 한다는 것을 알고 있다. 이런 학생들을 배제하는 것이 우리 연구 결과의 타당성과 유용성을 제한할까?

우리는 표집 오류의 잠재적 근원을 진지하게 받아들이면서도 한편으로는 전체적인 연구 설계의 다른 특성이 편견을 최소화하는 데 도움을 주었을 것으로 생각한다. 저성취 학생들을 간과할 위험은 학년 초에 후보자를 모집함으로써 어느 정도 완화할 수 있었다. 추천 교사들은 다른 누군가가 가르친 강좌에서 드러난 학생들의 이전 실적에 근거해 판단을 내렸다. 여하튼 고등학교 내내 입증된 재능의 이력을 추적하는 게 이 연구의 주목적 중 하나이므로, 해박한 성인들로부터 그 능력을 이미 주목받은 학생들로 시작할 필요가 있었다. 낌새를 못 챘거나 충분히 활용하지 못한 능력을 고등학교 시절 뒤늦게 꽃피우는 학생들의 커리어에 대한 연구는 미래의 일로 남겨둔다.

다양한 재능을 보여주는 학생들을 실제보다 낮게 평가할 위험은 두 고등학교에서 보기 드물게 종합적으로 제공해준 프로그램 덕분에 어느 정도 완화할 수 있었다. 4장에서 알 수 있듯 우리의 최종 표본에 든 학생들은 매우 다양한 음악·미술·체육 활동에 참여했으며, 대부분 꽤 높은 수준의 성과를 보였다. 불가피하게 일부 뛰어난 실력자를 선정하지 못하긴 했지만, 우리는 이 표본에서 추출한 결론이 가장 비슷한 십대 영재들의 경험에도 대체로 유의미할 것이라고 확신한다.

재능 연구 방법론: 2단계 전략

재능의 경험에 대한 우리의 일차적 관심이 표본 선정 접근법을 결정한 것처럼 어떤 연구 전략과 방법론을 사용할지도 결정했다. 우리는 특히 십대들의 매일의 경험과 자아 인식이 재능 계발에 대한 그들의 궁극적 결정에 어떤 영향을 미치는지 알고 싶었다. 이러한 초점은 두 단계의 종단 연구 설계를 지시하는 듯했다. 자료 수집의 첫 번째 단계에서는 매일의 재능 자각에 중점을 두면서 주로 십대들 각자의 재능 경험에 집중하려 했다. 이 단계는 대상자들이 9학년이나 10학년인 고등학교 생활 초반부 동안 진행했다. 많은 척도를 이 시기에 수집했지만, 연구의 중심 초점은 주관적 상태를 살피는 자연주의적 접근법, 곧 ESM(경험표집법)이었다.

2년 후 이뤄진 자료 수집의 두 번째 단계에서는 재능 발달에 주로 집중하려 했다. 이 단계는 해당 영역에서의 성취뿐 아니라 관심의 성장에 초점을 맞췄다. 우리는 이 접근법을 채택함으로써 시간의 흐름과 함께 자질 육성에 가장 기여하는 재능 관련 경험 및 활동의 양상을 발견하고 싶었다. 이제부터는 연구의 두 단계에 걸쳐 이뤄진 주요 절차와 척도를 간략하게 설명하도록 하겠다.

1단계: ESM을 통한 재능 경험 연구

자격을 갖춘 십대들의 일차 집단을 선정한 후, 프로젝트에 대해 설명하고 참여를 정식으로 요청하는 편지를 발송했다. 우리는 부모 및 학생들과 미팅을 잡고 프로젝트에 대한 질의응답 시간을 가졌다. 추천 학생 중 절반 이상이 참가에 동의했다.

실험 대상인 표본 특성 중에서 학년만이 유일하게 참여 패턴에 유의미한 수준으로 영향을 미쳤다. 추천받은 10학년 대상자는 9학년보다 참여 가능성이 눈에 띄게 높았다(x^2=10.04, $p < .002$).[5] 이런 편차는 아마도 새내

기인 9학년이 학교생활에 적응하는 데서 오는 일반적 애로 사항의 반영일 것이다. 아울러 이런 영향은 학년이 시작되고 3개월 후까지 9학년 표본 선정을 늦춘 일정으로 인해 악화했을지도 모른다. (9학년에 대한 접촉 지연은 불가피했다. 신입생에게는 적응 시간이, 교사들에겐 고급반 학급 명단을 수정할 시간이 필요했기 때문이다.)

성별과 학년 간 약간의 상호 작용 또한 확실히 있었는데, 이를테면 2년차 여학생들의 참여 가능성이 다소 높았다. 신입 남학생들은 덜 참여하려 했고, 처음이자 가장 부담이 큰 단계의 연구에서 중도 하차하는 경향이 더 많았다(ESM에 대한 아래의 논의 참조). 하지만 성별은 그 자체로 주목할 만한 영향을 주지 않았다. 끝으로, 복수의 재능을 가진 학생들 사이에서는 높은 참여 경향이 뚜렷했다. 비록 통계학적으로 유의미하지는 않지만, 이런 경향은 선정 절차가 좀더 훌륭한 수준의 재능을 포함하는 쪽으로 (굳이 말하자면) 편향되었다는 확신을 어느 정도 부여한다. 성별, 학년, 추천 재능 수의 복합적 영향은 최종 참여 패턴의 5퍼센트 이하를 차지했다는 점에 주목해야 한다. 이런 그룹 분류가 최종 표본에 완벽한 비율로 나타나진 않았을지몰라도 충분한 대표성을 띤다고 할 수 있다.

우리의 일차적 연구 기법인 경험 표집의 특수성은 학생 대상자와 그 부모의 철저한 준비를 특히 최우선 사항으로 만들었다. 요즘 표현대로 하면 이 '삐삐 연구'는 매일의 일상과 경험 과정을 기록하기 위해 전자호출기를 사용한다. 대상자들은 ESM 신호에 반응해 현재 자신의 활동, 생각, 함께 있는 사람, 감정에 대해 상세한 보고서를 작성한다. 이는 연구자에게나 참여자에게나 상당한 책임이 따르는 부담스러운 방법이다. 하지만 15년간의 ESM 연구는 관계자들의 노력에 대한 평가를 넘어섰다. 방법론적 혁신으로서 ESM은 지필 측정(paper-and-pencil measurement)의 정확성과 현장 관찰

기법의 생태학적 타당도(ecological validity: 통제된 실험실 상황의 연구 결과를 다른 상황에서 얼마나 일반화할 수 있는지와 관련한 타당도—옮긴이) 사이에 다리를 놓아준다. ESM이 갖는 상황적 즉각성(contextual immediacy)은 좀더 포괄적인 자기 보고 측정이 가끔 저지르기 쉬운 편견과 왜곡을 피해간다. 리서치 도구로서 ESM은 전(全) 생애적 발달에서 비교 문화 조사와 거식증, 과식증, 정신분열 같은 임상 장애 연구에 이르기까지 이미 수많은 분야의 방법론에 적용되고 있다.[6]

이번 연구를 위해 채택한 특별한 ESM 절차는 시카고 대학교에서 수행한 연구 중 청소년들과 잘 맞아떨어졌던 것을 따랐다.[7] 각각의 십대들에게 신호 주간이 시작되기 전 절차에 관한 브리핑을 진행했다. 연구원과의 첫 면담 도중 학생들은 모든 지침을 이해했는지 확인하기 위해 경험 표집 서식(Experience Sampling Form, ESF) 샘플을 작성했다. ESM 호출기는 '삐~' 하는 소리와 진동의 두 가지 신호 모드로 설계했다. 참가자들에게 주변의 방해를 최소화하기 위해 가능한 한 자주 진동 모드로 호출기를 설정하라는 지침을 알리고 착용 방법도 보여줬다.

십대 학생 전원은 주말을 포함해 7일 연속 호출기를 착용하기로 했다. 평일에는 매일 오전 7시에서 밤 10시까지, 주말에는 오전 7시에서 자정까지 7~9회의 신호를 보내 평균 60개의 응답을 받았다. 1985년 10월부터 1986년 5월 사이에 이뤄진 모든 호출은 정규 수업이 있는 기간 동안 보냈다. 신호를 받고 30분 이내에 적어도 15개의 ESF를 완성하는 응답자만 최종 표본에 포함했다. 십대 참가자 중 208명(91퍼센트)이 평균 36개의 유효한 응답을 보내 이 기준에 부합했다.

ESM 주간을 마친 후, 참가자들은 각각 연구진 한 명과 2차 면담을 했다. 이 보고 브리핑(debriefing) 기간 중 학생들은 그 주가 어떻게 지나갔고

ESF 소책자를 완료하는 데 어떤 문제점이 있는지 질문을 받았다. 신호에 대한 무응답은 대부분 잊었기 때문이거나 신호 실패 또는 신호 범위를 벗어난 대상자들의 일시적 움직임과 관련이 있었다. 운동 경기 같은 어떤 상황 아래서는 응답하기 힘들다는 사실도 드러났다. 대다수 십대는 ESM 주간 동안 자신들의 일상적 경험이 그대로 드러났으며, 호출기가 자신의 감정이나 행동 패턴을 눈에 띄게 변화시키지는 않았다고 느꼈다. 이는 우리가 최종적으로 수집한 자료로도 확인할 수 있었다. 아울러 자료 안에는 미국 청소년들에게 공통된 모든 주요 환경과 상황이 잘 나타나 있었다.

경험 표집 서식

ESM 연구의 최대 난관은 골치 아픈 실행 계획이 아니라 질문을 선별할 때 나타났다. 쓸 공간은 한정되어 있는데 각각의 경험 표집 서식, 곧 ESF를 물질적 행복이라든가 감정 상태 또는 생각과 활동에 관한 세부 사항에 할애해야 할까? 많은 역점을 둘 수 있는데, ESM은 지금까지 광범위하고 다양한 연구 관심사를 탐구하는 데 사용되었다.[8] 우리가 선택한 ESF 포맷은 원래 플로 이론과 최적 경험을 검사하기 위해 개발한 것이다. 사실 ESM 활용과 최적 경험에 대한 이해는 지난 15년간 함께 발전해오며 이론과 방법 양 측면에서 여러 차례 바뀌었다. 여기서(그림 3.1) 사용한 ESF에 대한 플로 이론의 기여는 그 현상학적 성향에 있다. 자기 보고 형식은 경험이란 개인의 '정신생활' 이상의 것들로 구성되어 있다는 시각을 반영한다. 이는 어느 정도 세계를 지각하는 존재와의 수렴, 외적·내적 차원의 거래를 구현한다. 우리가 일상의 경험에서 무엇이 상수이고 무엇이 변수인지 이해하고자 한다면 둘 모두를 측정해야 한다.

그림 3.1 표준 ESF(1면)

날짜: ________ **호출 시각:** ________ **(오전/오후)** **작성 시각:** ________ **(오전/오후)**

호출을 받았을 때:

당신은 무엇에 대해 생각하고 있었습니까? ________________________________

____

당신은 어디에 있었습니까? ________________________________

당신이 하고 있던 **주된** 일은 무엇이었습니까? ________________________________

____

그 밖에 당신은 무엇을 하고 있었습니까? ________________________________

____

당신은 **왜** 그 활동을 하고 있었습니까?

( ) 해야만 했기 때문에 ( ) 하고 싶었기 때문에 ( ) 달리 할 게 없어서

	전혀			약간			꽤			매우
얼마나 잘 집중하고 있었습니까?	0	1	2	3	4	5	6	7	8	9
집중하기 힘들었습니까?	0	1	2	3	4	5	6	7	8	9
얼마나 의식하고 있었습니까?	0	1	2	3	4	5	6	7	8	9
스스로에 대해 좋게 느꼈습니까?	0	1	2	3	4	5	6	7	8	9
상황을 통제하고 있었습니까?	0	1	2	3	4	5	6	7	8	9
당신 자신의 기대에 맞추고 있었습니까?	0	1	2	3	4	5	6	7	8	9
타인들의 기대에 맞추고 있었습니까?	0	1	2	3	4	5	6	7	8	9

호출을 받았을 때 당신의 기분은 어땠습니까?

	매우	꽤	약간	전혀	약간	꽤	매우	
정신이 맑다	0	o	.	–	.	o	0	나른하다
행복하다	0	o	.	–	.	o	0	슬프다
짜증난다	0	o	.	–	.	o	0	명랑하다
강하다	0	o	.	–	.	o	0	약하다
적극적이다	0	o	.	–	.	o	0	소극적이다
고독하다	0	o	.	–	.	o	0	사교적이다
부끄럽다	0	o	.	–	.	o	0	자랑스럽다
몰입하고 있다	0	o	.	–	.	o	0	무심하다
신난다	0	o	.	–	.	o	0	따분하다
폐쇄적이다	0	o	.	–	.	o	0	개방적이다
명확하다	0	o	.	–	.	o	0	혼란스럽다
긴장해 있다	0	o	.	–	.	o	0	편안하다
경쟁적이다	0	o	.	–	.	o	0	협조적이다

그림 3.1 표준 ESF(2면)

호출을 받았을 때 신체적 불편을 느꼈습니까?:

	아님			약간		신경 쓰임				심함
전반적 고통 혹은 불편	0	1	2	3	4	5	6	7	8	9

구체적으로 말씀해주십시오: ______________________________

누구와 함께 있었습니까?:

( ) 혼자 ( ) 친구(들) 친구일 경우 몇 명? ______
( ) 어머니 여성 ( ) 남성 ( )
( ) 아버지 ( ) 모르는 사람들
( ) 형제(들)이나 자매(들) ( ) 기타 ______________

당신의 활동에 대해 설명해주십시오:

	낮음									높음
활동의 난이도	0	1	2	3	4	5	6	7	8	9
활동에서 당신의 기술 수준	0	1	2	3	4	5	6	7	8	9

	전혀									대단히
이 활동이 당신에게 중요했습니까?	0	1	2	3	4	5	6	7	8	9
이 활동이 다른 사람에게 중요했습니까?	0	1	2	3	4	5	6	7	8	9
하고 있는 일에서 성공하고 있었습니까?	0	1	2	3	4	5	6	7	8	9
다른 일을 하고 있었기를 바랍니까?	0	1	2	3	4	5	6	7	8	9
당신이 하고 있던 방식에 만족했습니까?	0	1	2	3	4	5	6	7	8	9
당신의 전반적 목표와 비교해 이 활동은 얼마나 중요했습니까?	0	1	2	3	4	5	6	7	8	9

당신에게 선택권이 있다면:
누구와 함께 있겠습니까? ______________________________
무엇을 하고 있겠습니까? ______________________________

당신이 마지막으로 호출을 받은 이후: 어떤 일이 발생했거나, 당신이 느끼는 방식에 영향을 줬을지도 모르는 어떤 일을 한 적이 있습니까?

그 밖에 하고 싶은 말:

경험의 외적 차원 측정

'외적 차원'이라 함은 사람들로 하여금 생각하고 느끼게 만드는 일상생활의 조건, 환경, 상황을 뜻한다. ESF는 일상적 경험의 주요 4개 범주를 포함한다. 시간〔언제(when)〕, 장소〔어디서 (where)〕, 활동〔무엇(what)〕, 관계〔누가(who)〕가 그것이다. 다섯 번째 W, 곧 왜(why) 역시 잘 드러나지만, 이는 내적 차원으로서 하위 범주로 고려한다. 연구팀은 평균적인 청소년들에 관한 과거 연구에서 개발한 코드 체계를 기초로 개방형 범주(장소와 활동)를 코딩했다. 첫 번째 훈련 기간이 지났을 때 연구원들 사이의 신뢰도는 95퍼센트 동의 수준이었다. 대부분의 불일치는 집단 비교와 토론을 통해 쉽게 해결했고, 결국 시스템을 경미하게 조정하는 것으로 이어졌다.

시간 요소는 우리의 재능 논의에서 크게 중요하지 않았지만, 개개인의 ESM 표본 신뢰도를 확인할 때는 중요했다. ESF는 응답 시각뿐 아니라 매 신호의 자료 및 시간을 끌어냈다. 그리고 30분 내에 응답을 받은 신호만을 유효한 것으로 간주했다. 요컨대 나머지 응답은 추가 분석에서 제외했다.

두 번째 외적 차원인 장소는 ESF 서두에 "당신은 어디에 있었습니까?"라는 개방형 질문으로 유도했다. 참가자들은 가능한 한 구체적으로 대답해 줄 것을 요청받았다. 응답은 5개 주요 범주(집, 학교, 직장, 공공장소, 교통수단)로 코딩하고, 총 86개의 하위 코드로 분류했다. 주요 범주 제목에 따른 장소 개요는 부록 3.1에서 찾아볼 수 있다.

두 가지 질문은 세 번째 외적 차원, 곧 학생들이 참여 중인 활동 유형과 관련이 있었다. 십대들은 ESF의 별도 칸에 그들이 하고 있는 '주된 일'은 물론 '그 밖'의 것을 구체적으로 기재해야 했다. 특히 주요 활동을 명시할 때는 일차적 활동과 부차적 활동을 구별하는 데 유의하라는 지도를 받았다. 일차적 또는 부차적 활동은 세 가지 주요 범주—생산적 활동(예를 들면 숙제),

여가(예를 들면 TV 시청), 관리(예를 들면 샤워)—로 코딩한 다음 추가로 10개 하위 범주(예를 들면 학교와 관련 있는 일)와 155개의 구체적 코드로 분류했다. 전체 표본에 걸친 주요 하위 범주별 활동 명세는 부록 3.2에 나와 있다.

네 번째 외적 차원인 동반자는 "누구와 함께 있었습니까?"라는 질문을 통해 유도했다. 이것은 개방형 질문인 '기타' 옵션을 포함해 7개 주요 범주로 나누었다. 친구 범주에는 수와 성별이라는 2개의 코드를 추가했다. 물론 이런 범주는 상호 배타적이지 않으며, 학생들은 자신의 사회적 상황을 기술하는 데 필요한 만큼 많은 범주를 표시하라고 요구받았다. 이로써 '기타' 범주로 특화한 것을 포함해 총 91개의 동반자 조합 결과를 얻었다. 주요 동반자 범주에 사용한 시간 비율의 전체 표본 명세는 부록 3.3에 있다.

경험의 내적 차원 측정

'내적 차원'이란 주관적 반응(신체적, 인지적, 감정적, 동기적)을 가리킨다. ESF는 주관적 반응의 두 가지 일반적 특성인 의식(사고)의 내용과 경험의 질을 측정했다. 어떤 감정과 지각을 측정할지 선택하는 데 있어 우리는 심리적 차원의 전통적 3요소(의식의 감정적·지각적·동기적 측면)와 동일하게 표집하려고 애썼다. 비록 플로 경험에서 중점적으로 보여주는 해당 상태들의 강도(intensity)에 특히 관심을 기울이긴 했지만 말이다.

사고의 내용은 ESF의 첫 번째 개방형 질문인 "당신은 무엇에 대해 생각하고 있었습니까?"의 주제였다. 학생들은 지면이 허락하는 한 구체적이고 철저하게 응답하라는 지시를 받았다. 코딩은 앞서 설명한 주요 활동 범주에 가능한 한 가까이 부합하도록 조정했는데, 최종적으로 총 210개의 입력 가능한 코드가 나왔다. 신뢰도 훈련 후 연구팀은 주요 범주에서는 95퍼센트 이상, 개별 범주에서는 90퍼센트 이상의 신뢰도 수준에 도달했다. 불일치하는 부분에 대해서는 그룹 내에서 논의를 했고, 필요할 경우에는 새로운 코드를 추가했다.

경험의 다섯 가지 일반 특성(감정적 분위기, 활동성 또는 유능감, 자아 존중감, 내적 동기, 인지적 효율성)의 강도를 알아보기 위해 척도를 잴 수 있는 측정을 ESF에 다수 포함했다. 아울러 활동의 난이도에 대한 지각 정도와 거기에 대처하는 학생들이 자각한 기술 관련 질문도 포함했다. 도전 척도와 기술 척도 사이의 관계는 플로 상태에 대한 ESM 측정의 핵심이다. 끝으로, 자신이 지각한 활동 중요도의 세 가지 특성(대상에 대한, 타인에 대한, 그리고 전반적 목표에 대한 중요도)을 측정했다. 세 유형의 척도가 이러한 측정에 기여했다. 요컨대 0(낮음)에서 9(높음)까지의 연속체(continuum) 눈금에 의거한 리커트(Likert) 혹은 요약 척도, 7점 만점의 의미 분화 척도(예를 들면 '슬프다' 대 '행복하다'), 그리고 범주 척도(가령 당신은 왜 그 활동을 하고 있었습니까?)가 그것이다.

ESF는 자신의 현재 활동에 대해 학생들이 보인 감정적 반응에서 두 가지 측면(감정적 분위기와 유능감 혹은 활성화 수준)을 탐구했다. 그동안의 ESM 연구는 감정적 행복감의 두 가지 측면이 밀접한 관계가 있으면서도 통계적으로 확연히 구분된다는 점을 밝혀왔다.[9] 이 두 차원을 나타내기 위해 우리는 '행복하다–슬프다' 또는 '폐쇄적이다–개방적이다' 같은 상반된 감정 사이에서 선택을 강요하는 일련의 '의미 분화' 척도를 끌어왔다. 이 7점 척도는 응답자가 각각의 상반된 개념들 사이의 고정된 연속체에 자신을 적응시키도록 요구했다.[10] 십대들과의 첫 번째 ESM 연구에 이어 감정적 분위기의 근삿값 산출을 위해 세 가지 척도('행복하다–슬프다', '명랑하다–짜증난다', '고독하다–사교적이다')를 합산했다(α=.78). 유능감을 산정하기 위해서는 네 가지 척도('소극적이다–적극적이다', '나른하다–정신이 맑다', '약하다–강하다', '따분하다–신난다')를 합산했다(α=.80). 각각의 ESF 항목보다는 이러한 척도를 이 연구의 많은 부분에서 집단과 개인의 감정적 행복을 요약하고 비교하는 데 사용했다.

자아 존중감은 ESM 연구의 명백한 초점으로 최근 몇 년간 갈수록 중요해졌다.[11] 비록 감정적 분위기 및 유능감과 밀접하게 연결되어 있긴 하지만, ESF의 자아 존중감은 그 또는 그녀가 현재의 활동을 얼마나 잘해내고 있는지에 관한 응답자의 지각을 드러낸다. ESF 자아 존중감은 긴밀하게 연관된 5개의 리커트 척도 항목 점수를 합산해 측정한다. 요컨대 스스로에 대해 좋게 느끼는지, 자신의 기대에 맞추는지, 타인의 기대에 맞추는지, 성공에 대한 느낌, 그리고 수행에 대한 만족감이 그것이다(α=.86).

최적 경험과 가장 많은 관련이 있는 지각적 특성으로는 제대로 집중된 통합적 주의 분야가 있다. 인지적 효율은 응답자가 주의 자원 배분을 통제할 수 있는 정도를 나타낸다. 4개 항목(집중 정도, 집중의 수월함에 대한 인식, 혼란보다는 명확성에 대한 인식, 그리고 자의식 부족)을 최적 인지 작용의 측면을 나타내는 데 포함했다. 상황을 불문하고 개개인 내부에서 비교적 안정적인 일상의 감정이나 자아 존중감과 달리,[12] 인지적 효율은 상황적 요인에 매우 민감하다. 이런 이유로 ESF에 포함한 4개의 주의 양상은 일상의 의식에서 좀처럼 수렴되지 않으며, 통계적으로도 신뢰할 만한 척도를 구성하지 않는다. 따라서 이들 항목은 재능과 최적 경험의 인지적 양상을 포함하는 우리 연구의 일부에서 따로 기록했다.

비슷한 상황이 플로와 밀접한 관련이 있는 경험의 또 다른 차원에도 해당한다. 바로 내적 동기에 대한 느낌이다. 주요 활동을 추구하는 것과 관련해 2개의 ESF 항목으로 동기의 내적 성격 대 외적 성격에 대해 물어보았다. "당신은 왜 그 활동을 하고 있었습니까?"라는 질문은 주된 활동을 자발적으로 수행했는지 여부를 탐문한 것이다. 여기엔 세 가지 답변('해야만 했기 때문에', '하고 싶었기 때문에' '달리 할 게 없어서')을 열거하고, 응답의 조합도 허용했다. 개개인이 자발적 활동을 추구한 시간의 비율을 나타내는 변수를 이 자료로부터 도출할 수 있었다. 두 번째 질문인 "다른 일을 하고 있었기를 바랍니까?"는 9점 척도를 사용해 응답자의 활동 중 내적 관심을 건드렸다. 덧붙여 두 가지 의미 분화 척도('몰입하고 있다–무심하다', '개방적이다–폐쇄적이다')로 응답자의 활동 참여 정도를 측정했다. 사용한 평가 유형의 차이들로 인해 단일한 내적 동기 척도는 만들지 않았다.

다른 ESF 척도 역시 우리의 연구에서 중요하다. 플로 이론은 어떤 활동에서건 도전과 기술 사이의 지각 비율(perceived ratio)이 경험의 최적화를 위한 일차적 조건임을 상정한다. 활동 당사자가 그 활동의 도전과 기술 수준 모두에서 주간 평균을 상회한다고 느끼면 플로에 수반되는 것(내적 관심, 집중적인 주의, 집중의 수월함 등)도 나타날 가능성이 높다. ESF의 도전(활동에 대한 도전)과 기술(활동에서의 기술) 측정은 개별 척도로서 사용함과 더불어 '도전-기술' 비율의 측정을 끌어내는 데도 활용했다. 도전과 기술 점수를 표준화하고, 모든 ESF를 다음의 4개 도전-기술 사분면(quadrant) 중 하나에 속하는 것으로 코딩했다. 이를테면 높은 도전/높은 기술, 높은 도전/낮은 기술, 낮은 도전/높은 기술, 그리고 낮은 도전/낮은 기술이 그것이다. 이러한 구분은 플로 이론이 예측한 주요 경험 상황, 곧 플로·불안·권태 그리고 무관심에도 들어맞는다. 이러한 구분을 통해 두 가지 버전의 변수를 도출했는데, 첫 번째 변수는 개개인의 도전과 기술 점수 안에서 표준화했고, 두 번째 변수는 전체 집단 수준에서 표준화했다. 이 절차에 관한 좀더 자세한 내용은 11장에서 설명할 예정이다.

다른 2개의 ESF 변수는 우리 연구의 이론적 관심사다. 통제감과 전반적 목표에 대한 현재 활동의 중요성이 그것인데, 두 변수 모두 9점 리커트 척도를 사용해 측정했다. 통제에 대한 지각은 깊은 플로에 약간 모호하게 연관되어 있지만,[13] 그럼에도 불구하고 효율적인 심리적 대응의 필수 요소로 여겨진다. 우리 연구에서 사용한 "상황을 통제하고 있었습니까?"라는 질문은 상황적 대응을 가리킨 것이다. 자기가 하고 있는 일이 장기적 목표와 연관되어 있다는 느낌은 우리 연구에서 재능 계발로 향하는 균형 잡힌 혹은 자기 목적적인 접근법의 한 측면으로서 중요한 부분이다. 다시 말해, 학생들의 재능 계발에 대한 분산되지 않은 주의는 단기적·장기적 관심이 상승효과를 일으키는 관계를 필요로 하는 듯싶다. 장기적 목표는 "당신의 전반적 목표와 비교해 이 활동은 얼마나 중요했습니까?"라는 질문으로 측정했다.

그 밖의 1단계 척도와 과정

ESM 운영은 1단계 연구의 기초를 형성했지만, 학생들은 다수의 다른 중요한 측정 또한 완료했다. 이런 측정에 대해서는 4장에서 더 길게 설명할 것이므로, 여기서는 그 운영에 대한 간단한 언급만 하도록 하겠다. 연구자들과의 첫 면담 도중, 그리고 ESM 소개에 덧붙여 학생들에게 많은 서식과 설문지를 나눠줬다. 여기에는 일반적인 생물학적 설문지와 2개의 성격 목록을 포함했다. 성격 연구 서식(Personality Research Form, PRF)과 청소년을 위한 오퍼의 자아상 설문지(Offer Self-Image Questionnaire, OSIQ)가 그것이다.[14] 일반 설문지는 생물학적이고 인구학적인 정보와 아울러 재능 관련 선호도와 성취, 가족의 기능, 스트레스를 주는 사건, 그리고 신체적 성숙도를 강조했다. PRF와 OSIQ 측정은 성격 차원과 청소년 발달 연구에서 특히 중요한 자아상의 차원을 건드린다. 학생들은 ESM 주간에 이 서식들을 완성해 다음 주 보고 기간 동안 연구자들에게 제출하도록 지시받았다. 대부분은 이에 따랐지만 그러지 못한 학생들에게는 ESM 보고 브리핑 후 따로 서식을 채울 시간을 주었다.

연구자들의 최종 면담은 모든 학생과의 개방형 인터뷰였다. 대부분의 경우 인터뷰를 테이프에 녹음하는 데 40분씩 두 번이 필요했다. 인터뷰 계획서는 3개 부분으로 이뤄져 있었다(부록 3.4 참조). 1부는 일반적인 자아상, 대인관계의 영향, 주요 목표의 내용과 동기에 특히 비중을 두면서 십대의 개인적 발달에 초점을 맞췄다. 2부는 십대의 재능 관련 경험과 계획을 포함해 각각의 재능 발달 이력과 현황에 특별히 초점을 맞췄다. 시간 제약이 있었으므로 복수 재능의 학생은 그들이 가장 선호하는 재능 분야에 대해 먼저 얘기하고 일정이 허락할 경우 다른 재능(들)에 대해 거론했다. 3부는 학생들에게 자신의 재능 영역(들)에서 훈련을 추구할 12가지 가능한 이유에 대해 적용 가능성의 순위를 매기라고 요청했다. 이러한 진술은 재능 계발을 지속하기 위한 내적, 외적, 대인관계적 동기 묶음으로 나뉘었다.

마지막으로 양육 경험, 기대, 자녀 양육 스타일과 관련한 설문지를 부모 각자에게 발송했다(부록 3.5 참조). 서식은 인구학적 정보를 요구했지만 학생 설문지의 가족 부분과 상호 밀접하게 연관되어 있기도 했다. 우리는 합쳐진 설문지가 통합된 체계로서 가족이 청소년 재능 발달에 얼마나 기여하는지 밝혀주기를 바랐다. 적어도 부모 한쪽에게서 적당히 높은 응답률을 얻었다(65퍼센트).

2단계: 재능 발달 그래프 제작

프로젝트 2단계의 초점은 재능 발달을 측정하는 다양한 방식의 개발로 바꿔었다. 이러한 측정은 '딱딱하거나' 객관적인 학점 같은 성취도 지표와 이른바 부드럽거나 주관적인 성과와 참여 순위를 포함하며, 교사와 학생 본인들로부터 이를 끌어낼 것이다. 우리의 바람은 고등학교 시절, 학생이 자신의 재능에 몰입하는 과정에 대해 가능한 한 다채롭고 질감이 살아 있는 초상을 그려내는 것이었다.

성취도 기록 조사

모든 운동 기록, 성적 증명서, 그리고 두 고등학교가 보존해온 관련 자료에 접근함으로써 우리는 연구에 도움을 받았다. 두 학교는 각각 공식 증명서 말고도 운동부, 수학 경시대회, 미술 전시회 같은 부서별 활동에 참가한 학생들의 상세한 기록을 갖고 있었다. 이런 기록이 있었기에 일반적인 것은 물론 재능으로 특화된 많은 능력과 성취도에 대한 척도를 개발하는 것이 가능했다.

일반적인 지적 성취도의 두 가지 척도인 예비대학수학능력평가(Preliminary Scholastic Aptitude Test, PSAT)와 백분위수는 대부분의 연구 분석에 걸쳐 채택했다. 두 척도는 대다수 학생들에게서 구할 수 있었는데, PSAT는 80퍼센트, 백분위수는 95퍼센트의 학생이 갖고 있었다. 학급 석차(학급 석차/학급의 규모)의 백분위수 척도는 두 학교 간 학급 규모와 관련해 작지만 유의미한 차이를 상쇄하기 위해 개발했다. 우리는 두 학교가 채택한 점수 체계의 차이 때문에 일반적 평점을 사용하지 않았다. 그러나 두 학교 모두 과목 난이도에 따른 학급 석차를 조정하기 위해 똑같은 성적 가중 체계를 채택해왔다. 이런 척도는 대부분의 경우, 재능 관련 경험과 재능 성과 사이의 관계에 미치는 지적 능력의 영향을 조정하기 위해 이 연구에서 사용했다. 가령, 만일 수학을 좋아하는 새내기들이 다음 학년에도 계속 자기 소질을 계발하는 것을 발견했다고 했을 때, 수학 적성을 통제하지 않았다면 그런 지속적인 계발을 초래한 것이 즐거움인지 아닌지 우리는 확신할 수 없을 것이다. 우리는 학업 성취도를 계속 파악함으로써 뛰어난 재능을 가진 학생일수록 자기 재능을 좀더 완벽하게 유지하려 한다는 게 전혀 사실이 아니라는 결론을 내렸다. (이는 어느 정도 명확한 결론이었다.)

학업과 운동 성취도 기록은 재능 특화 성과의 두 척도, 곧 재능 영역의 연간 평점(Grade Point Average, GPA)과 연간 강좌 난이도 수준을 개발하는 데 사용했다. 연간 GPA는 다음의 척도를 사용하는 문자 학점으로 코딩했다. F=0, D=1, C=2, B=3, A=4. 어떤 학교도 학점에서 플러스나 마이너스 조건을 사용하지 않았다. 매년 재능 영역의 연간 GPA를 산출하도록 학기별 학점의 평균을 냈다. (요컨대 평균적인 재능 GPA를 산출하기 위해 평균을 냈다.) 운동 성적에 대해서는 GPA로 환산할 수 있는 수치를 구하지 못했다.

성적 증명서에 나타난 강좌 난이도 등급을 추산하기 위해 우리는 우선 각 재능 영역의 교과 과정을 분석했다. 이러한 분석은 수학, 과학, 음악, 미술의 과목 난이도에 관한 등급 체계를 만드는 결과를 가져왔다. 교내 체육 부문 수상부터 시작해 지역 및 주 전체의 최상위 수준 성과까지 계속 높아지는 유사한 체계를 체육에서도 개발했다. 이러한 체계는 각 강좌의 성취도 척도를 규정했고, 이후 고등학교의 관련 과목 교사진에 의한 검토와 수정을 거쳐 승인을 받았다. 최종 '강좌 등급' 변수는 부록 3.6에 포함되어 있다.

교사들의 평가 조사

교사들은 학생의 특성, 성적, 잠재력에 관한 2개의 공식 평가를 완성했다. 1차 평가는 첫해 말에 수집했지만 연구의 예비 단계에서만 활용했다. 2차

교사 평가는 학생들이 11학년이나 12학년을 마무리한 3년차 말에 수집했다. 이러한 평가는 재능 관련 활동에서 높은 성적과 장래성을 입증한 자질과 행동에 초점을 맞췄다. 항목을 예시하면, 학생들의 도전 과제 즐기기, 집중 능력, 잠재력 실현이 포함되었다(부록 3.7 참조). 요인 분석은 모든 항목이 단일 차원에 속한다는 것을 나타냈고, 최고 비중을 차지하는 7개 항목을 교사 평가 점수(Teachers' Rating score)를 구하는 데 추가했다(α=.96). 우리는 이 점수를 학생의 몰입과 발달을 결정하는 하나의 기준으로 사용했다(10장 참조).

주관적 재능 몰입 측정

연구의 2단계 주요 과제는 고등학교 졸업을 앞두고 학생들이 얼마나 재능 계발에 몰입하는가를 확인하는 데 초점을 맞췄다. 이 주제를 탐구하기 위해 우리는 2개의 주요 주제에 중점을 둔 긴 설문지를 설계했다. 재능 관련 활동에 참가하는 동안의 경험의 질, 그리고 재능에 추가로 투자하는 전념의 강도가 그것이다. 포맷은 플로 경험에 대한 기존의 자기 보고 측정 중 가장 유명한 것에 가깝게 제작했다. 요컨대 1978년 메이어스(P. Mayers)가 일반 청소년들의 표본을 위해 사용한 것을 모델로 삼았다. 우리는 학급 회의 시간에 이 설문지를 2년 전 믿음직스럽게 ESM을 완성한 208명의 학생들에게 전달했다. 그중 165명(79퍼센트)이 서식을 완성해 제출했다. 나머지 학생 중에서 20명은 전화로 설문지의 '개인적 관심사 조사'에 응답해 부분 응답률을 93퍼센트까지 끌어올렸다. 이 부분은 재능 영역에 대한 지속적 관심과 시간 투자에 대한 직접적 자기 보고를 제공함으로써 후속 작업에서 가장 중요했다. 이어지는 장들에 사용한 설문지의 요약은 부록 3.8에 나와 있다.

이 부분의 설문지 정보를 통해 3개의 일반 척도를 도출했다. 파트 A의 '플로 설명'은 플로와 밀접하게 연관된 경험에 관한 질문을 던졌다. 집중(1), 수월한 자신감(2), 내적 동기(3), 그리고 잊지 못할 순간(4) 등이 그것이다. 우리는 각 문장이 학생들로부터 플로 때 전형적인 경험의 강렬함을 환기시켜줬으면 했다. 학생들은 자신이 이런 경험을 한 적이 있는지, 경험한 적이 있다면 그 빈도는 어느 정도이고, 그것들을 만들어낸 활동을 명확하게 적어야 했다. 학생들이 세 가지 질문 중 어느 것에 대한 답변으로 재능 관련 활동을 언급했는지 여부를 알기 위해 응답 내용을 나중에 입력했다. 이는 2개의 가능한 결론을 산출했다. (a) 학생은 자신의 재능 영역이 플로 경험의 원천이었다고 언급한다. (b) 학생은 플로의 원천으로 재능을 언급하지 않는다.

추가적인 '플로 척도'는 파트 B에 있는 항목의 답변을 통해 만들었다. 학생들은 자신이 가장 강하게 몰입한 활동, 학교에서 가장 많이 공부하라고 요구한 활동, 그리고 자신이 가장 좋아한 활동을 열거해달라고 요청받았다. 우리는 이 세 가지 활동을 가족과 함께 있기, TV 시청, 숙제하기와 더불어 최적 경험과 관련 있는 11개의 짧은 설명 빈도에 따라 평가했다. 여기엔 5점 척도를 사용했다(1=거의 그렇지 않다, 5=거의 언제나 그렇다). 11개 항목에는 '몰입하게 된다', '무엇을 해야 하는지 분명히 알고 있다', '할 필요가 없다 해도 그것을 하겠다' 같은 폭넓은 플로 관련 감정을 포함했다. 각 활동별로 11개의 응답을 합쳐 중간 이상의 높은 신뢰도를 입증하는 6개의 플로 척도를 만들었다(.71과 .92 사이의 알파지수 범위, 평균 α=.82).

그와 함께 '개인적 관심사 조사'(파트 C)의 두 가지 질문은 가장 적극적으로 전념하는 학생들의 하위 집단을 판별하는 데 사용했다. 매일 재능 관련 활동을 추구하고(항목 1), 자신의 재능을 대학 전공으로 선택할 것을 확신한다(항목 6b)고 보고한 학생들은 '전념'하는 것으로 분류했고, 다른 학생들은 '비전념'으로 나누었다. 우리는 11장에서 이 집단 분류와 그 의미에 대해 상세히 언급할 것이다.

마지막으로 '복합적 가족 설문지(Complex Family Questionnaire, CFQ)'[15]가 후속 설문 조사에 보충으로 들어갔다. 24개 항목은 가정 환경 안팎에서 플로 경험을 촉진한다고 여겨지는 가족 상황을 4점 만점 응답 척도를 사용해 탐구했다(1=절대 아니다, 4=매우 그렇다). 이를 비롯해 다른 가족 관련 척도에 대한 좀더 자세한 논의는 가족이 재능 발달에 끼치는 영향을 다룬 8장에 포함되어 있다.

결론

이번 연구를 위한 리서치 계획을 수립할 때 주요 목표는 청소년기 재능 발달의 생태학을 탐구하는 것이었다. 이 시기 동안은 성장이 지나치게 빠르고 너무나 다양한 전선(front)을 따라 이뤄지기 때문에, 우리는 십대들이 재능 및 그 밖의 발달 과제와 관련해 균형 잡는 법을 어떻게 습득하는지 알고 싶었다. 더 나아가 우리는 십대가 진정으로 추구할 수 있는 미래로까지 재능을 가장 잘 통합시키는 균형(성격, 목표, 그리고 일상생활에서)의 종류를 발견하기 위해 노력했다.

이러한 동기를 염두에 둔 만큼 우리는 전문화한 영재 프로그램에서 십대 대상자를 찾지 않기로 일찌감치 결정했다. 수학이나 음악의 '슈퍼키드'를 모으는 것은 가능할뿐더러 심지어 구미가 당기기도 했다. 그러나 최종 표본은 보통 때 십대들의 주의를 놓고 경쟁을 벌이는 모든 힘이 나타나고 작동하는 그룹일 필요가 있었다. 물론 이는 정확히 전문화한 프로그램들이 최소화하길 바라는 바로 그 집중 방해 요소다. 그와 동시에 표본이 재능 분야 전체에서 유의미하게 평균 이상인 것도 마찬가지로 중요했다. 그렇지 않으면 십대들 삶의 다른 측면과 재능의 상호 작용이 명확하게 드러날 것이라고 확신하지 못할 터였다.

이번 장 서두에서 대략 서술한 혼합 선정 전략을 통해 등장한 집단은 모든 필요조건에 상당히 잘 부합했다. 다음 장에서 한층 분명해지겠지만, 학생들은 영역별로 균일하게 재능이 있지 않았지만 모든 관련 기준으로 볼 때 흔치 않게 명석하고 소질이 있었다. ESM 데이터는 십대가 겪는 매일의 환경과 상황에 관한 매우 풍부하고 상세한 서술을 제공한다. 여기서 수집한 다른 척도와 함께 이 자료들은 재능 발달 전문가는 물론이고 십대들이 자신의 독특한 재능과 잠재력을 깨닫도록 도와야 하는 도전에 직면한 모든 이에게 흥미로운 통찰을 제공할 것이 분명하다.

04 재능 있는 십대들은 누구인가

재능 발달은 명확한 인지적 요소는 물론 감정적·동기적 요소를 지니고 계속 진행 중인 과정이다. 타고난 소질이 열매를 맺기 위해서는 기술뿐 아니라 그것을 연마해야 하고, 사회적 지원과 문화적 기회에 접근할 수 있어야 한다. 따라서 재능 있는 청소년은 타고난 재능의 질뿐 아니라 다른 많은 차원에서도 '평범한' 또래들과 다르다는 것을 예상할 수 있다.

우리가 보기에 재능 발달은 학문적 기량만 용의주도하게 키우거나 검사로 측정한 구체화되지 않은 적성 이상의 것을 포함하고 있는 것이 분명하다. 최상의 상태에 있을 때 재능은 해당 분야의 많은 기회와 장벽에 대처할 수 있는 성숙한 인격의 발달을 포함한다. 이번 장에서 우리는 일반적인 세 영역(능력과 성취도, 가족의 사회경제적 상황, 마지막으로 성격 패턴)에서 입수할 수 있는 통계적 표준과 그것들을 비교함으로써 재능 있는 십대가 어떤 유형의 사람들인지 탐구하려 한다. 아울러 다음 장에서는 재능 있는 십대들이 무엇을 하며, 다양한 일상 활동에서 어떻게 느끼는지 설명하기 위해 평범한 십대와의 비교를 확대할 것이다.

재능의 징후

우리는 재능 표본 선별 전략을 택할 때 교사 및 코치들의 평가에(즉 관련 분야의 판단에) 상당한 비중을 두기로 결정했다. 그렇게 함으로써 최고의 성취를 보인 사람뿐 아니라, 아직 '불붙지' 않았다 할지라도 남다른 가능성의 징후를 보이는 십대들로 표본을 구성하고 싶었다. 그렇다 해도 이런 질문을 던질 만하다. 이 십대들은 도대체 얼마나 뛰어난가? 그들의 실제 성과는 명석하고 보기 드문 개인이라는 평가에 부합하는가? 이런 질문에 대한 답이 명확해 보일 수는 있다. 하지만 애초 재능 있는 아이들이 학업적으로, 체육적으로, 미술적으로 혹은 음악적으로 또래와 비교해 어느 위치에 있는지 아는 게 중요하다. 이런 자리매김은 재능 있는 십대들이 자기 자신과 미래 그리고 타인과의 관계를 어떻게 생각하는지와 관련해 중요한 역할을 할 가능성이 매우 높다.

수학과 과학 영재

부록 4.1A와 4.1B는 수학과 과학 영재들의 재능 관련 학업 성과를 면밀하게 보여준다. 어떤 기준으로 봐도 두 집단, 특히 수학과 과학 모두에서 추천받은 학생들로 이뤄진 하위 집단의 기록은 인상적이다. 학생들이 고등학교에 입학하기 전 실시한 캘리포니아 학력검사(California Achievement Test)에 따르면, 세 그룹 모두 전국에서 백분위수 90퍼센트에 육박하거나 그 이상이었다. 가장 인상적인 점수는 복수 재능 학생들에게서 발견할 수 있는 데, 이들은 초등학교 재학 내내 우수한 학업 성적을 보여주었다. 표준화한 검사에서 드러난 이런 수준의 성적은 고등학교 내내 그대로 이어지며, 국가 장학생 선발을 결정하는 중요한 예비대학수학능력평가, 곧 PSAT도 여기에 포함된다. 복수 표본에 든 87명의 학생 중 19명은 국가 장학금의 세미파이널리스트(semifinalist)로 지명되고, 74명은 일리노이 주 장학생 자격을 얻었다. 이는 학업능력검사(Academic Competence Test, ACT)에서 받은 탁월함을 반영한 것이다. 확실히 이들 수학과 과학 영재 다수는 전국 청소년 학력 기준을 훨씬 상회한다.

이 집단의 성적표에서 두 번째 독특한 측면은 고등학교 재학 중 교과 과정 전반에 걸쳐 달성한 성과의 수준이다(부록 4.1B). 수학과 과학 양쪽에서 추천받은 학생 28명의 기록이 특히 인상적이다. 반에서 상위 5퍼센트를 차지하는 그들의 위치는 교과 과정 전반에 걸쳐 강점을 보이고 전 과목에서도 확연히 우수하다. 수학에서만 추천을 받은 40명의 학생은 1학년과 2학년 반에서 평균 상위 15퍼센트에, 그리고 과학에서만 추천받은 19명은 평균 상위 10퍼센트에 있었다.

수학과 과학 영재들의 전반적 학업 성적에서 나타난 분명한 차이에 주목하는 것도 흥미롭다. 수학 영재들은 표준검사에서 높은 수학적·언어적 능력을 보여준 데 반해, 전체 학업 성적은 과학에 뛰어난 또래에 비해 다소 뒤처졌다. 왜 그런지는 당장 명확하지 않다. 물론 고급반 수학 과정의 가혹한 학점이 수학적으로 뛰어난 십대들의 등급을 떨어뜨린다는 얘기도 가능하다. 그러나 이런 차이는 수학과 과학에 소질 있는 십대들한테 전형적으로 나타나는 관심과 주의의 유형 차이를 반영하는 것일 수 있다. 과학은 언어적이면서도 수학적인 조사 양식의 융합을 수반한다. 어린 과학자들은 이런 능력을 동시에 개발하고 연습하도록 권장받는다. 어린 수학 영재들은 언어적으로 유창한 아이라 할지라도 재능에 대한 보상을 누리기 위해 언어적 기술이 필요하지 않다. 그들은 언어나 역사 공부를 자신의 진짜 장점과 관심에는 부차적인 것으로 여길 수 있다. 정량적(quantitative) 사고를 하는 사람으로서 자신감 있고 수학적 능력을 통해 얻을 수 있는 실제 보상에 대해 알고 있기에 비수학적인 학문 영역의 성취에 주의를 덜 기울이는 것인지도 모른다. 여하튼 수학과 과학 영재들은 이 책에서 자주 긴밀한 묶음으로 취급되지만, 이들 사이엔 아주 흥미로운 차이도 존재한다.

운동선수, 음악가 그리고 미술가

나머지 세 가지 재능 영역에서 우수성은 쉽사리 판별할 수 없었다. 이런 점에서 인정과 통계를 사랑하는 운동선수들은 가장 쉬운 문제를 드러낸다고 할 수 있다. 그러나 대표팀 마크조차 참여도와 스포츠 정신을 비롯한 많은 요인을 기초로 부여되며, 해가 갈수록 상대적인 실력의 질을 추적하기 어렵다. 미술은 경쟁적인 구별에는 비중을 상당히 덜 두고 협업 능력과 개인의 발전을 더 강조한다. 또한 개별 수상 범위가 매우 광범위하고 수상 기준이 일반적으로 특이한 데다 비교하기 어렵다. 그럼에도 불구하고 우리가 입수한 척도들에 따르면 분명 3개 모든 재능 영역 학생들 사이에서는 일관된 탁월함이 나타난다.

선수 표본을 제공한 고등학교는 등록한 학생 전원의 상세한 운동 성취도 기록을 보유하고 있었다. 부록 4.1C는 우리의 연구를 위해 선택받은 선수들과 그렇지 못한 급우들의 운동 성적을 비교한 것이다. 도표의 수치는 특히 고등학교 재학 중 비교적 일찍 적어도 한 운동 종목에서 높은 수준의 성과를 달성한 각 그룹 학생들의 (2년차 말까지의) 비율을 나타낸다.

이 표본의 운동 성취에서는 두 가지 측면이 특히 주목할 만하다. 첫째,

우리가 연구한 고등학교의 체육 프로그램은 경쟁이 매우 치열한데, 특히 남학생들 사이에서 그랬다. 연구를 하는 동안 남자 신입생 중 3분의 1 이상이 열띠게 경쟁을 했고, 다음 학년에는 2군 팀 자리를 채우는 수준까지 이르렀다. 아울러 이는 남아 있는 몇 안 되는 대표팀 자리를 둘러싼 극심한 경쟁을 초래했고, 남학생 중 적은 비율만이 가까스로 하급생 때 대표팀에 들어갔다. 여학생들은 전체적으로 참여도가 낮았는데, 이는 저학년 여자 선수들이 갈 수 있는 대표팀 자리가 더 많다는 것을 의미한다. 그럼에도 불구하고 팀에서 주전 자리를 둘러싼 여학생들 사이의 경쟁은 남학생 못지않게 격렬했다.

둘째, 비교를 해보면 재능 있는 십대들이 하급생일 때 무섭도록 경쟁이 치열한 고등학교에서 이미 가장 중요한 선수들의 선두에 있었음을 확인할 수 있다. 물론 선발 절차를 놓고 봤을 때, 십대 영재 모두가 1학년 때 수업량을 채웠다는 사실은 놀랄 일이 아니다. 그러나 더욱 주목할 것은 재능 있는 십대는 2년차에 2군 팀과 대표팀 자리로 진출하는 데 또래보다 훨씬 더 성공했다는 점이다. 졸업반 말까지 재능 있는 남학생 82퍼센트와 여학생 83퍼센트가 대표팀 자격을 땄는데, 이는 학교의 전체 남학생 18퍼센트와 여학생 11퍼센트를 훨씬 웃도는 수치다. 두 성별 모두 재능 있는 선수가 높은 비율을 차지한 것과 관련해 고등학교 졸업 무렵 그들의 성과는 훨씬 더 인상적이다. 한 예로 58명의 재능 있는 선수 중 70퍼센트는 고등학교 4년 내내 계속 참여했다. 절반(31명) 이상이 고등학교 재학 중 어느 시점에선가 주전으로 뽑혀 지역 선수권 대회 결승전에서 뛰었다. 또한 그중 21명은 최우수 선수로 선정되었거나, 지역 신문에서 인정을 받았거나, 주 선수권 대회에 참여할 자격을 얻었거나 그 대회에 참여했다. 그리고 7명은 주 선수권 대회에서 우승을 했거나, 주 대표 선수로 뽑히는 영예를 안았다.

최고 성적을 낸 이 선수들이 가지각색의 배경과 성과를 대표한다는 사실은 주목할 만한 가치가 있다. 여기엔 지역 사회의 모든 주요 인종별·종교별 그룹 출신 학생이 포함되어 있다. 그들은 학업 능력에서도 다양한 범위에 걸쳐 있다. 가령 언어 점수 44(백분위수 79퍼센트)와 수학 점수 50(백분위수 82퍼센트)인 그룹의 평균 PSAT 점수는 고등학교 3년차 학생의 전국 평균을 웃돈다. 하지만 이 점수에는 전국 평균 이하의 비율도 상당하다. 21.9라는 ACT 평균 종합 점수는 그들을 학업 성취도로는 전국 백분위수 70퍼센트에, 평균 학점은 그들이 다니는 고등학교의 전교 상위 30퍼센트에 위치시킨다. PSAT 점수와 전교 석차 둘 모두의 높은 편차는 이들 선수가 학교에서 매우 명석한 학생부터 가장 심하게 저조한 학생까지 학업 면에서 다양하다는 것을 보여준다. 그러므로 '운동선수'라는 획일성보다는 개별적 다양성이 이 유능한 십대 선수 표본을 특징짓는 것 같다.

재능 있는 음악가들의 표본으로 넘어가면, 학업 성적이 전반적으로 약간 더 높다. 그들의 PSAT 점수(언어 능력은 47.8점에 백분위수 87퍼센트, 그리고 수학은 52점에 백분위수 83퍼센트)는 전국의 11학년 중 백분위수 85퍼센트 안에 들며, 평균 ACT 종합 점수(25.4)는 학업 성취도에서 백분위수 90퍼센트 안에 든다. 한 집단으로서 음악 영재들의 평균은 고등학교 전교에서 상위 20퍼센트에 달한다. 음악 영재들의 탄탄한 학업 성적은 표본의 폭넓은 학업 능력을 어김없이 반영한다. 요컨대 이들 중 33퍼센트는 수학이나 과학에도 재능이 있다는 추천을 받았다.

연구에 참가한 학생들은 두 학교의 음악 교과 과정에서 단연 최고의 연주자였다. 모든 음악 영재는 악보를 볼 줄 알았고, 대부분은 악보를 보면 바로 연주했다. 거의 모든 학생(95퍼센트)이 고등학교 처음 2년간 음악 평점(GPA) 3.5 이상을 유지했고, 평균적으로 졸업까지 9등급 이상의 음악 강좌를 수강했다. 참가자 집단 중에는 최종적으로 음악 대학 장학금을 받은 학생이 10명, 그 밖에 음악 콩쿠르를 통해 지역에서 우수함을 인정받은 학생이 26명 있었다.

재능 집단 중 28명의 미술 영재 표본은 일반적인 학업 성취도에 대한 열성이 가장 부족하다는 것을 여실히 보여주었다. ACT를 치른 미술 영재 20명의 평균 종합 점수(평균 ACT 종합=22)는 그들을 고등학교 3학년 중 백분위수 70퍼센트 정도에 위치시켰다. 하지만 이 그룹의 평균 석차는 전체 고등학교에서 대략 백분위수 60퍼센트에 들었다. 그리고 절반 이하가 PSAT나 SAT 시험을 볼 수 있도록 뽑혔다. 일반적으로 좀더 경쟁력 있는 단과대학과 4년제 대학 입학에는 이런 시험이 중요하다고 여겨진다.

그러나 미술 교과 과정 내에서 미술 영재들의 성과는 해당 재능 영역의 성취도에 대한 그들의 집념이 상당하다는 것을 보여준다. 고등학교 처음 두 해 동안 미술 영재들의 85퍼센트는 미술 관련 학점을 B 이상 유지했다. 2명의 학생만이 입문 수준 이상으로 나아가는 데 실패한 반면, 3분의 2 이상은 3학년까지 학교의 어려운 고급반 미술 수업을 들었다. 그 결과 10명의 학생에게 미술 장학금이 제공됐고, 다른 3명은 지역 미술 대회에서의 전시를 공식적으로 인정받았다. 그러므로 전반적인 학업 성취도에 대한 미술 영재들의 확연한 관심 부족은 어쩌면 일정 정도 그들이 주된 직업적 진로로 미술 교과 과정에 일찍이 초점을 맞췄다는 것을 반영한다고 할 수 있다. 다른 학과목을 희생시키면서 이렇게 오로지 미술에만 초점을 맞추는 것은 재능을 타고난 젊은 미술 영재들의 전형이다.[1]

가정 환경

재능 있는 십대와 평범한 십대를 비교하는 또 다른 방법에는 물질적, 사회적, 심리적 자원이 포함된다. 십대들의 재능 계발을 도와줄지도 모를 이점 중 가장 으뜸인 것은 가족의 물질적 자원과 부모가 그들에게 줄 수 있고 기꺼이 주고자 하는 일종의 심리적 응원이다.

사회경제적 자원

사회경제적 지위의 모든 차원(부모의 고학력, 고소득, 높은 직업적 지위)은 운 좋게도 바로 그런 집안에서 태어난 아이들에게 확실한 학습적 이점을 준다. 예를 들어, 시카고의 교육에 관한 1985년 보고서에 따르면, 도심 지역 고등학교에 등록한 모든 아프리카계 미국인과 히스패닉 중에서 38퍼센트만이 졸업을 했고, 8퍼센트만이 전국 평균 이상의 읽기 능력이 있는 것으로 밝혀졌다.[2] 사회 계층과 인종적 배경은 읽고 쓰는 영역에 대해 다른 아이들보다 일부 아이들에게 조기 노출 성향을 더 많이 갖게끔 한다. 가령 가정 내에서의 정교한 언어 구사,[3] 부모의 독서,[4] 그리고 교육을 향한 광범위한 문화적 태도[5]는 모두 아이가 학교 환경에 잘 적응하는 데 강한 영향을 준다.

사회경제적 지위가 문맹을 벗어나는 데 중요한 요소라면, 재능 발달을 위해서는 훨씬 더 필수적인 요소다. 최근의 많은 연구—가장 유명한 것으로는 1985년에 수행한 벤저민 블룸의 연구를 들 수 있다—는 재능의 완전한 발달이 가정 내에서의 시간과 자원에 달려 있다는 것을 보여준다. 재능 발달을 가치 있게 여기는 부모는 흔히 재정적으로뿐만 아니라 사생활 및 다른 가족 구성원에 대한 효용성이라는 관점에서도 막대한 희생을 받아들여야 한다. 자원(더 많은 가처분 소득, 더 높은 학력, 그리고 더 나은 사회적 인맥)에 더 나은 접근성을 가진 부모가 자녀들의 재능 계발을 지원하고 그 손실을 완화하는 데서 분명한 장점을 누릴 것이라는 점은 자명하다.

우리가 연구한 재능 있는 학생들은 실제로 그들이 속한 지역 사회에서 좀더 혜택 받은 가정에 속하는 것 같다. 1980년의 인구조사 정보를 활용한 부록 4.2는 세 가지 잠재적인 가족 혜택 척도(부모의 소득, 교육 수준, 직업적 지위)의 관점에서 재능 있는 십대와 전체 지역 사회를 비교한다. 부모의 수입과 교육 수준에 관한 정보는 직접 부모들에게서 받았고, 직업적 지위는 부모와 학생 모두의 보고를 통해 결정했다.

세 묶음의 데이터 모두 똑같은 얘기를 하는 것 같다. 재능 있는 십대들의 가정은 총소득이 더 많았는데, 4만 달러 이상의 소득일 확률이 2배에 달했다($x^2=50$, $p<.001$). 어머니와 아버지 모두 평범한 학생의 부모보다 고학력이었다(어머니의 교육 수준은 $x^2=94.3$, $p<.001$. 아버지의 교육 수준은 $x^2=38$, $p<.001$). 재능 있는 십대들의 아버지는 또한 더 높은 직업적 지위를 가졌다($x^2=59$, $p<.001$). 평범한 십대들의 아버지는 낮은 지위(일반적으로 육체노동)의 직업을 가질 확률이 2.5배 더 많았다. 재능 표본의 어떤 부모도 고졸 미만의 학력은 없었으며, 80퍼센트 이상이 적어도 학사 학위를 갖고 있었다. 특히 두드러진 것은 어머니들의 학력 차이였다. 그 지역 전체 어머니 중에서 34퍼센트만 대졸인 반면, 재능 표본의 어머니는 무려 82퍼센트가 대졸 이상이었다.

그다음으로 물질적 자원은 실제 지역 사회의 또래와 재능 있는 십대들을 정말로 구별 짓는다. 결코 필연적인 것은 아니지만, 물질적 자원은 개인 교습부터 선수권 대회와 저녁 식사 시간의 지적 호기심을 끌어내는 대화에 이르기까지 십대 영재 다수에게 도전적인 기회로 향한 문을 열어주었을 것이다. 이런 이점 덕분에 운이 덜한 십대들의 시간과 열정을 짜내는 방과 후 아르바이트 같은 제약이 재능 집단한테는 없었을 것 같기도 하다. 이것 자체로는 그다지 놀랍지 않다. 그렇지만 가족 구성원이 서로에게 제공하는 일종의 심리적 응원을 포함해 재능 있는 십대와 평범한 십대를 구분 짓는 소득이나 지위를 초월한 요인이 또 있을까?

가정 환경의 복합성

이 가능성을 조사하기 위해 우리는 연구 첫 단계에서 가족 적응력 및 응집력 평가 척도(Family Adaptability and Cohesion Evaluation Scales, FACES II) 설문[6]을 운영했다. FACES II는 사용자에게 전국 청소년 표본의 최신 데이터를 공급해 우리의 목적에 잘 맞았다. 이 척도는 가족 상호 작용의 두 가지 중심적 차원, 곧 응집력과 적응력을 가지고 이론적으로 구성한 것이다. 가족 응집력이란 구성원이 자기들 사이에 구축해온 감정적 유대의 정도로 정의할 수 있다. 그리고 가족 적응력은 상황적·발달적 스트레스에 반응해 변화하는 시스템의 능력으로 이해할 수 있다. 이는 각 차원별로 네 가지 수준으로 식별 가능하다. 요컨대 가족 응집력은 해제되어 있음, 분리되어 있음, 연결되어 있음, 또는 뒤엉켜 있음 중 하나로 특징지을 수 있다.[7] 그러나 검사 점수는 단순화를 위해 응집력과 적응력의 높고 낮음 네 가지 조합으로 요약한다. 가령 어떤 가족을 높은 응집력과 낮은 적응력으로 특징짓는 식이다(높음/낮음).

표 4.1이 보여주듯 재능 있는 십대와 평범한 십대는 자신의 가족 기능에 대한 지각에서 정말 다르다. 두 그룹은 가족 응집력에 대한 느낌은 비슷하지만(x^2=0.99, NS),[8] 가족 적응력 수준에 대해서는 유의미할 만큼 다르게 본다(x^2=24.1, $p<.001$). 특히 재능 있는 십대는 자신의 가족이 더 유연하다고 생각할 가능성이 훨씬 높고, 구조화해 있다고 보는 경향이 덜 빈번

표 4.1 가족 적응력 및 응집성 평가 척도: 재능 있는 학생과 평범한 학생의 비교

	재능 학생(%) (N=190)	평범한 학생(%) (N=416)	x^2	p<
응집력 요인			0.99	NS
뒤엉켜 있음	22.2	20.2		
연결되어 있음	31.3	31.1		
분리되어 있음	28.3	31.1		
해제되어 있음	18.2	17.6		
적응력 요인			24.07	.001
혼란스러움	19.5	20.0		
유연함	44.1	29.2		
구조화함	22.6	36.1		
경직됨	13.8	14.7		
응집력/적응력 사분면			19.0	.001
낮음/높음	20.0	13.8		
높음/높음	44.2	35.4		
낮음/낮음	26.8	34.9		
높음/낮음	8.9	15.9		

한 것 같다. 위에서 단순화한 네 묶음으로 산출해낸 응집력과 적응력의 정도를 동시에 고려할 때, 재능 있는 응답자와 평범한 응답자는 상당히 갈리는 비율을 보인다(x^2=19, p<.001). 높음/높음 조합에 속한 두 그룹의 z 검사(z-test: 두 집단의 평균을 비교함으로써 가설을 검증하는 분석 기법—옮긴이) 비율은 재능 있는 십대가 응집력과 적응력 양면에서 자신의 가족을 높다고 생각할 가능성이 더 많을 거라는 추측을 확인해줬다(44퍼센트 대 35퍼센트; z=2.51, p<.006). 다른 연구에서도 확인했듯 이 결과는 높은 적응력과 짝을 이룬 중간 이상

높은 가족 응집력이 청소년 발달에 최상의 환경을 제공하는 듯하다는 점을 시사한다.[9]

재능 있는 청소년의 가족은 물질적이고 심리적인 지원 양면에서 확실한 이점을 제공하는 것 같다. 불행하게도 규범적 FACES II 표본에서는 사회경제적 지위에 관한 정보를 구할 수 없어 이것이 가족 작용에 유의미한 연관성을 갖는다고 결론 내리는 것을 불가능하게 만든다. 영재 표본의 소득 수준은 여기서 이 흥미로운 주제를 추구하기에는 지나치게 균일하다. 그러나 우리는 가족과 십대를 위한 재능의 지원 및 육성과 관련해 소득 수준의 중요한 역할에 대해 선부른 결론을 내리지 않기로 했다. 우리는 8장에서 가족 구조가 어떻게 십대들의 능력 실현에 영향을 주는지에 대해 좀더 정교한 이론적 설명을 할 것이다.

재능과 성격

가족의 물질적·심리적 자원과 관련한 결과는 평범한 십대와 재능 있는 십대가 살아가는 환경이 많이 다르다는 것을 보여준다. 더 풍족하고 학력 높고 지원을 아끼지 않는 가족이 십대에게 제공할 수 있는 이점은 분명 중요하다. 그러나 이런 이점이 실제로 상이한 인적 특성으로 옮아갈까? 재능 있는 십대와 평범한 십대는 자아 개념과 성격 특성의 관점에서 볼 때 다를까? 오랫동안 청소년기는 자신과 타인에 대한, 효능감과 효율성에 대한 감정이 항구적 형태를 갖추는 시기로 여겨져왔다.[10] 예를 들어, 자신의 타고난 소질을 발전시키기 위해 재능 있는 십대들이 성취와 훈련에 도움을 주는 특성을 키울 가능성이 높을 것이라고 기대하는 것은 일리가 있다.

이 가설을 탐구하기 위해 우리는 십대의 성격을 조사하는 연구자들이 자주 사용하는 2개의 설문지에 의존했다〔오퍼의 자아상 설문지, 곧 OSIQ와 잭슨의 성격 연구 서식(PRF)〕. 이 두 가지 도구는 모두 청소년 평균 인구에 관한 최신 데이터를 제공한다. OSIQ는 특정 심리사회적 상황에서 청소년들의 자기 경험, 즉 스스로 이해하는 것과 타인을 통해 또는 자의식을 가진 자아를 통해 안다고 자신들이 생각하는 것 모두에 초점을 맞춘다.[11] PRF는 성취동기, 과시 행위, 장난기 같은 다양한 범위의 태도와 심리적 특성을 포괄하는 20개의 속성에 집중한다. 이번 장에서 우리는 재능 있는 십대와 평범한 십대의 OSIQ를 비교한 결과를 제시할 것이다. 그런 다음 20가지 속성 척도의 전반적 검토로 시작해 PRF 비교를 고찰할 것이다. 그리고 끝으로 대단히 어려운 도전적 활동에서 내적 보상을 이끌어내는 각 개인의 능력(우리가 자기 목적적 성격이라고 부르는 바로 그것)을 측정하는 척도의 하위 집합을 면밀히 살펴본다.

상황적 자아: 자아상에 대한 고찰

청소년기는 사회적·성적 유능감에 대한 관심이 부상하면서 자신의 시간과 주의에 더 많은 요구 사항을 두기 시작하는 때다.[12] 그와 동시에 가족과 지역 사회의 일원으로서 이전의 역할을 재정립하고 평생 직업으로 꽃피울지도 모를 개인적 관심사에 진지하게 공을 들이는 때다. 재능 있는 아이들의 경우, 이런 많은 새로운 발전은 자신의 보기 드문 능력을 좀더 탐구할 기회를 줄 수 있다. 그러나 대두하는 다른 관심사들이 전에는 재능 계발의 독점 영역이던 시간을 놓고 경쟁을 벌인다. 가령 또래 집단의 압박과 사춘기에서 비롯된 새로운 성적 관심이 음악이나 수학에 대한 독점적 전념을 방해할 공산이 크다. 하지만 재능 있는 십대 대부분이 청소년기의 갈등에 얼마나 관심을 갖는지는 아직 제대로 알려져 있지 않다.

이 문제를 조사하기 위해 우리는 OSIQ를 활용했는데, 이는 자아상의 다른 차원을 측정하는 12개의 하위 척도를 사용한다. 그중 4개의 하위 척도(충동 제어, 감정적 분위기, 신체와 자아상, 정신병리학적 수준)는 전반적인 심리적 행복을 가늠한다. 다른 2개(도덕적 태도와 이상주의)는 사회적으로 책임 있는 행동에 대한 헌신을 평가한다. 나머지 6개 척도는 대인관계적이고 성취 지향적인 맥락에서 유능감을 측정한다. 우리의 재능 있는 9학년과 10학년 학생 중 177명(남학생 76명, 여학생 101명)이 기특하게도 OSIQ를 완성했다. 31명이 수학, 55명이 음악, 25명이 과학, 44명이 체육, 22명이 미술 영재들이었다. 우리는 그들의 점수를 1980년대 초 수집한 평범한 십대 표본과 성별로 나눠 비교했다.[13]

남녀 모두에서 단 하나의 척도(성적 태도라는 하위 척도)가 통계적으로 유의미한 수준에서 재능 집단과 평범한 집단을 구분한다. 이는 재능 있는 십대들이 자신과 동성인 평범한 또래보다 성적 태도에서 좀더 보수적이고 성적 매력에 대한 자신감이 덜하다는 것을 시사한다. 이런 차이는 재능 있는 학생들에게 성적 태도는 자아상과 별도의 차원이며, 다른 OSIQ 하위 척도와 비교적 관련이 없다는 요인 분석 증거(factor analytic evidence)로 좀더 확증할 수 있다. 요인 분석에 따르면 평범한 십대 사이에서는 감정적이고 대인관계적인 행복의 다른 OSIQ 지표 중에서 개방적이고 자신감 있는 성적 태도가 훨씬 중심에 위치한다. 이것을 제외하면 재능 집단은 자기 또래 집단에 비해 정상 범위의 하단 끝에 있는 자아상 유형을 보인다.

재능 영역별로도 학생들의 자아상에서 약간의 차이가 나타난다. 아마 남학생 사이에서 가장 크게 대조되는 것은 과학을 선호하는 학생과 음악을 선호하는 학생 간의 뚜렷한 차이일 것이다. 남학생 과학 영재들의 자아상은 매우 긍정적이다. 여기에는 학업과 지적 능력에 대한 높은 자신감(목표 지향성, 숙달, 뛰어난 적응력), 더 적은 분노와 충동성(충동 제어), 그리고 가족생활에 대한 더 큰 만족이 포함된다. 반면 남학생 음악 영재들은 자기 능력에 대한 자신감을 덜 표출하고, 개인적 매력과 또래 관계에 대해 걱정하는 것 같다. 미술과 수학 남학생 영재들은 음악 영재 패턴 쪽이다. 운동 영재들은 평범한 십대에 가장 근접한다.

재능 있는 여학생들 사이의 자아상은 대체적으로 하나같이 일반 표준에 가깝다. 또래 남학생과 달리 여학생 과학 영재들은 흔히 정상 범위의 하단 아래로 향하는 혼합적 자아상 프로파일을 보여준다. 여학생들 사이의 보수적인 성적 태도 경향은 수학 영재들 사이에서만 통계적으로 유의미함에 도달했다. 미술 영재를 제외한 모든 여학생에게서 가족 관계 하위 척도는 평균 전후이거나 평균을 상회하고, 성적 태도는 낮게 나타난다는 사실이 흥미롭다. 여학생 미술 영재들은 이 패턴과 반대다. 이는 여학생들에 대한 2개의 하위 척도 사이에 어떤 일반적 연관성이 있음을, 그리고 특히 여학생 미술 영재들 사이에 나타나는 저조한 가족 관계와 더욱 개방적인 성적 태도 사이에 상관관계가 있음을 시사하는 것인지도 모른다. 어쨌든 개인적 스타일을 주장하는 일부 여학생 미술 영재들의 고군분투에는 성적 해방 주장을 비롯해 전통적 가치에 대한 의식적인 거부를 어느 정도 포함하고 있는 듯하다는 주장은 일리가 있다. 남학생 미술 영재들 사이에는 이런 패턴이 전혀 눈에 띄지 않았는데, 이는 어쩌면 미국 문화에서 성 역할과 각각의 성별에 적합하다고 여기는 태도 사이의 지속된 차별(묵시적일지라도)을 반영하는 것인지도 모른다.

성격 속성

성격을 이해하는 또 다른 접근법은 많은 상황별로 행동에 적용하는 전반적 태도, 동기, 가치에 초점을 맞춘다. PRF는 청소년의 성격에 관해 바로 이런 접근법을 취하기 위해 고안했으며, 비교 목적으로 청소년의 평균 데이터를 제공한다. 이 분석에서 우리는 재능 있는 남학생과 여학생을 1970년대 중반 수집한 미국의 9·10학년 고등학생 표본에 관한 데이터와 비교한다.[14]

표 4.2와 4.3은 이런 비교를 성별에 따라 요약한 것이다. 가장 먼저 눈에 들어오는 것은 재능 있는 남학생과 여학생을 그들의 평범한 상대와 구별해 주는 속성의 강한 핵심이다. 아울러 이런 속성은 특정 분야를 통해 구축한 기준이 명시한 대로 한 영역의 숙달은 물론 그 안에서의 성과와 관련이 있다. 재능 있는 아이들은 지적으로 호기심이 많고(이해), 주변 세계로부터 얻는 정보를 적극 수용한다(직감). 그와 동시에 뛰어나게 잘하려는 유난히 강한 욕망을 표출하며(성취), 목표를 이루기 위해 기꺼이 참아내며(인내), 다른 이들을 이끌고 사건에 반응하기보다 통제하기를 좋아한다(지배). 그들은 자신의 업적을 내보이고 타인의 관심을 얻으려는 커다란 욕구를 갖고 있으며(과시), 평범한 십대들보다 자기 자신의 가치나 평가에 의문을 갖는 경향이 덜하다(비하). 이런 속성의 핵심은 재능 발달과 관련해 인지적·동기적·사회적 도전은 물론 특화된 분야의 도전에 아주 적합할 것으로 보인다.

어떤 속성은 한쪽 성에서만 두드러진다. 재능 있는 남학생들은 태도·안정 중시·급속한 변화에 대한 예측 가능성(변화)에서 뚜렷한 보수주의적 태도를 보이며, 특이한 신체적 위험 부담을 피해가는 것을 선호한다(손상 회피). 강화된 안정성은 우수한 재능 계발이 요구하는 에너지 보존에 중요할 수 있다. 요컨대 위험 회피는 장기적 목표에 대한 헌신을 위해 선정주의(sensationalism)의 종속을 반영하는지도 모른다. 다른 한편, 남학생들 사이

표 4.2 재능 있는 9·10학년 남학생과 평범한 남학생의 PRF 성격 프로파일 비교(척도 평균과 표준 편차)

	평범한 집단 (N=316)	재능 집단 (N=69)
비하	7.42 (2.62)	4.99 (2.70)**
성취	9.09 (3.08)	10.62 (3.43)**
제휴	9.62 (2.92)	10.20 (3.02)
공격	9.02 (2.94)	10.01 (3.03)*
자율	7.36 (3.17)	7.33 (3.12)
변화	9.06 (2.39)	7.75 (2.39)**
인지 구조	8.89 (2.92)	9.19 (3.24)
방어	7.95 (3.17)	8.77 (3.08)
지배	8.15 (3.61)	10.22 (3.71)**
인내	8.79 (3.11)	10.10 (3.25)**
과시	7.95 (3.27)	9.28 (4.06)**
손상 회피	6.00 (3.61)	7.54 (3.92)**
충동성	7.70 (3.21)	7.14 (3.88)
돌봄	8.98 (3.11)	9.54 (3.32)
질서	7.21 (3.64)	7.07 (4.81)
놀이	9.80 (2.63)	10.03 (2.93)
직감	7.41 (2.71)	8.41 (2.57)**
사회적 인정	9.51 (2.82)	10.55 (2.95)**
의존	7.10 (3.07)	6.83 (3.18)
이해	7.19 (2.53)	7.88 (3.15)*

*$p < .05$. **$p < .01$, 둘 다 양측 검증(兩側 檢證, two tailed test).

의 조숙한 목표 지향성이 그들을 어느 정도 경직과 즉흥성 결핍으로 흐르기 쉽게 만들 가능성도 있다. 지배라는 주제는 남학생들에 의해 외부의 위

표 4.3 재능 있는 9 · 10학년 여학생과 평범한 여학생의 PRF 성격 프로파일 비교(척도 평균과 표준 편차)

	평범한 집단 (N=313)	재능 집단 (N=105)
비하	8.36 (2.61)	6.29 (2.70)**
성취	8.82 (2.97)	9.88 (3.40)**
제휴	11.00 (2.77)	11.27 (3.06)
공격	7.96 (3.24)	8.52 (2.85)
자율	5.46 (2.70)	6.05 (2.79)
변화	9.50 (2.53)	8.95 (2.97)
인지 구조	9.10 (2.68)	8.75 (2.55)
방어	6.85 (2.99)	7.97 (3.01)**
지배	6.31 (3.49)	9.03 (3.88)**
인내	8.13 (3.10)	8.92 (3.58)*
과시	8.25 (3.77)	9.44 (4.31)**
손상 회피	8.88 (4.15)	9.31 (3.75)
충동성	8.11 (3.36)	8.04 (3.41)
돌봄	12.26 (2.58)	12.36 (2.28)
질서	8.06 (3.83)	7.04 (4.40)*
놀이	10.25 (2.62)	10.62 (2.80)
직감	8.71 (2.85)	10.79 (2.62)**
사회적 인정	10.46 (2.46)	10.47 (2.71)
의존	9.43 (3.02)	9.81 (3.17)
이해	6.70 (2.43)	7.93 (3.55)**

*$p < .05$. **$p < .01$. 둘 다 양측 검증.

협을 향한 상황 주도적 태도와 논쟁을 즐기는 태도를 포함하는 데로까지 확장된다(공격). 유사한 주제가 여학생들의 비판 거부 성향은 물론 '방어'

경향에도 포함되어 있다. 남학생들은 또한 사회적 인정, 즉 과시 성향과 유사할 수 있지만 앞서 OSIQ에서 살펴본 사회적 유능감에 관한 관심을 반영하는 것일 수도 있는 욕망에 대한 남다른 욕구를 갖고 있다.

PRF 결과의 일부 패턴은 특히 재능 있는 여학생들 사이에서 어떤 양성적 특성을 나타내기도 한다. 우선 그들은 지배와 성취욕 같은 전통적으로 남성적인 속성에서 강세를 보인다. 또한 평범한 십대 소녀들보다 질서 정연, 깔끔함, 예측 가능성 같은 전통적으로 '여성스러운' 가치에 덜 치우친다. 이들 여학생의 관점에서 남학생은 대개 미학적이고, 경험에 지각 있는 관점을 취하고, 신체적 허세와 자신을 동일시할 가능성이 덜하고, 판에 박힌 일상과 예측 가능성을 싫어하는 경향이 한층 적다. 이런 속성은 모두 평범한 십대 남녀들 사이에서는 한쪽 성에 매우 치우친 특징들로 여겨져 왔다.[15]

재능과 자기 목적적 성격

증가 추세에 있는 연구 계통에서는 성인기의 양성적 성격 패턴, 재능 활용, 창의력 사이에 밀접한 관계가 있다는 데 찬성한다. 이런 연구 다수는 뇌반구(hemispheric) 구조에서 성별 차이가 출생 이전의 호르몬 변화와 관련 있음을 시사하는 최근의 생물사회학적 증거에 의지해왔다. 특별히 여성은 구체적/즉흥적 정보에 더 큰 재주를 보이는 것 같고, 남성은 추상적/상징적 정보를 처리하는 데 유리하다.[16] 이는 '남성적이고' 동시에 '여성적인' 정보 처리 방식을 키우는 개인이 재능을 좀더 효과적으로 써먹는 행동 패턴을 선호할 게 자명하다는 사실을 몇몇 연구자들이 상정하도록 이

끌어왔다. 이 가설을 흥미롭게 응용한 스펜스(J. T. Spence)와 헬름라이히(R. L. Helmreich)는 1978년 저명한 과학자들의 생산성을 연구하는 데 남성성과 여성성 척도를 활용했다. 생산성은 과학 인용 색인(Science Citation Index)에서 대상자들의 발간물 언급 횟수로 측정했다. 가설에 충실하게도, 가장 생산적인 과학자들은 남성성과 여성성 척도 모두에서 높은 점수를 보였다.

물론 '최적의' 성격 발달에는 상반된 특성이나 심리적 과정 사이의 역동적이고 변증법적인 긴장이 포함되어 있다는 관념이 철학과 근대 심리학에서 반복된다. 이는 아리스토텔레스의 중용(中庸) 원칙을 관통하고, 인간 특징의 위대함에 대한 니체의 시각에서 중심을 차지한다. 존 듀이는 미적 경험을 의식의 개방성과 폐쇄성이라는 순간의 상호 작용 결과로 보았고, 이는 심리적 에너지의 최적 복합성 구조(듀이가 "적극적 수용성의 상태"라고 부른 것)로 이어졌다.[17] 심리학자 중에서 피아제는 조절(조정)하고 동화(수용)하는 적응의 진보적 평형 상태를 아동의 인지 발달과 동일시했다. 그의 '발생론적 인식론'은 결국 유기적 발달의 생물학적 모델에 크게 의존했으며, 지능의 출현을 2개의 상호 보완적 과정(외부 세계로의 '조절'과 인간이 외부 세계로부터 배운 것을 정신적 계획에 '동화'시키는 것)의 통합으로 설명했다. 로저스(C. R. Rogers)의 "완전히 기능하는 사람(fully-functioning person)"과 매슬로(A. H. Maslow)의 "자아실현인(self-actualizer)"은 둘 다 자발적이고 표의적이면서도 동시에 그 순간에 열려 있으며, 그러는 한편 열심히 일할 수 있고 추상적 종합이 가능하고 장기 계획을 세울 수 있는 성격을 가리킨다. 1983년 테틀락(P. E. Tetlock)은 새로운 정보를 구분하고 통합할 수 있는 사람을 가리켜 "복합" 인지 방식을 보유한 사람이라고 언급했다.[18]

아직 철저하고 확실한 관심을 받지 못한 특성 혹은 과정 사이의 이런 생산적 긴장에서 한 가지 중요한 측면은 동기다. 무엇이 어떤 이들로 하여금 그렇지 않았다면 상반됐을 이런 경향이 계속 역동적으로 작용하게끔 하는 데 필요한 에너지를 불러오게 하는가? 어떤 특징이 이러한 긴장을 개인이 즐기도록 진작시키는가? 답변의 본질적 부분은 최적 경험을 이해하는 데 있다고 우리는 믿는다. 이 책 도입부에서 말했듯 활동이 제기하는 어려운 도전과 즉각적으로 반응할 수 있는 기술 사이의 잘 보정된 균형을 인지할 때 그 사람의 의식에 플로가 등장한다. 이런 상황은 과부하에 걸리지 않고도 적당히 충분한 정보만으로 완전히 주의를 점하는 최적 균형의 경험에 해당한다. 이런 상황을 겪은 사람은 자신이 하고 있는 일과의 수월한 일체감, 시간에 대한 변화된 인식, 끼니를 거르고 잠도 안 올 정도로 깊은 몰입 상태를 유지하고픈 욕망을 보고한다.[19]

우리 모두는 이런 감정을 불러일으킨 활동에 몰두했던 때를 생각해낼 수 있다. 가끔씩은 굳이 찾으려 애쓰지 않고도 말이다. 그러나 이런 최적 경험을 시작하고, 유지하고, 즐기는 능력에서는 개개인마다 큰 차이가 있다는 것 또한 사실인 듯하다. 그럴 만한 이유는 많다. 플로와 연관된 즐거움은 매우 바람직하지만, 많은 주의를 기울여야 하며 엄청난 에너지도 필요로 한다. 플로는 기꺼이 잠재적 도전에 대처하기 위해 에너지를 소환하고, 그 사람의 현재 능력의 한계를 깨닫게 하는 위험 부담을 감수할 것을 요구한다. 또 새로운 정보에 대한 의식의 개방(도전 형성), 그리고 기술 구축과 가장 관련 있는 정보 단위에 대한 집중 혹은 의식의 고정 모두를 허용하는 과도한 주의 통제 수준을 요구한다. 이 역동적인 등식의 양변(도전과 기술, 새로움과 익숙함, 개방과 고정)이 없다면 개개인은 도전할 일을 찾을 수 없어 만성적으로 지루해하든지 아니면 이를 통제할 수 없어 불안해한다.

'자기 목적적(autotelic)'이란 말은 스스로 방향을 결정하거나 그 자체로 보상이 되는 것을 의미하며, 어떤 사람으로 하여금 플로 경험을 초래하는 집중적인 변증법을 지속시키고 즐기도록 해주는 일단의 개인적 특성을 설명해준다. 자기 목적적 성격의 표시는 도전을 발견하는 '놀이'와 기술을 구축하는 '일' 사이에서 보상받는 균형을 유지하는 능력이다. 시간이 흐르면서 청소년들은 이 균형 잡힌 긴장에 숙달하는 법을 배우고, 아울러 세상에 참여하는 독특한 방식뿐 아니라 영구적인 개인적 프로젝트나 일생의 주제가 출현한다.[20] 이렇게 자기 목적적인 개인은 자신의 재능 계발을 최대한 실현하는 데 확실히 유리할 게 분명하다. 그날그날의 수준에서 볼 때, 그들의 깊은 호기심은 다른 이들이 난관을 발견하는 곳에서 새로운 도전을 찾아내는 데 도움을 준다. 심리적 자원을 작동시키되 억누르지 않는 현재의 기술 저만치에 새로운 기회들이 놓여 있다. 그리고 마침내 일생의 테마라는 떠오르는 느낌이 의식 안에서 중개자로 행동하고, 깊은 개인적 관심을 반영하는 프로젝트에 엄청난 시간을 전념하도록 권한을 부여한다.

대부분 사람들에게 어려운 도전을 발견하고 기술을 발전시키는 이런 관심이 부족하다는 것은 불행히도 사실인 듯하다. 오늘날의 성인들은 도전이 더 높은 곳에 있을 때 한층 좋은 기분을 느끼면서도 좀더 쉬운 도전이라는 편안한 상황을 선호하는 경향이 있다.[21] 청소년과 성인 모두 자유 시간 대부분을 TV 시청 같은 부담 없는 여가로 보낸다. 그럴 때 수동적이고, 불만족스럽고, 미숙하게 느낀다고 말하면서도 말이다.[22] 이러한 일반적 동향을 놓고 볼 때, 독자 여러분은 뛰어나고자 노력하는 청소년들에게 자기 목적적인 특성이 필수라는 걸 예상할 수 있을 것이다.

그러나 남다른 재능을 가졌다고 성격에서도 자기 목적적 패턴을 현저하게 향상시키는 것일까? 이는 확실히 합리적인 명제처럼 보인다. 한 가지만 예로 들면, 음악에 선천적 재능이 있다는 것은 단지 절대 음감과 멜로디에 대한 좋은 암기력만을 포함하지 않는다. 이는 소리의 영역에 매우 민감해서 흥미와 행동을 위한 기회를 비교적 쉽게 식별한다는 것을 뜻한다. (사실은 저항하는 게 거의 불가능하다.) 그러나 이런 타고난 능력을 함양하기 위한 동기와 인내심이 없다면 재능은 실현되지 않은 가능성으로만 남을 뿐이다. 비슷한 역학을 이 책에서 고려한 모든 재능 영역에도 적용할 수 있다. 타고난 자질은 개인적 행복의 보증 수표는 되지 않을지라도 의심할 바 없이 비교적 복합적인 수행 수준에서 비교적 일찍 수월한 플로 경험을 하도록 촉진한다.

재능 있는 십대를 평범한 십대와 구분하는 일련의 PRF 속성은 명백히 우리가 방금 설명한 자기 목적적 패턴을 시사한다. 직감과 이해의 하위 척도에 나타나는 영재들의 수행 능력은 감각이 제공한 정보에 대한 자발적 조율뿐 아니라 남다른 호기심과 경험에 대한 개방성을 드러낸다. 성취와 인내의 하위 척도에 나타난 재능 있는 십대들의 우수함은 그들이 근면, 끈기, 개인 목표 성취도에 부여하는 가치를 증명한다. PRF 분석 결과는 재능 있는 아이들이 개인적 성장을 위한 높은 잠재력을 지닌 활동에서 플로를 경험할 준비를 마친 채 청소년기를 시작한다는 것을 강력하게 시사한다.

결론

이번 장에서 요약한 결과를 보면 자기 재능으로 교사들에게 깊은 인상을 남긴 청소년들은 타고난 자질을 가졌을 뿐 아니라 운 좋게도 각 분야에서 성공하는 데 도움을 주는 가정 환경과 성격 특성도 지녔다는 게 확실하다. 그들의 학업 성취도 표준검사 점수, 학업 성적, 자기 분야에서의 성과는 명백히 우수한 장래성을 보여준다. 이들 청소년이 5개 영역 중 하나에 진짜로 재능이 있다는 데는 의문의 여지가 없다.

그러나 그들의 가정에는 덧붙여서 해당 지역 사회의 전형을 훨씬 넘어선 교육적·경제적 자원이 있다. 게다가 그들의 가정은 매우 유연하면서도 결속되어 있고, 이로써 재능의 육성을 가능케 만드는 환경을 제공한다. 끝으로, 대부분 남의 비판과 자기비판에 취약할 수 있는, 약간은 부정적인 자아상과 어쩌면 극단적인 감수성에도 불구하고 재능 있는 십대들은 한 영역을 완전히 통달하는 힘겨운 싸움에 잘 맞는 성격적 특성을 갖추고 청소년기로 진입한다. 성취욕과 끈기, 그리고 호기심과 경험에 대한 개방성이 바로 그것이다. 이런 특성이 모여 결국 자기 목적적인 성격을 이룬다.

그러나 이런 유리한 점이 고등학교에서 보내는 중요하고 골치 아픈 시기를 거치는 동안, 재능을 계속 살리는 데도 도움을 줄까? 이 책 3부에서는 가정 환경, 부모의 지원, 자기 목적적인 성격 패턴이 재능 발달에 계속 도움을 주는지 문제로 돌아갈 것이다. 아울러 5장에서는 ESM으로 수집한 데이터에 기초해 재능 있는 청소년과 평범한 청소년을 비교한다. 이를 통해 재능 있는 십대들이 평범한 청소년처럼 일상생활의 다양한 양상을 경험하는지(두 가지 관점에서, 곧 하루 종일 무엇을 하고, 자신들이 하는 일에 대해 어떻게 느끼는지) 더욱 상세히 알 수 있을 것이다.

05 재능 있는 십대들은 어떻게 사는가

우리는 특별한 재능을 가진 십대들이 보기 드물게 실질적인 사회적 지원과 독특한 성격적 특성이라는 프로파일 역시 지니고 있다는 것을 알았다. 같은 나이의 평범한 또래에 비하면 그들은 충동을 더 잘 제어해왔고, 성적 고정관념이 적으며, 경험을 더 제대로 즐길 수 있다. 성취와 인내에 매우 높은 비중을 두면서도 환경에 민감하고 개방적이기 때문이다. 전반적으로 호의적인 이 그림에서 단 하나의 불협화음은 오퍼의 자아상 설문지, 곧 OSIQ 결과의 일부에서 나온다. 이 척도에 따르면 재능 있는 십대들은 평범한 또래보다 자신을 약간 덜 긍정적인 관점에서 바라보며, 특히 자신의 성적 욕망에 대해 만족하지 못한다. 이런 결과는 재능이 수반하는 불리한 점에 관해 두 가지 양상을 암시한다. 재능 계발이 요구하는 스스로에 대한 지나친 기대와 정상적인 본능적 관심의 억압에 대한 좌절(혹은 새로운 것에 관심 쏟기)이 그것이다.

그러나 어떻게 이런 추상적인 성격적 특성이 재능 있는 청소년들에게 실제로 영향을 미치는지 좀더 잘 알기 위해서는 그들이 하루 종일 무얼 하며, 자신들이 하는 일에 대해 어떻게 느끼는지 상세히 알 필요가 있다. 따라서 이번 장에서는 시간 활용과 경험의 질이라는 관점에서 재능 있는 학생들과 평범한 학생들을 비교한다. 재능 있는 학생들은 시간을 어떻게 쓰는가? 그들은 평범한 학생들보다 더 열심히 공부하고 덜 노는가? 평범한 학생들에 비해 혼자 있는 편인가, 아니면 가족 및 친구들과 더 많이 있는 편인가? 재능 있는 학생들은 공부하고 있을 때 평범한 십대보다 행복하고 의욕이 샘솟는가? 이것이 우리가 지금부터 대답을 찾으려는 질문이다.

그렇게 하기 위해서는 우선 재능 표본과 대조를 이룰 평범한 학생들의 비교 집단을 찾아야 한다. 우리는 이를 위해 이전 ESM 연구로부터 9학년과 10학년 학생 41명을 선별했다.[1] 이 '보통' 표본은 연령이나 유사한 사회경제적 환경 측면에서 우리의 재능 표본에 아주 가깝게 들어맞았다. 보통 표본은 똑같은 고등학교를 다녔다. 보통 표본과 재능 집단 사이의 유일한 차이는 전자와 관련한 데이터가 현재 연구보다 8년 전에 수집한 것이라는 점이었다.

여러 종류의 비교를 실시했다. 첫째, 우리는 재능 있는 학생과 평범한 학생이 시간을 어떻게 활용하는지 뚜렷한 차이점을 조사했다. 활동별(예를 들면 생산적 활동, 여가, 관리) 그리고 동반자별(예를 들면 가족, 친구, 혼자)로 보낸 시간 비율을 비교했다. 둘째, 우리는 재능 있는 학생과 평범한 학생의 경험이 활동 및 동반자가 달라짐에 따라 차이를 보이는지 알아내려 했다. 이를 위해 다음의 네 가지 경험 변수를 분석에 사용했다. 감정(얼마나 행복한지, 명랑한지, 사교적인지 학생들이 보고한 것을 종합한 점수), 활성화(정신이 맑은지, 적극적인지, 강한지, 신나는지에 대한 종합 점수), 집중, 그리고 해당 활동을 하고 있길 바라는 소망. 셋째, 재능 있는 청소년과 평범한 청소년이 참가한 유형의 활동을 그들이 혼자 있을 때, 친구와 있을 때, 가족과 있을 때로 나눠서 비교했다. 특별한 관심사로는 재능 있는 학생이 평범한 학생보다 더욱 생산적인 일을 했는지, 그리고 구조화한 여가 활동에 더 자주 참가했는지 여부가 있었다.

시간 사용

어떤 사람이 다른 사람과 어떻게 다른지 이해하려 할 때 알아야 할 가장 중요한 사실은 아마도 둘이 시간을 어떻게 쓰고 있느냐일 것이다. 시간 사용 패턴은 한 사람 혹은 집단에 대해 가장 많은 것을 드러내는 특징 중 하나다. 주의를 어떤 곳에 집중하는지, 그리고 심리적 에너지를 어디에 투자하는지 보여주기 때문이다. 오랜 기간 TV를 시청하며 보내는 사람은 친구와 있거나 독서를 하거나 혹은 악기를 연주하며 더 많은 시간을 보내는 사람과는 다른 정보를 머릿속에 저장해놓을 것이다. (그리고 다른 행동 습관이 발달할 것이다.) 시간 사용 패턴은 시간이 제한되어 있고 사람이란 동시에 한 가지 이상을 잘할 수 없기 때문에 중요하다. 매일 총 16시간가량 혹은 매주 112시간을 깨어 있다고 했을 때, 우리는 각자 그 시간을 어떻게 채울지 결정해야 한다. 이러한 선택이 우리 삶을 무엇으로 구성할지 결정한다. 이는 한 사람의 인생에서 미래 진로를 위한 패턴이 결정되는 청소년기에 특히 중요하다.

재능 있는 학생과 평범한 학생이 시간을 다르게 사용하는지 여부를 알기 위해 우리는 ESM 설문지 데이터에 기초해 다른 활동을 할 때, 그리고 다른 동반자와 함께 있을 때의 응답 수를 집계한 다음 모든 사람 각각에 대해 그것을 백분율 점수로 계산했다. 가령 한 학생이 일주일 내내 40개의 응답을 했고, 그중 10개가 생산적인 일을 하고 있었음을 나타냈다면, 그 학생의 생산적 활동의 백분율은 25퍼센트다. 같은 정보는 이 학생이 일주일에 약 25시간을 공부하거나 일하며 보냈음을 알려주는 것으로 해석할 수도 있다. 왜냐하면 호출기를 통해 일주일 동안 깨어 있는 약 100시간을 임의로 표집했기 때문이다.

표 5.1은 활동별 시간 사용 비교를 요약한 것이다. 표가 보여주듯 두 그룹 모두 학교에 있을 때 재능 있는 학생들이 수업에 몰두했을 가능성이 유의미하게 더 높았다. 다른 말로 하면, 평범한 학생들과 비교할 때 그들은 더 자주 수업에 참여하는 편이었다. 즉 더 많은 시간을 교사들의 강의에 귀 기울이거나, 수업 토론에 참여하거나, 과제 개요를 발표하거나, 메모 등을 하면서 보냈다. 이는 부분적으로 그들 대부분이 더 많은 고급반 과정을 듣고, 더 많은 과정이 그들의 재능과 연관 있기 때문일지도 모른다.

그러나 재능 있는 학생들은 학교 바깥에서는 평범한 학생보다 더 많이 공부하는 것 같지 않았다. 두 그룹 모두 약 11~12퍼센트의 시간을 숙제하고 공부하는 데 썼다. 재능 있는 학생은 더 많은 수업을 듣지만, 수업 외에는 같은 양의 시간을 공부하는 데 쓰는 편이므로, 아마도 좀더 효율적으로 공부를 하는 것 같다. 또한 그들은 학교 바깥에서 보수를 받는 일에는 시간을 상당히 덜 소모했다. 평범한 십대가 시간의 5퍼센트를 직장에서 일한 반면, 재능 있는 십대는 시간의 1.6퍼센트만 그랬다. 실제로 재능 있는 학생의 4분의 1 이하에게 일자리가 있었다. 반대로 평범한 학생은 약 절반이 학교 밖에서 일을 했다.

두 집단은 여가 활동과 관련해서도 꽤 달랐다. 첫째, 평범한 청소년들은 파티, 친구와의 교제, 또래와의 수다 같은 사교 활동에 훨씬 더 많은 시간

표 5.1 활동별 사용 시간의 백분율

활동	재능 학생 (N=208)	평범한 학생 (N=41)
생산적 활동		
수업	16.32	10.38***
공부	12.19	10.90
직업	1.60	4.94**
여가 활동		
사교	13.43	18.08**
운동과 게임	2.70	3.96
TV 시청	11.67	6.17***
음악 감상	1.70	1.76
미술과 취미	4.25	1.22***
독서	3.43	3.22
생각	3.51	2.52
기타	1.11	3.08***
관리 활동		
식사	5.05	5.88
개인위생	7.06	7.18
집안일과 심부름	4.73	11.86***
휴식과 낮잠	3.23	3.05
기타	3.15	2.19

주: 이 백분율은 재능 있는 집단의 자기 보고 약 7000개와 평범한 집단의 자기 보고 1500개에 기초한 것이다.

두 그룹 사이의 t-검증(t-test: 한 모집단의 평균이 다른 모집단의 평균과 통계적으로 유의미한 차이가 있는지 알아보기 위한 검증법—옮긴이)의 유의성: $^{**}p<.01$. $^{***}p<.001$.

을 썼다. 둘째, 재능 집단의 학생들은 미술 활동이나 집중적이고 숙련된 능력을 요구하는 취미에 더 자주 참여했다. 셋째, 재능 있는 학생들은 평범한 학생보다 TV를 더 많이 시청했다. 두 집단이 운동과 게임, 독서, 생각에 사용한 시간의 양은 대충 같았다. 평범한 학생들이 재능 있는 학생보다 비공식적인 사회적 상호 작용에 더 자주 참여하는 것 같지만, 후자는 한층 구조화한 여가 활동에 더 많이 참여했다.

재능 있는 학생들은 시간이 빌 때 평범한 학생보다 미술이나 취미 관련 활동에 더 자주 참여하는 편이었다. 이런 취미에는 컴퓨터 작업, 우표 수집, 노래하기, 드로잉 등등이 포함된다. 이런 활동을 즐기는 데는 기술과 지식이 필요하다. 수학, 음악, 미술 같은 영역에서의 능력과 관심이 이들 학생으로 하여금 구조화한 여가 활동을 즐기는 데 필요한 종류의 전문 지식이 발달하도록 했을지도 모른다. 평범한 학생들은 이런 활동에서 도전할 만한 점을 찾지 못했거나, 아니면 그것을 추구할 기술이나 지식이 부족했을 것이다. 따라서 복잡하고 훈련된 행동을 필요로 하는 여가에는 자주 참여하지 않았다.

재능과 TV 시청

이상의 결과는 예측했던 것과 일치한다. 그러나 재능 있는 학생들은 시간이 날 때 TV를 더 많이 보는 편이기도 했다. 이런 결과는 부분적으로 코호트 차이(cohort difference) 때문일 수 있다. 요컨대 평범한 집단의 데이터는 1970년대 말 수집한 반면, 재능 집단의 데이터는 1980년대 중반에 얻었다. 1980년대 아동과 십대들은 특히 VCR이 널리 보급된 덕분에 짐작건대 과거 청소년들보다 TV를 더 많이 봤을 것이다. 하지만 그 차이(일주일에 약 5시간 30분)는 TV 시청 습관과 관련해 과학 기술이 유발한 문화적 변화로 설명하기에는 너무 크다.[2]

생각해볼 만한 한 가지 흥미로운 쟁점은 재능 있는 학생들이 더욱 치열하거나 스트레스 많은 생활 방식 때문에 평범한 학생들보다 더 많이 TV를 시청하는지 여부다. 예를 들어, 많은 학생이 자신의 재능과 관련한 활동에 공을 들이며 매일같이 몇 시간을 활용했다. 이는 그들에게 기분 전환의 필요성이 더 크다는 뜻일까? 우리는 이러한 명제를 뒷받침할 어떤 것도 찾지 못했다. 공부에 투자한 시간의 양은 TV 시청에 사용한 시간의 양과도, 재능 관련 활동에 사용한 시간의 양과도 상관관계가 없었다.

재능 있는 학생들이 왜 평범한 학생들보다 TV를 더 많이 봤는지 그 이유를 좀더 조사하기 위해 우리는 그들이 어떤 종류의 TV 프로그램을 시청했는지 알아보고자 했다. 안타깝게도 학생들은 종종 ESM 응답 서식에 이러한 정보를 제공하지 않았다. TV 관련 응답의 약 절반 정도만 특정 프로그램을 언급했다. 가장 큰 범주는 스포츠 프로그램이었다. 표본에 있는 다수의 재능 있는 운동선수로 이런 결과를 설명할 수 있을 것이다. 이들 학생은 스포츠에 깊은 관심을 갖고 있었으며, TV 스포츠 프로그램은 그들에게 재미있으면서도 동시에 교육적일 수 있었을 것이다. 이런 이유로 다른 학생들보다 더 많은 스포츠 프로그램을 시청했을지도 모른다.

지난 5년간 확실히 증가한 비디오 시청 역시 그 차이를 설명할 수 있을 것이다. 덧붙여 지난 10년간 한층 대중화한 케이블 TV는 더 많은 프로그램 선택 기회를 제공하며, TV 시청 빈도 역시 증가시켰을 수 있다. 13~14세 청소년에게는 TV 시청이 또래와 상호 작용하는 것보다 지적으로 좀 더 자극적이며, 이런 이유로 재능 있는 십대들이 TV 시청에 더 많은 시간을 쏟았다는 것도 가능한 얘기다. 이것이 타당한 설명이라면, 그들은 나이가 들어감에 따라 점차 TV에 흥미를 잃고 일반 청소년들보다 TV를 덜 시청하게 될 수도 있다. 지금의 우리가 알고 있는 것은 단순히 예상과 달리 재능 있는 십대들이 또래 일반 십대들보다 청소년 초기에 TV를 더 많이 시청했다는 사실이다.

일상적 관리 활동에 사용한 시간 비율은 우리 연구에서 두 그룹 모두 비슷했다. 한 가지 재미있는 차이는 일반 청소년들은 재능 있는 청소년보다 2배나 더 자주 집안일을 하는 것 같았다는 점이다. 일반 청소년들이 자발적으로 그랬을 것 같지는 않다. 그들은 가족이 그러라고 요구한 반면, 재능 있는 집단의 부모는 반복적인 허드렛일에서 자식들을 빼주고 싶은 마음이 더 컸을 공산이 크다.

동반자 선택

우리 삶의 패턴을 결정하는 것은 우리가 하는 일뿐만 아니라 함께 어울리기로 선택한 사람들이기도 하다. 고독을 견디지 못하고 항상 다른 이들에게 둘러싸여 있어야 하는 사람이 있다. 이런 사람은 복잡한 기술을 습득하거나 어려운 문제에 집중하는 걸 힘들어한다. 하지만 청소년에게는 그들이 얼마나 많은 시간을 친구 또는 가족과 보내는지도 역시 중요하다. 가족의 개입이 너무 많으면 개인화 과정이 지체될 수 있고, 너무 적으면 점진적 성숙 과정을 방해받을 수 있다.

표 5.2는 혼자서 보낸 시간의 양과 다양한 동반자와 함께 보낸 시간의 양이라는 관점에서 두 그룹을 비교한 것이다. 예상과 반대로 재능 있는 청소년들과 평범한 청소년들은 친구와 보낸 시간의 양에서 그다지 다르지 않았다. 하지만 전자는 부모와 함께 있거나 형제자매와 함께 있거나 둘 중 하나였던 데 비해, 후자는 부모 및 형제자매와 동시에 더 자주 있었다. 이런 확실한 차이는 아마도 재능 있는 청소년들이 가족 구성원과 더욱 친근하고

표 5.2 혼자 또는 다양한 동반자와 보낸 시간의 비율

동반자	재능 학생 (N=208)	평범한 학생 (N=41)
없음(혼자만의 시간)	30.79	25.56*
가족		
부모만	8.28	3.88***
형제자매만	7.71	4.09**
부모와 형제자매	3.02	8.29***
친구		
친구들만	27.29	31.50
친구들과 부모	.70	2.76**
급우	20.61	18.85
기타	1.60	5.07

두 그룹 간 t-검증의 유의성: *p<.05. **p<.01. ***p<.001.

일대일의 상호 작용에 개입한 반면, 평범한 십대들은 한층 분산적이고 덜 개인적인 상호 작용에 연관됐다는 것을 의미하는 듯하다. 전반적으로 볼 때 재능 있는 학생들은 가족과 약간 더 많은 시간을 보냈지만, 그 차이는 아주 경미할 정도로 유의미했다(p=.06).

가장 흥미로운 차이는 혼자 보낸 시간의 양과 관련이 있다. 재능 있는 십대들은 평범한 십대들보다 일주일에 약 5시간 더 많이 혼자 있는 것으로 나타났다. 몇몇 연구는 혼자 있는 것이 흔히 즐거운 경험은 아니라는 것을 밝혀왔다.[3] 재능 있는 학생들은 고독을 좀더 잘 견딜 수 있고, 그래서 더 자주 혼자 있을 수 있다. 재능 관련 기술을 발달시키려는 동기가 혼자 있는 걸 요구한다는 것 또한 그럴 법하다.

결론적으로 시간 사용 분석에 따르면, 재능 있는 십대들은 매주 학교 수

업에 약 6시간을 더 썼고, TV 시청에는 5시간 30분을, 미술 및 취미와 관련해서는 3시간을, 개인 관리에는 3시간 30분을 더 쓴 것으로 나타났다. 한편 평범한 십대들은 일주일에 3시간을 일하는 데 더 썼고, 집안일과 심부름에 7시간을, 또래와 어울리는 데 4시간 30분을 더 썼다. 동반자의 관점에서 봤을 때 재능 있는 십대들은 매주 혼자서 5시간을, 부모하고만 4시간을, 형제자매하고만 3시간 30분을 더 썼다. 한편 평범한 십대들은 일주일에 부모 및 형제자매 모두와 함께 5시간을, 부모 및 친구들과 함께 2시간을 더 썼다.

이런 패턴은 결국 재능 있는 십대가 자신이 타고난 소질의 계발을 가능케 하는 삶의 패턴을 혼자 힘으로 착실히 이뤄가는 과정에 있음을 시사한다. 그들은 기술과 훈련을 요하는 활동에 더 많은 심리적 에너지를 투자했고, 혼자 더 많은 시간을 보냈고, 다른 사람들과 함께할 때는 한 번에 한 사람과 있을 가능성이 더 높았다. 우리는 다른 맥락에서 미국 청소년들이 부모하고만 보내는 시간이 너무 적다는 사실을 놓고 봤을 때, 그들이 성숙한 성인이 되는 법을 배우는 게 얼마나 어려울지 언급한 적이 있다.[4] 재능 있는 십대들이 추측건대 안전한 네트워크 속에 2배 더 자주 있을 수 있다는 것은 행운이다.

다음 절에서 우리는 활동과 동반자 범주 전체에 걸쳐 두 그룹의 시간 사용이 어떻게 달랐는지 더 자세히 살펴보려 한다. 이런 분석은 학생들이 다른 유형의 동반자와 함께 있는 동안 무엇을 했는지 밝혀낼 것이다.

다른 사회적 환경에서의 활동

표 5.3은 두 그룹의 학생들이 혼자 있을 때 또는 다른 유형의 사람들과 함께 있을 때 시간을 어떻게 사용하는지 그 차이를 요약한 것이다. 혼자 있을 때 재능 있는 십대들은 훨씬 많은 시간을 사회화(전화 통화, 편지 쓰기 혹은 사람들이나 사회적 상호 작용과 관련한 다른 어떤 일 하기)에 사용했다. 그러므로 비록 신체적으로는 혼자일 때가 더 많았지만, 타인과의 상호 작용에 관심을 더 많이 준 편이므로 덜 외로웠을 가능성이 높다. 재능 있는 십대들이 모두 일주일에 평균 3시간 정도를 이렇게 '혼자 하는 사회화(solitary socializing)'에 사용한 반면, 평범한 십대들은 일주일에 30분 이하였다.

재능 있는 청소년들은 혼자 있을 때 TV를 더 자주 보는 편이고, 자기 관리에 더 많은 시간을 쓰고, 집안일을 덜 하고, 아르바이트를 덜 했다. 한편, 두 그룹 사이의 차이는 또래와 있을 때 한층 더 확연하게 드러났다. 친구와 있을 때 재능 있는 십대들은 공부를 더 많이 하고, 더 많은 미술 및 취미 활동을 하고, '생각'을 자신들의 주요 활동으로 더 자주 꼽고, TV 시청을 더 많이 했다. 한편, 평범한 십대들은 친구와 더 많이 어울리며 운동을 하고, 일을 더 많이 하고, 집안일을 더 많이 하는 편이었다. 활동의 유사한 패턴이 두 십대 그룹을 구분 지었다. 가족과 함께 지낼 때 재능 있는 십대들은 TV 시청과 음악 감상, 개인 관리와 이동에 많은 시간을 투자하고, 운동과 집안일에 더 적은 시간을 쓰는 식이었다.

여기서 두 집단 사이의 큰 차이 하나를 언급할 필요가 있다. 왜냐하면 이는 곤혹스럽고 예상치 못한 것이기 때문이다. 모든 사회적 상황에서, 재능 있는 십대들은 평범한 십대보다 자기 관리와 몸단장에 상당히 많은 시간을 썼다. 전형적인 12~13세 아이들은 씻고 머리 빗고 옷 입는 것 등에

표 5.3 재능 있는 십대는 이럴 때 무엇을 하는가?

혼자 있을 때 평범한 십대에 비해 재능 있는 십대는,
전화 통화를 더 많이 하고 편지를 더 자주 쓴다($p < .001$)
일을 덜 한다($p < .01$)
TV를 더 많이 본다($p < .05$)
집안일과 심부름을 덜 한다($p < .001$)
자기 관리에 더 많이 몰두한다($p < .001$)
친구들과 있을 때 평범한 십대에 비해 재능 있는 십대는,
공부를 더 많이 한다($p < .01$)
스포츠와 게임을 덜 한다($p < .05$)
TV를 더 많이 본다($p < .05$)
집안일과 심부름을 덜 한다($p < .001$)
미술과 취미 활동을 더 많이 한다($p < .001$)
일을 덜 한다($p < .05$)
생각을 더 많이 한다($p < .01$)
사교를 덜 한다($p < .05$)
자기 관리를 더 많이 한다($p < .001$)
가족과 함께 있을 때 평범한 십대에 비해 재능 있는 십대는,
TV를 더 많이 본다($p < .05$)
스포츠와 게임을 덜 한다($p < .05$)
음악을 더 많이 듣는다($p < .05$)
집안일과 심부름을 덜 한다($p < .001$)
자기 관리를 더 많이 한다($p < .01$)
이동에 더 많은 시간을 쓴다($p < .05$)

주: p값은 재능 있는 학생들과 평범한 학생들을 비교한 t-검증을 나타낸다.

주당 약 3시간 30분을 썼다. 그런데 재능 있는 십대들은 이보다 정확히 2배의 시간(대략 하루 1시간)을 썼다. 이는 사회적으로 인정받는 외모에 대한 더 큰 관심의 징후일까? 4장의 OSIQ 데이터가 시사하듯 재능 있는 청소년들은 세상에 드러나는 자신의 이미지에 덜 안심하기 때문일까? 아니면 PRF의 과시 요인에서 높은 점수가 표시한 대로 자신에 대한 집착, 곧 잠재적 나르시시즘의 조짐일까? 우리는 답을 알지 못하지만, 이런 질문은 연구해볼 가치가 있다.

시간 사용의 차이는 재능 있는 청소년들의 생활 환경에 대해 상당히 명확하고 일관된 그림을 제시한다. 그들은 평범한 또래보다 판에 박힌 급한 볼일에서 더 많은 보호를 받았다. 일을 덜 해도 되고, 많은 집안일도 할 필요가 없었다. 이런 결과는 앞장에서 보고한 가족의 지원과 관련한 인구학적 결과와 일치한다. 한편 재능 있는 십대들은 운동, 게임, 교제처럼 청소년기에 전형적인 좀더 적극적이고 상호 작용적인 기회를 약간은 놓치고 있는 것 같았다(비록 혼자 있을 때 다른 사람들에게 더 관심을 주긴 했지만). 친구와 있을 때조차 그들은 평범한 십대보다 공부하고, 생각하고, 구조화한 여가에 몰두하는 편이었다. 아마도 또래와의 이러한 시간 사용 패턴은 '미성숙한' 성적 태도를 반영하는 것인 듯하다. 그들은 또한 부모에게 더 의존하는 것 같았다. 자동차로 드라이브하거나 TV 시청과 음악 감상 같은 좀더 수동적인 공동 여가 활동에 참여하면서 부모와 함께 더 많은 시간을 보냈다.

우리 시대의 안이한 고정관념에 따르면, 재능 있는 십대들의 행동 패턴에 '범생이스럽다'는 꼬리표를 붙이고 그들을 응석받이 자녀로 생각하기 쉽다. 그러나 어쩌면 재능 있는 십대들의 생활 방식에서 나타나는 훈련받은 진지함이야말로 그들이 소유한 재능에 유일하게 적합한 것이다. 수학적 능력이나 음악적 소질의 계발에는 정확히 이런 종류의 갈고닦은 집중이 필요하다. 미국 청소년들의 전형인, 좀더 유쾌하고 느긋한 생활 방식은 이런 재능을 산만하게 하고 결국에는 희석시킬 것이다.

어떤 사람이 자신의 제한된 시간을 어떻게 투자하느냐는 중요한 질문이다. 하지만 매일매일 살아가면서 일어나는 사건을 어떻게 경험하느냐도 그만큼 중요하다. 얼마만큼 행복한지, 혹은 주어진 순간에 얼마만큼 집중하는지가 합쳐져 서서히 삶의 질을 결정한다. 다음 절에서는 재능 있는 십대들과 평범한 십대들이 평소 어떤 느낌을 갖고 사는지, 그리고 다른 활동에 참여할 때, 다양한 사람들과 함께 있을 때 어떻게 느끼는지 검토한다.

재능 있는 아이들은 삶의 다양한 측면을 어떻게 경험하는가

여기서 다룰 첫 번째 질문은 이것이다. 두 그룹은 전반적인 경험의 질에서 다른가? 재능 있는 십대들은 일반적으로 자신을 평범한 또래보다 좀더 행복하고, 적극적이고, 명랑하고, 강하다고 묘사하는가? 이 질문에 답하기 위해 우리는 표 5.4에서 제시한 아홉 가지 차원의 경험에 의거해 두 그룹의 평균 점수를 비교했다.

두 집단 모두 일주일간 ESF를 작성했다. 표 5.4에서 볼 수 있듯 재능 있는 학생들은 경험의 아홉 가지 차원 중 한 차원을 제외하고는 평범한 학생들보다 훨씬 더 저조한 기분을 느끼는 것으로 스스로를 평가했다. 기분의 가변성은 두 집단이 대략 같았다. 약간 혼란스러운 이런 결과는 무엇을 의미할까? 이는 단순히 반응 편파성(response bias) 때문인지도 모른다. 재능 있는 학생들보다 다소 자기비판이 덜한 일반 학생들이 실제로 느끼는 것보다 더 우호적으로 자신을 평가할 수도 있다는 얘기다. 이런 설명은 재능 있는 아이들의 부정적 OSIQ 자아상이 보여준 한층 높은 자기비판으로 뒷받침된다. 재능 그룹은 실제로 평범한 그룹보다 덜 긍정적으로 느꼈을지도 모른다. 특별한 재능을 가진 것으로 여겨짐으로써 엄청난 스트레스를 받을 수도 있다. 부모와 교사는 그들의 성취에 높은 기대를 가진다. 이런 학생들은 또한 자신에게 더 높은 기준을 설정하고 거기에 미치지 못할 때 더욱

표 5.4 활동별 사용 시간의 백분율

기분	재능 학생 (N=208)	평범한 학생 (N=41)
감정		
행복하다	4.87	5.15**
명랑하다	4.51	4.89***
사교적이다	4.59	5.06***
유능감		
정신이 맑다	4.68	5.04**
적극적이다	4.25	4.46
강하다	4.41	4.69**
신난다	4.10	4.43**
집중(얼마나 많이 집중하고 있었나)	4.39	4.82*
동기(활동을 하고 싶은 의향)	4.29	5.26***

주: 위의 수치는 개인 평균을 기초로 계산한 집단 평균이다. 여기에 사용한 실제 관찰 건수는 재능 그룹의 경우 7000건이 넘고, 평범한 그룹은 1500건이 넘었다.

두 집단 간 t-검증의 유의성: *$p<.05$. **$p<.01$. ***$p<.001$.

의기소침해질 수 있다.

끝으로, 재능 계발에 필요한 생활 방식 역시 적어도 단기적으로는 경험의 질을 떨어뜨릴 수 있다. 사람들은 일반적으로 혼자 있을 때 기분이 더 나쁘고, 친구들과 어울릴 때 훨씬 더 좋게 느낀다. 재능 있는 십대들이 더 많은 시간을 혼자 보내고 교제에 더 적은 시간을 쓴다는 사실은 자동적으로 그들의 전반적 기분이 더 나빠지는 결과를 초래할 것이다. 재능 있는 아이들이 수업에 집중하면서 보내는 시간이 주당 6시간 더 많은 것도 어쩌면 그들의 기분을 어느 정도 우울하게 했을 것이다. 덜 행복하다, 덜 명랑하다, 덜 사교적이다, 정신이 덜 맑다, 덜 신난다 등등의 느낌은 재능을 계발하기 위해 해야 하는 생활로 인해 그들이 치러야 할 대가인지도 모른다.

그렇다면 두 집단에서 상대적 경험의 질도 다를까? 예를 들어, 재능 있는 학생들은 일반 학생들보다 공부하고 있을 때 상대적으로 더 행복하다고 느낄까? 이는 중요한 질문이다. 왜냐하면 하나의 활동이나 동반자 설정 내에서 학생들 각각의 평균 응답을 같은 학생들의 주간 전체 평균과 비교함으로써 반응 편파성을 배제할 수 있기 때문이다. 우리는 다른 활동에 참여하는 동안, 그리고 다양한 동반자와 함께 있는 동안 재능 있는 학생들과 평범한 학생들의 응답을 똑같은 경험 변수 9개, 즉 통계 처리 전의 개인 점수로부터 계산한 감정('행복하다', '명랑하다', '사교적이다'의 종합 점수), 유능감('적극적이다', '정신이 맑다', '강하다', '신난다'의 종합 점수), 집중, 동기(그 활동을 하고 싶은 의향)에 대한 z 점수(z score)를 사용해 비교했다. 그런 다음 각각의 상황에서 평균 z 점수를 학생들 각자에 대해 산출했다.

두 집단의 활동별 경험 비교는 매우 강한 유사성을 보였다. 가령 두 그룹은 모두 더 낮은 감정·유능감·동기를 보고했지만, 이들 각각의 주간 기준치와 비교했을 때는 더 높은 수업 시간 집중을 보고했다. 여가 활동에서의 경험은 반대였다. 두 그룹 모두 더 높은 감정·유능감·동기를 보고하는 편이었지만, 주간 평균보다는 더 낮은 집중을 보였다. 이런 경험은 일일 관리 활동에 참가한 동안에는 대개 긍정적이지도 부정적이지도 않았다. 이러한 결과는 과거의 결론들과도 일치한다.[5]

예상한 대로 비슷하게 두 집단은 모두 친구와 있을 때 가장 긍정적이고, 혼자 있을 때 가장 덜 긍정적이고, 가족과 있을 때 중간 정도로 느꼈다. 두 십대의 집합은 삶의 다른 측면을 어떻게 경험했는가라는 측면에서 크나큰 유사성에도 불구하고, 일부 주목할 만한 예외가 있었다. 이는 경험의 네 가지 주요 차원을 각각 고려함으로써 요약할 수 있다.

감정 우선 재능 있는 십대들은 수업, 공부 그리고 특히 일을 하고 있을 때처럼 생산적인 활동에서 상대적으로 더욱 행복하고 유쾌하게 느끼는 편이었다. 이런 활동에서 그들의 경험은 대개 긍정적이지 않았지만, 평범한 십대들보다는 상당히 덜 부정적이었다. 그리고 혼자 있을 때 재능 있는 십대들은 평범한 십대들보다 훨씬 덜 불행해했다. (추정컨대 부분적으로는 재능 있는 아이들에게 고독은 좀더 사회적이기 때문인 것 같다. 다시 말해, 여기엔 더 많은 편지 쓰기와 전화 통화가 포함되어 있다.)

유능감 두 집단은 다른 활동들에서 얼마만큼 적극적이고, 정신이 맑고, 강하고, 신나게 느꼈는가 하는 점에서 현저하게 비슷했다. 그들의 z 점수는 한 가지 중요한 차이를 제외하고는 각 상황마다 거의 동일했다. 재능 있는 집단은 일할 때 더 높은 유능감을 보고했다. (하지만 그들이 평범한 십대들보다 훨씬 적게 일했음을 기억해야 한다.) 그들은 또한 독서할 때와 생각할 때 상대적으로 더 강하다고 느꼈다. 동반자의 관점에서 보면, 두 집단 사이에서 유일하게 중요한 차이 하나는 혼자 있을 때였다. 이 상황에서 재능 있는 십대들은 평범한 또래보다 덜 수동적이고 덜 약하다고 느꼈다.

집중 재능 있는 학생들은 수업, 공부, 독서, 운동과 게임에 참여할 때 평범한 또래보다 비교적 높은 수준의 집중을 보고했다. 그러나 집안일, 사교, TV 시청처럼 부담이 덜한 활동에서 그들의 집중 수준은 평범한 학생들보다 한참 아래로 떨어졌다. 확실히 재능 있는 십대들의 주의 구조는 과제의 복잡성에 따라 다양해서 필요할 때는 상승하고 그렇지 않을 때는 하락한다는 점에서 한층 효율적이다. 동반자에 따라 집중 수준이 어떻게 다른가의 관점에서는 두 집단 간에 별 차이가 없었다.

동기 재능 있는 학생들은 독서할 때와 생각할 때 매우 높은 수준의 '하고 싶은 의향'을 보고했지만, 수업 시간과 공부를 할 때는 일반 학생들과 똑같았다. 혼자 있을 때 재능 있는 학생들의 평균 동기는 약간 긍정적이었던 반면, 혼자 있을 때 일반 학생들의 동기 수준은 매우 부정적이어서 꽤 큰 유의미한 차이를 낳았다($p < .001$). 평범한 학생들과 비교했을 때 재능 있는 학생들은 고독을 더 즐기는 것 같은데, 십대들에게 이는 일반적으로 불편한 경험이다.[6]

전체적으로, 다양한 상황에 놓여 있을 때 두 집단 학생들의 경험의 질은 다르기보다 비슷했다. 그러나 몇 가지 예외는 있었다. 가장 중요한 예외는 고독의 경험, 그리고 어느 정도의 정적과 사색이 필요한 독서·생각·공부 같은 활동의 경험과 관련이 있었다. 두 집단 모두 친구나 가족 구성원과 함께 있을 때보다 혼자 있을 때 더 좋지 않게 느낀다고 보고하긴 했지만, 재능 있는 학생들의 경험은 평범한 학생들의 그것보다 덜 부정적이었다.

고독 속에서 시간을 활용하는 능력은 특히 청소년들에게 중요한 자산이다. 매우 생산적인 작업은 홀로 있을 때만 수행할 수 있다. 혼자 있는 것은 또한 개인으로 하여금 내부로 관심을 돌리게끔 하고, 따라서 자신의 욕구와 목표에 더욱 민감해지도록 한다. 다른 말로 하면, 고독한 시간을 기술을 발전시키고 과제를 찾는 데 적절히 활용할 수 있다.

결론

재능 있는 십대들과 평범한 십대들 사이의 시간 사용과 경험의 질 비교는 재능 계발에 수반되는 어려운 타협을 암시하기 시작한다. 재능 있는 청소년들은 어느 정도까지는 자기의 특별한 자질 육성을 위해 당장의 즐거움을 포기해야 했다. 그들은 친구와 그냥 어울리는 데 많은 시간을 내지 못하고, 더 많은 시간을 혼자서 보내는 식으로 십대들이 흔히 즐기곤 하는 자연스러운 재미를 자제했다. 이런 측면에서 그들은 가족과 자기 목적적인 성격적 특성, 특히 자신이 소유한 강한 성취욕과 인내심의 도움을 받았다. 그러나 불리한 점도 있었다. 순간순간 느끼는 기분의 질이 나빠진 것이다.

그러나 재능 있는 십대들은 자신의 다소 고립되고 엄격한 상황에 대처하는 두 가지 방식을 개발하는 듯했다. 첫째, 혼자 또는 가족과 있을 때 그들이 수행한 활동에는 더 많은 여가(가령 TV 시청, 미술, 취미)와 더 적은 일(가령 아르바이트와 집안일)이 포함되는 경향이 있고, 그리하여 일정 수준의 즉각적 즐거움을 제공했다. 둘째, (아마도 우연이 아닐 테지만) 그들은 혼자의 활동을 즐기는 법을 체득했다. 예를 들어 그들은 혼자 있을 때, 독서할 때, 생각할 때 일반 학생들보다 더 의욕이 있었다. 그리고 혼자 있을 때 주의를 타인들과의 상호 작용에 좀더 맞춤으로써 덜 외로워하는 편이었다.

일반적으로 재능 있는 학생들은 '긴 안목으로 볼 때' 긍정적 경험을 유지하도록 하는 활동에 참여하는 경향이 있는 것 같았다. 혼자 있을 때는 물론 친구와 있을 때 그들은 도전적인 활동(예를 들어 혼자 있을 때는 미술과 취미활동, 친구와 있을 때는 숙제하기)에 한층 자주 몰두했다. 재능 있는 청소년들은 또한 시간을 더 효율적으로 쓰는 것 같았다. 혼자 있을 때 그들은 전화 통화를 하거나 편지를 씀으로써 다른 사람과의 접촉을 유지했고, 이것이 그들을 덜 외롭게 만들었다. 그들의 집중은 상황의 요구에 더 밀접하게 반응했다. 친구와 있을지라도 공부나 미술, 취미 생활을 했다. 이런 이유로 친구와 함께 있는 동안에는 당장의 즐거움 이상의 것이 있었다.

많은 측면에서 이런 결론은 오래된 지혜를 연상케 한다. 가령 이솝의 개미와 베짱이 우화 같은 것 말이다. 그 이야기에서 개미는 먹이를 모으고 굴 안에 저장하느라 분주히 돌아다니면서 여름 내내 열심히 일한다. 반면 파티에 다니며 음악을 연주하는 베짱이는 즐거운 시간을 위한 이런 엄청난 기회를 허비하는 불쌍한 개미보다 자신이 얼마나 더 현명한지 모두에게 얘기하면서 여름을 보낸다. 물론 겨울이 왔을 때 개미는 집에서 아늑하게 지내는 반면, 배고픈 베짱이는 음식을 구걸하러 다닌다.

그러나 우리의 연구 결과는 현실이 우화보다 훨씬 더 복잡하다는 것을 보여준다. 어떤 면에서 재능 있는 십대는 더욱 베짱이처럼 행동하고, 다른 측면에서는 더 개미처럼 행동했다. 예를 들어, 그들은 또래보다 덜 자주 일하고 집안일을 덜 도왔다. (이는 명백히 베짱이 같은 특성이다.) 다른 한편, 그들은 사교에 더 적은 시간을, 수업 같은 복잡한 활동에 더 많은 시간을 몰두하며 보냈다. (이는 분명 개미 같은 특성이다.)

어떤 십대든 (아무리 재능이 있다 해도) 자기 시간 전체를 미래를 위해 쓸 수는 없을 것이다. 가장 훌륭한 소질을 타고난 이들조차도 친구와 편안히 있거나 TV를 보면서 몇 시간을 지낼 필요가 있다. 그러나 시간 부족은 심지어 12세 아동한테도 이슈다. 재능 있는 아이들에게는 유리한 점이 많지만 그들에게도 하루는 24시간일 뿐이다. 그들이 만일 자신의 재능에서 무언가를 창조하고 싶다면, 모든 자원 중에서 가장 중요한 것, 즉 시간 관리법을 알아야 한다. 또한 재능 발달로 이어지는 외롭고 엄격한 활동을 즐길 줄도 알아야 한다.

물론 재능 있는 십대들에 관한 논거는 모든 청소년에게도 적용된다. 이번 장에서 비록 재능 있는 십대와 평범한 십대를 비교하긴 했지만, 우리의 목적은 특출한 것뿐 아니라 모든 종류의 재능을 계발하는 데 무엇이 필요한지 이해하는 데 있다. 재능 있는 학생들에 대한 우리의 관심은 주로 모든 학생이 더 적게 혹은 더 많이 드러내는 과정을 그들이 더욱 선명하게 보여주기 때문에 생겨난 것이다. 재능 있는 십대를 연구함으로써 우리는 모든 학생에게 해당되는 것을 좀더 쉽게 알 수 있다. 당장의 만족과 장기적 발전 사이에서, 그리고 고독과 교우 관계 사이에서 재능 있는 학생들이 내려야 할 선택은 그들의 능력 수준과 무관하게 모든 청소년이 내려야만 하는 똑같은 선택이다.

우리 모두는 잠재적으로 유용하고 인정받을 만한 가치가 있는 재능을 지니고 있다. 그러나 이 숨겨진 재능을 계발하기 위해서는 그것을 육성해야 하며, 여기에는 시간과 심리적 에너지의 투자가 필요하다. 재능 있는 청소년이 발전시키는 생활 방식은 우리 모두가 타고난 소질을 양성하기 위해 해야만 하는 어떤 선택을 보여준다.

2부
재능의 발달

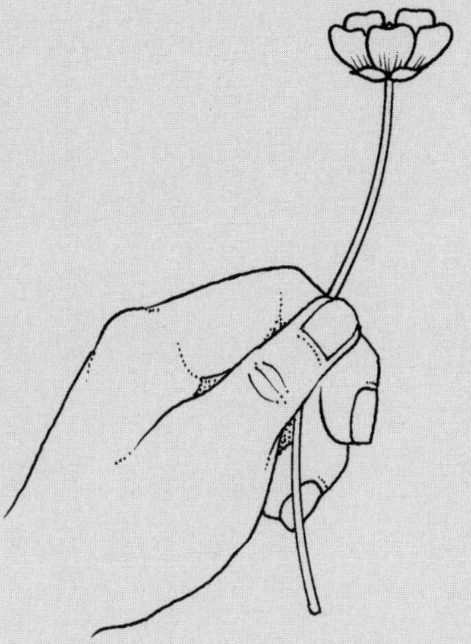

06 청소년기의 재능 분야와 영역

앞장들에서는 재능 있는 청소년을 좀더 평범한 또래와 구별하는 특성을 보여주었다. 일반적으로 그들은 평균 이상 소득의 가족이 지원을 해주고, 재능 계발에 적합한 성격적 특성을 발전시키고 있으며, 시간과 주의의 집중적 사용과 일맥상통하는 행동 습관 및 개인적 보상 체계를 체득하고 있다. 이 패턴에서 불리한 점은 아마도 과도한 자기비판, 그리고 오래도록 잠복한 성적 욕망과 조숙함의 모순적 결합일 것이다. 이것들이 합쳐지면서 전반적으로 덜 긍정적인 경험의 질이 늘어난다.

재능 있는 학생들과 '평범한' 학생들의 비교에 기초한 이번 연구 결과는 2부에서 재능 자체의 발전과 가장 밀접한 관련이 있는 특성 및 과정에 좀더 자세히 초점을 맞춤으로써 확장된다. 이번 장에서는 재능의 영역과 분야에서 고등학생들에게 열린 재능 표출 기회, 그리고 어떻게 재능이 거기에 참여한 학생들의 경험에 영향을 주는지 검토한다. 그리고 다음 장에서는 학생들이 재능 영역별로 자기 작업을 실제로 어떻게 경험하는지 다룬다. 아울러 8장과 9장은 가족과 학교가 어떻게 청소년기의 재능 육성에 기여하는지 탐구한다.

분야와 영역의 맥락

각각의 특별한 재능 영역(미술, 수학 등등)은 뛰어난 아이들이 해당 분야에서 자질을 발전시키도록 허용하는 조직화한 환경에 의해 고등학교 기간 동안 드러난다. 그 영역을 뒷받침하는 사람과 활동의 제도적 네트워크 없이는 한 십대가 필요한 기술을 배우고 연마하는 건 거의 불가능할 것이다.

체육 영역을 예로 들어보자. 이 분야는 신체적으로 축복받은 청소년들이 공식적인 무대에서 자신의 기술을 완벽하게 선보이도록 해주는 코치, 클리닉, 대회(지역에서 국제 수준까지 다양한)를 포함한다. 흔히 돈이 많이 들고 힘든 준비를 요하는 정기적인 일련의 시합, 혹은 대회가 없다면 선수는 말 그대로 자기 역량을 평가할 수 없고 그것을 확실히 발휘할 수도 없다. 우수한 체육 성적은 또한 미디어의 시선을 끌어당기고, 어린 스타들은 학교 신문이나 지역 신문의 스포츠 면에서 자기 이름을 보는 데 익숙해진다. 선수 중 일부는 팀 운영에 관여하고, 지역 상인의 재정적 후원을 따내는 일을 돕고, 전국의 아마추어 및 프로 스포츠 연맹에서 일자리를 얻는다. 명백히 주변적인 이 모든 활동이 선수가 재능을 발현하는 분야를 구성한다. 이런 활동 없이도 청소년들은 근육과 체력을 충분히 향상시킬 수 있겠지만, 재능을 발전시킬 수는 없을 것이다. 왜냐하면 재능은 대중의 평가와 인정을 포함하기 때문이다. 따라서 이런 활동을 하기 위해서는 분야를 갖는 것이 필요하다.

이번 연구에서 다룬 다른 영역(미술, 수학, 음악, 과학)에도 똑같은 주장이 들어맞는다. 각 영역마다 선별하고, 훈련시키고, 지도하고, 평가하고, 유망한 후보에게 보상을 주는 공인된 방식이 분명 있을 것이다. 학교는 재능 있는 새싹들을 위해 관련 분야를 제공하는 데 일차적으로 책임 있는 기관이다. 그러나 그 밖의 많은 개인과 기관도 여기에 개입한다. 다른 무엇보다도 부모, 그다음은 교회, 청소년 단체, 포상을 주는 업계, 전국적 단체, 정부 관계 기관, 개인 후원자, 언론 그리고 아마도 몇 가지가 더 있을 것이다. 재능이 청소년기에 어떻게 발전하는지 이해하기 위해 우리는 이런 분야가 어떻게 구성되는지 고려해야 한다. 왜냐하면 이것들은 십대가 자기 재능을 계속 사용할 것인지, 아니면 포기할 것인지에 중요한 영향을 미치기 때문이다.

또한 재능 발달을 이해하는 것은 그 분야가 어떻게 구성되는지 고려하는 것과 더불어 각 영역의 정보 유형과 그것이 어떻게 조직되는지 고려할 것을 요구한다. 미술과 관련 있는 기술을 습득하는 과정은 과학과 관련 있는 기술을 배우는 것과는 다를 확률이 높다.

타고난 소질의 영역이 무엇이건 십대들이 자기 재능을 계발하도록 익히는 방식에는 많은 유사점이 있다. 예를 들어 방금 언급했듯 대부분의 재능 관련 활동은 학교에서 일어나거나 학교의 후원을 받는다. 그러나 어디에서, 어떻게, 마주치는 누구와 함께하느냐는 관점에서 보면 각 영역 사이에는 중요한 차이가 존재하며, 아울러 이러한 차이점이 결국에는 활동을 경험하는 방식과 그것이 수행자에게 제공하는 보상에 영향을 미친다.

한 가지 예로, 천부적인 어린 화가들은 학교의 스튜디오에서 대부분 작업을 한다. 그곳에서 그들은 혼자 작업하지만, 비슷한 활동에 참여하는 또래들로 둘러싸여 있다. 한 학생의 드로잉이나 조각을 다른 학생들이 볼 수 있으며, 따라서 그 진행 과정을 공유할 수 있다. 작업 자체는 어쩌면 표현적 수행(expressive performance)으로 가장 잘 특징지을 수 있을 것이다. 다시 말해, 교사는 흔히 공통된 주제나 과제를 제시하지만 학생들은 자기 자신의 취향과 관심사에 따라 그것을 마음껏 실행에 옮긴다.

과학을 실행하는 방식은 어떤 면에서는 비슷하고, 어떤 면에서는 다르다. 어린 과학도들은 학교 실험실에서 대부분의 시간을 실험하며 보내는데, 이곳은 어떤 면에서는 미술 스튜디오와 닮았다. 그러나 실험실에서는 또래의 발전을 따라갈 기회가 적으며, 이에 따라 실험실 경험은 더욱 고독한 쪽에 가깝다. 또한 과학에는 엄청난 준비가 필요하다. 학생은 많은 시간을 혼자 열심히 책을 들여다보며 보내야 한다. 어쩌면 가장 중요한 사실은 실험실에서의 작업을 거의 표현적 성과로 경험하지 못한다는 점일 것이다. 대부분 고등학교 실험의 요점은 어떤 표준 절차를 가능한 한 꼼꼼하고 정확하게 복제하는 것이다. 따라서 목표가 전형적으로 좀더 도구적이고 덜 개인적이다.

수학의 실행은 실질적으로 다른 환경에서 벌어진다. 이는 스튜디오나 실험실을 필요로 하지 않는다. 대부분의 행위는 교과서, 메모지, 컴퓨터와 함께 일어난다. 따라서 다른 두 영역보다 더욱 개인적이고 더 외로운 활동이 되는 경향이 있다. 하지만 막강한 고등학교 수학 프로그램은 본질적으로 고독한 이런 활동에 중요한 사회적 차원을 추가해왔다. 고등학교 수학팀은 흔히 매우 집단적이다. 팀원들은 많은 자유 시간을 수학 클럽에서 해당 영역의 고급 주제들에 대해 토론하며 보낸다. 최고 자리를 놓고 벌이는 팀 내부의 경쟁은 물론 다른 학교 팀들과의 끊임없는 경쟁은 고등학교 수학을 이런 측면에서 미술이나 과학보다 체육에 더 가깝게 만든다.

경쟁의 관점에서 봤을 때, 고등학교에서 실행하는 음악도 이것들보다 많이 뒤지지 않는다. 우리 표본 중 한 학생은 자신이 주 전체 오케스트라에서 19번째 플루트 자리에 뽑힌 반면 친구는 12번째 자리를 받았을 때 이렇게 말했다. "총알이 머리를 뚫고 지나간 것 같았어요." 어떤 학교에서는 오케스트라 자리를 매주 재배정해 어린 연주자들이 가차 없는 압박감에서 벗어나지 못하게끔 만든다. 음악은 표현적 성과를 포함하기 때문에 미술을 닮았지만, 연주를 표현하기 전에 그 영역의 엄격한 비인격적 기준에 맞춰야 한다는 점에서 과학과 닮았다. 활동이 일어나는 공간의 관점에서, 음악은 학교 내부의 스튜디오 같은 장소에서 많은 다른 또래와 함께 리허설하고 연주하는 경향이 있으므로 역시 미술과 유사하다. 그러나 음악은 집 또는 개인교사의 스튜디오에서 보내는 외로운 연습을 많이 수반한다.

분야의 차이와 아울러 학생들은 특정 영역 자체의 테두리 안에서 적응하고 작업하는 법을 익혀야 한다. 각각의 영역은 해당 관련 정보를 능숙하게 다루고 해석하는 데 중요한 특화된 지식 체계에 대한 동화(assimilation)를 요구한다. 예를 들어, 어린 음악 영재들은 전문적 연주의 전제 조건으로 악보 읽는 법을 배워야 한다. 어린 과학자들은 실험 설계의 중요성을 이해하기 위해 과학적 방법론의 기초를 알아야 한다. 각 영역에서 다루는 유형의 정보에는 궁극적인 목적에서, 그리고 그 영역과 상호 작용하는 법칙에서 엄청난 차이가 존재한다. 결과적으로 분야별 차이가 학생의 학습 경험에 영향을 줄 가능성이 높은 것처럼 영역들 사이의 차이 역시 그러할 것이다.

비록 서구 문화권에서는 미술 및 과학과 관련한 정형화한 차이를 과장하기 쉬울 테지만, 그리고 이것들 사이에 흔히 놓인 간극에 가교 역할을 하는 게 우리의 궁극적 의도이긴 하지만, 우선 공통점을 가늠하기에 앞서 몇 가지 명백한 구분을 짓는 것이 유용하겠다. 문화적 고정관념을 부채질하고, 그렇게 함으로써 고등학교에서 십대들이 인지하는 방식에 영향을 주는 이런 일반적 영역 사이에는 어떤 기본적 차이점이 존재하는 것 같다. 이런 차이를 이해하는 것은 미술이나 과학에서 십대들의 향유와 몰입의 범위를 제한하는 어떤 지나친 단순 이분법을 피하는 데 도움을 줄 수 있다.

미술과 과학 사이에 흔히 이뤄지는 한 가지 기본적 구분은 해당 분야의 궁극적 목표와 관련이 있다. 전자의 상징(톤, 색채, 움직임)은 내적인 미학적 기준의 관점에서 평가한다. 후자의 상징(단어, 개념, 수치)은 합리적 진리 체계에 대한 기여로 판단한다. 둘 다 개개인의 성장을 독려하는 목표를 제공하지만, 각기 다른 방식으로 이를 수행하려 든다. 미학적 판단은 미술 작품의 감정적 호소와 감각 그리고 신체(보고 듣고 움직이는 등등의 새로운 방식)의 훈련에 많이 의존한다. 합리적 판단은 진리에 대한 이해와 지속적인 인지적 성장(사유, 논의, 측정 등등의 새로운 방식)에 의존한다. 좀더 면밀히 따져보면, 경험적 증거의 기반이 거의 없는 비합리적 사유 양식이 '실증주의적' 과학자들에게도 중요하며,[1] 이성적 계획 수립은 예술적 과정의 일부를 특징짓는다는 게 맞지만, 미학적-이성적(혹은 감정적-인지적)이라는 구분은 미술과 과학 사이의 초기 비교에서 선을 긋기에 좋은 지점이다.

미술적 상징은 한층 즉각적이고 구체적이며 과학적 상징은 한층 누적적이고(cumulative) 추상적이기 때문에, 각 영역에서 작업하는 개개인은 서로 다르게 앞으로 나아간다. 예를 들어, 존 듀이는 이런 견해를 밝힌다.

> 미술가라고 일컫는 이들은 직접적으로 경험하는 사물의 질을 자신의 주제로 삼는다. 요컨대 '지적인' 탐구자들은 질을 표현하지만, 그런 질의 즉각적 현존에는 중요하지 않은 상징이라는 매개를 통해 한 발짝 떨어져서 이러한 질을 다룬다. ……색채, 톤, 이미지의 관점에서 사유하는 것은 언어로 사유하는 것과 기술적으로 다른 작용이다.[2]

수전 랭거(Suzanne Langer)는 형태·색채·선·톤 역시 상징이라고 주장하지만, 이를 **표상적**(presentational) 상징으로 구분한다. 다시 말해, 이것들이 세계에 대한 좀더 감각적인 '표상'을 제공한다는 뜻이다.[3] 한편 과학은 랭거에 따르면, 원래의 맥락에서 추출된 사물들을 나타내는 **담론적**(discursive) 상징을 다루며, 이로써 그것들을 이성적으로 연구하고 비교할 수 있도록 한다.

미술과 과학의 이렇게 다른 비중은 교훈적 목적 때문에 고등학교에서 과장되는 경향이 있다. 가령 초등학교 1학년부터 미술 교육은 흔히 아동의 즉각적 관심, 감정, 동기에 더욱 촉각을 세운다. 자기중심성과 충동 속에서 미래의 성격과 개성의 씨앗을 발견하며, 이 씨앗을 계발하는 것이 교육적 이상이다. 이런 이유로 수업은 아동을 중심에 놓으며, 부모와 교사와 멘토 등은 아동/학생 '뒤에 숨어' 자유로운 감정 표현을 장려한다. 반대로 **규율적인 작업**(disciplined work)에 대한 강조는 특히 고등학교 과학의 특징에 가깝다. 사실(fact)은 일반 원칙(general principle)과의 관계에서 분류되기 때문에 수업 내용을 신중하고 논리적인 단계 속에서 발전하도록 잘 조직하고 정리할 수 있다. 부모, 교사, 그리고 과학 연구자들의 폭넓은 공동체는 학생의 장난기 많은 탐구는 덜 장려하고 장기적 목표 추구는 더 장려한다.

분야, 영역 그리고 경험

재능 발달의 맥락과 관련해 몇 가지 차이점을 간략히 논의했으므로 이제 이러한 차이가 어떻게 다른 영역에서 작업하는 이들의 주관적 경험에 영향을 주는지 고려해도 좋겠다. 우리의 관점은 영역의 유형과 그 특정 분야에서의 활동이 십대가 자기의 능력 활용을 어떻게 경험할 것인지 부분적으로 결정하며, 그리하여 결국 그 능력의 계발을 지속시키는 데 얼마나 의욕을 가질 것인지에도 영향을 줄 것임을 시사한다. 가령 일반적으로 인간은—특히 십대는 혼자 있을 때 슬퍼하고 불안해하며, 따라서 가능한 한 고독을 피하려는 경향이 있기 때문에[4]—과학과 수학에서의 진지한 연구에 필수적으로 수반되는 혼자 있는 긴 시간을 견디는 게 매우 힘들다. 재능을 타고난 아이들은 관련 정보를 처리하는 인지 능력이 부족해서가 아니라 혼자 작업하는 것을 참을 수 없어 포기할지도 모른다.

경쟁적인 수학 토너먼트 도입이 어느 정도까지는 이런 추구에서 외로움을 경감시키지만 그러려면 대가를 치러야 한다. 수학팀들의 잡히느냐 잡느냐 하는 치열한 스트레스는 더욱더 응원해주는 환경을 선호하는 어린 학생들을 고립시키기 쉽다. 다수의 촉망받는 어린 수학 영재들(특히 다수의 어린 여성 수학 영재들)이 인지적 도전을 따라잡을 수 없어서가 아니라, 대화 소재에 멤버 각각의 최근 팀 순위가 항상 끼어드는 수학 클럽의 과열된 분위기를 견딜 수 없어 수학과 결별한다는 느낌을 우리는 받았다. 이런 대화 속에는 엄청난 시기와 거의 감추지 않는 적대감, 권력과 동조를 얻으려는 다툼이 있으며, 어떤 아이들은 이와 관련한 스트레스를 참고 싶어 하지 않는다. 불행히도 어떤 학생이 고등학교 수학 분야에서 중도 하차할 경우, 그 영역 전체로부터 낙오할 가능성 역시 높다.

다른 어떤 영역에도 똑같은 관찰이 들어맞는다. 가령 경쟁은 운동과 미술에서 일부 청소년에게 주된 걸림돌이다. 대중 앞에서 연주하거나 작품을 전시해야 하는 필요조건이 어떤 음악과 미술 영재들에게는 장벽인 반면, 다른 아이들에게는 인센티브로 작용한다. 모든 십대가 자기 재능을 펼치는 환경(일반적으로 '제약'이라는 상징적 연상을 하게 되는 학교 빌딩)은 경험의 질에 고

유의 흔적을 남긴다.

해당 영역이 사용하는 유형의 상징과 그것을 가르치는 방식(교훈적이건 자발적이건)은 재능의 사용을 어떻게 경험하는지에 또 다른 차원을 더해준다. 물론 이런 상황은 어느 정도 불가피하다. 어떤 순수하고 추상적인 상태로 미술이나 음악 또는 수학을 연마할 방법은 없다. 수행자는 반드시 해당 영역에 몰입해야 하고 커리큘럼, 교수법, 시험, 경쟁 같은 그 분야의 요구 조건에 참여해야 한다. 따라서 왜 어떤 청소년은 재능을 계속 완벽하게 갈고 닦는 데 반해 다른 청소년은 그렇지 않은지 이해하고자 한다면, 자기 재능을 계발하는 이들이 써먹을 수 있도록 해당 영역과 분야가 만든 다양한 종류의 보상을 고찰하는 것이 중요하다.

재능 계발의 보상

청소년이 재능 계발에 엄청난 심리적 에너지를 쏟아 부을 수 있는 데는 두 가지 근본적 이유가 있다. 가장 큰 이유로는 내적 보상(intrinsic rewards), 즉 해당 영역에서 수행할 때 느끼는 재미·즐거움·호기심이 포함된다. 가령 아이들은 순전한 '즐거움 때문에' 자발적으로 그림을 그리거나 악기를 연주한다. 많은 미술가, 음악가, 과학자들이 이후 삶의 자기 영역에서 계속 일을 하게끔 만드는 것은 똑같은 경험의 지속이라고 주장한다.[5] 이런 맥락 속에서 그 즐거움이 의식적인지 아닌지, 또는 억압된 욕망의 표출인지 불안에 대한 방어인지, 또는 도피의 형태 같은 것인지는 중요하지 않다. 진정 중요한 것은 그 사람이 활동을 하면서 그에 따른 충분한 보상을 찾았다는 사실이다.

무언가를 하는 것과 관련한 일련의 두 번째 이유는 외적 보상(extrinsic rewards)에 있다. 여기에는 학교 성적, 대회 수상, 돈, 지위 혹은 활동 수행에 따른 그 밖의 인센티브가 포함된다. 어떤 학생이 자기가 내는 소리에 기쁨을 얻기 때문이라기보다 어머니나 교사를 만족시키거나 학교 오케스트라에 뽑히거나 줄리어드 음대에 합격할 기회를 얻거나 유명해지기 위해 바이올린을 연주할 때, 우리는 그 학생의 행동이 외적 보상에 의해 일차적으로 동기를 부여받았다고 말한다.

어느 누구에게나 항상 그리고 오로지 이러한 보상의 원천 중 하나가 동기로 작용하는 것은 아니다. 일반적으로 우리 대부분의 행동에는 외적·내적 고려가 전부 존재한다. 호기심과 발견이라는 순수한 기쁨에 끊임없이 이끌린 레오나르도 다빈치 같은 위대한 천재조차도 항상 후원자들로부터 받을 돈을 신중하게 계산했고, 어느 곳의 왕자가 자신의 작업에 자금을 댈지에 따라 피렌체에서 밀라노로, 다시 로마에서 프랑스로 옮겨갔다. 그러나 어떤 미술가들은 다른 사람보다 명성과 돈에 대해 더 많은 생각을 한다.

내적·외적 보상 사이의 구분은 개개인에게만 적용되는 것이 아니다. 이는 활동에도 해당한다. 스포츠 같은 활동은 주로 내적 보상이 동기로 작용한다. 다른 활동들은 동기를 유발하는 강한 외적 보상이 없으면 일어나지 않을 것이다. 가령 출석에 대한 외적 보상을 걷어낸다면 극히 소수의 십대만 학교에 다닐 것이다. 아울러 소수의 학생만이 지식을 얻기 위해 수업을 받을 것이다.

단순히 어림잡아 말한다면, 해당 영역에서의 수행이 그 자체만으로 즐겁지 않다면 그 분야는 거기에 재능 있는 아이들을 끌어들이기 위해 외적 보상을 제공해야 하고, 반면 활동이 내적으로 즐겁다면 더 적은 외적 보상으로도 충분하다. 주어진 상황에 어떤 보상이 개입되어 있는지 이해하는 것은 중요하다. 왜냐하면 어떤 이유로 일부 아이들은 계속 재능 훈련을 하고, 다른 아이들은 그러지 않으려 하는지 설명하는 데 큰 도움을 줄 수 있기 때문이다. 우리는 먼저 재능의 5개 분야 및 영역이 전형적으로 제공하는 외적 보상에 초점을 맞춘 다음, 내적 보상으로 넘어갈 것이다.

장기적인 외적 보상

5개의 재능 영역은 거기에 몰두하는 학생들에게 제공할 수 있는 미래의 인센티브 유형이라는 관점에서 봤을 때 가장 극적인 차이를 보인다. 학교의 과학 교과 과정은 곧 공학, 의학 그리고 다른 명망 있고 경제적 보상이 큰 직업들의 커리어를 가리킨다. 과학과 수학에 소질을 타고난 많은 학생이 그들의 진로에 대해 갖는 중요한 태도는 한 청소년의 말에 잘 요약되어 있다. "글쎄요. 그것들이 중요한 유일한 이유는 제가 그 수업에서 얻은 지식을 활용하는 직업을 갖게 될 것이라는 거죠." 과학과 테크놀로지의 중요성은 언론 매체, 과학 단체와 포상, 과학 학술지, 박물관 견학 등으로 강화된다. 이 분야에 발을 들여놓는 청소년은 충분한 경제적·사회적 보상에 대해 마땅히 안심할 수 있다.

운동선수로서 장래성을 가진 십대들은 미래가 훨씬 더 흐리다. 선수와 체육 행사에 관한 엄청난 언론 보도에도 불구하고, 그리고 우리 문화에서 스포츠가 갖는 매우 상징적인 중요성에도 불구하고,[6] 이 분야는 제공할 만한 직업적 보상이 많지 않고 그나마 제공하는 것도 선수들의 어린 시기에 심각하리만큼 한정되어 있다. 비록 미식축구와 농구에서 스타 선수들이 천문학적 연봉을 받기는 하지만 선수들의 커리어는 차라리 복권을 하는 것에 가까운 반면, 극소수의 사치스러운 승자가 대다수 패자를 상쇄한다. 더 현실적인 커리어로는 코칭 혹은 스포츠 및 체육 교육과 관련한 그 밖의 강의,

경영, 행정적 일자리를 들 수 있을 것이다. 중산층 청소년에게 체육 재능은 성인의 매력 있는 직업으로 통하지 않는다. 그들에게 운동이란 실행 가능한 직업적 옵션이라기보다 내적 보상 및 생활 방식의 문제다. 다른 한편으로, 취약한 경제적 배경을 가진 이들에게 운동은 장기적 가난에서 벗어날 몇 안 되는 방법 중 하나를 대표하기도 한다.

'순수' 미술 역시 소수의 개인에게 높은 외적 보상을 선사하고, 절대 다수에게는 거의 아무것도 제공하지 않는 것으로 악명 높다. 피카소 한 명이 있다면 유화 한 점도 팔지 못한 채 일생을 그림을 그리며 보내는 적어도 1000명의 무명 화가들이 있다. 그러나 시각적 재주를 타고난 청소년에게는 좀더 안정된 커리어를 제공하는 다른 옵션이 있다. 초등학교나 고등학교나 대학에서 미술을 가르치는 것, 광고 회사에서 상업 미술을 하는 것, 산업 디자인이나 인테리어 디자인을 하는 것이다.[7] 이런 직업은 재능을 엄청나게 발현할 기회를 거의 주지 않지만, 많은 화가들이 짬을 내서 명작을 창조할 수 있기를 바라며 교편을 잡거나 상업적 작업을 한다.

모든 것을 고려해볼 때, 미술 재능은 운동 재능처럼 외적 보상보다는 내적 보상이 동기로 작용하는 것 같다. 여전히 많은 학생이 자신의 시각적 재능을 활용할 수 있는 커리어를 확고한 선택으로 본다. 우리 연구 대상 학생 중 한 명은 자신으로 하여금 계속 미술에 관심을 갖도록 하는 현재의 즐거움과 미래의 기대를 잘 조합해 표현했다.

> 제 주된 목표, 궁극적인 목표는 자동차를 디자인하는 거예요. ……제가 차를 좋아하고 손으로 작업하는 걸 좋아하기 때문에 하고 싶은 거겠죠. 제게 새 자동차란 미술 작품 같은 거예요. ……획일적이고 구조에 맞춰야 하긴 하지만, 거기에도 여전히 자기만의 예술가적 발자취를 남길 수 있죠.

음악은 미술과 운동처럼 모든 어린 인재를 그에 걸맞은 성인 직업에 수용할 수 없다. 일부 선천적으로 타고난 아이들은 음악 교사가 될 테고, 더 적은 수가 여전히 연주자로서 생계를 유지할 테고, 1만 명 중 1~2명이 직업적 작곡가가 될 수 있을 것이다. 이런 소수의 자리를 위해 음악은 그들에게서 쓸 수 있는 모든 심리적 에너지를 흡수한다. 우리 표본의 재능 있는 첼리스트는 고등학교 2학년인데, 벌써부터 자신이 선택한 음악 학교의 입학시험을 준비하고 있었다. "저는 정말 제 모든 삶을 〔시험에〕 집중하고 있어요. 그럴 때거든요. 대학 입학이 가까워지고 있잖아요. 그걸 내 삶으로 만들기 위해서는 다른 모든 것을 포기해야 해요." 그러나 대다수에게 음악은 그저 생활 방식의 일부, 즉 여가 시간에 하는 활동이 될 것이다. 어떤 외적 보상이 있어서가 아니라 즐겁기 때문이다.

즉각적인 외적 보상

상당히 다른 다양한 분야에서 제공하는 것은 장기적 보상만이 아니다. 요컨대 각 분야별로 십대들이 구할 수 있는 지원의 종류 또한 폭넓게 다양하다. 예를 들어 수학과 과학은 사회적으로 중요하다고 인정받으며, 고등학교는 흔히 졸업을 위해 이런 과목의 수강을 요구한다. 부모는 자녀들에게 이런 영역의 재능을 계발하도록 권장하며, 십대들은 해당 과목을 잘하는 또래에게 마지못해 존경을 보낸다.

체육 선수에 대한 지역 사회의 지원은 어느 정도 양면성을 띤다. 한편으로, 체육은 이 책에서 고려한 영역 중 학문적 정당성이 제일 적은 가장 덜 '진지한' 영역이다. 다른 한편으로, 우수한 선수는 다른 어떤 종류의 재능을 가진 학생보다 고등학교에서 더 많은 주목과 인정을 받을 수 있다. 적어도 단기적으로 체육에서의 성과는 경기 대회마다 여행을 다니고, 신문에 사진이 실리고, 선수 장학금을 약속받는 것 같은 확실한 외적 보상을 학생들에게 가져다준다. 어떤 운동 종목을 잘하는 청소년은 그들이 좋아하든 어떻든 거기에 진지하게 몰두하지 않을 경우 기회를 날리고 있는 것으로 생각할 수 있다.

음악 역시 잠재적 커리어로서 그 자체로 양면성을 띤다. 음악은 분명 많은 이들이 중요한 영역으로 여긴다. 바이올린이나 피아노를 잘 연주하는 어린이는 기량이 뛰어난 것으로 인정받고, 아이의 부모는 후광을 누릴 수 있다. 따라서 부모는 종종 자녀들에게서 음악 재능의 징후를 찾으면 기뻐하고 이따금 큰 비용을 들여 그 재능을 기꺼이 장려하고 개발하고자 한다. 하지만 음악적 커리어에 적합하다고 여겨지는 사람은 극히 드물다(특히 남자의 경우). 따라서 음악 재능 장려에는 종종 단서가 달린다. 이를테면 양성할 만한 가치는 있지만 그걸 너무 심각하게 받아들여서는 안 된다는 식으로 말이다. 또한 요즘에는(어쩌면 항상 그래왔을 테지만) 어떤 종류의 음악이 정말 중요한지에 대해 세대적 분열이 존재한다. 부모와 교사는 클래식 음악을 지지하는 반면, 또래 집단은 보통 가장 최신 음악 스타일이면 무엇이든 선호한다. 음악 재능의 가치에 관한 이런 모순은 재능 있는 십대들에게 주목을 받지 못하며, 그들의 마음속에서 미래에 대한 심각한 의문을 제기하게 만든다.

문화적 중요성에도 불구하고 고등학교의 미술 영역은 외적 보상에서 얻는 혜택이 말할 것도 없이 가장 적다. 그림을 잘 그리는 학생은 급우들로부터 어느 정도 주목을 받지만, 미술계 외부에 있는 부모나 교사에게는 미술가로서 진로를 고려하는 청소년의 전망이 그다지 달갑지 않다. 어린 미술가는 일반적으로 또래의 선망, 부모의 응원, 학교 교과 과정, 그리고 언론의 관심이 특별한 재능을 가진 사람에게 부여하는 외적 지원의 결핍이 어떤 재능 영역보다도 심각해 모든 걸 자력으로 헤쳐 나가야 한다.

그러나 외적 보상(커리어와 관련 있는 장기적 기대치나 단기적 응원 및 장려)이 청소년으로 하여금 재능 계발에 이르는 힘든 길을 견뎌내게끔 하는 유일한 것은 아니다. 각 영역은 외적인 것만큼이나 중요한(어쩌면 더욱 중요한) 일련의 내적 보상을 제공한다.

재능의 내적 보상

다양한 영역에 내적으로 존재하는 보상을 살펴보면, 그림은 상당히 달라진다. 내적·외적 보상은 거의 서로의 거울 이미지를 대표한다. 현재와 미래 모두의 외적 인센티브에 의해 강하게 지지를 받는 수학과 과학은 음악을 연주하거나 그림을 그리거나 경기를 하는 것만큼 확실하게 즐겁지는 않다. 따라서 외적 보상이 없다 해도 재능 있는 청소년들은 여전히 미술, 운동, 음악에서 자신의 소질을 계속 계발해나갈 것이다. 반면 과학과 수학에서는 다를지 모른다.

순간적이고 직접적인 감각 몰입의 결핍은 종종 수학과 과학 영역을 본질적으로 덜 즐겁게 경험하는 한 가지 이유다. 가령 미술의 표현적 수행에서는 중요한 목표가 바로 가까이에 있다. 미술가는 그림이 시시각각 형체를 갖춰가는 걸 보고 그것을 즐길 수 있다. 음악가도 곡을 연주하면서 그것을 즐길 수 있다. 반면 과학의 추상적 상징에 몰입하는 것은 즐거운 감정적 반응을 환기시킬 가능성이 한층 낮다. 아울러 중요한 목표는 좀더 추상적인 편이고, 미래와 동떨어져 있다. 미술에서 의미 있는 피드백은 좀더 즉각적이며, 행위에 대한 통제는 흔히 순간적 신체 반응을 요구한다(예를 들면 붓의 움직임이나 악기에 닿는 손가락). 반대로 어린 (혹은 성숙한) 과학자나 수학자가 수행한 작업의 피드백은 몇 주 후 교사 또는 동료들로부터 오며, 그때조차도 반응이 명확하지 않을 수 있고 더 많은 숙고를 요구할지도 모른다. 수학과 과학에서의 이런 사정은 강한 집중을 더 어렵게 만들 가능성이 크며, 이에 따라 플로 경험에서 전형적으로 나타나는 자기 인식과 행동의 융합을 손상시킨다.

어려운 과학을 추구하는 것이 재미없다고 말하려는 게 아니다. 사실 유명한 과학자들의 추천서를 읽어보면 추상적인 수학이나 이론과학에 대한 추구만큼 보람 있는 것이 없다는 인상을 받는다. 누군가가 최초의 미국인 노벨 물리학상 수상자 앨버트 마이컬슨에게 무슨 이유로 그토록 많은 시간을 광속 측정이라는 난해한 과제에 일생을 바쳤냐고 묻자 그는 "아주 재미있었으니까요"라고 대답했다고 한다.[8] 다른 많은 과학자들은 자신의 작업을 "재미있는 게임"[9]이나, 새로운 대륙을 발견하는 흥분[10]이나, 퍼즐을 푸는 즐거움[11]에 비유한다. 사실상 많은 과학자들이 자기 일을 플로 경험의 관점에서 서술한다. 1990년 세계적으로 유명한 종양생물학자 조지 클라인(George Klein)은 전 세계 과학자들의 수필을 모아 편찬했는데 그 제목이 《창의성과 플로(Creativity and Flow)》였다.

물리학, 화학, 생물학, 수학의 고급 수준에 도달하면 이들 영역이 혼돈에 질서를 부여하고 아름다움을 창조하는 즐거움을 제공한다는 데는 의문의 여지가 없다. 이는 화가나 작곡가가 경험하는 것과 매우 유사하다. 그러나 학생들이 해당 과목에 노출되는 시기에는 이런 내적 보상을 거의 얻을 수 없다. 대신 대부분의 학생은(심지어 재능을 타고난 학생들조차) 과학과 수학을 엄청난 불굴의 끈기로 맞서야 하는 어렵고 불가사의한 과목으로 여기는 경향이 있다. 교사들은 비일비재하게 내적 동기의 중요성을 무시하고, 과학에 통달하는 게 어려울 뿐만 아니라 분명히 재미도 없다는 믿음을 영구화하는 데 일조한다.

다행히 과학적 성향을 가진 대부분의 학생은 과학이 최상의 상태에서 틀림없이 제공하는 재미와 경이감을 적어도 일부는 느낄 수 있다. 십대들은 구체적 증거에, 그들의 삶에 직접적 영향을 주는 사건에, 그들이 마음을 쓰는 사안에 더 격하게 반응한다. 따라서 생물학에 대한 흥미는 종종 애완동물 사랑에 그 뿌리를 두고, 화학에 대한 추구는 폭죽을 만드는 관심에서 출발할 수 있다. 이따금 경이로운 경험은 과학박물관 방문이나 생물학 실험실의 실험에 의해 촉발되기도 한다. 한 14세 아이는 지질학 강좌에 대한 열의를 이렇게 표현했다.

> 그것을 수강하고 있어서 기뻐요. 진짜 그래요. 왜냐하면 바위가 변해가는 것처럼 세상에는 많은 일이 벌어지고 있거든요. 그런 것에 대해 생각하면서, 이 세상이 45억 년이나 됐다는 것과 우리가 알지 못하는 그 모든 시간에 대해 상상해보는 거죠. 우리는 한 점(dot)이고, 부분 중에서도 극히 일부죠. 그리고 저 밖에는 모든 게 있어요. 우리가 아직 그것에 대해 모를 뿐이죠.

십대가 수학에 몰두할 때는 이와 똑같은 종류의 흥분을 경험하는 게 더 어렵다. 소질을 타고난 몇몇 학생은 수학이 너무 추상적이고 '실생활'과 지나치게 동떨어져 있다고 불평했다. 그러나 수학의 추상적 아름다움만으로는 충분치 않은 청소년들에게도 그 내적 보상을 경험할 수단이 하나 있다. 바로 컴퓨터다. 거의 모든 수학 영재는 프로그램 언어를 배우고, 새로운 프로그램 언어를 발명하고, 게임과 유용한 프로그램을 설계하면서 엄청난 시간을 보낸다. 컴퓨터는 학생들로 하여금 자기 역량에 적합한 목표를 설정하도록 하고, 마스터하려는 노력에 대해 명확한 피드백을 제공하고, 그렇게 함으로써 자신이 숫자 알고리즘(numerical algorithms)으로 작업하는 동안 내적 보상을 제공하는 플로 경험으로의 진입을 가능하게끔 만든다. 이는 수학적 추론의 최고 형태는 아닐지 몰라도 분명 숫자들의 왕국으로 들어가는 편리한 관문이긴 하다.

'어려운' 과학과 대조적으로 음악, 운동, 미술은 우수한 플로 활동이다. 이것들은 대부분의 사람이 내적으로 보상을 준다고 생각하는 종류의 집중된 몰입을 제공한다. 한 곡을 연주할 때 목표는 대개 매우 뚜렷하다. 악보는 가장 상세하게 연주할 필요가 있는 것을 간결하게 설명한다. 그리고 피드백은 즉각적이다. (제대로 연주하지 않은 음은 즉각 드러난다.) 연주자는 자기 역량에 잘 맞는 곡을 연주하는 길을 택하거나 새로운 도전에 손을 뻗을 수 있다. 아울러 '눈 먼 세 마리 생쥐(Three Blind Mice)'부터 베토벤의 후기 4중주곡에 이르기까지 점점 복잡하고 난해한 도전을 할 수 있다. 영역의 구성에 이런 요소가 있으므로 초심자조차도 그 아름다움에 사로잡힐 수 있고 연주 자체를 위해 연주하는 것을 즐길 수 있다.

음악처럼 시각 예술도 즉각적 보상을 수월하게 제공한다. 드로잉 또는 조각의 효과는 즉시 드러난다. 어린이가 핑거 페인팅을 즐기는 데는 어떤 훈련도 필요치 않다. 아이의 노력이 만족스러우면 강화(reinforcement)는 즉각적으로 이뤄진다. 어린 화가와 또래 모두는 드로잉의 선이 현실주의적인지, 깔끔한지, 상세한지 등 어린 아이들이 자연스럽게 사용하는 미학적 기준을 바로 식별할 수 있다.[12] 여기서도 역시 음악에서처럼 한 사람이 평생 맞붙는 도전은 잠재적으로 무한하며, 배울 수 있는 기술 역시 그렇다. 그러나 이런 맥락에서 중요한 점은 가장 초기 수행 단계부터 미술은 대단히 재미있을 수 있다는 사실이다.

신체적으로 선택받은 사람들에게 운동 영역은 한층 더 구체적이고 즉각적인 만족을 제공한다. 첫째, 육체적 운동은 그 자체로 기분이 좋으며, 먹고 마시고 휴식하고 섹스하는 즐거움과 유사한 생물학적으로 프로그램된 보상을 제공한다.[13] 둘째, 자신의 몸을 잘 쓴다는 것은 자부심과 자아 존중감의 원천이다. 끝으로, 신체적 활동에는 어떤 다른 영역도 대항할 수 없는 보편적 정확성과 구체성이 있다. 운동 경기에서 얼마나 잘하는지와 누가 가장 잘하는지에 대해서는 보통 의심의 여지가 없다. 친구들보다 더 높이 뛰는 소녀와 다른 아이들보다 더 빨리 달리는 소년은 자기 능력에 대한 정확하고 즉각적인 정보를 얻는다.

재능을 실행하는 게 지루하거나 스트레스를 주기만 한다면 청소년들은 절대 그 소질을 계발하지 않을 것이다. 수학과 음악 그리고 그 밖의 다른 유사한 영역이 진정으로 존재하는 이유는 거기서 마스터해나가는 것이 아무리 어려울지라도 과정 자체가 매우 만족스러울 수 있기 때문이다. 그러나 학습의 다양한 분야를 책임지고 있는 어른은 흔히 재미가 최고의 교사라는 사실을 잊는다.[14] 어떤 과목에서 십대들의 흥미를 끌려고 할 때 우리는 학습을 위한 지렛대로서 경이감과 즐거움을 사용하기보다 지식의 장래 유용성을 강조하거나 당근과 채찍에 의지하는 경향이 있다.

분야와 영역의 복합성

이번 장에서는 재능의 각 분야와 영역별로 어떤 일반적 차이가 있는지, 그리고 이런 차이가 어떻게 학생들이 받을 수 있는 주관적 보상에 영향을 주는지 설명했다. 이제 복합성과 최적 경험 이론의 견지에서 이러한 차이를 생각해볼 차례다.

이런 시각에 따르면 최적의 성장은 두 과정(안정화 경향과 관련 있는 통합, 변화와 관련 있는 분화) 간 상호 작용의 결과다. 이 두 과정의 일반적 특징은 어떤 체계를 연구하고 있는지, 그리고 연구자의 시각과 필요성에 따라 다른 방식으로 작동할 수 있다. 여기서는 우리 접근법에 따라 주관적 경험에 미친 그것들의 영향을 살펴보고자 한다. 요컨대 통합은 반드시 순간적인 긍정적 만족감으로 발현되고, 분화는 불협화음의 감정이나 미래의 행동과 변화를 요구하는 도전으로 나타난다.

통합과 분화의 논리는 또한 학교에서 일어나는 일(예를 들어 수업 시간의 교사-학생 관계)에도 적용할 수 있다. 가령 통합된 교실은 응집력 있고 안정적이며 그 구성원(이 경우는 학생들)을 응원한다. 분화된 교실은 좀더 개인주의적이고 특화되어 있으며 아마도 경쟁적이기까지 할 것이다. 재능 영역의 관점에서 보면, 통합된 영역에서는 정보의 조각을 전체 게슈탈트(gestalt: 완전한 구조와 전체성을 지닌 통합된 전체로서 형상과 상태—옮긴이)로 화합시키는 반면, 분화된 영역에서는 사실이 이론보다 우위를 점하고 특화한 정보를 우선순위에 놓을 수 있다. 앞서 언급했듯 통합된 분야와 영역은 즉각적인 경험을 향상시킬 가능성이 높다. 사람들은 따뜻하고 응원을 보내며, 정보는 명확하고 의미 있다. 반면 분화된 분야와 영역은 그것 때문에 씨름해야 하고, 어떤 때는 그에 맞서 싸워야 하는 장벽을 대표한다. 예를 들어 다른 사람의 시각을 평가 또는 추가하거나, 자기 생각을 바꾸거나, 자기 입장을 변호해야 할지도 모른다.

우리의 이론은 복합적인 체계가 최적 경험과 재능 성장을 촉진한다고 주장한다. 통합된 체계는 단기적 성장에 도움을 줄 가능성이 높다. 왜냐하면 한 개인이 즉각적인 환경을 수용할 만큼 충분히 편안하고 안전하게 만들기 때문이다. 그러나 이런 시스템은 닫혀 있고, 미래의 변화(예를 들어 분화)를 참작하지 않는다면 정체를 가져올 것이다. 이와 같이 분화된 시스템은 장기적 성장을 가능케 할 수 있다. 한 개인으로 하여금 앞서 생각하고 현상 유지 상황을 바꾸는 변화를 고려하지 않을 수 없게끔 하기 때문이다.[15] 이번 장의 남은 부분에서는 이런 생각들이 앞서 논의한 미술-과학 구분에 대해 추가적인 설명을 할 수 있을지 탐구한다. 가령 고등학교의 다양한 재능 분야와 영역은 학생들에게 어떤 통합과 분화의 기회를 제공할 수 있을까? 재능 계발을 지연시킬 수 있는 불균형에는 어떤 것이 있는가?

분야와 영역에서의 통합과 분화

미술과 과학은 모두 잠재적으로 복잡한 사회적·정보적 체계다. 미술과 과학 모두 협동과 개성 그리고 종합적 사고와 새로운 세부 사항의 분석을 위한 기회를 제공한다. 그리하여 각각은 도전적 경험뿐 아니라 조화로운 경험을 자극할 수 있다. 그러나 각각 다른 지식 분야에 소질 있는 고등학생들은 통합과 분화 중 어느 한쪽으로 치우친 기회에 직면해 있는 게 현실인 듯하다.

우리가 연구한 십대들은 고등학교 과학 교육이 권위주의적인 교사들을 통한 외적 통제에 더 큰 비중을 둔다는 사실을 보여준다. 권위주의적 교사들은 추상성과 합리성의 과정에, 전문화와 사실(fact)과 발전(progress)에, 혼자 하는 작업에, 그리고 장기적으로 중요한 목표에 강조점을 둔다. 이런 관찰은 재능이 있건 없건 상관없이 많은 학생들이 말하는 것과 일치하는 듯하며, 과학적 과정의 성격을 고려할 때 이치에 맞는다. 다른 말로 하면, 흔히 설명하고 미래를 통제하기 위한 목적으로 어떤 현상의 부분을 그 자연적 맥락으로부터 (측정, 객관화, 정량화 등등을 통해) 추상화하는 것이 어쩌면 과학의 특성일 수 있다. 이런 접근법의 긍정적 가치에 대해서는 의심의 여지가 없지만, 반면 과학은 그 발달과 함께 현재의 추세에 뒤떨어지지 않기 위해 학습해야 할 당황스러울 정도로 많은 정보량을 생성해왔다. 그러므로 학생들이 과학을 어렵게, 분화의 차원에서 높게 보는 경향이 있는 것은 거의 당연하다.

많은 학생들은 더 나아가 파편화를 암시한다. “이 모든 사실을 암기하는 게 무슨 도움이 되겠어?”라는 익숙한 한탄은 이렇게 해서 나온다. 이런 학생들은 탈맥락적인 날짜, 이름, 발견과 즉각적으로 거의 이해할 수 없는 개념을 자기한테 들이붓는다고 느낀다. 반면 어떤 학생들은 그 작업의 중요성, 자기 미래의 학문적 목표와의 관계를 이해하기 때문에 그것을 배우는 데 도전한다. 하지만 그들은 진정한 과학자들이 세상을 바라보는 새로운 방식이 드러날 때 느끼는 ‘통찰의 즐거움’은 거의 알지 못한다.[16] 학생들은 ‘모두가 알아야만 하는’ 정보를 암기하는 것 이상은 할 수 없으며 그것을 만들어낸 사람들에 대해, 과학이 종합적이고 종종 즐거운 삶의 방식이었던 사람들에 대해 망각한다.

반대로 고등학교의 미술과 음악 수업은 다른 기풍을 갖고 있다. (아울러 다른 위험을 드러낸다.) 교사들은 전형적으로 자신의 학생을 더 많이 키워주고 응원하며, 적어도 수업 시간만큼은 그 일이 대개 단체로 이뤄진다. 직접적으로 경험한 음악과 미술 시간의 음조적·시각적 상징은 그 자체로 종종 완벽하게 체험할 수 있는 즉각적 세계를 창조한다. 학생들은 도구적이라기보다 좀더 표현적으로 몰입하며, 그리하여 작업에서 고립된다고 거의 느끼지 않는다. 이러한 자질이 조화로운 감정을 향상시킨다. 그러나 학생들은 또한 이러한 수업으로는 도전 의식이 생기지 않는 것 같다고 말하기도 했다(또한 9장 참조).

이런 일반화에는 특히 전문적으로 일하는 성인 미술가와 과학자에 대해 기술할 때 많은 예외가 있긴 하지만, 엄연한 차이점이 실제 고등학교에서 나타난다. 이러한 차이점이 과장될 때 어린 과학자는 통합 없는 분화의 위험, 혹은 환희의 기분을 느끼지 못한 채 어려운 과제를 수용해야만 하는 더 큰 위험을 무릅쓰게 된다. 반면 어린 미술가는 상반된 난관에 직면한다. 즉 분화 없는 통합의 위험, 혹은 미래 도전을 위해 계획하는 스트레스가 없는 순간의 즐거움이라는 위험에 직면한다. 우리의 복합성 이론 관점에서는 이러한 극단적 대안 중 어느 것도 바람직하지 않다.

미술과 과학에서의 분산된 관심

지금까지의 관찰이 타당하다면, 우리는 미술과 과학 영재들이 자신의 재능을 활용해 작업하는 방식의 차이, 방금 설명한 과도한 통합과 지나친 분화의 문제를 반영한 차이를 발견할 것으로 예상할 수 있다. 구체적으로, 우리는 각 영역이 분산된 관심, 또는 순간적 재미와 중요한 도전을 마주한다는 느낌을 합칠 수 없는 것으로 특징지을지 여부를 살펴봤다. 경험이 그 자체로 흥미진진하긴 하지만 미래의 성장 및 변화와 연계되지 않을 때(예를 들면 미술학도들 사이에서 볼 수 있을 것으로 예상되는 문제), 혹은 역으로 경험이 미래의 성장에는 중요하다고 느끼지만 지금 당장 마음을 사로잡지 않을 때(예를 들면 짐작건대 과학도들의 문제) 분산된 관심이 존재한다.[17]

우리는 이런 다른 경험 양식을 측정하는 데 ESM을 활용했다. 순간적인 흥미나 몰입도는 '몰입하고 있다', '개방적이다' 그리고 '신난다' 항목의 합계를 냄으로써 산출할 수 있었다. 활동이 미래를 위해 중요하다는 느낌은 ESM의 단일 항목인 "당신의 전반적 목표와 비교해 이 활동은 얼마나 중요했습니까?"로 측정했다. 아울러 이 두 가지 변인의 분포를 그 평균에 따라

나눠놓고, 각 재능 영역에서 작업하는 동안 십대들이 응답한 호출 신호를 4개의 사분면 중 하나로 분류했다. 높은 순간적 몰입도/높은 목표에 대한 중요성, 높은 몰입도/낮은 중요성, 낮은 몰입도/높은 중요성, 그리고 낮은 몰입도/낮은 중요성이 그것이다. 그런 다음 각 학생의 신호를 합산해 각각의 사분면을 위한 백분율 점수를 산출했다. 가령 수학 시간에 한 수학 영재가 4개의 재능 관련 신호에 응답했고 한 개씩의 응답을 각 사분면에 정렬했다면, 각각에 해당하는 비율은 똑같이 25퍼센트일 것이다.

이번 장의 목적을 위해 미술(n=94)과 과학(n=84) 영재들에 대해서는 '낮은 몰입도/높은 중요성' 사분면과 '높은 몰입도/낮은 중요성' 사분면의 백분율만을 비교했다. 그림 6.1은 각 영역이 독특한 프로파일, 즉 하나가 거의 다른 하나의 거울 이미지인 프로파일을 갖고 있을 거라는 예상을 확인시켜준다. 과학 영재들은 낮은 순간적 몰입 상태에 있으면서도 무엇을 하고 있는지가 미래의 목표에 중요하다고 느낄 가능성이 훨씬 높았다. 음악, 운동, 미술 영재들은 자기가 하는 일에 개방적이고, 흥미를 느끼고, 몰입한다고 생각했지만 그것이 자신의 장기적 목표에는 중요하다고 생각하지 않을 가능성이 높았다. 참여 방식 사이의 이런 반전은 유의미한 상호 작용 효과로 귀결했다($p=.001$).

이런 결과는 이전의 이론적 논거에 몇 가지 세부 사항을 보탠다. 이는 고등학교에서 미술과 과학의 구성 방식이 학생들에게 특정한 장애물을 만들어낸다는 관념을 뒷받침한다. 과학 영재들은 현재 그들이 하는 일에 연결되어 있다고 느끼기 힘들 수 있다. 반면 미술 영재들은 상반된 장벽과 마주친다. 그들은 자신이 어디를 향하고 있는지 말해주는 도로 표지판에 주목하는 대신 이른바 풍경에 신경 쓸 가능성이 더 높다.

흐트러짐 없는 흥미와 그에 따른 진정한 교육은 이 두 가지 관심의 초점

그림 6.1 미술과 과학에 재능 있는 학생들의 순간적 몰입도와 미래 목표의 중요성 빈도 비교

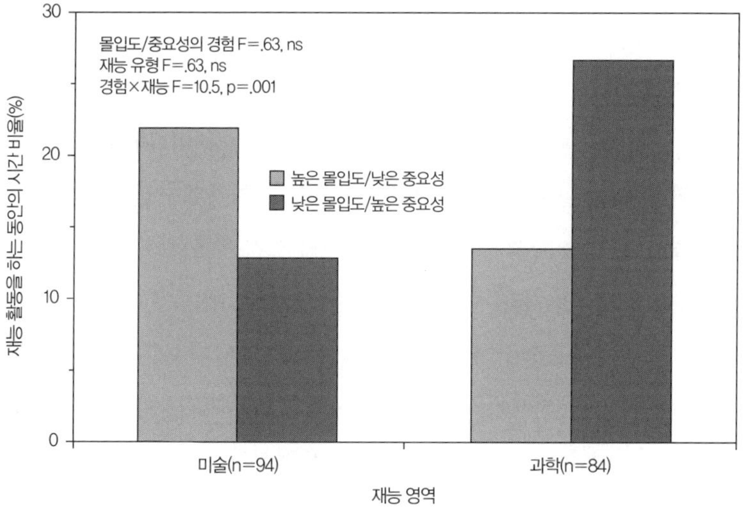

사이를 왔다 갔다 할 수 있게끔 허용하는 가교를 유지해준다. 듀이는 이렇게 지적했다. "교육 제도에서 욕망의 발생은 최종 목표가 아니다. 욕망은 계획과 활동 방법을 형성하는 데 따른 원인이며 요구다."[18] 누구도 트집 잡을 근거를 찾지 못할 이 말은 그 추상적 본질과 실용적 영향의 모호함 때문에 시행하기 어렵다. 그림 6.1에서 요약한 결과는 그러한 영향을 구체화하며, 아울러 그 밖에 다른 영향을 시사한다. 예를 들어 과학에서의 재능 계발이 낮은 순간적 즐거움이라는 장벽을 극복해야 한다면, 우리는 당면한 과제를 즐기는 학생은 대개 성공하는 반면 전형적인 패턴을 고수하는 학생은 떨어져나갈 경향이 있다고 예상할 것이다. 반대로, 지금 즐기고 있는 일을 어떤 미래의 행동 계획과 연관시킬 수 있는 미술 영재는 그들의 재능에 계속 열중할 가능성이 높은 반면, 몰입은 하고 있으되 목표가 불분명한 학

생은 궁극적으로 흥미를 잃어버릴 것이다. 이러한 가설은 11장에서 검증할 것이다.

균형 바로잡기

통합과 분화의 기회가 매일의 학교 경험 속에서 점점 멀어질수록 십대들은 해당 과목에 대해 이것 아니면 저것 식의 태도를 취하기가 점차 쉬워진다. 바꿔 말하면, 많은 학생이 즐길 기회는 거의 갖지 못한 채 수학과 과학은 건조하고 추상적일 거라는 말을 당연시할 수 있다. 이는 실제로 참여하지 않고도 공부의 중요성을 깨달을 것이라는, 이미 관찰된 패턴을 강화할 것이다. 반대로 많은 학생이 미술은 훈련된 사고를 거의 필요로 하지 않는다고 생각할 것이다. 그들은 과거 혹은 미래의 포부와 연결 짓지 않은 채 스스로 즐기는 데 만족할 것이다.

이런 상황 속에서 교육자와 부모가 할 수 있는 최선 중 하나는 선의의 비판자 역할을 해서 강화할 필요가 있는 입장을 구축하는 것이다. 정형화한 틀에 맞지 않는 개인의 실제 사례는 손쉽게 구할 수 있다(특히 걸출한 창의적 미술가와 과학자의 전기 속에서). 어쩌면 미래의 복합성에 관한 학생들의 인식을 높이는 최상의 방법은 그들을 진짜 과학자와 미술가에게 소개하는 것이리라. 열정적 인물이 앞에 나타나면 그들은 정체불명의 건조한 과학자 이미지를 재빨리 버릴지도 모른다. 마찬가지로 성공한 음악가, 운동선수, 미술가에게 그들의 직업에서 성공하는 데 필요한 훈련에 대해 현실적 설명을 들려주도록 요청한다면 예술에 대한 환상에 불과한 낭만주의적 생각이 줄어들 것이다.

역사적 인식 또한 중요한 정보를 제공한다. 예를 들어, 그리스 로마 시대에 우주에 대한 연구는 과학적 지식과 미학적 경험을 통합하는 최상의 기회일 수 있다고 여겨졌다.[19] 오늘날 생태계를 이해하는 종합적 접근법이 유사한 통합 기회를 제공할 수 있을 것이다. 어쨌든 최근까지 많은 문명의 미술가들은 고대 이집트나 중세 유럽에서처럼 일차적으로는 기술자였다. 그들은 실질적 과제에 골몰했고, 개인적 표현은 기능적 요구에 종속되었다. 심지어 미술의 대가들도 자기 작품에 서명하지 않는 상대적으로 무명인 공예가였다.[20]

오늘날 음악과 미술 훈련을 특징짓는 '장인-견습생' 관계가 과학에서 멘토 관계의 특징이기도 했다는 점은 흔히 간과된다. '멘토-학생' 관계는 어떤 면에서 학생들에게 지지를 받고 있다는 느낌과 그 분야의 소속감을 향상시킨다. 아울러 학생의 개인적 욕구에 좀더 커다란 감수성을 안겨준다. 교사와의 더 가까운 접촉은—특히 해당 교사가 그 분야의 전문가라면—개인적 목표와 즐거움을 위한 실생활의 모델을 제공한다. 고등학교 환경에서 이 '장인-견습생' 관계는 몇몇 학생이 응집력 있고 안내자가 있는 집단 내부에서 생각을 공유하는 기회라고 바꿔 말할 수 있다. 이런 접근법을 학교 전체 규모로 달성하기는 불가능하겠지만, 아마도 소수 명석한 학생들의 경우에는 그룹을 형성해 교사나 실제 연구에 참가하는 다른 전문가와 시간을 보낼 기회를 더 많이 창출할 수 있을 것이다. 결국 과학자들의 표현적 수행에 대한 느낌은 바로 매일같이 일어나는 기쁨과 수수께끼, 적응, 번뜩이는 통찰, 그리고 실제로 해보는 연구 속에 존재한다.

반면 음악, 미술, 체육 영재에게는 장기적 요구와 그들의 전망 있는 직업적 도전에 대해 더욱 잘 깨닫게 할 수 있다. 가령 미술 재능을 실제 세상에 적용하는 데 들어가는 고된 작업, 사회적 인정, 인간관계, 물질적 보상 등의 중요성을 입증하기 위해 진지한 시도를 해볼 수 있을 것이다. 이런 식으로 어린 미술가, 음악가, 운동선수들은 어쩌면 자신의 커리어를 계획하면서 스스로를 더 잘 준비시키는 어떤 실용적인 통찰을 얻을 수 있을 것이다.

요약하면, 복합성을 달성하고 최적 경험을 발견하는 기회는 고등학교에 있는 재능 분야 및 영역의 구조에 의해 어느 정도 제약을 받을 수 있다는 것이 우리의 시각이다. 우리가 얻은 결과는 과학 영재는 자신이 하고 있는 일이 미래에 중요하다고 느낄 가능성은 더 높지만, 거기에 몰입하거나 흥미진진하게 느끼지 못한다는 사실을 보여준다. 반면 음악, 체육, 미술 영재는 몰두는 해도 지금의 활동이 미래와 어떻게 연관되어 있는지 알지 못했다. 이번 장은 부모와 교사들이 어떻게 하면 학생으로 하여금 이러한 불균형을 바로잡게끔 도와줄 수 있는지 제안하는 것으로 마친다. 다음 장에서는 인생에서 중요한 이 시기의 재능 경험에 관해 더욱 많은 세부 사항을 제공하기 위해 ESM과 개인 사례 연구를 활용한다.

07 재능의 경험

지적이고 예술적인 소질은 자력으로 또는 진공 상태에서 크지 않는다. 이러한 소질은 사회 분야의 맥락 안에서 끊임없이 육성해야 하고 복잡한 상징적 영역의 규칙 속에서 성장해야 한다. 그러지 않으면 번성하지 않을 것이다. 만약 학생들이 그 분야와 영역에서 작동하는 것을 즐기지 않는다면 (자신의 재능을 사용하는 데서 내적 보상을 끌어내지 못한다면), 재능을 계속 발전시킬 가능성은 매우 떨어진다.

따라서 이들 청소년이 자기 재능에 대해 어떻게 느끼는지 좀더 정확히 아는 것이 중요하다. 수학이나 음악 또는 과학을 할 때 그들의 머릿속에 오가는 것은 무엇이고, 이는 그들의 재능 영역에 포함되지 않은 경험과 어떻게 다른가? 재능 있는 십대들은 해당 영역에서 작업할 때 내적으로 보상을 주는 플로 상태와 얼마나 자주 조우하는가?

만약 경험의 질이 활동을 반복할 것인지 아닌지 결정할 것이라고 우리가 믿듯이 독자 여러분도 그렇게 생각한다면, 이러한 질문은 필수적인 주제를 다루는 셈이다. 다른 말로 하면, 과학을 즐기는 십대들은 그것을 따분해하거나 거기서 위협을 느끼는 아이들보다 과학 훈련을 지속할 가능성이 한층 높다. 6장에서 우리는 이 주제에 관한 이론적이고 기술적인 논의를 발전시켰다. 그러나 재능이 어떻게 발전하는지 이해하기 위해서는 재능 있는 학생들이 실제로 자기 영역에서 구할 수 있는 보상을 어떻게 인식하는지에 관한 실증적 사실을 수집하는 것이 꼭 필요하다.

재능 있는 십대들의 초상

이 주제에 관한 통계 조사로 넘어가기 전에 조금은 전형적인 세 학생의 태도를 깊이 있게 묘사하는 사례 연구를 소개하고자 한다. 조시는 컴퓨터 프로그래밍을 좋아하는 수학 영재이고, 실라는 삶의 중심을 노래하는 데 두고 있으며, 벤은 제품 디자이너라는 진로를 자신의 목표로 설정했다. 십대 초에 이미 이 아이들은 대부분의 다른 청소년과 자신을 구별 짓게 만든 기술, 그들이 몹시 즐기는 일련의 역량에 기초해 제법 구체적인 일생의 연구 주제를 구축해왔다. 그들의 이야기는 재능이 있다는 게 무엇을 의미하는지 어느 정도 맛보게 해주며, 전체 표본에 대한 서론 역할을 할 것이다.

조시

대부분의 측면에서 조시가 선호하는 것과 관심사는 그 나이대 다른 남자아이들과 닮아 있다. 고등학교 신입생인 그는 다양한 스포츠에 참가하고 있으며, 최초의 고등학교 선수권 대회 경험을 고대하고 있다. 조시와의 대화는 금방 자동차, 록 밴드, 좋아하는 음식으로 넘어간다. 조시는 빨리 나이가 들어 자동차 운전면허를 따고 싶어 한다. 그러나 적어도 한 가지 면에서는 매우 비범한 14세 소년이다. 정말이지 특별한 수학 재능을 갖고 있기 때문이다. 조시는 이 재능을 자신이 이제까지 시도해온 다른 대부분의 과목은 물론 언어와 과학에서의 엄청난 능력과 결합시킨다.

조시를 직접 만나 보면 사람들은 그를 영재 타입이라고 의심하지 않을 텐데, 이런 인상은 조시를 기분 좋게 만들 것이다. 자신을 수줍음 잘 타고 느긋한 사람이라고 설명하는 조시는 지적이거나 평범한 십대와 다르다는 인상을 주지 않기로 결심한 듯하다. 대부분의 청소년처럼 또래들과 멀어지지 않을까 싶어 어른들의 기준에 의해 뛰어나다는 인정을 받고 싶어 하지 않는다. 조시는 이렇게 말했다. "저는 학교가 제 삶 전체를 차지하는 것처럼 되도록 놔두지 않을 거예요." 그리고 대체로 자신이 "모든 것을 너무 진지하게 받아들이지 않으려" 노력한다고 덧붙였다.

조시는 수학이 항상 쉽고 자연스러웠으며, 엄청나게 어려운 공부를 요구한 적이 없다고 인정한다. 초등학교 2학년 이후 고급반 수학으로 빠르게 올라간 조시는 6학년 무렵에는 또래보다 1년 이상 앞서 있었으며, 지역 수학 경시대회에서 뛰어난 성적을 냈다. 고등학교 1학년 때 고급반으로 시작해 대학 대수학과 삼각법을 공부했다. 그리고 2학년이 되자 수학 분야에서 학교가 제공하는 대부분의 수업을 다 마쳐버렸다.

자기 재능이 엄청나다는 것을 알고 있지만 조시의 목표는 "좋은 학점, 대학, 캘리포니아에 대한 선호, 높은 연봉의 직업"이라는 관습적 패턴을 반영한다. 왜 좋은 직업을 원하냐는 질문에 조시는 "모든 게 어디에서 나오는지 걱정할 필요가 없었으면 좋겠어요. 안락할 정도로는 충분히 갖고 싶은 거죠"라고 대답했다. 즐길 수 있는 직업과 많은 돈을 주는 직업 사이에서 가상의 선택에 직면하자 조시는 이렇게 대답했다. "하고 싶은 일을 제가 선택했으면 해요. 하지만 모르는 일이죠."

조시는 안락한 미래를 위한 이런 계획에서 수학이 자신의 '최대 강점' 역할을 한다는 것을 안다. 그러나 좀처럼 수학 자체에 대한 열의를 내보이지 않는다. 인터뷰에 대한 답변을 보면, 수학은 일반적으로 학교에서 재미없는 분야의 일부, 이따금 인정과 능력 과시의 기회를 주긴 하지만 전형적으로 따분한 분야다. 조시가 수학에 대해 즐겁다고 인정하는 것 중에서는 학교 수학팀과의 경쟁이 두드러진다. 왜냐하면 "자신이 하는 것을 알고 있다"는 느낌, 문제를 장악하고 있다는 느낌을 주기 때문이다. 조시는 유난히 최초로 문제를 해결하는 것, 특히 복잡하고 흥미로운 문제를 풀 때의 만족감을 즐긴다.

인터뷰의 조심스러운 열의에 비할 때, ESM 응답 기록은 다른 그림을 보여준다. 심드렁한 답변에도 불구하고 수학이 조시의 주의를 많이 차지하고, 어린 시절의 가장 보람 있던 경험 중 일부를 제공한다는 데는 의문의 여지가 없다. ESM 실험 주간 동안, 호출기 응답의 25퍼센트 이상은 어떤 종류건 수학을 포함했다. 또한 이 경우 대부분 컴퓨터가 있다. 컴퓨터와 체스 게임을 하고, 컴퓨터 시(詩) 창작에 관한 기사를 읽고, 록 음악을 연주할 프로그램을 제작하고, 프로그램이 "완전히 날아가는 걸" 지켜보았다. 그 주 전체에서 조시가 기분이 가장 좋다고 보고한 때는 수학팀과 문제를 열심히 풀던 월요일 오후였다. 친구들과 같이 있는 즐거움 그리고 찾기 힘든 문제 해결책의 진정한 재미를 결합한 시간이었다. 수학에 대해 생각하고 있을 때 조시는 언제나 평균 이상 수준의 자질, 이따금씩은 훨씬 더 높은 수준의 자질을 보고한다. 또한 수학을 할 때면 높은 도전을 보고하는 경향이 있고, 이는 보고된 자질 수준에 일반적으로 부합한다. 컴퓨터를 할 때도 일반적으로 조시의 기분은 눈에 띄게 평균 이상이다. (다른 말로 하면, 조시에게 수학을 한다는 것은 대부분 플로 경험이다.)

이렇듯 조시가 아무리 자신의 재능에 대해 '무심하게' 보이길 바라고 너무 진지하게 보이지 않고 싶어 한다 해도, 수학 영역은 오랜 기간 관심을 지속적으로 투자한 만큼 충분한 내적 보상을 제공하는 데 성공해왔다. 심리적 에너지의 이런 집중적 투자는 청소년기에는(아니, 이 문제에 관해서라면 성인기에도) 매우 드문 것으로, 어떤 영역에서든 한층 높은 고수의 경지에 도달하기 위해 필요하다. 뉴턴은 어떻게 만유인력을 발전시켰냐는 질문에 "계속 그것에 대해 생각함으로써" 그리 했다고 대답했다. 자신이 좋아하지 않는 뭔가에 대해 언제나 생산적으로 생각할 수는 없는 법이다.

그러나 재능을 육성하는 과제는 조시의 책임에만 달려 있지 않다. 우리가 연구한 다른 십대 대부분의 경우와 마찬가지로 가족 전체가 조시의 집중을 돕는 지원 체제로 작용한다. 특히 엄마는 자신의 영재 아들에 대한 큰 기대를 분명하게 표현한다. 아들을 잠재적인 "우주비행사, 물리학자 혹은 천문학자"로 바라보면서 엄마는 조시가 "세상을 더 나은 곳으로 만들기 위해 …… 그의 비범한 재능을 사용해야 한다"고 강조한다. 또한 조시가 "그의 관심을 사로잡는 뭔가에서 박사 학위"를 딸 것이라고 예상하며, "많은 돈보다는 자신의 관심사에 더 이끌리기를" 바란다.

조시의 엄마가 걱정하는 유일한 먹구름은 잠재적으로 해로운 또래의 영향이다. 엄마는 조시가 지나치게 예민하고, 따라서 감정적으로 상처받기 쉬우며, 친구들은 냉담하고 얄팍하다고 걱정한다. 이런 점에 대해 조시는 동의하지 않는다. 더욱 친절하고 외향적이 되기 위한 의도로, 특히 "정말 잘나고 똑똑한 타입이 아니"라는 이유로 조시는 그 친구들을 선택했고, 이로써 "완전 괴짜"처럼 행동하는 것을 피할 수 있었다. 최근 조시는 이 친구들 중 한 명을 따라서 재미있다고는 생각했지만 수학팀 연습 스케줄과 겹치던 수구팀에 가입했다.

조시의 사례는 특출하게 뛰어난 지능을 가진 청소년이 당면한 몇몇 딜레마를 보여준다. 한편에는 또래 집단의 '정상적인' 관심사와 가치의 매력이 있고, 다른 한편에는 금욕적으로 재능 육성에 전념하길 기대하는 부모가 있다. 세상을 더 나은 곳으로 만드는 데 도움을 줄 가능성과 대치되는, 미래에 많은 돈을 벌었으면 하는 유혹이 있다. 컴퓨터로 어려운 문제를 해결하는 고독한 즐거움과 대치되는, 친구들과 함께 운동하는 즐거움이 있다. 어느 정도까지는 이러한 옵션이 상호 배타적이지 않으며, 조시는 이를 모두 공평하게 다루려 애쓴다. 그러나 주의란 제한된 자원이며, 하루 24시간 안에서만 정말 많은 것에 집중할 수 있다. 고등학교 4년간 자신의 주의를 어떻게 배분하는지가 조시의 뛰어난 수학 재능을 실현시킬지 여부를 크게 좌우할 것이다.

실라

연구를 시작할 때 15세에 10학년이던 실라는 학교 교사진으로부터 세 영역(수학, 과학, 음악)에 재능이 있다고 추천을 받았다. 수학 능력은 확실하고(PSAT에서 백분위수 90퍼센트) 고급반 기하학을 듣고 있지만, 실라는 거기에 특별한 열의가 없다고 말한다. 대신 과학에서 훨씬 더 많은 호기심과 지적 흥분의 이유를 발견한다. 화학 실험실의 엄격함이 가끔씩 불안한 경쟁심을 초래하긴 하지만, 실라는 거기에 수반된 지적인 도전을 즐긴다며 진지하게 과학 쪽 진로를 고려하고 있다. 그러나 어린 실라가 가장 큰 열정을 쏟는 것은 단연 성악이다. 2년차에 실라는 매일 리허설을 하는 두 합창단에 가입했고, 학교의 가을 뮤지컬을 위해서도 연습 중이다. 실라가 맡은 성악 파트는 부담이 큰 솔로 역할이다.

ESM 주간 기록은 실라의 일상 경험에서 음악과 공연 관련 활동의 역할을 입증한다. 호출기를 착용하고 다닌 그 주 동안 실라는 다양한 리허설과 연극에 출연하고, 다른 학교의 발표회에도 참가했다. 실라가 제공한 54개의 응답 중 3분의 1이 음악에 대해 생각하거나 연주하는 것을 포함했다. 덧붙여 많은 경우, 당시 자신이 마침 하고 있던 일이 무엇이건 차라리 노래를 부르고 싶다고 보고했다. 음악과 공연은 실라의 하루를 구체화하며, 일상생활의 다른 어떤 활동보다도 강렬하고 잊지 못할 보상을 제공한다.

그러나 이런 보상은 정확히 무엇일까? 실라는 인터뷰에서 공연할 때의 즉각적 강렬함과 흥분을 자주 언급했다. 공연이 최고조에 오르는 순간, 자신의 노래를 통해 마치 주변 세계가 "잿빛으로 흐려지고" 불분명해지면서 자기 "상상력을 대체하는" 걸 느낄 수 있다고 했다. 노래를 통한 일상적 만족에는 특이한 화음에 대한 도전이 포함된다. 화음이 "제대로 맞았는지" 혹은 "틀렸는지" 즉시 파악하는 것, 완벽함에 흥분하며 그것에 전념하는 사람들과 일하는 기회, 그리고 다시금 화음을 "정확히 제대로" 내는 많은 기회가 그것이다. 목소리의 높이와 음색을 제어하는 능력은 실라가 바이올린 연주보다 노래를 선호하는 이유 중 하나인데, 바이올린은 음을 제대로 맞추지 못해 초등학교 3학년 때 포기했다.

실라가 인터뷰에서 자연스럽게 언급한 보상은 플로 경험의 차원에 하나하나 들어맞는다. 높은 도전, 명확한 목표, 즉각적인 피드백, 그리고 통제력. 이 모든 게 어떠한 방해 요소도 배제하고 거의 다른 세상 같은 현실에 참여한다는 느낌을 창조하는 집중으로 이어진다.

솔로 공연의 순간에서 인상적인 것은 실라의 ESM 기록에 나와 있듯 집중과 도전이라는 느낌이 주간 평균을 훨씬 상회하는 동안에는 자아 존중감 역시 평소와 달리 높아진다는 점, 심지어 기술 수준보다 훨씬 높아진다는 점이다. 합창단과 함께 노래하는 것 역시 솔로 공연 때의 강도는 아니더라도 유사한 효과를 창출한다. 물론 음악과 연기가 항상 즐거운 몰입으로 이어지는 것은 아니다. 가끔씩 실라는 "몹시 불쾌하게 행동하는" 다른 합창 단원 때문에 화가 나고, 이따금 마음을 산란하게 하고 우울하게 만드는 질투의 거미줄 속에 걸려든다. 그러나 전반적으로 음악은 분명 실라의 삶에서 가장 재미있는 부분을 제공하고, 즐거움의 강도는 실라가 할 수 있는 한 이 재능을 계속 발전시킬 것임을 시사한다.

실라는 최고치를 달성하려는 자신의 욕망에 끼친 가족의 영향을 지체없이 인정한다. 양친 모두 화학 박사 학위를 받았고, 행복하게 교직과 연구원 직종에 종사하고 있다. 실라가 과학 쪽 진로를 고려하고 있는 것은 바로 부모를 본보기로 따르기 때문이다. 자신의 음악적 관심을 발전시킬 기회가 없던 엄마는 항상 실라에게 음악 재능을 계발하도록 권했다. 사실 딸에게 너무 많은 압박을 주었는지도 모른다. 실라는 피아노를 일찍 단념했는데, 부분적으로는 엄마의 지나친 강요를 느꼈기 때문이다.

성악적 재능의 관점에서 실라는 언제나 자신의 우상이던 언니 뒤를 더 많이 따랐다. 언니가 고등학교 뮤지컬에 출연하기 시작했을 때, 실라는 그 작품에서 어린이 역을 따냈다. 곧 있을 뮤지컬 공연에 대한 실라의 흥분은 부분적으로 언니가 10년 전 똑같은 배역을 노래했다는 사실에서 기인한 것이다.

12세에 공식적인 성악 훈련을 시작했을 때, 실라의 부모와 조부모는 콘서트와 발표회에 꼬박꼬박 참석하고 각종 리허설과 이벤트에 차편을 제공했다. 현재 실라의 가족생활은 독립과 사생활 보장을 둘러싸고 늘 긴장에 있다. 하지만 실라는 여전히 자신의 개인적 행복과 재능 계발에 대한 부모의 헌신에 근본적 확신을 느낀다.

그러나 동시에 이런 근본적 안도감이 실라를 미래에 대한 걱정으로부터, 특히 전문 음악인이 되겠다는 진로의 모호함으로부터 완전히 격리시키는 것은 아니다. 실라는 자신이 실제로 얼마나 잘하는지 궁금하고, 현명하게 결정할 수 있을까 걱정한다. 진정으로 응원을 아끼지 않는 가정 환경에서 자랐기 때문에 여기저기 돌아다녀야 하는 연주자의 외로운 삶을 견딜 수 있을지 걱정이다. 실라와 매우 가깝게 지냈던 조부모의 죽음이 삶은 너무나도 깨지기 쉽다는 인식을 고조시켰다. 이 모든 것을 고려할 때, 과학쪽 진로가 더 안전한 옵션인 것처럼 보인다. 과학은 호기심, 탐구심, 경제적 혜택이라는 보상뿐 아니라 부모가 향유해온 안정적인 가족생활을 허용할 것이다. 비록 음악이 불러일으키는 짜릿한 열정을 제공 못할지 모르지만 말이다.

조시처럼 실라의 이야기는 재능 있는 청소년의 삶에서 거듭되는 주제의 일부를 드러낸다. 이 사례에서는 가족과 관련한 분화와 통합의 변증법적 과정이 한편으로는 부모의 압력에 대한 저항, 다른 한편으로는 부모의 본보기와 지원에 대한 의존에서 뚜렷하게 나타난다. 과학의 상대적 안전함과 음악적 경험의 좀더 큰 강도 사이의 긴장은 부분적으로 외적 보상과 내적 보상 간 갈등을 반영한다. 긴장과 또래 집단의 질투를 거치며 안전한 길을 찾아가려는 욕구가 실라의 스토리에도 등장한다. 실라가 자신의 주의를 놓고 충돌하는 이 모든 요구를 어떻게 해결할지가 재능을 육성하는 데 쏟을 남은 심리적 에너지가 얼마나 많은지를 결정할 것이다.

벤

일반적으로 명확하게 계발된 정체성을 지닌 15세 청소년을 찾기는 어렵다. 여기서 정체성이란 과거의 의식을 현재와 미래의 의식과 더불어 독창적 패턴으로 통합시키는 '삶의 주제'를 말한다.[1] 대부분의 십대는 착하거나, 인기 있거나, '쿨한'(또는 이 시기 은어에 따라 '센', '겁나는', '나쁜') 학생이 되겠다는 식으로 관습적 역할 기대(role expectation)로 이뤄진 단편적 자아감을 갖는 경향이 있다. 평범한 십대들에게 미래는 비슷하게 정형화되어 있다. 이를테면 보수 좋은 직업에, 행복한 결혼에, 자동차 두세 대가 있는 좋은 동네의 집 등등을 갖기를 기대한다.[2]

특별한 재능을 타고난 십대들은 자신이 어땠었고, 지금은 어떤 사람이며, 장차 어떻게 되고 싶은지에 대해 좀더 정교하게 표현하는 경향이 있다. 벤은 특이한 방향성을 취한 삶의 주제를 가진 청소년의 좋은 사례다. 미술에 대한 벤의 관심은 색채와 상상력이 풍부한 그의 그림이 교사들의 시선을 사로잡은 초등학교 3학년 때 시작됐다. 이후 여러 교사들이 벤의 재능에 감명을 받았고 '꽤 가까운' 지원자가 되었다. 벤은 교사들의 칭찬과 드로잉 활동을 모두 즐겼다. "저한테 그림은 쉽고, 하면 재미있는 그런 것이었어요."

벤이 점점 더 어려운 도전을 인식하고 거기에 맞추고자 기술을 발전시킴에 따라 내적 보상은 시간이 지나면서 확실히 좀더 강해졌다. 벤의 미술적 발전에 영향을 준 8학년 때의 의미심장한 사건 중에는 발사나무(balsa)로 만든 노와 방패를 완벽하게 구비한 바이킹 선박을 제작한 것을 들 수 있다. (설계도 직접 했다.) "발사나무로 작업을 시작했는데, 그냥 그림만 그리는 게 아니라 물건을 만들 수도 있다는 걸 알았죠. 하면서 정말 재미있었어요." 벤에게 특별한 만족을 안긴 또 다른 프로젝트는 중국 테크놀로지 순회 전시를 본 뒤 고대 중국의 곡물 분쇄기(grain grinder) 복제품을 만든 것이었다. "그것을 만들어 진짜로 작동하는 걸 보는 것. 멋졌어요. 정말 좋았죠."

에릭 에릭슨(Erik Erikson)의 심리사회적 발달 모델에 따르면, 청소년기의 정체성은 구체적인 과제에 대한 부지런한 적용을 통해 열등감을 극복함으로써 능숙하다는 느낌을 얻은 이후 발달한다. 벤의 경우는 이런 일이 8학년 때 일어났던 것 같다. "그때는 거의 최고의 해였어요. 왜냐하면 제가 그림은 물론 건축을 한 가지로 조화시켰거든요. '모든 걸 합친' 때인 거죠." 벤의 진화 중인 연구 주제는 그림에 대한 사랑과 수작업에 대한 열정을 결합시킨다. "저는 손으로 하는 일을 잘해요. 그림이랑 모든 것을요. 건축과 설계는 제가 …… 제 재능으로 할 수 있는 일일 거예요." 벤은 이런 잠재력을 표출하는 하나의 방식으로 집과 자동차를 설계하고 싶어 한다.

벤은 어린 시절로 돌아가 현재를 거쳐 미래까지 확장되는 일생의 연구 주제에서 연속성을 감지한다. "저는 언제나 그림 그리는 걸 좋아하고, 자동차를 좋아했어요. 꼬마 때부터 내내 차가 있었죠. 매치박스 미니카요. 지금도 제 방엔 온통 자동차 포스터와 자동차 모델로 가득 차 있어요. 전 그냥 차가 좋아요. 그뿐이에요." 이러한 일생의 연구 주제, 혹은 일관된 "내러티브"[3]는 벤으로 하여금 과거 경험을 이해하면서 동시에 현재와 미래에 주의를 투자하는 데 따른 선별적 틀을 제공해준다. 이렇게 해서 그의 재능 관련 경험은 좀더 통합되고, 연관성을 갖고, 즐거움을 준다.

자신의 능력을 성공적으로 사용하는 데서 벤이 받아온 피드백은 자신감과 강한 자율성을 선사했다. "저는 제가 하는 일에 경쟁력이 있어요. 그리고 스스로 성공했다고 보고 싶어요. 하는 일을 잘 해내지 못하면 저 자신한테 굉장히 화가 나요." 그러나 벤은 일반적인(명성이나 부 같은) 외적 관점이 아닌 자기만의 기준에서 성공을 정의한다. "다른 사람들에게는 돈을 많이 버는 것이 성공이겠지만, 저한테는 저 자신의 주인이 되는 게 성공한 거예요. 그냥 어떤 것을 성취했다고 스스로 아는 것 …… 그것이 성공이죠." 벤은 미술과 자동차 디자인을 결합하겠다는 목표를 스스로 발견했다고 생각하는데, 벤에겐 그것이 중요하다. 벤은 어떤 특정 인물이나 일반적인 대중 여론에 영향을 받는다고 느끼지 않는다. "그건 '내가' 하고 싶어서 하는 거예요."

하지만 벤의 자율성과 자신감은 고립감과 타인에 대한 무신경함을 희생시켜서 얻은 것이 아니다. 아마도 이것이 내적 보상에 의해 육성된 개성과 외적 인정을 통해 보증된 개성의 차이일 것이다. 돈, 명성, 수상, 성적 및 다른 종류의 인정 같은 외적 보상은 언제나 공급이 제한적이고 J-곡선(J-shaped curve)에 따라 배분된다. 이는 가진 자들과 못 가진 자들 사이의 부당한 구분을 필연적으로 창출한다는 점에서 제로섬(zero-sum)이다. 외적 보상을 축적하는 데 성공한 사람은 특권 의식과 우쭐한 기분을 키울 공산이 크다. 반면 벤은 자신의 목표를 의미 있는 타인들의 목표와 조정할 필요성을 눈에 띄게 잘 인식하고 있음을 보여준다. "저는 다른 사람에게 도움을 주면서도 일을 하는 동안 나 자신에 대해 생각해요. 제가 제대로 못할 때는 기분이 나쁘죠. 왜냐하면 저는 다른 사람의 기대에 부응하면서 동시에 제 기대에도 부끄럽지 않으려 노력하니까요."

벤에게 중요한 의미를 갖는 타인들의 기대 중에서 으뜸은 부모의 기대다. "저는 부모님을 굉장히 사랑하고, 제가 하는 작업으로 두 분이 행복해하는 걸 보고 싶어요. 제가 하는 꽤 많은 일을 부모님과 상의해요. '그럴 필요가 없을 때도요.'" 마지막 언급은 가족과 관련해 벤이 달성해온 분화와 통합의 정도를 멋지게 보여준다. 요컨대 벤은 부모의 조언에 개방적이면서도 유능감과 독립심을 유지하고 있다.

벤의 부모도 이런 존경에 화답한다. 벤은 부모가 자신이 요구할 때는 필요한 도움을 주지만 자기를 대신해 결정을 내리지는 않으려 한다고 말한다. "많은 걸 해주시죠. 하지만 제 방식대로 하고, 저 자신을 위해 무엇이 최선인지 알게끔 놔두세요." 부모의 접근법이 그냥 자유방임적인 것과 매우 다르며 자신에게 허용된 자유가 추가적인 중압감을 준다는 것도 알지만, 벤은 그 도전을 수용한다. "가끔은 쉬운 길을 제시하기 위해 '이렇게 해라'고 말씀해주셨으면 좋겠지만, 결국에는 저 스스로 결정을 내리는 데 도움이 된다는 걸 저는 알아요."

벤이 미술 재능을 중심으로 일생의 연구 주제를 발달시키는 데 기여한 사람은 부모뿐만이 아니다. 벤이 매우 존경하는 할아버지는 정체성 모델 역할을 했다. 할아버지는 다른 사람들에게 세심하면서도 자신을 즐길 줄 아는 대단한 능력을 보여줬다.

> 우리는 진짜 친했는데, 그 이유는 말하기가 어려워요. 할아버지는 항상 어떤 상황에서도 매우 침착하셨어요. 화내시는 걸 본 적이 없어요. 특유의 표정을 지을 때는 화가 났다는 걸 알 수 있었지만, 소리치거나 누군가를 꾸짖는 걸 들은 적이 없죠. 누구도 믿지 못할 만큼 수작업에 능하셨고, 75세의 나이에도 복잡한 작업을 하셨어요. 굉장했죠. 작업할 때는 아주 섬세했는데, 저한테 영향을 주셔서가 아니라 저는 그게 참 좋았어요. 어떤 상황이 닥치고 그것에 대해 마음이 많이 열릴 때, 돌이켜보면 제가 섬세하다는 것을 깨닫는데, 할아버지를 본보기로 그 상황을 더 잘 보완하곤 하죠.

할아버지의 섬세한 자질이 실제로 벤에게 영향을 준 것 같다. 경험에 제압당하는 게 아니라 그것을 통제하고, 점점 더 어려운 도전과 겨루고, "상황을 보완하는" 기술을—통일되고 의미 있고 독창적인 일생의 연구 주제라는 맥락 안에서 모든 것을—발견하는 능력은 청소년들이 좀처럼 숙달할 수 없는 솜씨다. 물론 벤에게는 운 좋게도 응원을 아끼지 않는 가족과 교사는 물론 훌륭한 역할 모델이 있었다.

이상의 사례 연구는 적어도 일부 재능 있는 학생이 그들의 삶에서 거의 어떤 다른 것보다도 자기 영역에서 작업하는 걸 즐거워한다는 것을 말해준다. 수학 문제를 푸는 일, 노래하는 일, 멋지게 보이고 제대로 작동하는 물건을 설계하는 일은 지금 기쁨을 주는 동시에 일생 동안의 주제를 구축하는 데 핵심을 제공하는 활동이다. 우리는 이제 자신의 재능 영역에 몰두할 때 십대들이 얼마나 재능 있다고 느끼는지에 대해 가능한 한 완벽한 그림을 제시하기 위해 모든 응답자의 인터뷰, 설문지, ESM 기록에 기초한 더욱 상세한 정량적 정보를 제시하고자 한다.

재능과 시간

재능을 타고난 청소년들의 발달에 대해 던질 수 있는 가장 단순하면서도 어쩌면 많은 측면에서 가장 중요한 질문은 바로 이것이다. 십대들은 자기 재능과 관련해 얼마나 많은 시간을 쓰는가? 여기에 대한 대답이 미래의 가능성을 실현할지 못할지 많은 부분을 결정할 것이다. 하지만 이 질문에 답하려는 순간, 그것이 다루기 쉽지 않은 사안이라는 점이 너무나 확연해진다. 주된 문제는 재능에 대한 몰입을 어떻게 정량화할지 결정하는 것이다.

한 수학 영재가 수학 시간에 삼각법 강좌를 들으며 앉아 있지만 마음은 어젯밤 TV 프로그램에 가 있다. 이것을 재능 몰입 사례로 집계해야 할까? 반대로 과학에 재능 있는 또 다른 학생은 TV 프로그램을 보면서 동시에 생물학 실험에 대해 생각하고 있을지 모른다. 이 학생은 재능에 몰입하는 것일까, 아닐까? 사람들이 하루 종일 무엇을 하는지에 대해 ESM이 제공하는 세부 사항에도 불구하고, 가끔은 어떤 사람의 주의가 해당 영역에 꽂혀 있는지 여부를 결정하기 어렵다.

ESM 신호를 받았을 때 학생들이 자신의 주요 활동이라고 말한 것만 살펴본다면, 이 집단의 재능 있는 십대는 깨어 있는 시간의 대략 13퍼센트를 재능과 직접적으로 연관된 활동을 하며 보냈다는 결론이 나온다. 이는 주당 13시간에 해당한다. 영역별로는 주목할 만한 차이가 존재한다. 음악에 소질 있는 학생과 운동선수는 시각예술에 재능 있는 학생이 미술에 몰두하며 보낸 것보다 거의 2배의 시간을 자신의 재능에 몰입하는 데 썼다. 수학과 과학 영재 학생은 해당 영역에 몰입해 중간 정도의 시간을 썼다[변량 분석(analysis of variance, ANOVA: 각 경우의 관찰값과 평균 간 편차를 제곱해 합산한 후 표본 크기로 나눈 분산을 이용해 2개 이상 집단 간 평균 차이를 검증하는 방법—옮긴이) $F=3.47$, $p<.009$].

자신들의 재능에 몰두한 대부분의 시간(1000개 넘는 응답의 63퍼센트) 동안 학생들은 교내(교실이나 실험실, 음악 연습실 그리고 운동장)에 있었다. 27퍼센트의 시간 동안은 집에 있었고, 나머지 10퍼센트는 공공장소나 자동차 또는 친구네 집에 있었다. 학교는 분명 여전히 재능 발달을 위한 제일의 환경이었다. 그 뒤를 잇는 집과도 (적어도 이런 청소년 초기에는) 한참 차이가 난다.

십대들이 재능 관련 활동에 몰입할 때면 생각도 거기에 집중하는 편이다. 그러나 예외도 있었다. 예를 들어 우리 연구 대상 학생들은 재능 영역에서 작업하며 보낸 시간의 약 7퍼센트가량 동안 주로 시험, 학점, 성적 같은 몰입의 외적 측면에 대해 생각했다. 또 다른 7퍼센트 시간에는 영역 자체보다 관련된 사람들에게 생각의 초점을 맞추었다(부모, 형제자매, 교사, 또래). 그리고 6퍼센트 시간 동안은 주로 자신에 관한 생각에 골몰했다(자신들이 어떻게 보이는지, 어떻게 느끼는지 등등). 따라서 우리는 적어도 시간의 5분의 1 동안 재능 있는 십대들이 갖가지 장애물로 인해 철저한 집중으로부터 정신을 딴 데로 돌린 채 재능 영역에 있었다고 말할 수 있다. 다른 한편으로는 학생들이 깨어 있는 생활의 대략 10퍼센트를 고된 훈련에 바치는 만족감의 원천으로 간주해도 좋다.

자신의 재능을 계발하기 위한 작업에 학생들이 실제로 얼마나 많은 시간을 사용하는지 아는 것은 매우 중요하다. 하지만 이 시간의 투자를 어떻게 경험하는지 아는 것도 마찬가지로 중요하다. 작업할 때 이들 십대는 얼마만큼 동기를 부여받는가? 감정은 긍정적인가? 거기엔 힘겨운 커리어를 지속적으로 추구하는 데 매우 중요한 내적 보상을 제공하는 플로 일화가 포함되어 있는가? 이런 질문에 대한 통찰이 이번 장의 균형을 잡는다.

왜 영재들은 자신의 재능을 추구하는가

연구 초기에 완수한 수많은 검사 중에는 학생들에게 재능 영역 수업을 수강하거나 훈련을 하는 12가지 이유의 중요도를 1부터 6까지의 척도로 평가하라는 짧은 설문이 들어 있었다. 항목에는 명확하게 내적인 이유 3개(예를 들면 '즐거우니까'), 강력하게 외적인 이유 3개(예를 들면 '생계에 유용할 것이라서'), 쉽게 분류할 수 없고 응답자의 태도에 따라 외적일 수도 내적일 수도 있는 이유 6개(예를 들면 '내가 잘하니까')가 포함되어 있었다.

우리 분석의 목적을 위해 설문지를 완성한 학생 223명 전원의 응답을 포함시켰다. 각 학생의 응답은 자신이 선택한 재능을 대표하는 집단에 단 한 번만 집계했다. 가령 실라의 대답은 음악 집단에 포함했다. 비록 과학, 수학, 음악에서 재능 있다고 추천받았지만 실라 자신이 음악을 가장 좋아하는 영역으로 선택했기 때문이다.

우리 학과의 학생인 최인수가 집단별 응답을 분석했다.[4] 최인수는 세 가지 주요 요인을 식별했다. 첫 번째 요인에는 내적 이유를 포함했다. 두 번째 요인에는 물질적 유형의 외적 보상(예를 들면 더 잘살기 위해), 그리고 세 번째 유형에는 사회적 유형의 외적 보상(예를 들면 사람들에게 감동을 주려고)을 포함했다. 최인수는 또한 내적 보상의 중요도는 첫 번째 유형의 물질적 보상의 중요도와 부정적으로 결부되어 있지만 외적 보상의 사회적 원천과는 긍정적으로 관련되어 있다는 것을 발견했다. 외적 보상의 두 가지 유형은 서로 관련이 없었다.

표 7.1은 재능 집단별로 그리고 전체 표본에 따라 3개 요인의 항목 순위를 기록한 것이다. 이 결과에서 나타난 첫 인상은 5개 영역의 재능 있는 학생들이 각 분야에 몰입하는 이유가 상당히 유사하다는 것이다. 거의 모든 경우 3개의 내적 항목이 가장 중요하다고 평가받았고, 부정적이라는 말이 들어간 네 번째는 최하위를 차지했다.

표본 전체가 해당 영역에 몰입하는 가장 중요한 이유로 무엇을 꼽았는지 결정하기 위해 우선 맨 오른쪽 칸을 살펴보면, 최상위를 차지한 3개 항목이 즐거움, 배움의 만족, 재미라는 데 주목하게 된다. 요컨대 내적 보상이 이들 십대 집단이 자기 재능에 계속 몰두하도록 하는 것 같다. 외적·사회적 이유, 특히 성별 고정관념 항목, 경쟁, 또래 집단의 압력은 전반적으로 가장 낮은 순위를 보였다.

이런 해석을 크게 강조하기 전에 우리는 내적 이유가 강하게 부각된 데 대한 대안적 설명을 생각해봐야 한다. 아마도 결과 패턴에서 가장 설득력 있는 조건이라면, 현재 우리 문화에서는 행동의 이유로 동조라든가 좀더

표 7.1 다양한 재능 영역에 참여하는 이유 순위

이유	미술 (27)	체육 (64)	수학 (38)	음악 (67)	과학 (27)	합계 (223)
내적 이유						
1. 즐거우니까	1	1	3	1	2	1
2. 발전하거나 배우는 데서 만족을 얻으므로	3	2	1	3	3	2
3. 재미있어서	2	4	4	2	1	3
4. 필요하니까(부정적)	9	10	5	9	4	9
외적 이유 1(물질적)						
1. 생계에 유용할 것이라서	6	8	2	8	5	6
2. 학점이 잘 나와서	4	7	6	5	6	4
외적 이유 2(사회적)						
1. 경쟁이 치열하고, 나는 경쟁을 좋아하므로	7	3	8	6	7	7
2. 다른 사람을 감동시킬 수 있어서	5	5	7	4	8	5
3. 친구들이 좋아하고, 그들과 함께 있고 싶어서	8	6	9	7	9	8
4. 여학생(혹은 남학생)이면 잘해야 하는 거라서	10	9	10	10	10	10

물질적인 인센티브보다는 개인적으로 의미 있는 내적 동기의 선호를 드러내길 좋아하는 강한 편견이 있는 것 같다. 이 조건이 옳다면 표 7.1의 결과는 재능 있는 십대들이 반드시 미래의 유용성보다 즐거움에서 더 많은 동기를 찾는다고 할 수 없고, 단지 우리 문화 특유의 수사학적 관점에서 자신의 행동을 정당화하는 법을 배웠음을 의미한다. 즉 이 표가 언어와 가치만큼이나 반드시 경험을 반영하지는 않는다는 뜻이다.

우리는 학생들의 응답이 (필연적으로) 실은 그들 시대의 기대치에 의해 영향을 받은 것이라고 의심한다. 재능 있는 일본 학생들은 아마도 미국 학생보다는 의무와 긍지에 더 큰 비중을 둘 것이다. 몇 세대 이전인 대공황기였

다면 미국 청소년들은 생활수준을 높이기 위해 좀더 강한 학습 동기를 표현했을지도 모른다.

그렇다고 해서 재능 영역에 계속 참여하려는 동기로 내적 이유의 중요성을 무시하는 것은 가당치 않을 것이다. 분명 이 동기는 우리 시대와 장소에만 특이한 것은 아니다. 이는 다른 많은 역사 시대와 문명에서 고귀한 용어로 언급해왔다. 고대 그리스 철학자들은 그 자체를 위한 성찰과 논쟁에 심오한 기쁨을 표현했다. 힌두교의 현자들과 중국의 도교 철학자들은 인생에 대한 몰두 자체를 지혜의 최고봉으로 규정했다. 조르조 바사리(Giorgio Vasari)는 이탈리아 르네상스 예술가들이 자신의 예술에 너무나 빠져서 건강이나 물질적 환경에 주목하지 못했다고 기술했다. 인도의 천재 라마누잔은 자기 고통을 망각한 채 임종할 때에도 수학 문제를 풀었다.[5]

인도 문화의 세례를 받으며 성장한, 노벨상 수상에 빛나는 천체물리학자 수브라마니안 찬드라세카르(Subrahmanyan Chandrasekhar)는 과학 실습에 몰입했을 때의 엄청난 감정에 대해 이렇게 서정적으로 설명한다.

> 흔히 과학에 대한 추구는 높지만 그다지 높지 않은 산의 정상에 오르는 것과 비교해왔다. 그러나 우리 중 그 누가 상상일지라도 하늘은 파랗고 공기는 고요한 때 가파른 에베레스트 정상에 도달한 뒤 그 공기의 고요함 속에서 영원까지 다다를 눈의 눈부신 하얀 빛에 싸인 히말라야 산맥 전체를 측량하고 싶겠는가? 우리 중 그 누구도 자연과 우리 주위의 우주에 비견될 환상을 바라지 않는다. 그러나 아래쪽 계곡에 서서 칸첸중가(네팔과 인도 국경에 위치한, 세계에서 세 번째로 높은 봉우리—옮긴이) 위로 태양이 떠오르길 기다린다고 해서 절대 미천하거나 하찮을 것은 없다.[6]

우리가 연구한 십대들로 볼 때, 내적 보상을 강하게 지지하는 게 단지 수사적 장치는 아닐 것이다. 그들이 기술한 즐거움은 때와 장소를 가리지 않고 예술과 과학에 몰입한 사람들이 증거로 제시하는 종류의 경험과 일맥상통한다. 조시와 실라 그리고 벤 같은 학생이 수학, 노래, 그림에 빠졌을 때 느낀 것에 대한 설명에는 진실함이 있다.

한 영역에 내적 동기가 있다는 것은 그 자체의 보상이다. 그러나 역설적이게도 이는 다른 종류의 보상도 함께 가져다준다. 가령 내적 항목을 높은 순위에 두는 것은 학생들이 재능 영역에 몰입할 때 보고한 영향과 긍정적 상관관계를 갖는다($r=.22$, $p<.01$). 또한 이는 학생들의 성취도에 대한 교사 평가($r=.24$, $p<.001$), 그리고 수학과 과학 영재들의 경우 과학 관련 영역의 평점($r=.49$, $p<.001$)과 긍정적 상관관계가 있다. 이 모든 비교 중 외적 동기 부류는 부정적이거나 무의미한 상관관계를 보였다.[7]

그러나 재능에 투자한 시간은 세 유형의 동기 모두와 크게 관련이 있었다. 강한 내적 동기나 강한 물질적 혹은 사회적 동기를 가진 학생들은 동기적 유형이 좀더 분산된 학생들보다 훨씬 더 많은 시간을 자신의 재능 영역에 쏟으며 보냈다. 그러므로 모든 학생이 자신의 재능에 몰두하는 주된 이유로 내적 보상을 꼽기는 하지만, 더욱 강하게 몰두하는 학생이 재능으로부터 단기적(그들의 감정은 더욱 긍정적이다)은 물론 장기적(교사들에 의해 더 높게 평가받고 더 나은 학점을 받는다)으로도 혜택을 얻는다.

영역 간의 차이

전체 표본은 재능 몰입에 내적 이유를 지지한 반면, 다양한 영역에 몰입한 학생들한테는 흥미로운 차이점이 나타났다. 예를 들어 '즐거우니까'와 '생계에 유용할 것이라서' 항목의 순위는 수학 영재들과 다른 네 집단이 반대였다. 수학 영재들에게 즐거움은 3순위 이유였고, 미래의 유용함이 2순위였다. 그 밖의 모든 아이들한테서는 순위가 바뀌었다. 분명 수학 영재들은 사회적으로 귀중하고 드문 재능을 갖고 있는 게 그것을 사용하는 충분한 이유라고 느낀다. 이는 수학 자체를 하는 것에 대해 그들이 어떻게 느끼는지와 무관하게 어느 정도까지는 맞다.

표 7.1에 요약한 데이터를 일원 변량 분석(one-way analysis of variance)으로 분석해보니[8] 모든 그룹이 내적 이유를 하나같이 높게 매긴 가운데 미술, 운동, 음악에 재능 있는 학생들은 '즐거우니까' 항목을 수학 영재들보다 상당히 높게 꼽았고, 많은 차이가 있는 것은 아니지만 과학 영재들보다도 높게 평가했음이 드러났다. 하지만 그룹들 간의 가장 강력한 차이는 외적 이유를 지지하는 데서 나타났다. 과학과 수학에 재능 있는 학생들은 '필요하니까', '생계에 유용할 것이라서'와 '학점이 잘 나와서' 항목에 꽤 큰 비중을 뒀다. 한편 반대 패턴이 '다른 사람을 감동시킬 수 있어서'와 '내 문제들로부터 벗어날 수 있는 길이라서'(3개의 다른 요인에 있는 항목과 상관관계가 없기 때문에 표에 포함하지는 않았다)라는 두 항목에서 나타났다. 이 두 가지 이유는 수학과 과학 영재들보다 미술, 운동, 음악 영재들로부터 훨씬 더 강한 지지를 받았다. 게다가 운동선수들은 '경쟁이 치열해서'와 '친구들이 좋아해서' 항목을 어떤 다른 그룹보다도 훨씬 더 높이 쳤다.

따라서 그것들이 제공하는 보상의 관점에서 봤을 때, 딱딱한 과학과 예술(운동 포함) 사이에 이분법이 존재한다는 가정은 일면 정당한 듯하다. 외적 보상에 관한 한 전자는 더욱 공리주의적인 반면, 후자는 더 많은 대중적 인정을 제공하며 일상의 문제로부터 탈출하는 느낌을 준다. 내적 보상의 관점에서 봤을 때, 비록 모든 집단에게 극히 중요하긴 하지만 예술은 과학보다 그리고 특히 수학보다 내적 보상을 더 많이 제공할 수 있는 것 같았다. 재능 발달을 위한 이런 변량의 결과는 이 책 뒤에서 재검토할 것이다. 이쯤에서 우리는 재능 있는 학생들이 ESM에 제출한 수천 개의 응답에 의거해 정확히 어떻게 재능 영역의 수행을 경험하는지에 대한 질문으로 넘어가겠다.

재능 영역에서 작업하는 동안 겪는 경험의 질

ESM으로 수집한 데이터의 위력은 그것이 범세계적인 단일한 응답이나 검사 점수를 대표하는 것이 아니라 일상생활 도중 예기치 못한 순간에 제공한 많은 응답을 추가한 결과라는 점이다. 따라서 재능 영역에 몰입한다는 게 어떤 느낌인지에 관한 설문과 인터뷰를 통해 획득한 결과를 들여다보는 중요한 통찰을 ESM 보고를 분석함으로써 추가할 수 있다.

긍정적 감정과 유능감

학생들이 반드시 재능을 계발할 동기를 갖게 하기 위해서는 해당 영역에서 작업하는 동안 경험의 질이 긍정적이어야 한다. 그러나 불행히도 항상 그렇지는 않다. 재능에 몰입하는 동안의 z 점수(다시 말해, 일주일간 학생 각각의 평균 점수의 편차로 표현한 표준 점수)를 보여주는 그림 7.1에서 7.4까지를 살펴보면 영역별로 중요한 차이가 있음이 명백해진다. 그림 7.1은 미술 영재들이 미술을 하고 있을 때 매우 행복하고 명랑하며 음악 영재들은 음악을 하고 있을 때 꽤 행복하지만, 수학과 과학 영재들은 일주일 동안 평상시에 그랬던 것보다 수학이나 과학을 하고 있을 때 덜 행복하다는 것을 보여준다. 그림 7.2는 음악 영재들과 운동선수들이 음악과 스포츠에 몰입했을 때 매우

그림 7.1 재능 영역별 감정

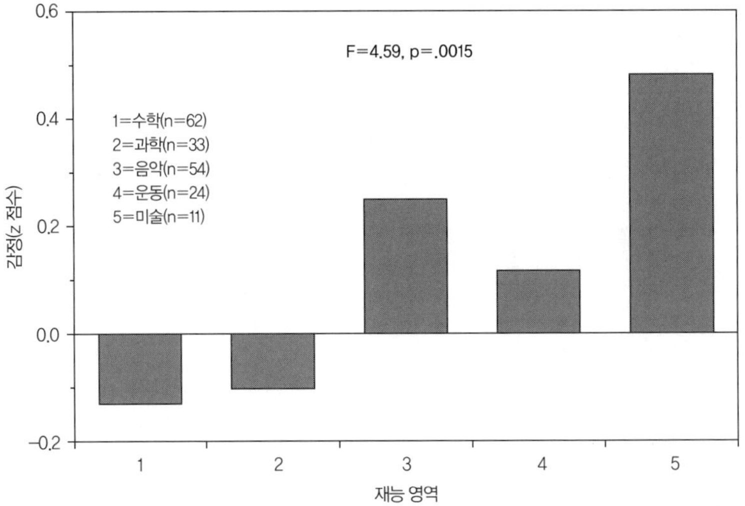

그림 7.2 재능 영역별 유능감

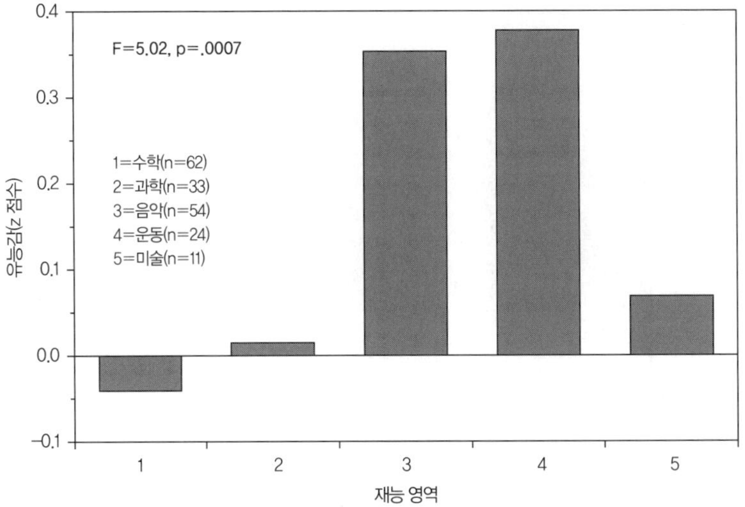

그림 7.3 재능 영역별 내적 동기

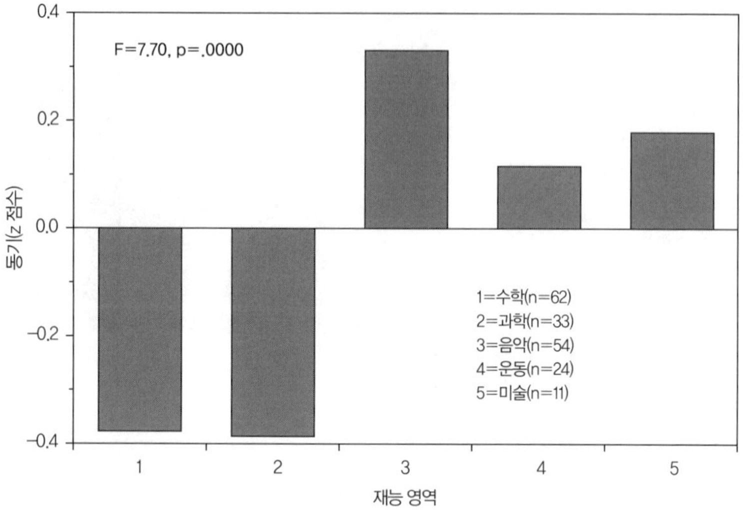

그림 7.4 재능 영역별 집중도

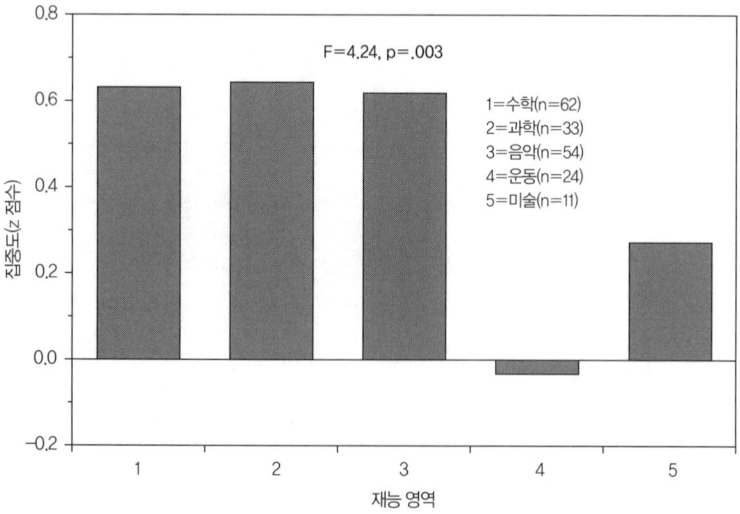

그림 7.5 학생들이 재능 영역에서 그 일을 '하고 싶었기 때문에' 그리고 '해야만 했기 때문에' 했다고 느낀 시간 비율

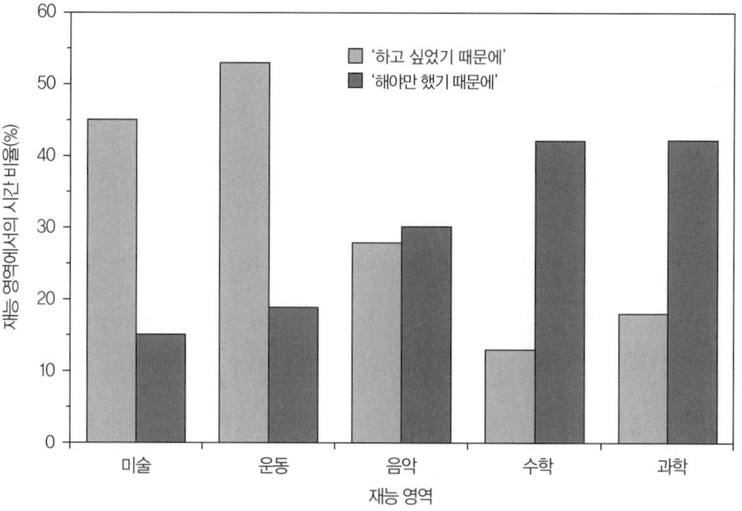

강하고 적극적이라고 느낀 반면, 다른 영역의 학생들은 해당 영역에 몰입했을 때 유능감의 관점에서 보통으로 느낌을 가리킨다. 그림 7.3에서 우리는 음악이 내적 동기를 가장 강하게, 수학과 과학이 가장 적게 제공한다는 것을 알 수 있다. 끝으로 그림 7.4는 운동을 제외한 모든 재능 영역에서 집중도가 평균을 훨씬 상회하는 경향이 있음을 보여준다. (그러나 이는 아마도 많은 운동이 대회에서 차례를 기다리며 빈둥대는 특징이 있고 그런 순간의 집중도가 반드시 높지는 않기 때문일 것이다.)

일반적으로 감정, 유능감, 내적 동기, 자아 존중감은 과학보다 미술에서 더 높았다. 반면 영역들 간의 인지적 효율에서는 좀더 차이가 적은 것으로 나타났다. 재능 관련 작업을 하고 있을 때 학생들은 모든 영역에서 높은 집중도, 집중의 수월함, 명확성, 자의식의 결여를 보고했다.

재능 경험에 대한 또 다른 시각은 그림 7.5에 나타나 있다. 이 수치는 미술 영재들과 운동선수들이 자신의 영역에 몰입할 때 그것을 '하고 싶었기 때문에'라고 느꼈음을 보여준다. 반면 과학과 수학 영재들은 훨씬 더 자주 '해야만 했기 때문에'라고 말했다. 음악 영재들은 자신의 영역을 자발적으로 인지하는 것과 의무적으로 인식하는 것 반반으로 나뉘었다.

영역은 얼마나 중요한가

수학과 과학 영재들이 자신의 영역을 공부하는 데서 많은 내적 보상을 얻는 것으로 보이지는 않았으나, 그들은 자기가 하는 일이 특히 다른 사람들에게 중요하다는 것을 알고 있었다(표 7.2). 사실 만일 '타인에게 중요했습니까?'의 순위를 한 영역에 첨부된 외적 보상의 표지로 간주한다면, 우리는 이전 패턴이 바뀌는 것을 볼 수 있다. 미술과 운동에 소질 있는 학생들은 자기 재능 영역에 몰입했을 때 자기가 하는 것이 다른 사람들에게 중요하지 않다고 느낀 반면, 과학과 수학에 재능을 가진 학생들은 그 영역에서 자기의 활동이 타인들에게 중요하다고 믿었다. 음악 영재들은 늘 그렇듯

표 7.2 주간 평균 기준치와 비교했을 때 재능 활동의 중요성에 관한 ESM 평가

영역	그 활동은		
	당신에게 중요했습니까?	타인에게 중요했습니까?	당신의 전반적 목표에 중요했습니까?
미술	예($p<.001$)	아니요	예($p<.01$)
운동	아니요	아니요	예($p<.05$)
수학	예($p<.05$)	예($p<.001$)	예($p<.001$)
음악	예($p<.001$)	예($p<.001$)	예($p<.001$)
과학	예($p<.05$)	예($p<.001$)	예($p<.001$)

중간이었다. 선수들은 운동에 몰입할 때 자기가 하고 있는 일이 자신에게 중요하다고 느끼지 않기 때문에 나머지 학생들 중에서 두드러졌다.

그러나 모든 그룹은 재능 영역에서 일하는 것이 자신의 전반적 목표에 중요하다는 데 동의했다. 따라서 학생들은 전체적으로 자기 재능이 자신에게 중요하다고 느꼈지만, 수학과 과학 그리고 음악 영재들만은 다른 사람도 재능에 대한 그들의 몰입을 중요하게 생각한다고 느꼈다.

플로로서 재능

재능에 몰입하는 동안 경험의 질을 확인하는 또 다른 방법은 해당 영역의 활동이 플로를 창출하는지 여부를 알아내는 것이다. 이를 측정하는 한 가지 방식으로 우리는 첫 인터뷰로부터 2~3년이 지난 후인 11학년 때 배포한 설문지를 활용했다. 설문지에는 플로의 네 가지 서술(가령 "당신은 집중력이 너무나 강하고, 주의가 전혀 분산되지 않고, 당신이 하고 있는 일에 완전히 몰두한 나머지 가끔씩 당신이 보통 때 주목하던 것들을 알지 못하는 무언가〔활동〕를 한 적이 있습니까?")이 포함되었다. 해당 학생이 네 가지 질문 중 어느 것에라도 그렇다고 대답하면 그런 감정을 창출한 활동을 기재하고 그 빈도와 상황을 쓰도록 요청했다. 그런 다음 응답자들은 플로를 생산한다고 언급한 활동을 플로의 11가지 차원(예를 들어 '몰입하게 된다'와 '무엇을 해야 하는지 분명히 알고 있다'는 '거의 그렇지 않다'부터 '거의 언제나 그렇다'까지 등급을 매겼다)을 나타내는 5점 척도로 표시했다. 동시에 응답자들은 같은 척도로 (a) 가장 열심히 한 학교 활동, (b) 가장 좋아하는 활동, (c) 가족과 함께 있는 것, (d) TV 시청, 그리고 (e) 숙제하기에도 순위를 매겼다.[9]

설문지를 작성한 165명의 학생 중에서 104명이 자발적으로 한 개 이상의 재능 영역을 가장 전형적으로 플로 경험을 창출한 활동으로 꼽았다. 언제나 그렇듯 영역 간에는 커다란 차이가 있었다. 미술 영재, 운동선수, 음악 영재들은 과학과 수학 영재들의 2배 이상 비율로 자기 재능과 플로를 동일시했다. 명백히 이들 학생은 과학보다 예술을 즐기면서 훨씬 더 편안한 시간을 보냈다.

재능 영역이 플로처럼 보일 때면 언제나 플로 척도에서 가장 좋아하는 활동과 구분되지 않을 정도의 순위가 나왔다. 반면 가장 열심히 한 학교 활동, 가족, TV 시청, 숙제는 플로의 조건과 덜 밀접한 관련이 있는 것으로 평가됐다. 가령 재능과 좋아하는 활동은 모두 지루하지 않고, 정신을 산만하게 하지 않고, 불안을 조성하지 않고, 확실하게 몰입하고, '할 필요가 없다 해도 그것을 하고 싶은'(내적 동기) 것으로 평가됐다. 정반대는 숙제, TV 시청, 그리고 정도가 덜하긴 하지만 가족 활동에 해당되었다. 아마도 가장 중요한 연구 결과는 자기 재능을 플로와 동일시한 학생들은 (그게 무엇이든) 가장 열심히 한 학교 과목을 플로나 좋아하는 활동과 구분할 수 없도록 평가하기도 했다는 점일 것이다. 같은 상황이 재능을 플로와 동일시하지 않은 학생들한테는 해당하지 않았다. 두 번째 그룹은 가장 부담스러운 학교 활동을 몰입이 덜 되고($p<.006$), 명확성을 덜 제공하고($p<.01$), 내적 동기를 덜 부여하고($p<.02$), 더 따분하고($p<.05$), 정신이 산만해지고($p<.01$), 불안감을 더 많이 조성하는($p<.02$) 것으로 평가했다. 재능이 플로라는 내적 보상을 제공한다면 이는 분명 다른 학과목에서도 마찬가지로 일반적일 것이다.

결론

이번 장의 연구 결과를 요약하면서 우리는 특이점보다는 영역과 개인을 망라해 공통점이 무엇인지에 초점을 맞출 것이다. 우리가 도달한 일부 결론은 명확해 보이지만, 이를 서술하는 것은 유용하다. 왜냐하면 실제로 사람들은 그러한 결과의 영향을 흔히 감안하지 못하기 때문이다.

1. 첫 번째 일반화는 어떤 십대도 즉각적인 외적 보상과 장기적인 외적 보상 모두 없이는 재능을 발달시킬 수 없다는 것이다. 좋은 가르침만 있으면, 양질의 교과서와 탁월한 교육 시설만 있으면 재능 발달로 이어질 거라고 믿는 것은 순진해 빠진 생각이다. 학생들이 배우려는 동기가 없다면 최고의 학습 환경조차도 쓸모가 없으며, 사람들로 하여금 배우도록 하기 위해서는 외적·내적 보상의 조합을 제공할 필요가 있다. 아동기 이후부터 줄곧 즉각적인 외적 보상에 중요한 타인(부모, 교사, 또래)의 인정, 칭찬, 응원이 있어야 한다. 청소년기에 들어서면 한 개인은 자신이 선택한 재능 영역에 평생 전념하는 게 아마도 필요하다는 것을 깨닫는다. 아동기의 순수한 이상주의는 추상적 의미로 수학이나 음악을 잘한다는 것만으로는 충분치 않으며, 실제 세계에서 생활비를 해결할 방법도 찾아야 한다는 정신이 번쩍 드는 생각으로 바뀐다.

2. 두 번째 요점은 어떤 십대도 재능 영역에서 작업하는 것을 즐기지 않으면 재능을 발달시킬 수 없다는 것이다. 위협과 감언이설은 청소년으로 하여금 어느 정도까지는 수학을 공부하거나 피아노를 연습하게 만들 수 있다. 아이는 심지어 능숙해지고 존경할 만한 전문가가 될 수도 있다. 그러나 이례적으로 탁월한 업적의 경지까지 도달하기 위해서는 자신이 하고 있는 일을 즐기지 않으면 일어나지 않을 외곬의 전념이 필요하다. 우리가 연구한 재

능 있는 학생 모두는 자기 영역에 계속 몰입하는 데는 외적 보상보다 내적 보상이 더 중요하다는 것을 알고 있었다. 더욱이 자신의 재능 영역이 플로 경험과 비슷하다고 자발적으로 언급한 학생들은 그 안에서 일하는 것을 더욱 즐겼을 뿐 아니라 나머지 학업적인 도전 역시 좀더 즐겼다.

이는 교육의 이론과 실천이 여전히 소화해야만 하는 일련의 결과다. 학생들을 어떤 영역에 소개하려는 교과서와 수업은 종종 논리와 합리성의 관점에서 보면 아주 잘 짜여 있지만, 그 정보가 학생들에게 줄 감정적 인상을 그만큼 빈번하게 문제 삼지는 않는다. 짜릿한 플로 경험보다는 어리둥절함, 좌절감, 불안이 지식 영역, 특히 과학과 수학이라는 '딱딱한' 영역을 소개받는 학생들의 전형적인 반응이다. 많은 재능 있는 청소년들은 이런 이유로 이제 막 시작하려는 시기에 커리어를 단념한다. 자신의 재능 활용을 향유할 기회가 한 번도 없기 때문에 더 많은 아이가 이후에 중도 하차한다. 그리고 교과서나 교사들이 학생들의 흥미에 정말로 호소하려 할 때조차 종종 학생들의 가장 단순하고 피상적인 관심에 집중한다. 교사들은 보통 TV 광고와 경쟁하려 애쓰는 와중에 단지 조롱과 무료함만을 유발하는 텍스트와 수업 내용을 사용한다. 학습이 내적으로 보상을 주도록 만드는 방법에 관해 우리 교육자들은 아직도 배워야 할 게 많다.

3. 세 번째 어떤 십대도 재능 발달에 내재된 갈등을 피할 수는 없다. 6장에서 살펴보았듯 재능 있는 십대들은 보통 평범한 또래에 비해 전반적으로 덜 긍정적인 감정 상태를 보고하는 편이다. 조시, 실라, 벤의 일화는 가장 공통된 갈등의 본질을 지적한다. 가족 관계의 분화와 통합 사이의 긴장, 즉각적인 즐거움과 장기적 진로 목표 사이의 긴장, 개인적으로 구축한 일생의 연구 주제와 일반적인 문화적 가치 사이의 긴장, 그리고 부모와 또래 사이의 긴장이 그것이다.

재능이 있다는 것은 정의상 남과 다르다는 것을 의미한다. 이 사실이 함축하는 것에서 벗어날 길은 없다. 대부분의 부모는 자신의 뛰어난 자녀들이 문제없이 그리고 많은 친한 친구들과 함께 청소년기를 부드럽게 통과해 성인으로 성장하길 바란다. 그러나 아주 자연스러운 이 기대는 그다지 현실적이지 않다. "세상에 공짜는 없다"는 속담은 경제 원리뿐 아니라 심리의 경제에도 적용된다. 재능 있는 청소년들은 그 재능에 합당한 부담을 견뎌야 한다. 그들은 또래보다 더 많은 책임을 지고, 더 어려운 선택을 해야 하며, 자신이 가진 개성의 결과를 받아들이는 법을 배워야 한다. 이런 긴장을 해결하는 것은 쉬운 과제가 아니다.

물론 재능 있는 십대들이 신경과민의 '범생이'가 되어야 한다는 뜻은 아니다. 지능지수가 높은 버클리(Berkeley) 아동들에 관한 종단 연구가 보여주듯 명석한 아이들에게 부적응 경향이 있다는 대중적 관념은 사실과 다르다.[10] 이번 장에서 소개한 3명의 전형적인 사례 연구가 보여주는 게 있다면, 매우 재능 있는 아이들도 여느 십대만큼(다른 말로 하면 '평범한' 아이들만큼) 활기 넘치고 호감 가고 친절하다는 사실을 그들이 입증한다는 점이다. 하지만 이런 정상성(normality)을 재능 있는 아이들이 얻기란 한층 어렵다. 그것이 자연스럽게 따라오지는 않기 때문이다. 따라서 그들은 재능 육성에 필요한 어려운 과업과 더불어 정상성을 키우는 데도 열심히 애를 써야 한다. 이런 아이들을 다루는 성인들이 기억해야 할 것이 있다. 즉 해당 영역에서 그들이 어떤 도움을 주건 재능의 쇠퇴를 예방하는 데 일조해야 한다는 것이다.

4. 네 번째 요점은 학교는 재능 육성에서 필수이지만 그 발달을 가로막는 특이한 장애물 역할을 하기도 한다는 것이다. 이런 결론은 몇 세대 전만 해도 타고난 미술가, 음악가, 심지어 과학자조차 학교에서 자신의 역량을 향상시키는 법을 배우지 않았다는 사실을 기억하면 덜 명확해 보인다. 재능은

장인 밑에서 견습생으로 일하거나 개인 사업, 시행착오, 독학을 통해 연마되었다. 중세 시대에도, 그리고 아주 최근까지도 계속 그랬다. 예를 들어, 피카소는 뛰어난 화가이기도 했던 아버지로부터 그림 그리는 법을 배웠다. 에디슨은 독학을 했다. 그리고 아인슈타인은 학교 선생님들에게 깊은 인상을 줌으로써 유명해진 게 결코 아니다.

그러나 오늘날 학교는 대체로 아이들의 정신적 발달을 위임받은 기관이 되었다. 재능 관련 활동의 3분의 2가 학교에서 일어난다. 이런 방식에는 몇 가지 이점이 있다. 표준화한 선별 절차는 진정으로 재능 있는 아이들을 식별할 수 있는 가능성을 높이고, 균일한 최첨단 교수법을 제공하려는 시도는 구식 사고와 기술이 전파될 가능성을 줄인다. 그러나 대중 교육에는, 특히 재능 있는 아이들에게는 분명한 결점 또한 있다. 의무 교육의 획일성은 독특한 자질의 육성을 가로막는다. 우리가 연구한 재능 있는 학생들은 자신이 필요로 하는 지식을 일차적으로 학교에서 얻을 수 있다는 사실을 알고 있었다. 동시에 그들은 이 관료주의적 기관이 제공하는 상대적으로 비인격적이고 의무적이고 기계적인 가르침에 대해 일반적으로 양가적 감정을 느꼈다. 여유 있는 부모를 둔 학생들은 자기의 훈련을 학교 시스템 바깥의 개인 교사로 보충했다.

우리가 지금 아는 것처럼 학교가 미래의 아이들에게 지속적으로 지식 훈련을 제공할 것인지 아닌지는 흥미로운 질문이다. 어쩌면 전문가의 개인 교습과 개인적 컴퓨터 지원 학습의 결합이 교실과 교사를 대체할 것이다. 아마도 미래의 지역 사회는 교육의 중요성을 깨닫고 다시 한 번 교육을 관심사의 중심에 놓을 것이다.

5. 재능 발달에 관한 다섯 번째이자 마지막 일반화는 어떤 아이도 성인들로부터 강력한 지원을 받지 못하면 성공하지 못한다는 것이다. 일반적으로는

부모, 대부분 양친 모두의 지원이다. 가족 지원의 중요성은 시간, 에너지, 비용의 관점에서 뛰어난 아이들의 재능을 육성하는 데 필요한 엄청난 희생을 상세히 열거한 벤저민 블룸의 연구에서 뚜렷하게 드러났다. 이혼하거나 별거한 부모의 비율이 전체 사회의 절반에도 미치지 않고, 사실상 거의 대부분의 학생이 2명의 성인으로 이뤄진 안정적인 가정에서 살고 있다는 것을 우리 연구가 밝혀낸 것은 놀랍지 않다.[11] 재능 있는 아동의 양육 부담은 단지 한 명의 성인이 감당하기에는 통상적으로 너무 버겁다. 게다가 아이로 하여금 그 재능을 집요하게 계발하도록 영감을 주는 데 필요한 모델링은 추정컨대 2명의 상호 보완적인 부모가 최상으로 수행할 수 있다. 따라서 한 부모 가구에서 살아가는 특출한 학생들은 그 재능을 발달시키는 데 남다른 어려움이 생길 가능성이 있다. 세기 전환기가 되면 모든 미국 가정의 절반가량이 한 부모(일반적으로 엄마) 가정이 될 것이라는 점을 고려할 때, 거기서 발생할 재능 손실은 실로 막대할 것이다.

08 가족은 재능 발달에 어떤 영향을 주는가

지금까지 거의 모든 장에서 우리는 재능 있는 아이들이 자신의 잠재력을 현실로 변화시키기 위해서는 물질적이고 동시에 심리적인 관점에서 가족의 지원이 필수라는 점을 강조해왔다. 재능 발달에 대한 가족의 중요성 때문에 이번 장에서는 이런 측면에서 가장 중요해 보이는 가족의 특성을 상세하게 살펴보려 한다. 그러나 일단은 발달과 관련해 가족의 중요성에 대한 역사적 시각을 간략히 소개하는 게 유익할 것 같다.

가정 환경

자녀의 발달에서 가족의 긍정적 역할을 이해하는 것은 부모뿐 아니라 교사, 행정가, 정치인의 주된 관심사가 되어가고 있다. 신문에서는 이혼율, 유아 사망률, 십대 임신, 자살 같은 가족 건강 지표에 관해 미국과 다른 선진국을 비판적으로 비교하며 각종 연구를 줄지어 인용한다.[1] 몇몇 사회과학자는 이런 증거를 우리가 알고 있는 바로 그 가족이 확실히 쇠퇴일로에 있다는 (아니면, 사실상 가족은 이상적 형태로 결코 존재한 적이 없다는) 의미로 읽는다. 다른 학자들은 가족생활의 질 향상을 우선적으로 재조명할 기회라며 이런 트렌드에 반응한다.

이런 논쟁에서 우리의 입장은 아이들이 유아기에 발달시키는 습관과 삶의 가능성에 대해 배우는 세계관은 수정하기 어렵다는 쪽이다.[2] 따라서 초기 환경에서 이후 삶의 복합적 발달을 가능케 하는 습관과 세계관 계발에 필요한 안정과 자극을 제공하는 것이 필수다. 아이들이 결혼한 2명의 성인들로부터 그런 안정과 자극을 제공받는지 여부는 어쩌면 특별히 중요하지 않을 듯싶다. 그러나 엄연한 사실은 우리가 아는 모든 문명에서 현재는 물론 먼 과거에도 아이 양육을 책임진 절대 다수는 '가족', 다시 말해 유전적으로든 사회적으로 승인받은 유대에 의해서든 서로 관계를 맺고 있는 성인들이었다는 점이다. 다른 양육 수단을 시도할 때마다(소련, 중국 그리고 이스라엘의 키부츠에서조차도) 그 실험은 전혀 성공하지 못했고, 아이들을 키우는 데 따른 전체적 혹은 부분적 책임은 결국 가족이 졌다. 따라서 오늘날 유행하고 있는 '가족의 종말'이라는 말은 매우 과장된 것이며, 어쩌면 가족의 몰락보다는 우리 문명의 종말에 관해 말하는 것일 가능성이 크다.

어떤 아이들에게 집에 있는 시간은 축복이다. 그들의 부모는 따뜻하고 사랑을 주며 도전 의식을 북돋우는 기회로 가득 찬 환경을 조성해준다. 다른 아이들에게 집에서 보내는 시간은 악몽이다. 단지 가족 문제에 대처하는 것만으로도 종종 아이들이 동원할 수 있는 모든 에너지가 소진되고, 성장을 위한 활동에 투여할 여력이 거의 남지 않는다. 예를 들어, 아이가 가진 자원을 가장 크게 유출시키는 것 중 하나는 많은 한 부모 가정에서 겪어야 하는 고질적인 스트레스와 중압감이다. 통계에 의하면, 현재 다른 어떤 선진국보다 많은 미국 아이들이 한 부모 가정에서 살고 있다. 증가하는 이혼율, 감소하는 재혼율, 그리고 결혼하지 않은 채 가정 밖에서 일하는 더 많은 여성들이 1983년 태어난 아이들의 59퍼센트가 18세가 되기까지 일정 기간을 단지 한 명의 부모와 함께 살 것이라는 예측을 가능케 한다.[3]

이런 상황이 왜 아이에게 덜 건강한지에 대해서는 아마 많은 이유가 있을 것이다. 가장 중요한 것 중 하나는 아이를 보호하고 이끌고 자극해야 할 부모의 주의가 부족하다는 점이다. 한 부모 가정의 어떤 아이들은 자기 힘으로 더 많은 것을 하고, 그래서 생존에 대해 소중한 교훈을 얻을 수 있는 것도 사실이다. 그러나 보호받는 그들 또래는 안전한 보호막 안에서 필수적인 기술을 습득할 여유를 더 많이 가질 공산이 크다.

물론 우리가 연구한 십대 집단 중 위에서 언급한 고민스러운 유형에 맞아떨어지는 아이는 거의 없었다. 부모는 적당히 풍족하고, 고등교육을 받았고, 이혼율은 전국 평균 미만이었다. 아무리 생각해봐도 이 십대들은 자신에게 유리한 모든 '이점'을 갖고 있었다. 그러나 가정 환경이 주의 에너지(attentional energy)를 소모하는지 집중시키는지라는 주제는 이들 십대에게 그만큼 의의가 있다. 바꿔 말하면, 가정에서의 심각한 문제가 아이의 집중력을 상당히 감소시킬 수 있다는 걸 입증하기는 아주 쉬울 것이다. 그러나 만일 심지어 연구 중인 집단의 혜택 받은 환경 내에서도 가족 구성의 다른 유형이 재능 발달에 영향을 끼친다면, 적절한 가정 환경의 중요성을 더욱 설득력 있게 입증할 수 있을 것이다.

청소년의 의존 또는 독립

어떤 가정 환경이 청소년들에게 최적인가 하는 질문에 대해서는 오늘날 불과 10년 전하고도 조금 다른 대답이 나오고 있다. 부모로부터의 분리와 독립에 대한 청소년들의 점증하는 욕구라는 전통적 사고[4]는 부모와의 재조정된 상호 의존을 통해 십대들이 더욱 유능하고 자기 주도적으로 성장한다는 개념에 자리를 내주고 있다.[5] 비록 사춘기와 거기에 수반되는 인지적 변화의 시작이 부모-자녀 관계의 행로를 바꾸긴 하지만, 이런 중요한 전이는 대부분 과도한 혼란이나 분리 없이 이뤄진다.[6] 각종 연구는 가족으로부터의 너무 이른 이탈이 십대들을 또래의 부정적 영향에 좀더 넘어가기 쉽게 방치하며, 좀더 낮은 학습 성취도로 이어질 수 있음을 밝혀내기 시작했다.[7] 일반적으로 건강한 발달은 점차 자율뿐 아니라 부모하고의 애착과 연계가 높이 평가받는 환경에서 발생하는 것으로 알려져 있다.[8]

따라서 십대 발달을 위한 최적의 조건(아울러 이는 성인 발달에 대한 논의에도 적용할 수 있을 것이다)은 영아 양육에 필요한 것과 크게 다르지 않은 듯하다. 바꿔 말하면, 유아들이 탐구심과 독립심을 배양하기 위해 지속적인 안전과 지지를 필요로 하듯,[9] 연령과 상관없이 모든 사람도 마찬가지다. '자유사상가'로서 인습 타파를 주장하는 대학교수들조차도 자기 사상의 자유를 보호하기 위해서는 종신 재직 제도(tenure system)에 의지해야 한다.

의존이 독립심을 느끼는 데 필요하다는 것은 언뜻 들었을 때 그런 것만큼 모순적인 개념은 아니다. 예를 들어, 이는 인간 발달에 관한 일부 생물학자들의 관찰을 환기시킨다. 부모가 자녀를 돌보는 데 시간과 에너지를 투자해야 하는 길고 긴 의존 기간 때문에(생물학에서는 유형 성숙(neoteny)이라고 부르는 조건) 인간의 영아들은 자신이 처한 환경을 다루거나 탐구할 기회를 더 많이 얻는 것 같다. 놀이로 가득 찬 이런 탐구는 독자 생존을 가능케 하는 진화의 전략이다. 행동의 유연성과 인지적 발달을 촉진하고, 그에 따라 인간으로 하여금 하등한 종을 특징짓는 본능적 행동의 융통성 없는 패턴을 피할 수 있게끔 하기 때문이다.[10]

이 추론을 청소년 발달로 확대한다면, 부모에 대한 약간의 의존을 유지하는 십대들은 연장된 탐구 기간이라는 혜택을 누릴 수 있다. 이런 논거의 약점은 그러나 이미 명확한 것 같다. 요컨대 한 개인의 의존을 허용함으로써 자유로워진 주의(attention)를 추가적인 성장과 발달을 고무하는 쪽으로 투자한다고 가정한다. 분명 하루 종일 비디오 게임을 해도 좋은 안전하고 마음 편한 십대는 만족스럽게 발달하지 않을 것이며, 갈수록 적은 시간을 집에서 보내고 더 많은 시간을 또래와 마약을 하는 상황에 처한 십대들 역시 마찬가지일 것이다. 반면 도덕적이고 감정적이고 신체적인 지원이 필요할 때 부모한테 의지할 수 있는 청소년들은 아마도 배영을 마스터하거나, 비올라를 연습하거나, 의미 있는 우정을 발전시키면서 시간을 보낼 준비가 더 잘 되어 있을 것이다.

자유로워진 주의를 남용해서 생기는 정반대 위험은 과잉 의존이다. 십대들이 성장하면서 어떤 의존은 버려야 한다. 그렇지 않으면 자녀는 과도한 보살핌과 관심으로부터 나르시시즘이 커질 수 있고, 부모는 자녀에게 자신이 필요하고 통제하고 있다는 느낌에 탐닉할 수 있다. 예를 들어 자기 위신이 높아지기 때문에 아들의 금요일 밤 농구 경기를 위해 살아가는 헌신적인 아버지, 혹은 단지 아버지가 자기를 격려해주기 때문에 시간 낭비라고 생각하면서도 대학에서 경기를 뛰려고 고군분투하는 헌신적인 아들을 생각해보라.

탐구 모델: 복합적 가족과 재능 발달

위에서 언급한 역학 관계는 이미 소개한 복합성의 이론적 모델을 통해 좀 더 공식적으로 표현할 수 있다.[11] 가족 구성원 사이에 있는 연결의 끈은 통합, 즉 개개인이 지지와 일관성을 느끼는 안정적 조건의 사례다. 분화는 구성원이 새로운 도전과 기회를 발견함으로써 개체성을 계발하도록 장려하는 측면을 가리킨다. 통합적인 동시에 분화되어 있는 가족은 복합적이라고 생각할 수 있다. 만약 시간이 지나면서 가족 내의 이 두 가지 힘(안정을 위해 당기는 힘과 성장과 변화를 향해 미는 힘)이 복합성을 유지하지 못한다면, 과도한 통합과 과도한 분화라는 약화(弱化) 가능성이 건강한 발달을 막을 수 있다. 끝으로 더 심각한 가능성은 가족 내 두 차원의 결핍이다. (이것 역시 바람직하지 않다.) 이런 구조는 가족 구성원의 에너지가 점진적 질서를 만들어내지도, 관계의 다양성을 창출하지도 않기 때문에 단순하다고 볼 수 있다. 이 모든 가족 유형이 재능을 계발하는 자녀를 배출할 수 있겠지만, 만약 가정에 복합성이 결여되어 있다면 외부의 도움(혹은 행운)이 필요할 가능성이 훨씬 높다.

복합적인 가족은 십대들의 재능 발달에 최고의 자극을 줄 것으로 예상된다. 운동, 미술, 음악, 수학, 과학 분야 직업에서 최정상에 오른 120명과 나눈 블룸의 인터뷰는 높은 수준의 지원과 도전이 모든 재능 영역에 긍정적 영향을 미친다는 것을 시사한다. 성공한 사람들의 부모는 자녀 중심이었다. 그들은 엄청난 시간과 에너지를 특출한 자녀의 요구를 들어주는 데 바치고, 종종 자녀를 자기 관심의 중심축으로 만들었다. 그러는 한편 규율 잡힌 독립의 본보기 역할을 하고, 그러한 독립을 향한 투지와 강한 직업윤리를 기대했다. 또한 생산적인 시간 사용, 높은 기준 설정, 최선을 다하는 헌신을 독려했다. 그리고 레슨과 재료를 충분히 이용할 수 있다는 걸 확실히 함으로써 도전적인 기회를 제공했다. 아울러 자녀가 방해받지 않고 작업할 수 있는 공간을 집 안에 확보하고, 시간과 에너지를 아끼기 위해 자녀를 집안일과 가정 밖의 일에서 자유롭게 해주었다.

이런 유형의 가정 환경의 이점은 다른 가족 연구에서 점점 더 자주 설명하고 있지만, 왜 그런 유형이 주효한지에 대한 이해는 아직 미흡하다. 이번 연구에 기초한 우리 시각에서 볼 때 성장을 돕는 활동과 관련해 가족의 복합성은 아이들의 주의 에너지 투자를 향상시키고, 그럼으로써 집과 학교 두 곳에서 주관적 경험의 질을 촉진한다. 이런 접근법이 특별한 이유는 이렇게 가정 환경을 효과적으로 만드는 것이 무엇인지를 이해하는 데 주의와 경험의 질을 강조하기 때문이다. 이러한 시각을 채택하면서 우리는 긍정적인 장기적 성과를 구축해가는 수많은 실험적 일화에 더 큰 의미를 두었다. 흥미, 플로, 내적 동기와 절정의 체험 같은 최적 경험에 대한 광범위한 연구가 아이들의 느낌이 자신의 잠재력을 충분히 활용할지 여부에 가장 중요한 영향을 미치는 것 중 하나라는 사실을 시사함에도 불구하고, 아이들이 집에서 실제로 어떻게 느끼는지 조사한 가족 연구는 거의 없었다.[12]

플로에 관심이 있거나 플로를 경험 중일 때 사람들은 동시에 2개의 상반된 방식으로 주의를 사용한다. 그들은 더욱 수용적이고 자발적이고 즉각적인 환경에 개방적이면서도, 좀더 활동적이고 목표 지향적이고 선별적이며 통제적이다.[13] 일상생활에서 이러한 자질은 일반적으로 분산된다. 우리는 종종 TV를 시청할 때처럼 수동적이면서 즐겁고 편안하다. (그러나 목적이 불분명하다.) 아니면 교과서를 읽을 때처럼 정신이 맑고 집중한다. (그렇지만 그다지 행복하지 않다.) 통합적이고 분화된 가정은 이 두 가지 주의 상태 모두를 가능케 함으로써 최적 경험을 위한 환경을 조성한다.[14] 예를 들어 통합된 가족에는 안정과 신뢰가 있을 것이다. 이는 방어와 충돌의 필요를 줄이고, 그럼으로써 자녀가 무엇을 하든 편하게 느끼고 거기에 몰입하는 것을 한층 수월하게 만들 것이다. 반면 분화된 가족은 독립을 장려하고, 도전 의식을 제공하고, 나태함으로 인한 에너지 낭비를 막고, 그럼으로써 자기 수양이 필요한 활동에 대한 몰입을 촉진할 것이다. 차원의 조합은 최적 경험을 위한 최고의 환경을 제공한다.

가정에서 동화된(assimilated) 인지와 경험의 패턴은 학교 같은 새로운 환경으로 넘어갈 가능성이 높다. 바꿔 말하면, 어려운 도전에 대한 추구를 독려하고 지지해주는 가정에서 사회화한 십대들은 무엇을 하든 즐길 수 있으며, 노력을 요구하고 미래의 성장을 촉진하는 활동을 수행하겠다고 선택하는 사람으로 성장할 가능성이 높다. 복합적 가정 환경은 복합적이고 자기 목적적인 성격, 다시 말해 자극과 도전을 추구함으로써 권태로운 상황에 반응하고 늘어난 역량으로 불안을 자아내는 상황에 반응하는 것이 몸에 밴 성격을 키워낸다.[15]

이는 전형적으로 이상적인 가정이 재능 발달의 필수 요건이라고 말하려는 게 아니다. 한 부모 가정에서 자랐거나, 일찍 부모를 여의었거나, 부모가 긴장과 갈등 환경을 제공했음에도 성공을 거둔 창의적 인물은 많다. 그러나 이런 예외에서도 개인적 환경의 어떤 다른 영향이 재능 발달을 허용하는 지원과 자극을 제공했을 가능성이 높다. 따라서 '가족 복합성'이란 사실 어린 시절 한 아동을 둘러싸고 있는 '대인관계 네트워크의 복합성'을 줄인 표현이기도 하다.

가족이 얼마나 복합적인지, 그리고 청소년이 집과 학교에서 몰입이나 플로를 얼마나 잘 경험할 수 있는지 사이에는 연결 고리가 있을까? 만일 그렇다면, 이러한 긍정적 경험이 청소년의 재능 발달을 향상시킬까? 최적 경험 상태의 유용함과 통합적이고 분화된 가정의 혜택에 관해서는 각기 많은 연구가 이뤄졌지만, 우리가 알기에 이러한 경험에 미치는 가족의 영향과 아울러 성공적 재능 발달에서 가족의 역할을 조사한 연구는 지금까지 없었다.

가족의 복합성 측정

어떤 가족이 복합적인지 여부를 결정하기 위해 우리는 가족의 통합과 분화를 측정하는 복합적 가족 설문지(Complex Family Questionnaire, CFQ)를 설계했다. 우리의 연구에 참여한 모든 청소년이 이것을 작성했다(부록 8.1 참조). 가족 통합은 2개의 하위 요소로 구성되었다. 지지(예를 들어 십대가 이따금 관심의 초점이 된다, 다른 구성원이 십대를 대신해 계획을 수정한다, 다른 구성원이 십대의 실패에 공감한다)와 화합(예를 들어 가정의 조직이 효율적이다, 명확한 집안 원칙이 있다, 가족 구성원의 행동이 일관적이다)이 바로 그것이다. 분화 역시 2개의 하위 요소로 구성되어 있다. 개입(예를 들어 가족이 강한 개성을 장려한다, 경쟁적인 분위기를 용인한다, 자긍심을 갖고 있다)과 자유(예를 들어 십대의 관심사가 항상 집안일과 의무 사항 때문에 방해받지 않는다, 집에서 조용히 생각할 시간을 가질 수 있다, 사생활을 인정해 '자신만의 세계'를 가질 수 있다)가 그것이다.

높은 통합 점수(예를 들어 지지와 조화에서 중간값 이상)와 높은 분화 점수(예를 들어 개입과 자유에서 중간값 이상)가 나온 청소년을 복합적 가족이 있는 것으로 분류했다. 통합 차원에서만 점수가 높게 나온 십대는 그냥 '통합적', 분화 차원에서만 점수가 높게 나온 십대는 그냥 '분화적'이라고 분류했다. 끝으로 두 가지 차원 모두 낮은 십대는 단순(simple) 가족 구조를 가진 것으로 분류했다. 우리는 이 마지막 분류를 단세포적(simple-minded)이라는 경멸의 의미로 결코 사용하지 않았다. 그보다는 복합적 가족에 존재하는 안정과 성장에 대한 독려 모두 결핍된 가족 유형을 설명하려는 것이다.

이런 식으로 데이터를 정리하자 가족에 대한 인식은 다르지만 그 밖의 중요한 측면에서는 눈에 띄게 유사한 네 그룹의 십대가 나왔다(부록 8.2와 8.3 참조). 가령 보고된 부모의 소득이나 학력 관점에서는 그룹들 간에 유의미한 차이가 없었다. 가족 크기, 형제자매 사이의 서열, 혼인 여부에 관한 카이제곱(chi square) 분석 결과, 소가족과 대가족 비율, 첫째인지 나중에 태어난 자녀인지, 그리고 부모가 결혼했는지 이혼했는지의 비율이 네 가지 가족 유형 전체에 걸쳐 유사했다. 평균 점수로는 십대들의 38퍼센트가 첫째이거나 외동이고, 74퍼센트가 많아야 한 명의 형제나 자매가 있고, 부모의 88퍼센트는 결혼한 상태였다. 인종적·종교적 배경 역시 재능 영역과 성별에서 그렇듯 그룹 전체에 유사하게 분포되어 있었다. 끝으로, 표준화한 PSAT 검사(수학 점수와 언어 점수)에 기초한 청소년들의 지능 수준은 그다지 다르지 않았다. 사실 통합된 가족 그룹의 십대가 경미하게 높긴 했지만 점수는 매우 비슷했다.

이러한 예비 분석을 통해 우리 연구에 사용한 가족 지형학이 중산층 가치의 산물이 아니며, 단순히 학력이나 지능의 상관관계도 아니라는 점이 밝혀졌다. 인구학적 요인이 이를 결정하는 것 같지도 않다. 확실히 거의 누구에게나 복합적 가정을 창조할 가능성이 있다는 얘기다.

부모의 가족 인식

CFQ가 십대들의 보고에 의존했기 때문에 반응 편파성 문제는 부모의 설문지로 다뤘다. 바꿔 말해 청소년들이 자신의 가정 환경에 대해 정확하게 보고했다면, 다양한 가족 그룹의 부모는 자녀들이 가정별로 다른 지지·화합·개입·자유에 대해 갖는 인식과 맞아떨어지는 만큼 차이가 있어야 한다. 과거 연구로 보건대 부모와 청소년의 인식 사이에 높은 수준의 일치를 기대할 수는 없지만,[16] 부모와 자녀 보고 사이의 부분적 일치만으로도 유효성을 입증하는 중요한 단서를 제공할 것이다.

네 가지 부모 척도를 청소년들의 가족 인식과 부모의 응답(CFQ를 작성한 165명의 청소년 중 약 100명의 정보만을 양쪽 부모에게서 구할 수 있었다)을 비교하는 데 사용했다. 상호 작용 보상(Rewards in Interaction) 척도는 부모에게 자녀들과의 상호 작용이 얼마나 보상을 주었는지(예를 들면 자녀와 함께 뭔가를 하는 게 즐겁다, 자녀의 성취로부터 기쁨을 얻는다, 자녀가 발전하도록 돕는다) 평가하도록 요구하는 9개 항목의 설문지였다($\alpha=.83$). 부모의 의견 불일치(Parental Disagreement) 척도는 부모에게 "다음 항목에 대한 당신과 배우자 사이의 의견 일치 혹은 의견 불일치의 정도"를 평가하도록 요구하는 8개 항목의 척도였다($\alpha=.85$). 재정, 레저, 애정, 친구, 섹스, 도덕, 인생철학 그리고 친척이 그것이다. 부모의 삶 만족도(Parental Life Satisfaction)는 부모의 개인적 삶의 만족도를 가늠하기 위해 사용한 7점 척도('완전히 불만족스럽다'/'불행하다'에서 '완전히 만족스럽다'/'행복하다'까지)로 이뤄진 단일 항목 측정이었다. 마지막으로 부모의 내적 진로 기대(Parental Intrinsic Career Expectations)는 자녀들의 내적 보상에 관한 부모의 기대(예를 들어 "당신 자녀의 미래 직업이나 진로의 관점에서 봤을 때 다음 각각의 특성이 자녀의 직업을 특징짓는 것을 얼마나 선호하십니까?: 직업에 적합한 관심, 도전 의식을 주거나 자극하는 일, 즐거움, 배움의 기회, 성취감")를 측정하기 위해 고안한 5개 항목의 척도였다($\alpha=.78$).

표 8.1은 이러한 비교 결과를 요약한 것이다. 자녀가 다양한 수준의 통합과 분화를 보고한 가정의 부모는 상호 작용 보상($p<.05$), 의견 불일치($p<.10$), 삶의 만족도($p<.05$) 그리고 내적 기대($p<.05$)에 대해서도 다르게 보고했다. 복합적 가족과 통합 가족의 부모는 자녀와 상호 작용하는 데서

표 8.1 가족의 상호 작용, 경험, 기대에 대한 부모의 진술: 복합적 가족의 유형별 평균 척도 점수

	복합 (n=27)[a]	통합 (n=21)	분화 (n=15)	단순 (n=30)	F	t[b]
자녀와의 상호 작용에서 보람을 느낌	61.9	61.7	57.9	58.1	2.97**	2.31**
배우자와 의견 불일치	36.0	34.5	37.3	40.1	2.27*	−1.97**
개인적 삶의 행복	10.8	10.1	10.9	9.3	3.15**	2.70***
자녀의 진로와 관련해 내적 동기에 대한 기대	46.0	46.7	44.4	44.4	2.89**	1.93**

[a] 각각의 그룹에서 n은 커플의 수를 나타낸다: 엄마의 점수 + 아빠의 점수 나누기 2

[b] 복합 대 단순, 단측 t-검증.

*$p < .10$. **$p < .05$. ***$p < .01$.

가장 높은 보상을, 배우자와 가장 많은 의견 일치를, 그리고 자녀가 미래 진로에서 내적 보상을 찾는 데 가장 높은 기대를 보고했다. 복합적이고 분화적인 가족(개인적 자유와 독립을 더 높이 평가할 것으로 예상되는 가족)의 부모는 개인적 삶에서 가장 높은 만족도를 보고했다. 마지막으로 복합 집단과 단순 집단 사이의 모든 비교는 유의미했다. 십대들이 좀더 복합적이라고 기술한 가정의 부모일수록 상호 작용에서 더 많은 보상을 느꼈고, 갈등은 더 적게, 개인적 행복은 더 많게, 그리고 내적 기대는 더 크게 보고했다. 따라서 자녀와 부모는 가족 삶의 질에 관해서 사실상 일치된 의견을 보였다.

가족 경험의 질

복합적 가족을 둔 십대는 집에 있는 동안 더 긍정적인 경험과 플로를 보고할 것으로 예상했다. 그러나 집에서의 경험에 대한 질문을 받았을 때, CFQ

에서 가족에 대해 긍정적 측면을 표현한 아이들은 어쩌면 자신이 더욱 행복하고 관심을 받는다는 식으로 응답하도록 이미 편향되어 있을 터였다. 즉 만약 일부 청소년에게 (이를테면 외부의 연구자나 독자에게 '잘 보이고' 싶어서) 자신의 가족과 경험을 좀더 긍정적으로 평가하는 경향이 많은 게 현실이라면, 더 많은 최적 경험을 했다는 그들의 보고는 여기서 제시한 것처럼 우호적인 가정 환경의 결과가 아니라 단순히 반응 편파성의 결과라는 뜻이다.

앞서 보고한 부모들의 응답을 보면 이런 편파성의 이유가 덜 그럴 법하지만(예를 들면 부모가 자녀의 왜곡에 한몫했다는 것을 논증해야 할 테니 말이다), 편파성의 가능성을 방지하기 위해 우리는 또 하나의 기준을 추가로 제시했다. 만약 반응 편파성 그 이상이 개입됐다면, 최적 경험에 관한 십대들의 보고는 다른 활동 환경에 민감해야 한다. 즉 우리는 청소년 생활의 대부분 맥락이 가족 삶의 질에 의해 향상되기를 기대하겠지만, 모든 십대는 집중적으로 주의를 투자해서 즐거움을 산출할 필요가 없는 TV 시청 같은 수동적인 여가 활동[17]을 엇비슷하게 경험할 것이다. 따라서 다음에 소개할 분석은 TV 시청을 포함한 수동적인 여가 활동과 숙제처럼 어쩌면 재능 발달에 좀더 중요한 다른 활동을 대조한다.

가정에서 경험의 질에 대한 첫 번째 측정은 메이어스[18]가 처음 사용한 플로 척도(Flow Scales)에 기반을 뒀으며, 가족과 함께 있을 때와 TV를 시청하는 동안 십대들의 플로 경험의 강도를 측정하는 데 사용했다. 앞장에서 소개한 이 설문지는 플로의 특성(예를 들어 '몰입하게 된다', '무엇을 해야 하는지 분명히 알고 있다', '할 필요가 없다 해도 그것을 하겠다', '정신이 산만해지지 않는다')에 초점을 맞춘 11개 질문으로 구성되어 있다. 그 결과 가족 복합성은 가족의 상호 작용에서 보고된 플로의 양과 유의미한 관련이 있다는 게 밝혀졌다 ($p<.001$). 자기 가족이 복합적이라고 인식한 아이들은 가장 많은 최적 경험

을 보고했다. 반면 분화 집단과 단순 집단은 가장 적은 최적 경험을 보고했다. 가족과 함께 있는 것은 TV 시청보다 많은 최적의 경험을 제공했고 ($p < .001$), 가족 유형과 활동의 종류 사이에는 유의미한 상호 작용이 있었다 ($p < .001$). 즉 네 집단의 십대 전부가 TV 시청이 주는 주관적 보상을 비슷하게 보고했지만, 가족과의 경험의 질에 관한 응답은 상당히 달랐다.

집에서의 경험에 대한 ESM 분석

위의 플로 측정은 집에서 본인들이 한 경험의 질을 십대들의 입장에서 회고하는 시선을 제공한다. 그로부터 우리는 학생들이 가족과 보낸 시간을 되돌아볼 때 떠오르는 느낌을 알 수 있지만, 집에서 사건이 일어난 시점의 그들의 반응에 관해서는 아무것도 얻지 못한다. 아울러 회고적인 데이터는 가족 통합과 분화에 관한 보고와 동일한 시점에 수집했기 때문에 지난 몇 년간의 최적 경험이 어느 정도까지 집에서 보낸 시간의 일부였는지 확신할 수 없다. 이런 의문에 대해서는 CFQ를 작성하기 2~3년 전에 수집한 ESM 보고를 활용해 차후에 다룰 것이다.

집에서 청소년들을 관찰하기는 특히 어렵다. 이는 십대들이 집 안에 있는 낯선 이들의 존재에서 비롯된 방해를 어린 아이보다 더 잘 알기 때문이라고 할 수 있다. 그러나 ESM은 모르는 사람의 방해 없이 자연스러운 환경에서 집에 있는 학생들을 알 수 있게끔 해준다. 게다가 이 무작위 짧은 묘사 덕분에 어떤 다른 방법으로도 쉽게 관찰할 수 없는 가족 경험을 평가할 독특한 기회가 생겨난다. 가령 자기 가족이 통합적이면서도 분화되어 있다고 인식한 미술 영재 제리는 어느 토요일 오후 아버지가 뒷마당에서 삽으로 흙을 파는 일을 돕고 있을 때 호출기 신호를 받았다. 제리의 주관적 기분은 긍정적이었다. 아버지를 도와드리고 싶고, 자신감에 차 있고, 스스로에 대해 좋은 기분이 들고, 정신이 맑고, 행복하고, 몰입해 있었다. 그럼에도 불구하고 삽질이 허리 통증을 안겨주었고, 제리가 이 활동에서 인식한 과제의 난이도는 자기 능력에 비할 때 낮았다. 이틀 뒤, 제리는 부모와 함께 학교에서 생긴 문제에 대해 얘기를 나누었다. 이번에도 제리는 하고 있는 일이 좋았지만 전반적인 기분은 긍정적이지 않았다('약간의' 머리 맑음, 행복감, 통제력 정도). (기하학 선생님과) 특별한 문제에 대해 논의한 것이 제리의 기분을 망친 듯하다. 하지만 제리는 부모와의 대화를 매우 '몰입했으며' '개방적'이라고 기술했다.

이런 경험은 호출기로 표집한 전형적인 형태다. 십대들은 수많은 활동에서 자신의 주관적 상태를 보고했고, 우리가 관심을 가진 주관적 경험의 주요 차원을 표시할 8개의 ESM 변수를 선택했다. 감정(행복하다/명랑하다), 활성화(정신이 맑다/신난다), 기대(자신의 기대에 맞춰 행동한다/타인의 기대에 맞춰 행동한다) 그리고 목표(활동이 자신에게 중요하다/전반적 목표에 중요하다)가 그것이다. 우리 이론과 일맥상통하게 십대들의 순간적인 기분과 에너지 수준(예를 들어 감정과 활성화)이 가족 통합과 한층 강력하게 연관되어 있을 거라고 예상했다. 간단히 말해서, 따뜻하고 일관성 있고 응원을 아끼지 않는 가정에는 집에서 좀더 기분 좋게 느끼는 자녀들이 있을 거라고 생각했다. 반면 분화된 가정에서는 개별적인 강인함, 몰입, 자기 통제가 미래의 기대와 목표에 관한 십대들의 긍정적 평가와 더욱 강하게 연관되어 있을 것으로 기대했다.

표 8.2는 십대들이 집에 있는 동안 그룹별 주관적 경험 간에 네 가지 유의미한 차이($p < .0001$)가 있음을 보여준다. 복합적인 가족의 아이들은 최고의 감정과 활성화를 보고했고, 자신의 기대에 맞춰 살고 있으며 중요한 목표를 추구하고 있다는 것을 가장 빈번하게 드러냈다. 단순 가족 십대들과의 비교는 전부 유의미했다($p < .001$). 후속 분석은 처음 두 결과는 가족 통

표 8.2 집에서 이뤄지는 경험의 질(평균 z 점수)

	복합	통합	분화	단순	변량 분석 F	t
ESM 신호 횟수	689	559	392	765		
감정과 활성화						
행복하다/명랑하다	0.28	0.10	−0.30	−0.08	10.2****	3.9***
정신이 맑다/신난다	0.37	−0.03	−0.44	−0.05	20.1****	4.7***
기대와 목표						
자신의/타인의 기대에 맞춰 살고 있다	0.56	−0.18	−0.02	−0.10	21.2****	6.7***
자신과 전반적 목표에 대한 중요성	0.33	−0.32	−0.14	−0.04	15.0****	4.0***

주: 먼저 학생별로 집계한 다음 가족 평균과 비교해도 모든 결과는 유의미하다($p < .05$). 감정과 활성화에 대한 후속 변량 분석(높은/낮은 분화에 의한 높은/낮은 통합)은 가족 통합(분화가 아니라)에서 주된 효과를 보였고, 기대와 목표에 관한 추가 분석은 분화(통합이 아니라)에서 주된 효과를 보였다.

***$p < .001$. ****$p < .0001$.

합으로 말미암은 것이고, 나중 둘은 가족 분화에서 기인한 것이라는 우리의 기대를 확인해주었다. 다른 말로 하면, 가족 복합성은 한결같이 경험에서 최적의 환경이었던 반면, 통합과 분화는 둘 다 독특한 기여를 했다. 전자는 십대들의 들뜬 기분과 에너지를, 후자는 미래의 기대와 목표에 대한 긍정적 평가를 설명해준다.[19] 복합적 가족은 따라서 자발성과 목표 지향성, 즐거움과 진지함을 결합시키는 최적 경험을 장려하는 것처럼 보인다.

집에서 생산적 활동에 주의 집중하기

복합적 가족은 향상된 경험의 질을 제공하는 것을 넘어 생산적 활동에 몰입하는 것 또한 장려할 것이다. 어느 정도 자유를 부여받은 십대는 따뜻하고 화목한 집안 출신일 경우 자주성이 발달하는 경향이 있다. 이러한 환경이 그들의 주의를 생산적 활동에 집중시키는 이상적 조건을 생성한다고 할 수 있다. 그러나 이런 조건이 많은 노력을 필요로 하지 않는 TV 시청을 경험하는 방식에 영향을 주지는 않을 것이다.

십대들의 생산적 활동에 대한 주의(attention) 투자의 주관적 질뿐 아니라 양을 측정하기 위해 우리는 학생들이 생산적인 일을 하며 보낸 시간의 백분율을 추산하는 이후의 분석에 ESM을 활용했다. 이를 위해 우리는 학생들이 이런 일을 하는 순간을 무작위로 포착한 ESM 신호의 백분율로 미루어 추정했다. 예를 들어 한 학생이 집에서 호출기에 20회 응답했는데 그중 5회는 숙제를 하고 있었다면, 모든 시간 중 25퍼센트를 숙제하는 데 투자했다고 추산했다.

집에서 발생한 대략 2400개의 ESM 응답에 기초해 우리는 네 가지 주요 활동의 시간 활용을 조사했다. 반복적인 일과(식사, 옷 입기, 물건 집기, 집안일 등), 여가(TV 시청, 음악 감상, 독서, 취미 생활, 게임), 생산적 활동(숙제와 공부 98퍼센트, 직업 관련 일 2퍼센트), 그리고 상호 작용(일반적 대화, 사교, 전화 통화 등)이 그것이다. 백분율 점수는 집에서 응답한 신호수 합계에 대한 특정 활동에서 가족 집단별 ESM 신호 합계의 비율을 가리킨다. (예를 들어 통합 집단의 신호 600개 중 200개가 여가 활동 중 발생했다면, 그 집단의 여가 백분율은 33퍼센트다.)

그 결과 네 그룹에서 상이한 시간 운영이 드러났다($x^2=20.6$, $p<.01$, $df=9$, 단측 검증). 복합적 가족은 가장 '효율적인' 시간 활용의 패턴을 보여줬다. 여가와 상호 작용에 평균적인 시간을, 반복적인 일과에 최소의 시간(35퍼센트)을, 그리고 숙제에 가장 많은 시간(20퍼센트)을 썼다. 반대로, 낮은 가족 통합과 낮은 분화를 보고한 십대들(단순 가족 구조)은 가장 효율적이지 않은 패턴을 보였다. 무작위 ESM 신호의 42퍼센트는 그들이 판에 박힌 일을 하는 때(그룹 중 최고)를, 단 14퍼센트가 숙제하는 것(그룹 중 최저)을 포착했다. 그

들은 또한 집에서의 상호 작용도 제일 적었다(10퍼센트). 복합적 가족처럼 집안의 반복적인 일과에 상대적으로 적은 시간(36퍼센트)을 보낸 통합 가족 집단은 여가(36퍼센트)에 가장 많은 시간을 투자했다. 그들은 판에 박힌 일과가 ESM 신호 중 가장 높은 백분율을 차지하지 않은 유일한 그룹이었다. 분화 가족은 상호 작용에서 평균이 가장 높았다(14퍼센트).

이런 결과에 대한 한 가지 이유는 복합적 가족의 엄청난 협력이 매일의 일과를 좀더 자동적으로, 그럼으로써 더욱 효율적으로 만들었다는 것이다. 짐작건대 단순 가족의 십대들은 매일의 필수적인 일을 처리하기 위해 다른 가족 구성원과 계획을 조정하는 걸 어려워했을 테고, 이런 현실이 숙제에 투자한 시간이 더 적게 나오는 데 기여했을 것이다. 통합 가족의 십대들은 복합 가족의 아이들처럼 집 안의 일과에 상대적으로 적은 시간을 썼다. 결과적으로 그들은 절약된 이 주의를 여가에 투자했다. 여가 활동은 통합 가족의 청소년들이 부모와 함께 보낸 시간의 43퍼센트를 차지했는데, 다음으로 가장 비슷한 가족 유형과는 무려 8퍼센트(요컨대 주당 약 8시간)의 차이가 났다. 이와 같이 그들은 가족의 순조로운 기능 안에서 주의 자원을 보존하고 있지만, 그 주의를 투자할 도전적 기회는 부족한 것 같았다.

이어진 분석은 복합 가족의 십대들이 생산적 활동을 하는 데 더 많은 시간을 쓰는 것은 물론, 그러는 동안 더욱 활기차고 목표 지향적이기도 한지, 그리고 그들 또래와 비슷한 방식으로 수동적인 여가를 경험하는지에 대한 질문을 다뤘다. '각성도'와 '전반적 목표에 대한 중요도'라는 변수를 십대들이 (부모의 부재중에) 생산적 활동이나 여가 활동에 참여한 시간 동안 그룹 전체에 걸쳐 대조했다.

그림 8.1과 8.2는 복합 가족의 십대들이 생산적 활동(대부분은 숙제하기가 차지했다)에서 최고 수준이며, 가족 유형이 십대들의 각성도($p<.01$)와 목표 지

향성(p<.05)에 명백히 영향을 줬음을 보여준다. 십대들은 모두 여가 때보다는 숙제하는 동안 약간 더 머리가 맑았고(p<.10), 숙제가 그들의 전반적 목표에 훨씬 더 중요하다고 인식했다(p<.001). 각성도와 목표 지향성 수준은 모두 가족 유형과 활동 유형 사이의 상호 작용에 의존하기도 했다(p<.05). 이러한 공동 효과는 도표, 그리고 복합 그룹과 단순 그룹 간 비교를 보면 한눈에 알 수 있다. (a) 가족의 복합성과 생산적인 작업의 결합이 복합 가족 십대들의 각성도 확대를 가져왔지만(p<.01), 가족은 수동적 여가 활동에서는 각성도에 아무런 영향도 주지 않았다. 그리고 (b) 복합 가족에서는 숙제를 목표에 더욱 중요한 것으로 여겼지만(p<.01), 수동적 여가에서는 그 반대였다. 즉 단순 가족 십대들이 숙제를 자신의 목표에서 약간은 더 중요한 것으로 인식했다(p=.07, 양측 검증). 끝으로, 다시 한 번 생산적 작업에 대한 후속 분석(도표에서는 요약하지 않은)을 통해 십대들의 각성도 차이가 그들의 가족 통합(분화가 아니라)에 대한 인식과 연관되어 있고, 목표 지향성이 분화(통합이 아니라)와 연관되어 있음이 밝혀졌다.

요약하면, 복합 가족의 십대들은 집에서 좀더 긍정적인 경험을 보고했다. 그들은 가족과 있을 때 더 많은 플로 경험을 했다. 또한 호출기 신호에 대한 응답에서 한층 높은 행복감과 명랑함, 한층 큰 각성도와 흥분을 보고했고(추측하건대 가족 통합에서 기인한 결과인 듯하다), 한층 빈번하게 자기 자신과 다른 이들의 기대에 맞게 살고 있었으며, 자기와 자신의 목표에 좀더 중요한 일을 하고 있었다(가족 분화와 관련 있는 결과). 게다가 복합 가족의 십대들은 양과 질 양면에서 생산적 활동에 더욱 효율적으로 주의를 투자하고 있음을 보여줬다. 공부와 숙제에 더 많은 시간을 쏟아 부었고(ESM 보고에 기초한 평가로는 매주 2~3시간 더 많았다), 그러는 동안 더욱 정신이 맑고 목표 지향적이었다. 그러나 네 가지 가족 유형(복합, 통합, 분화, 단순)의 십대 전체는 TV

그림 8.1 집에서의 생산적 활동과 여가 활동에 참여하는 동안의 각성도

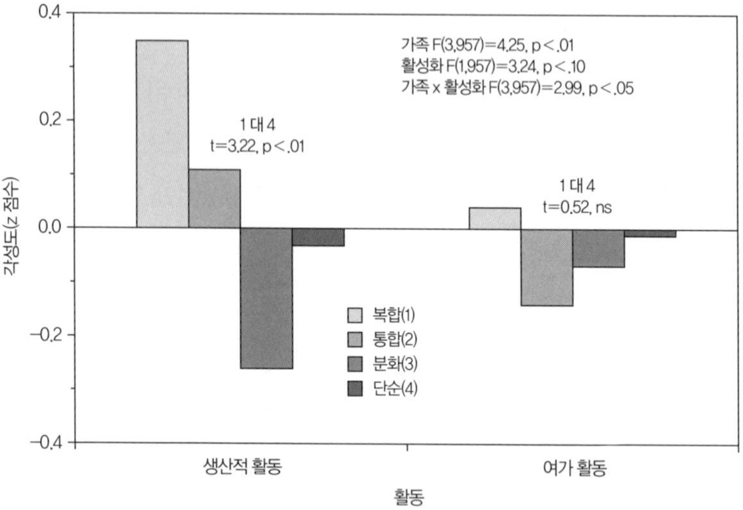

그림 8.2 집에서의 생산적 활동과 여가 활동에 참여하는 동안의 목표 지향성

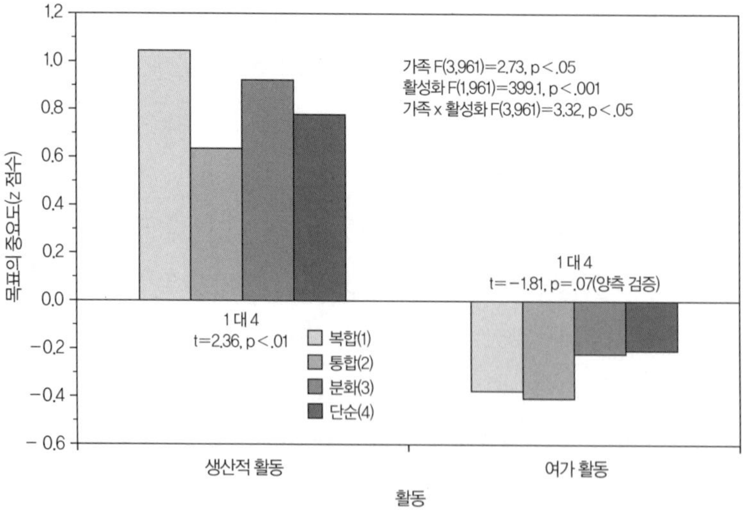

시청, 음악 감상, 게임, 그리고 집에서의 취미 생활 관점에서 봤을 때 꽤 비슷했다. 요컨대 그들은 이런 활동을 하는 데 비슷한 양의 시간을 쓰고 유사한 정도의 각성도와 목표 지향성을 보고했다.

생산적 활동에서 경험의 질

그다음 분석은 대부분 학교에서 일어난 학생들의 전반적인 생산적 활동과 관련해 같은 가족 유형을 비교했다. 이 일단의 ESM 신호는 학생들의 생산적 작업을 가장 종합적으로 나타낸 것이다. 여기에는 장소나 사회적 맥락과 상관없이 학생들이 자신의 재능 영역이나 다른 학교 활동 중 하나에서 작업하던 순간이 포함되었다. 요컨대 재능 관련 작업을 하는 동안의 신호 전체뿐 아니라 모든 숙제, 공부, 수업 시간이 들어갔다. 비교된 변수는 집에서의 경험에 사용한 것과 같고, 가설은 가족 통합과 십대들의 정서 및 활성화 사이, 그리고 가족 분화와 장기적 기대 및 목표 사이의 같은 연관성을 예측했다.

그 결과(표 8.3 참조), 십대들이 생산적으로 참여하고 있을 때는 가족 환경이 그들의 감정, 활성화, 기대, 목표와 관련이 있음이 드러났다($p<.0001$). 복합 가족의 아이들은 각각의 변수에 대한 가장 높은 평균을 보고했고, 그들의 보고는 단순 가족의 평균보다 훨씬 더 높았다($p<.001$). 후속 분석 결과, 다시 한 번 감정과 활성화는 가족 통합과 더욱 강하게 연관되어 있으며, 기대에 맞추고 중요한 목표를 추구하는 것과 관련한 보고는 분화 차원과 좀더 관련 있음이 나타났다(일반적 학업을 살펴보든, 아니면 재능 관련 학업을 살펴보든 무관하게).[20]

똑같은 일단의 생산적 신호를 사용해 그다음 분석으로 플로 사분면에

표 8.3 생산적 작업 전반에서 청소년의 경험의 질(평균 z 점수)

ESM 변수	복합	통합	분화	단순	변량 분석 F	t
ESM 신호수	767	520	403	745		
감정과 활성화						
행복하다/명랑하다	0.40	0.11	−0.23	−0.15	16.0****	5.9***
정신이 맑다/신난다	0.36	−0.10	−0.39	−0.09	19.2****	5.1***
기대와 목표						
자신의/타인의 기대에 맞춰 살기	0.46	−0.09	0.16	−0.31	23.4****	8.1***
자신과 전반적 목표에 대한 중요도	0.38	−0.42	0.09	−0.09	21.7****	5.1***

주: 우선 학생 개인별로 종합한 뒤 가족 평균을 비교해도 모든 결과는 유의미하다($p<.05$). 감정과 활성화에 대한 후속 변량 분석(높은/낮은 분화 x 높은/낮은 통합)은 가족 통합(분화가 아니라)에 대해 주된 효과를 보였고, 기대와 목표에 관한 추가 분석은 분화(통합이 아니라)에 대해 주된 효과를 보였다.

***$p<.001$. ****$p<.0001$.

있는 가족 그룹 각각의 십대들이 사용한 시간량을 살펴봤다. 플로에서 시간의 백분율은 다음과 방식으로 기술과 도전의 개인 비율에서 가져왔다. 즉 학생이 생산적 작업을 하는 동안 호출기에 20회 반응하고 10개의 응답이 평균 이상의 기술과 도전의 백분율을 보고했다면, 여기에 해당하는 플로 백분율은 50퍼센트다.

그 결과에 따르면, 가족 환경은 플로 사분면 응답의 백분율에 정말로 영향을 미쳤다($F=3.57$, $p<.05$). 복합 가족의 십대들은 최다 플로(그들의 신호 약 45퍼센트가 평균 이상의 도전과 기술을 드러냈다)를 보고했고, 통합 가족의 아이들은 최소(약 25퍼센트)였다. 복합 가족과 단순 가족 그룹 사이의 플로 백분율 비교도 역시 유의미했다($t=2.13$, $p<.05$). 앞서 가족의 맥락에서 했던 것처럼 생산적 활동과 수동적 여가를 대조하기 위해 생산적 범주 전반을 십대들이

TV를 시청하는 때와 비교했다. 그러나 예상한 만큼 네 그룹 사이에 어떤 차이도 나타나지 않았다(F=0.63, NS). 대체로 TV 시청은 플로 사분면 안에서 10퍼센트 미만 시간의 범위 안에 들어갔다. 십대들은 자신이 TV를 보고 있던 시간의 90퍼센트 이상 동안을 따분해하거나(기술은 충분하지만 도전을 받지 않음) 무관심하게(특별한 기술도 필요 없고 도전도 받지 않음) 느꼈다.

요약하면, 매우 다양한 측정 방법을 사용해본 결과 가족 복합성은 십대들의 생산적 작업에서 긍정적인 주관적 경험과 연관되어 있는 것 같다. 복합 가족의 십대들은 더 많은 행복과 명랑함 그리고 더 많은 각성과 흥분을 보고했다. 그들은 자기 자신과 다른 이들의 기대에 맞춰 살고 있었으며, 개인적으로나 장기적으로나 중요한 뭔가를 하고 있음을 더욱 자주 드러냈다. 게다가 생산적인 작업을 하는 동안의 ESM 보고에서는 대다수가 높은 도전과 높은 기술의 '균형 잡힌' 범주에 들어 있었다. (그들이 더 많은 플로를 경험하고 있다는 좋은 지표다.) 그러나 똑같은 측정 도구를 사용했을 때 우리는 이러한 차이가 TV 시청 같은 수동적인 활동에서는 사라짐을, 그리고 십대들의 프로파일이 이런 활동에서는 가족 유형과 무관하게 놀랍도록 유사함을 알 수 있었다. 아마도 이런 활동은 모든 십대가 발휘할 수 있는 최소한의 주의 투자를 필요로 하는 것 같다.

청소년들의 학교 성적

가족 복합성은 우수한 학업 성적과 관련이 있을까? 학생들의 ESM 보고는 가족의 복합성과 생산적 작업에 투자한 주의의 증가량, 더 큰 에너지와 목표 지향성, 그리고 향상된 경험의 질(예를 들어 더 많은 플로 등) 사이의 연계성을 보여줬다. 그러나 십대들의 주관적 평가는 객관적 사건(이 경우 학업 성적)을 정확하게 반영하지 않을 수도 있다. 좀더 긍정적인 주관적 평가는 그 자체로 학생 성적의 중요한 지표이긴 하지만, 독자적인 자료를 통해 확증하는 것이 이제까지 보고된 결과의 의미와 유효성을 배가시킬 것이라는 주장이 있을 수 있다. 따라서 우리는 두 가지 성적 척도를 활용했다. (a) 교사들의 복수 학점에 기초한 백분위수, (b) 오직 재능 영역 교사들만 매긴 평가 점수가 그것이다. 전자는 학생들의 일반적 학업 성적을, 후자는 학생들의 재능 영역 성적을 나타낸다.

그림 8.3은 고등학교 첫 3년에 걸친 4개 그룹별 학급 백분위 점수를 보여준다. 복합 가족의 십대들은 지적 능력에 대한 PSAT 점수가 통합 가족과 단순 가족 그룹보다 약간 낮음에도 불구하고, 상당히 나은 (곧 더 낮은) 백분위 점수를 획득했고 해마다 고등학교 일반 교과 과정에서 우수한 성적을 나타냈다. 교사 평가 점수에 나타난 대로 특정 재능 영역의 성적 역시 더 나았다. 가족 환경은 재능 영역의 성적에 상당한 영향을 끼쳤고, 교사들은 복합 가족의 십대들이 단순 가족 아이들과 비교했을 때 집중을 더 잘하고, 잠재력을 좀더 자주 끄집어내고, 어려운 도전을 즐기고 선호하며, 더욱 독립적이고 독창적이고 몰입적이라고 보고했다. 분화된 가족의 십대들은 두 번째로 높은 교사 평가 점수를 받았고, 가장 높은 학급 백분위 점수가 나온 단순 가족의 아이들은 교사 평가 점수도 가장 낮았다.

복합 가족 십대들의 우수한 성적이 모든 5개 재능 영역 전체에 걸쳐 일반적 경향을 보이는 것인지, 아니면 단지 그중 한두 개에 한정된 것인지(가령 가족 복합성은 아마도 수학과 과학의 월등한 성적에만 관계가 있다거나) 밝히기 위해 가족 유형과 재능 영역별로 교사 평가 점수를 재분석했다. 그 결과 위의 대안적 설명은 타당해 보이지 않는다는 게 드러났다. 가족 유형과 재능 영역

그림 8.3 가족 환경별 평균 학급 점수

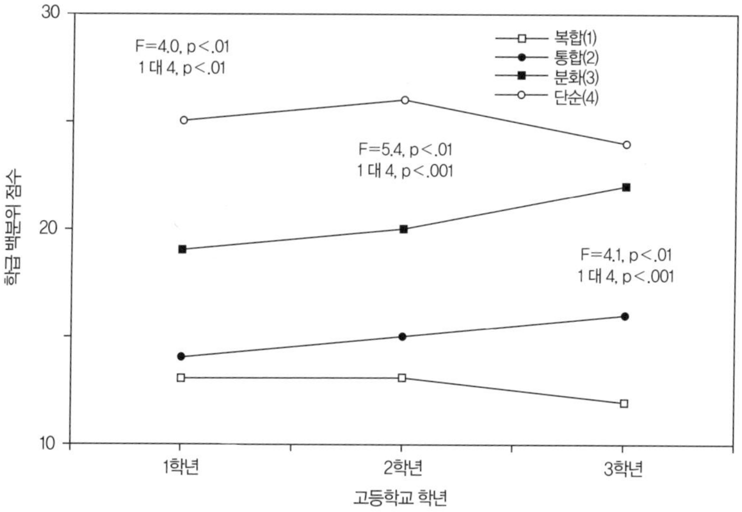

주: 낮은 학급 순위는 높은 학업 성취를 나타낸다.

사이의 상호 작용은 전혀 관찰할 수 없었다. 복합 가족의 십대들은 5개 재능 영역 중 4개에서 더 높은 평가를 받았다. 예외는 운동이었는데, 여기서 그들은 분화 그룹보다 점수가 낮게 나왔다.

가족 복합성과 재능 발달: 결론

모든 다양한 척도는 복합 가족의 십대들이 더욱 즐거운 강도로 생산적 작업을 경험하고 수행한다는 것을 시사한다. 데이터 역시 가족이 자신들에게 반응을 보이지도 않고 많이 요구하지도 않는다고 인식하는 십대들(예를 들어 단순 구조)의 경우, 생산적인 작업에서의 경험과 수행의 질이 더 낮음을 암시하는 쪽으로 수렴한다. 이 두 가족 환경 유형 간 차이는 십대들이 TV 시청 같은 수동적 여가 활동에 몰두할 때를 제외하면 대다수 측정 전반에서 유의미했다. 짐작하건대 선별적인 노력을 거의 요구하지 않는 수동적 활동은 십대들이 발전시켜온 주의 습관과 상관없이 모두가 비슷한 방식으로 경험하는 것 같다.

복합 가족의 중요성은 이와 같이 자녀가 TV를 보거나 게임하는 것을 즐기게끔 도와주는 문제가 아니다. 아이들은 아마도 가족의 지지나 자극과 무관하게 이런 활동을 즐길 것이다. 그보다 복합적 가정 환경은 너무나도 많은 정신적 노력을 요구하기 때문에 보통은 가능한 한 어떤 때라도 피하게 되는 공부 같은 진지한 활동을 아이들이 즐기게끔 도울 것이다. 고도로 어려운 도전 활동을 즐기는 것은 그에 상응하는 엄청난 양의 심리적 에너지를 요구한다. (그 난관을 정복하고자 한다면 말이다.) 십대에게 지지를 보내고 한결같다는 느낌을 주며 자녀가 열심히 하고 스스로 방향을 결정하도록 독려하는 가족은 도전 과제를 찾고 그것을 정복하는 주의력을 향상시킨다. 이렇게 복합적 가족은 구성원에게 경험의 질을 향상시키는 자기 목적적 환경을 만들어준다.

이번 장의 초점은 뛰어난 재능을 가진 아이들에게 맞춰져 있지만, 연구 결과가 함의하는 바를 재능 있는 청소년들에 국한할 필요는 없다. 연구 결과는 모든 십대에게 (그리고 추정하건대 더 어린 아이들에게도 마찬가지로) 적용해야 한다. 사실, 복합 가족은 일반적으로 '좋은' 부모 슬하에 있는 우리의 표본보다는 양육의 폭이 좀더 넓은 일반 십대들의 삶에 더 강한 영향을 미칠 것이다.

이러한 관찰은 자기 분야에서 실제로 최정상에 있는 인물들의 배경에 대해 알려진 것과 맞아떨어지는가? 탁월한 인물은 비슷한 가정에서 나오는가? 이런 질문에 대한 대답은 혼합되어 있다. 가령, 블룸의 관찰은 여기서 보고한 것들과 매우 일치하고, 다른 연구들은 덜 그렇다.[21]

보기 드물게 재능을 타고난 창의적인 개인들에 관한 많은 연구는 그들의 가정 환경에서 발견할 수 있는 잦은 불화를 지적한다. 가령 괴르첼 부부(V. Goertzel and M. G. Goertzel)는 "걸출한 인재들의 요람이 된 가정에서 창의력과 만족감은 의기투합하지 않는다"[22]고 지적한다. 400명의 유명인 남성과 여성의 전기를 연구해보니 그중 58명만 그들이 안락하고, 만족스럽고, 따뜻하고, 고민거리 없다고 분류한 가정 출신이었다. 그들은 이러한 가정이 정서적으로 안정되고 유능감 있고 안정적인 성격을 생성하는 경향이 있긴 하지만 반드시 창의적인 성격을 창출하는 것은 아니라고 주장한다. 극도로 뛰어난 개인들이 이런 조화로운 가정 출신일 때는 위대한 미술가나 음악가보다 과학자, 의사, 정치가가 될 가능성이 좀더 높다. 반면 괴르첼 부부는 그들이 연구한 400명의 거의 모든 가정이 지적이거나 창의적인 성취를 향한 욕구를 가진 것으로 특징지을 수 있다고 주장한다. 적어도 한쪽 부모는 개인적 분화의 속성과 자질을 촉진시켰다. 이를테면 호기심, 위험 감수와 실험, 체력, 원칙의 고수, 그리고 개인적으로 몰두하는 배움에 대한 열정이 그것이다.

탁월한 재능의 발달에서 가족 분화가 중요해 보인다는 것은 한 가지 측면에서 우리 연구의 결과로 뒷받침된다. 가족 분화는 재능 발달에 대한 교사들의 평가와 재능 관련 작업의 플로 경험에 대한 학생들의 평가에 더 강한 영향을 미친 반면, 가족 통합은 일반적인 학교 성적을 예측하기에 더 좋았다.[23] 이런 프로파일은 괴르첼 부부의 요지를 확증하는 것처럼 보인다. 통합은 적응을 잘하고 능숙한 개인의 사회화를 촉진하지만, 재능 있는 혹은 창의적인 개인의 사회화를 반드시 촉진하는 것은 아니다. 그러나 지지와 스트레스의 팽팽한 긴장이 존재하는 가족에 대한 개념적 분류가 없던 이전 연구들은 '모 아니면 도' 식으로 가족을 분류할 수밖에 없었다. 통합(같은 무엇) 아니면 분화(같은 무엇)로 말이다. 이런 흑백논리식 접근법은 이번 연구에서 드러났듯 통합적인 동시에 분화되어 있는 가족이 재능 발달에서 가장 효율적이라는 가능성을 완전히 놓쳐버릴 수 있다.

복합적 가정 환경이 탁월함을 성취하기 위해 필요한 바로 그 요소라고는 아무도 주장하지 않는다. 이러한 논지는 쉽사리 반증할 수 있다. 어떤 분야에서든 잠재적 탁월함이란 그 분야와 관련한 생산적 과제에 개인이 한결같이 주의를 기울인 결과라는 주장이 오히려 좀더 정확하다. 복합적 가정 환경은 단지 일상적 영향과 시간에 따라 축적되는 사회화 효과를 통해 아이들이 이런 지속적 몰입을 할 수 있는 청소년으로 자라날 가능성을 향상시킨다고 여겨진다.

궁극적으로 재능 발달 기저에 있는 것은 가족이 아닌 심리적 에너지의 구조다. 가족의 중요성은 그 구조를 형성하도록 돕는 데 있다. 지지하고 지적 자극을 주는 가정 태생이 아니면서도 출중한 개인은 많다. 그들의 발달은 타고난 재능이나 사회문화적 조건, 어쩌면 일부 개인적 비극이나 장애의 극복으로 좀더 손쉽게 설명할 수 있다. 이 경우 복합적 주의 습관은 다른 요인들로 인해 형성된다. 그러나 이번 연구에서 보고된 결과는 인간이 유쾌하고 에너지 넘치게 느낄 만큼 충분히 안전하고 좀더 목표 지향적일 만큼 충분히 도전적인 가정 환경이 십대가 자기 재능을 계속해서 연마할 기회를 증대시킨다는 것을 시사한다.

09 학교, 교사 그리고 재능 발달

타고난 능력은 재능 분야를 즐기는 법을 익히는 데 대단히 유리하다. 이는 다른 사람들이 어렵고 싫증나고 지루하게 느끼는 활동에서 플로를 경험하는 잠재력을 여는 열쇠다. 그러나 위대한 역량도, 복합 가정의 지원도 재능 실현을 보장하지는 않는다. 아이가 질서 잡힌 영역과 즉각적으로 반응하고 도달 가능한 분야에 접근하지 않는다면, 잠재력은 아마 절대로 완전히 꽃을 피우지 못할 것이다. 펠드먼(D. H. Feldman)이 지적하듯,[1] 천재라 할지라도 순수한 능력의 발휘보다 "잠재력을 오래가는 실적으로 바꾸는 촉매 역할에 대단히 능한" 어른들의 지도에 머리를 조아려야 할 때가 온다. 이번 장에서는 가장 흔하게 아이들한테 특정 수행 분야의 기초를 가르치는 성인, 곧 교사와 코치의 영향을 고찰해본다. 이번 장에서 다룰 주요 문제는 플로와 복합성 그리고 재능 발달 사이의 관계가 재능 있는 아이들을 가르치는 데 새로운 방향을 함축하는지 여부다.

교실 생활과 일상의 소외

우리 시대 대부분의 학교에서 표준화한 교과 과정의 불행한 부산물은 교사의 역할이 정보 기술자로 하락했다는 것이다. 교사들은 다양한 영역에 걸쳐 근면하고 창의적이기까지 한 지식 공급자는 될 수 있지만, 현역 수학자나 과학자나 음악가, 곧 해당 영역에서 작업하는 것을 즐기는 개인은 아니다.

실전과 공식적 가르침 간의 이런 균열은 교육 기관에서는 비교적 최근에 일어난 일이다. 수세기 동안 재능 발달의 지배적 모델은 현역 스승과 견습생 제자 사이의 상호 관계 수립에 초점을 맞추었다. 이러한 접근법에 약점이 없는 것은 아니다. 학생들은 흔히 스승의 생각과 기술을 채택할 수밖에 없고, 관계의 궁극적 성공은 2명의 독특하고 대개는 양립할 수 없는 개인 사이의 화합에 달려 있었다.

그럼에도 불구하고 도제 제도가 제대로 돌아갈 때 적어도 두 가지 중요한 혜택이 있었다. 이 제도는 수련에 부적합한 이들을 일찍이 판별하고, 능력 있는 제자에게는 기술에 헌신한 스승을 모방할 수 있는 기간을 하사했다. 아울러 스승은 제자들의 싹트는 자아에 심오한 영향을 주고, 대부분의 경우 일반적으로 통용되는 전통에 의해 제기된 문제에 대처하도록 그들의 삶을 개조하는 데 도움을 줄 수 있었다. 예를 들어 르네상스 초기의 가장 위대한 조각가 도나텔로(Donatello)는 금세공인이자 화가이자 조각가인 안드레아 델 베로키오(Andrea del Verrocchio)를 견습생으로 두었고, 베로키오의 견습생으로는 레오나르도 다빈치와 페루지노(Perugino)가 있었다. 페루지노는 훗날 라파엘의 스승이 되었다. 각 세대의 제자들은 스승에게서 많은 것을 배웠지만 혁신할 채비 또한 제대로 갖추고 있었다. 헌신적인 선생은 단순히 유능함을 입증하는 것을 뛰어넘어 깊은 관심사를 가진 삶, 해당 영역이 감당할 수 있는 도전의 세계에 최대한 참여하는 삶의 일상적 본보기 역할을 했다.

그러나 스승의 역할이 한 분야의 현역에서 정보 전달자로 크게 진화해 왔기 때문에 근대 학교 교육의 기풍은 바로 이런 확장되고 변혁하는 관계의 발전을 무너뜨린다. 대신 근대적 교과 과정은 심지어 예술에서까지도 정보의 전달을 몰개성화하는 경향이 있다. 다양성과 효율성이라는 이름으로 교사와 학생 사이의 관계가 매우 특화되고, 프로그램화하고, 간결해졌다. 독특한 개인의 다양한 재능을 천천히 함양하는 게 아니라 대량의 학습자에게 사실들을 신속하게 전달하는 것을 강조한다. 이 표준화한 교과 과정 안에서 교사들에게 주어진 역할과 목표는 결국 탈인격화한다. 이는 외적인 대규모 성과(performance) 지침, 획일적 서비스 태도, 그리고 특정 인물의 관심사를 전달하는 것으로부터 교과 과정의 차단을 강조한다. 교사에게나 학생에게나 매한가지로 부분적인 탈인격화는 이러한 조건 아래서 불가피하다.

그러나 이런 종류의 경험이 재능 있는 청소년들에게도 해당하는가? 결국 재능 있는 청소년들이 받는 추가적 관심과 자원으로 볼 때, 그들은 학교를 더욱 즐기고 동기도 더 많이 부여받지 않을까? 불행히도 ESM은 다르게 말한다. 그림 9.1은 일상적 경험에 대한 두 가지 ESM 측정을 놓고 고등학교에서 흔한 공간 네 곳(개인 사물함과 복도, 구내식당, 교실, 방과 후 활동 장소)을 비교한다. 학생들이 얼마나 자주 자기가 하고 있는 일을 하고 있기를 원하는지(자유 의지), 얼마나 자주 그 일에 대해 생각하고 있는지(주의)가 그것이다. 그 결과의 조합은 재능 있는 청소년들의 전형적인 수업 날에 관한 세 가지 중요한 핵심을 분명히 보여준다.

그림 9.1 고등학교에 있는 4개의 공간별 자유 의지와 주의

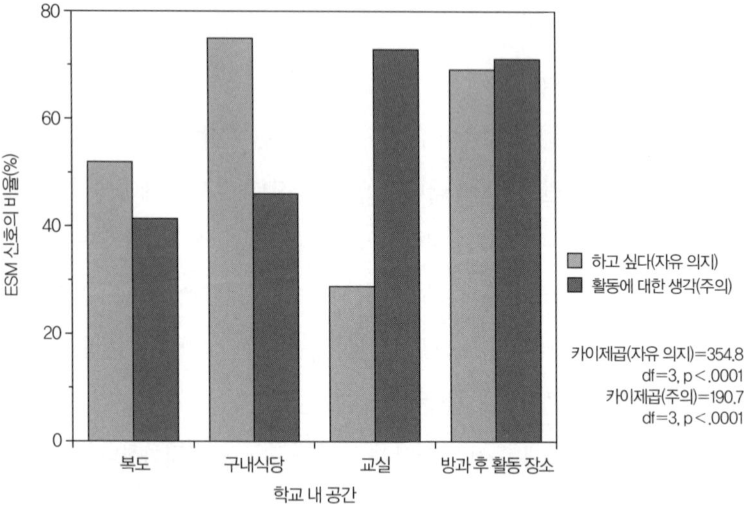

첫째, 자유 의지와 다양한 주의 수준 모두 학교 공간 전체에 걸쳐 매우 다양했다. (그리고 여기서 재능 있는 청소년들의 경험은 대규모 고등학교에 다니는 다른 십대들과 매우 비슷해 보인다.) 사실 두 가지 척도, 특히 자유 의지에 대한 측정에 나타난 공간별 차이는 높은 통계적 유의 수준에 달한다(자유 의지는 $x^2=354.8$, $p<.0001$, 주의는 $x^2=190.7$, $p<.0001$). 둘째, 자유 의지와 주의 집중 사이의 연계 정도는 수업 일자별로 변동이 매우 심하다. 개인 사물함, 복도, 구내식당은 분명 학생들이 긴장을 풀고 많은 생각을 요구하지 않는 활동에 참여할 수 있는 장소다. 이런 곳에서 집중은 전형적으로 평균 이하이고 유지하기 쉬우며, 행복과 자기 존중감을 수반한다. 반대로 교실에서는 주의가 상당히 집중되어 있다. (이는 평범한 청소년들과 재능 있는 아이들을 구분 짓는 결과이기도 하다.)[2] 그러나 동기는 꽤 낮다. 교실에서 이뤄진 보고의 4분의 3에

서 재능 있는 십대들은 자신이 하고 있던 일을 하고 싶어 하지 않았다. 하고 있던 일을 정말 하고 싶을 때는 학업 말고 다른 뭔가를 하거나 그것에 대해 생각하는 경향이 있었다. 호출기는 그들이 급우와 얘기하거나, 잠자리에 있거나, 공상에 잠기거나, 다음 자유 시간을 계획하고 있을 때를 포착했다.

그림 9.1의 세 번째 특징 역시 중요하다. 방과 후 활동 장소에서 자유 의지와 주의 모두 강세를 보였다는 것은 구조화한 학교 활동 자체에는 자유 의지와 집중된 주의 사이를 반드시 갈라놓는 게 전혀 없음을 나타낸다. 사실, 방과 후 활동은 교실에서 시험을 볼 때의 강도에 필적할 만한 집중 수준을 환기시킨다. 그러나 이는 자발적 참여를 지속시키는 방식으로 그러하다.

사실 그림 9.2는 수업 시간의 4분의 1이 거기에 있고 싶다는 느낌을 창출한다는 것을 보여주고, 이러한 수업이 대다수 수업 시간보다 방과 후 활동에 훨씬 더 가까워 보인다는 것을 말해준다. 여기서 우리는 학생들이 수업 시간에 자기가 주의를 기울이는 일차적 초점은 학교 공부라고 언급한 ESM 신호만을 선별했다. 수업을 자발적으로 경험한 횟수의 4분의 1에서 학생들은 방과 후 활동에 몰두할 때 그랬던 것만큼 유능감, 능력, 몰입의 강한 감정은 아니더라도 성공, 만족감, 자신의 기대에 맞추는 것(자아 존중감)에 대해 마찬가지로 강한 감정을 보고했다. 게다가 도전 수준은 방과 후 활동에서보다 전형적으로 더 높았다. 반면 학교 공부를 의무적인 것으로 경험했을 때는 학생들이 자발적인 학교 공부나 방과 후 활동에 몰두할 때 느낀 정도보다 도전을 제외한 모든 경험 척도에서 통계적으로 유의미한 수준으로 더 나쁘게 느꼈다고 보고했다. 의무적인 수업은 학생의 기술 숙련도와 심리적 행복을 나타내는 대부분의 다른 지표를 추월하고 침체시키는

그림 9.2 자발적 · 의무적 수업과 방과 후 활동의 경험의 질

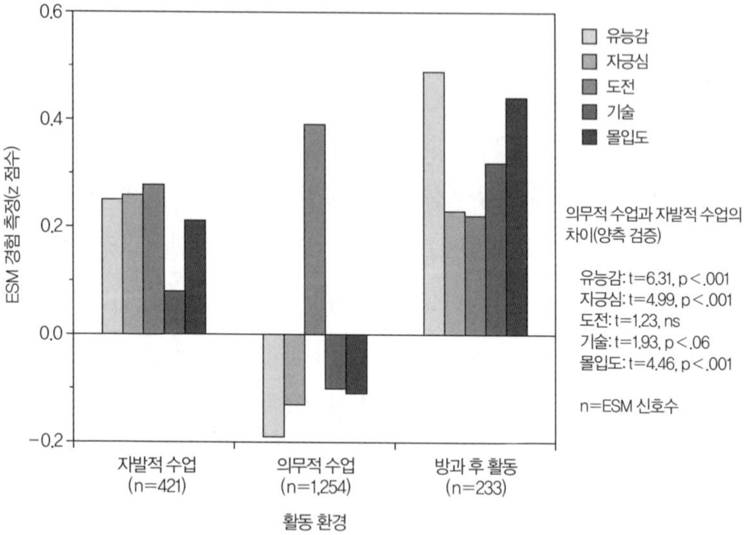

도전을 제기하는 듯하다. 이러한 경험에 직면했을 때 십대들, 심지어 성적이 좋으니 다를 것이라고 우리가 예상하는 십대들조차도 전형적으로 교실에 있고 싶어 하지 않는 것은 너무나 당연하다.

그런데 교실에서 어려운 공부에 초점을 맞추고 싶어 하는 것이 본질적으로 그토록 보상을 주고 활기를 불어넣는다면, 도대체 왜 학생들은 이런 보상을 그토록 드물게 경험하는 것일까? 십대들은 왜 수업 중 좀처럼 집중하지 못하고 긍정적인 마음 상태에 있지 않는 것일까? 여기엔 많은 요인이 있는데, 그중 대부분은 개별 교사들의 통제를 벗어나는 것이다. 그러나 어떤 교사들을 동기 부여자로 차별화시키는 (아울러 그들을 학생들의 기억에 남도록 만드는) 것은 좀더 개인적인 교육 방법을 지지하며 제도권에서의 역할을 뛰어넘는 그들의 역량이다.[3] 이렇게 기억할 만한 교사는 학생들이 학교생활

의 첫 12년간 얼마나 많은 교사와 조우하는지 고려할 때 상대적으로 극소수다. 그러나 학생들을 지지하고, 도전 의식을 북돋우고, 자율권을 주는 데서 그들이 거두는 성공은 결정적 영향을 미칠 수 있다. 이러한 주제는 우리가 연구한 재능 있는 십대들이 교사들과 겪은 최고 및 최악의 경험에 대해 얘기할 때 몇 번이고 반복됐다.

기억에 남는 학습 경험

우리 연구에서 나온 2개의 사례는 아마도 재능 있는 학생들이 자신의 학교 경험을 묘사하기 위해 추려낸 일종의 기대치와 반응에 대해 생각할 거리를 줄 것이다.

주디

주디는 자신의 타고난 노래 실력을 분명히 알고 고등학교까지 왔다. 이는 각고의 노력과 오랜 역사를 가진 가족의 음악적 자질 모두에 탄탄하게 기반을 둔 재능이었다. 그러나 거대하고 비인간적인 것처럼 보이는 고등학교의 새내기가 되자 주디는 자신감과 확신을 찾기 위해 발버둥치기 시작했다. 자신감과 회의 사이의 긴장이 첫 번째 고등학교 오디션 때 위기를 촉발했다. 오디션에서 차례가 다가오자 주디는 초조함이 엄습했다. 주디는 "그들이" 무엇을 찾고 있을지, "그들이" 어떻게 자기를 판단할지 걱정하기 시작했다. 하지만 다행히도 몇몇 친구들이 끼어들어 주디를 음악으로, 무대 위로 거의 올려놓다시피 했다. 자신도 놀랄 만큼 피아노 소리가 공포를 완전히 없애버린 듯했다. 주디는 자신의 감정과 목소리를 잘 조절했고, 합창단에서 탐나는 자리를 따내기에 이르렀다. "제가 충분히 잘했기 때문에 결정은 바로 났죠. ……그 일로 자신감이 많이 생겼어요."

대부분의 학생처럼 주디는 자신을 지지해주는 교사들, "나 스스로 포기할 때 포기하지 않고" "계속 노력하라"고 격려하는 교사들에게 가장 잘 반응한다. 그러나 주디는 좋은 매너와 긍정적인 태도 이상을 기대한다. 또한 대부분의 수업에서 오는 따분함 및 불안과 대조되는 음악에 대한 열정을 기대한다. 주디는 학교에서 부르는 노래에는 "전율이 없다"고 말한다. 사실 학교 수업은 "일"이 아니다. "그건 저한테 진짜 일이 아니에요." 주디의 어휘에서 "일"이란 긍정적 함의를 갖고 있다. 요컨대 뭔가 진지하고, 뭔가 할 만한 것이다. 진짜 "일"이란 오직 노래만이 주는 완벽한 집중을 달성하는 한편 악절을 제대로 정확하게 부르는 것이다. 주디는 그런 강도로 자신을 되돌려놓는 한 성악 연습을 마다하지 않는다.

그와 동시에 음악적 집중에 대한 갈증은 가끔 주디를 신경질적으로 만든다. 특히 누가 끼어드는 것을 싫어한다. "그들이 뭔가를 보여주기 위해 '멈춰봐'라고 말하며 나를 중단시켜서 모든 도전 과제를 망쳐놓을 때 정말 싫어요." 주디에게 그건 정말 무례한 행동이다. (주디의 표현대로 하면 그건 "닥쳐!"와 음악적 동의어다.) 노래하는 동안의 이런 날카로운 예민함이 교사들로 하여금 주디를 매우 비판적으로 평가하게끔 만든다. 한 가지 재능에 전념하는 많은 또래처럼 주디 또한 완벽의 경지에 이르려 할 때 종종 초조해한다. 이러한 탐구에서 가장 큰 도움을 주는 교사들은 학생이 다음 단계의 도전에 맞서도록 끊임없이 자극하면서, 한편으로는 완벽함을 추구하다 좌절했을 때 거의 필연적으로 생겨나는 학생의 성마른 성향을 참아주는 이들인 것 같다.

그웬

이미 초등학교 1학년 때부터 그웬은 수학을 재미있어했다. 특히 확실한 피드백과 매일 실력이 향상되는 데서 오는 성취감을 좋아했다. 어쩌면 부분적으로는 어머니가 수학에 관심이 있고 그웬이 꾸준히 수학을 하도록 권장했기 때문에 수학이 재미있다고 계속 생각하는지도 모른다. 하지만 그웬 말로는 대부분의 수학 교사는 "그다지 훌륭하지 않았다".

그웬은 특히 수학이 제공하는 렌즈를 통해 세상과 그 가능성을 더욱 명확하게 들여다보는 매혹을 즐긴다. "남은 일생 동안 활용할 수 있어서 저는 수학이 좋아요. 단지 문제 하나를 끝내기 위해서 해야만 하는 게 아니잖아요. 그건 따분하죠. 하지만 사물을 이해하고 그걸 사용할 수 있다면 도움이 되죠. 그냥 해야만 하는 일이 아니라요." 그웬은 특히 독특하고 색다른 해결책이 필요하다는 이유로 서술형 문제를 즐긴다. "문제를 해결하는 저만의 방식을 드러낼 수 있어서 수학을 좋아해요. 문제 풀이를 위해 그냥 특정한 방식을 공부하는 것하고는 다르죠. ……기초가 충분히 뛰어나다면 잘 풀릴 거예요. 그러면 그걸 다른 방식으로 시도해볼 수도 있죠. 효과적으로 말이에요."

그러나 그웬이 알고 있듯 대부분의 교사는 일상에서 수학의 구체적 적용에 꽂힌 그 애의 관심사를 공유하지 않는다. "그들이 자료를 주긴 해요. 하지만 왜 그리고 언제 그것을 사용할 수 있는지에 대해서는 아무것도 도와주지 못해요. 바로 그런 점이 수학을 많이 깎아내리죠." 다른 교사들은 "고작해야 칠판에 정리(定理, theorem)를 적는 일만 할 뿐"이다. 대부분의 교사들은 적용에 관한 그웬의 질문에 "글쎄, 거기에 대해서는 지금 당장 걱정하지 마라" 같은 대답으로 방향을 돌린다. 그러나 그웬의 불만은 계속 쌓여간다. "일단 정리를 받아 적고 나면, 그냥 그게 무엇인지 대신 그걸 어떻게 사용할 수 있는지 아는 게 도움을 주겠죠. 저는 그렇게 함으로써 수학을 더 욱 재미있고 더 배우기 쉽게 만들 수 있을 거라고 생각해요."

주디와 그웬은 자신들의 욕구를 남달리 분명하게 표현했는데, 우리가 지켜본 아이들 중에서 아마도 한층 진지한 (그리고 요구가 많은) 학생에 속할 것이다. 그러나 그들의 응답은 인터뷰 내내 끈질기게 거론되곤 했던 강력한 주제를 명확히 보여준다. 즉 재능 있는 십대들은 자기 영역의 학습의 질에 유난히 민감하다는 것이다. 그들은 자신에게 동기를 부여하고, 화나게 하고, 지루하게 만드는 해당 분야의 강의 스타일에 대해 매우 구체적인 세부 사항까지 자세히 설명할 수 있고, 최고와 최악의 교사에 관한 기억을 들려줄 때 특히 활기를 띠었다.

물론 이런 예민함이 반드시 그들을 모범생으로 만드는 것은 아니다. 주디와 그웬 같은 진지한 학생들은 이따금 지칠 줄 모르는 호기심 그리고 가끔 이기적이거나 거만하게 보일 수 있는 한 가지 목표에만 치우친 성격 때문에 모든 교사의 인내심을 시험하려 든다. 마찬가지로 재능이 있지만 덜 훈련받은 학생들은 물론 훨씬 더 큰 좌절을 겪는다. 교사의 반신반의나 확고부동한 첫 신호에 주의력이 곧바로 동요하기 때문이다. 그러나 재능과 가장 동떨어진 아이들에게조차도 영향력 있는 교사가 잠재력을 충분히 실현하고픈 그들의 욕망에 불을 붙였을 때의 기억은 강하고 오래간다. 이런 교사와 그들의 수업이 그토록 기억에 남는 데는 특징적인 여러 가지 방식이 있다. 기억에 남을 이런 교수법에는 특히 세 가지 차원이 어김없이 드러나는 것 같다.

영향력 있는 교사는 재미있는 사람

이전의 연구에 따르면, 십대들은 특이하게도 자신이 아는 어른들 대부분의 삶에서 영감을 받지 않는다.[4] 보통 부모와 교사는 자신들의 직업에 관심이 없다. 그들은 생계를 위해 힘들고 단조로운 일에 긴 시간을 보내며 주말의 자유 시간을 기다리는데, 그 자유 시간이란 것도 수동적이고 재미없고 쏜살같이 지나가는 활동으로 채워진다. 대다수 십대는 이런 상황에 대해 적어도 가끔은 걱정을 하며, 어떻게 하면 그들과 비슷한 운명을 피해갈 수 있을지 궁금해한다. 그러나 많은 아이들에게는 일상이 비슷한 패턴에 빠지는 것을 막을 역량과 집중적인 동기가 부족하다.

그렇다면 (영재와 평범한) 십대들이 자기 일을 즐기고 그 과정에서 명성과 부를 얻은 운동선수와 연예인 스타 같은 어른들의 사례에 마음을 빼앗기는 것도 그다지 놀랄 일은 아니다. 더욱 놀라운 것은 학생들의 기억 속에 영원히 자리 잡은 일부 이례적인 교사들의 능력이다.[5] 이 교사들이 학생에게 가장 강한 호기심을 불러일으키는 대목은 다른 교사들 시간에는 지루하고 무목적적으로 보였던 과목에 대한 그들의 열의다. 기억에 남는 교사들은 학생으로 하여금 단순한 인정이나 그들이 선택할 직업의 연봉 이상의 것을 기대하도록 도전 의식을 북돋운다. 필립스 선생님은 왜 미분 방정식에 그렇게 열의가 있는 걸까? 어떻게 페트렐리 선생님은 십자군 전쟁에 대해 그렇게 흥분할 수 있는 걸까? 가끔 학생들에게 지식 영역을 탐구하는 내적 보상을 재고하도록 영감을 주는 것은 바로 이런 교사와의 만남이다.

재능 있는 십대들은 냉담하거나 활기 없는 가르침을 경험하면서 특히 극도로 실망한다. 대부분의 십대보다 더욱 그들은 특정 영역과 그 주관적 보상에 관심을 가진 상태로 고등학교에 진학한다. 아울러 이런 관심이 가르치는 시늉만 하는 교사들을 용납할 수 없게끔 만든다. 그웬처럼 말이다.

더 긍정적으로 말하면, 그들은 가르치는 일과 전문가적 삶에 대한 관심에서 모범이 되는 교사들을 가장 좋게 기억한다. 예를 들어, 한 학생으로 하여금 환경 문제에 집중하도록 만든 원동력은 바로 고등학교 과학 교사의 "진실로 순수한" 헌신이었다. "우리는 모든 환경 문제에 관해 얘기했고, 선생님은 그것이 얼마나 중요한지 알게 해줬어요. 우리에게 재미있는 사실들을 많이 얘기해줬죠, 그 덕분에 저도 선생님의 관심사에 흥미를 갖게 됐어요." 학생들은 거의 예외 없이 강의를 싫어한다. 하지만 한 미술 영재는 열정적 강의를 통해 미술에 대한 자신의 헌신을 구체화시킨 한 선생님을 떠올렸다. "다른 많은 선생님들은 똑같은 얘기를 하고 또 하죠. 그런데 이분은 미술에 대해 정말 많이 알고, 미술을 정말 좋아하고, 미술의 모든 측면에 대해 아는 최초의 선생님이었어요." 전문가가 되겠다는 야망을 가진 한 음악 영재는 감탄하면서 지금의 클라리넷 강사가 이전 교사들보다 "훨씬 더 프로페셔널하다"고 생각했다. "그분은 좋은 모범을 보여줬고, 더 많이 연습하고 싶게 만들어요. ……좀 웃기긴 하지만, 저 역시 프로라는 상상을 하게 만들죠."

도전과 기술 사이의 일치 유지

자신의 과목을 즐기는 교사는 학생들의 주의를 집중시키는 데 명백히 유리하다.[6] 그러나 자기 자신의 흥미를 학생들의 플로 상황으로 옮겨놓는 교사만이 재능 발달의 촉매 역할에 성공할 것이다. 기억에 남는 교사들은 의식(意識, consciousness)의 연금술사로 여겨질 수도 있다. 그들의 기술은 주로

그림 9.3 도전과 기술 사이의 균형이 어떻게 교실의 학습 경험을 변화시키는가

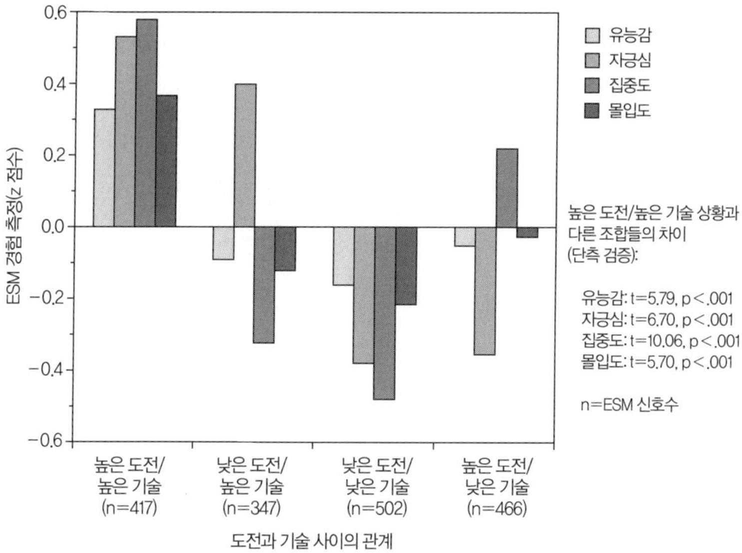

추상적 상징체계를 학생들에게 중요한 문제로 변모시키는 데 달려 있다. 요컨대 호기심을 자극하고 수용적인 학습자의 역량을 동원하는 문제 말이다. 이러한 최적의 조건이 플로 경험의 전형적 특징인 과제의 복합성과 개인 능력 사이의 면밀하고도 잘 유지된 일치를 끌어낼 수 있다.

그림 9.3은 즉각적인 도전과 인지된 기술 간 관계가 교실 경험의 질에 얼마나 중요한지를 보여준다. 우리는 여기서 다시 호출기가 학생들이 학업에 참여하고 있을 때를 포착한 교실에서의 순간만을 선별했다. 도전과 기술 척도는 학업에 대한 네 가지 도전-기술 조합, 혹은 사분면에 들어가도록 평균을 기점으로 분할해 교차시켰다. 도전과 기술이 높고 상호 협조 아래 작동하고 있다고 느낄 때에만 행복의 모든 다양한 요인(인지적, 감정적, 동기적)이 학생들을 위해 한데 모였다. 집중도는 일반적인 교실 수준을 한참

상회했고 자아 존중감, 유능감, 몰입도 역시 최고 수준에 달했다.

다른 도전과 기술의 조합은 다양한 심리적 희생을 요구했다. 도전 없는 기술은 자긍심을 보호하고 긴장 완화를 허용하긴 했지만, 낮은 몰입도와 집중력의 분산이라는 대가를 치른 결과일 뿐이었다. 기술 없는 도전은 효과적으로 주의를 쏟도록 강요하긴 하지만 학생들의 자아 존중감에 확실한 타격을 줬다. 그러나 최악의 경험 프로파일은 도전과 기술을 발휘한다는 느낌이 모두 없을 때 나타났다. 이 경우 네 가지 경험 척도 전체가 교실 평균보다 한참 아래로 떨어졌으며, 높은 도전/높은 기술 활동 척도에 비하면 가장 열등했다. 모든 교실 활동 중 거의 3분의 1(29퍼센트)을 차지한 이런 상황은 대부분 독서, 영화 감상, 강의 듣기로 이뤄졌다.

문제 풀이와 시험 같은 활동적인 교실 과제는 더 높은 수준의 도전과 기술을 끌어낼 가능성이 높았던 반면($x^2=45.6$, $p<.001$, $df=3$), 이른바 수동적 활동은 네 가지 도전-기술 조합 전체에 고루 분포된 채로 있었다. 사실 다양한 도전과 기술이라는 조건 아래서 학생들이 하고 있던 일에 대한 증언은 갖가지 수업 접근법이 교실 경험을 최적화할 수 있음을 나타낸다. 더 활기찬 활동을 강조하는 방법론이 재능 발달의 전망을 향상시킬 수는 있다. 그러나 훨씬 더 중요한 것은 방법론 뒤에 숨은 비전이다. 특히나 방법론은 학습 과정에서 학생의 적극적인 몰입감에 영향을 주기 때문이다.

물론 십대들은 교실에서 단조로움보다 어떤 도전을 선호할 수 있겠지만 심각하게 자신의 한계를 시험하기보다는 여전히 관성대로 하려 들 것이다. 어른들은 어차피 자신이 나태함, 기강 부족, 역효과를 낳는 권위에 대한 반항이라고 인식하는 것을 이유로 들어 보통은 청소년들을 비난한다. 그러나 우리의 연구에서 확실하게 드러난 것은 문제가 흥미롭고 필요한 기술이 개인의 손이 닿는 곳에 있을 때 기꺼이 도전을 수용하고 장애물을 극복하려는 열렬한 의욕이었다. 이런 도전에 대한 참여는 기술에 관한 유용한 피드백을 낳고, 그 자체로 보상을 주기 시작한 활동에 깊게 지속적으로 몰입하는 것을 허용했다. 그림 그리는 게 가장 즐거울 때가 언제인지 묻자 한 학생은 이렇게 대답했다. "제가 진짜 열심히 노력해왔다는 것을 깨닫고, 제가 원하는 대로 됐을 때입니다. 시작은 형편없을 수도 있지만 계속 견뎌내다 보니까 그냥 더 나아지더라고요. 아마 당신이 생각했던 것보다 더 잘할 거예요." 한 수학 영재도 비슷한 보상을 언급했다. "어려운 문제가 있고 그걸 풀 수 있을 때, 수학이 가장 좋아요. 처음엔 진짜 어려운 것도 그걸 들여다보고 있노라면 빛이 보이죠. 제가 좋아하는 것은 바로 그런 순간입니다." 학업을 배구와 비교하면서 한 운동선수는 이렇게 말했다. "둘 다 어렵지만 배구가 더 재미있어요. 더 쉬운 건 아니어도 만족이 더 크죠. 저한테는 능력이 있어요. 핵심은 그걸 사용하는 것이죠."

결국 학생들은 도전과 기술이 완벽하게 들어맞도록 촉진하는 모든 조건에 중점을 두는 가르침을 인정했다. 이런 교수법을 특별히 구별 짓는 것은 타이밍과 속도감, 개입할 때와 빠질 때에 대한 이해, 그리고 실수를 개선에 도움을 줄 정보로 변모시키는 방법에 대한 이해였다. 한 학생은 좋은 수학 선생님을 묘사하던 중 이런 속도의 요령을 포착했다. "좋은 선생님이란 우리한테 뭔가를 해보게 하고 문제를 풀어보게 하는 사람이라고 생각해요. 우리에게 어떤 숙제가 있는데, 그것이 학점 같은 데는 포함되지 않는다고 말해주죠. 우리가 그것에 대해 생각할 수 있게 하고요. 만약 풀지 못하면 그걸 설명해주고, 우리가 그걸 풀 수 있는지 보려고 진짜 비슷한 또 다른 문제를 내지요. 이를테면 시행착오 같은 거죠." 똑같은 주제를 거론하면서 또 다른 수학 영재는 이렇게 말했다. "그분들은 수학 설명을 잘하고, 우리가 수학을 공부하는 것을 도와주죠." 한 미술 영재는 비슷한 시각에서 예술가로서 자신이 발전하는 데 선생님이 미친 영향을 고마워했다. "그분은 최고에 미치지 못하는 것은 무엇이건 끝내려 하지 않았어요. 저는 지난 학기에 뭔가를 아주 잘했다고 생각했어요. 하지만 선생님은 제가 할 수 있는 최고치라고 생각할 때까지 몇 번이고 다시 그것을 하도록 시켰죠. 당시에는 기분이 좋지 않았는데, 지금은 괜찮아요."

아마도 재능 있는 학생들만이 자신의 한계까지 도전받는 것을 고마워할 것이다. 하지만 다른 증거에 따르면, 사실은 모든 사람이 자기 삶에서 가장 즐거운 경험으로 행동 가능성과 행동할 수 있는 능력 사이의 긴장이 있을 때를 꼽는 경향이 있다고 한다.[7] 사람은 기술을 최대한 발휘하지 못하면 테니스 경기에 진정으로 몰입하지 못한다. 상상력을 전혀 요구하지 않는 책은 지루할 것이다. 따라서 재능 있는 영재들이 교사에게 원하는 것은 모든 학생이 학교에서 경험하길 바라는 것을 더 절실하고 뚜렷하게 설명하는 것이다.

변치 않는 관심

종종 삶의 무게에 너무나 압도되어 불안이 재능 있는 학생들의 마음을 엄습할지도 모른다. 이럴 때 관심 있는 교사의 능숙한 개입이 중차대한 역할을 할 수 있다. 이렇게 기억할 만한 교사를 구분하는 세 번째 특징은 흔히 불안정한 아이들의 새롭게 부상하는 욕구를 인식하는 비범한 능력이다. 어릴 적 가장 좋아했던 교사는 특히 불안을 사라지게 만드는 친절함과 도움을 주고 싶다는 순수한 바람으로 기억된다. 초등학교 교사를 "정말로 힘을 주는" 사람들이라고 하면서 한 과학 영재는 이렇게 말했다. "그분들은 학교에서 더 잘할 수 있도록 영향을 줬어요. 많은 사람이 내가 잘하기를 바란다는 느낌을 받았거든요. 그 덕분에 더 빨리 배울 수 있었죠." 다른 학생은 부모의 이혼 때 거의 지속적으로 지지와 격려를 아끼지 않은 6학년 때 교사에 대해 얘기했다. 또 다른 학생은 "모든 선생님이 도움과 지도를 해준" 실험 학교를 회상했다. "그분들은 우리가 역량을 발휘하도록 도왔지만 기본적으로 모든 면에서 우리 고유의 스타일을 발전시키도록 했어요. 자기들의 방식을 우리한테 밀어붙이지 않았죠."

이와 같은 교사의 자질은 학생들이 고등학교의 새로운 사회적·지적 도전에 직면했을 때도 여전히 중요했다. 많은 아이들이 학생과 교사 간 거리감에 대해 불평했다. "그렇게 많은 선생님을 매일같이 보는데도 우리와 함께 보내는 시간은 많지 않았어요. 완벽한 학생을 찾고 있었나봐요." 그러나 다른 아이들은 개인적인 문제로 상담하거나 특별한 관심사를 논의할 시간을 따로 내준 교사들에게 감사를 표현했다.

재능 발달이라는 특별한 맥락에서 봤을 때, 학생들은 교사가 그들과 그들의 능력을 진지하게 여김으로써 자신감을 진작시킨 때를 가장 생생하게 기억했다. 한 음악 영재는 잔뜩 흥분한 채 전문 교사와의 최근 대화를 떠올렸다. "제가 원한다면 1년에 쉽게 15만 달러는 벌 수 있을 거라고 말씀하셨어요. ……제 키가 꽤 크고 팔이 길기 때문에 비올라에 딱 맞고, 원한다면 17세에 프로로 전향할 수 있을 거라고 하셨죠." 한 수학 영재는 "컴퓨터 강좌를 더 많이 들으라고 추천하고, 건축에 소질이 있다고 말해준" 교사를 떠올렸다. "그래서 저는 그 얘기를 받아들였죠." 많은 경우 학생들은 자신이 생각지도 못했던 잠재력을 알아본 교사들에게 신뢰를 보냈다.

학생들의 관심사에 대한 교사의 능숙하고 사려 깊은 주목은 이따금 월터스(J. Walters)와 가드너(H. Gardner)가 "결정 경험(crystallizing experience)"이라고 부른 것을 촉발하기까지 한다.[8] 어떤 미술 영재는 영어 교사가 자신으로 하여금 어떻게 현재의 관심사를 확장하도록 도전하게끔 했는지 떠올렸다. "작년 영어 시간에 리포트를 내야 했는데, 저는 데이비드 보위(David Bowie: 영국의 천재적인 가수 겸 작곡가 겸 배우—옮긴이)에 대해 뭔가를 쓰고 싶었어요. 하지만 영어 선생님이 허락하지 않았죠. 선생님은 제가 시대에 앞선 창의적인 사람이라며 코코 샤넬에 대해 읽어보면 좋겠다고 말씀하셨어요. 그러고 나서 그 책을 주셨는데, 재미있게 읽었죠. 이상하긴 했지만 선생님은 그냥 아셨던 거죠. 데이비드 보위를 좋아했을 때보다 더 많이 코코 샤넬을 좋아했거든요. 이후 저는 의상에 훨씬 더 관심을 갖게 됐어요. 패션 디자인은 그때까지 정말 한 번도 머릿속에 떠오른 적이 없는데 말이죠."

가르침과 재능 발달의 플로

방금 언급한 것과 같은 전환적인 성과는 일상적 교직 생활에서는 흔치 않을 수 있다. 그러나 이는 교사들이 내용을 그저 읽어 내려가는 교과 과정을 뛰어넘어 새롭게 부상하는 한 인간으로서 재능 있는 십대들에게 적극적으로 주의를 기울일 때 어떤 일이 벌어질 수 있는지 보여준다. 한 교사로 하여금 코코 샤넬을 추천하도록 한 직감은 분명 임의적인 사건이나 막연한 어림짐작이 아니다. 이는 교사가 그 학생의 발전하는 관심사의 궤적을 오랜 기간 주목했기 때문에 가능했던 것이다. 나아가 이는 학생의 개인적 발달과 경험의 질에 대해 해당 주제가 갖는 영향에 관한 교사의 열광을 표현한다. 결국 교사의 열광이 비록 당시 관심사와 일치하지 않았다 하더라도 학생으로 하여금 교사의 판단을 신뢰하고 새로운 도전을 수용할 수 있도록 확신을 준 것이다.

그렇다면 교사는 어떻게 해야 학생들이 자기 능력을 시험하는 도전에 나설 단계를 예측할 수 있을까? 어떻게 해야 학생들에게 그러한 도전이 발견을 위한 진정한 기회라는 걸 설득하는 데 필요한 신뢰를 구축할 수 있을까? 오랫동안 어떤 종류의 교수법이 먹히지 않는지 알려져왔음에도 불구하고 영향력 있는 교육학이라는 정확한 과학을 구축하려면 우리는 아직도 멀었다. 앨프리드 노스 화이트헤드(Alfred North Whitehead)가 썼듯이 "정신적 성장의 리듬과 특징에 대한 관심 부족이 교육에서 경직된 헛수고의 주요 원인이다".[9]

우리의 인터뷰에서 명백해진 세 가지 차원은 교사들이 재능 발달을 고무하기 위해 교실 생활에 추가할 수 있는 많은 요소를 진정으로 보여준다. 특히 학습은 열정적 관심의 함양을 일차적 교육 목표로 여기는 환경과 관계 속에서 꽃핀다는 것을 시사한다. 우리는 이러한 환경을 가리켜 자기 목적적이거나 그 자체로 보상을 주는 맥락(더 간단하게는 플로 수업)이라고 부른다. 이것들이 학습에서 플로의 즐거운 경험을 끊임없이 조성하기 때문이다. 앞장에서 논의한 복합적 가족과 흡사하게 플로 수업은 종종 이질적인 개별 관심사 사이에서 공통된 관심의 장(場, arena)을 창조하고 지속시킨다. 성공한 가족처럼 이것들은 분화와 통합을 향한 상호 보완적인 경향을 역동적인 긴장으로 끌어들이며, 개인의 에너지를 모두의 기술과 경험을 향상시키는 협조적인 노력으로 모은다.

플로 수업은 그 발생 가능성이 적음을 고려하면 성공한 가족보다 한층 더 주목할 만하다. 여기에는 가족 구성원을 하나의 단위로 묶어주는 생물학적 유대나 사회 규범이 결여되어 있을 뿐 아니라, 우리가 앞서 살펴봤듯 참석을 지시하고 따라서 주의를 멀어지게 하는 환경에서 청소년들의 관심을 얻어내야만 하는 추가적인 불리함까지 있다. 이런 조건은 심리적으로 경계하고 주저하는 십대 집단으로부터 사회적 독립체를 창조해내는 데 필요한 초기 에너지 대부분을 공급해야 하는 쪽이 바로 교사임을 의미한다. 플로 교사들을 돋보이게 만드는 것은 학습에 플로를 위한 안식처를 마련하기 위해 주의를 분배하는 독특한 방식이다. 자기 목적적인 교사의 이런 독특한 관심사는 플로 수업을 위한 청사진을 제공하지 않지만, 실제로 교실에서 최적 경험을 촉진하기 위한 몇몇 유망한 단계를 암시한다.

첫째, 플로 교사들은 자신의 관심 배양을 결코 멈추지 않으며, 혹은 그 관심을 다른 이들에게 전달하는 데 있어 자기 능력을 절대 당연시하지 않는다. 환경 보호 자원봉사자든, 뮤지션이든, 지역 미술가든 우리가 연구한 교사들은 교실 밖에서 자신의 영역과 관련한 활동에 참여했는데, 이는 선택의 문제였다. 게다가 그들은 자기 영역에 대한 지속적 탐구에서 발견한 것과 같은 보상을 학생들이 경험하는 데 일조하기로 결심한 듯했다. 이는 아이들에게서 재능을 육성하려는 이들의 전문적인 계발에 교실 경영과 정보 전달을 위한 테크닉 획득 이상의 것이 수반되어야 함을 의미한다. 시작부터 그리고 교직 경력 내내 전문적인 계발에는 우선 교사들을 자신의 전공으로 끌어당기는 관심을 키울 시간이 있어야 한다. 교사들이 청소년으로 하여금 그들의 독특한 재능을 표현하도록 가장 자주 영감을 불어넣는 방법은 바로 자기 자신의 흥미를 계속 살리고 자기 능력을 시험하는 도전을 감행하는 것이다. 덧붙여서 이와 같은 전략은 가장 효율적인 교실 운영자조차 너무나 자주 지치게 만드는 일상의 스트레스와 좌절에 대한 최상의 완충 장치라고 할 수 있다.

둘째, 플로 교수법을 구별 짓는 핵심은 내적 보상의 경험을 향상시키는 조건에 대한 관심이다. 특히 플로 교사들은 경쟁, 학점, 불필요한 원칙, 관료주의적 절차 같은 외적 압력이 서서히 미치는 영향을 최소화한다. 대신 그들은 학생의 주의를 뭔가 새로운 것을 습득하려는 도전과 내적 만족에 집중시키기 위해 최선을 다한다. 플로 교사들은 그렇게 하면서 교육 연구자들이 이제 막 인정하기 시작한 것을 수년 동안 실행에 옮겨왔다. 바로 숙련된 수행자를 통제하는 데 초점을 맞추는 피드백과 유익한 역량 계발에 초점을 맞추는 피드백 사이의 중요한 차이가 그것이다.

통제하는 피드백은 결과 지향적이고 (잘해야) 경험 중립적이다. 통제하는 피드백은 한정된 일련의 바람직한 반응과 외적 보상의 부족한 공급 사이에 엄격한 연결을 구축함으로써 행동을 제약하려 한다. 이러한 보상(근대 교육은 금색 별에서 교실 출입증과 대학 장학금에 이르기까지 끊임없이 기발하게 보상을 양산해왔다)은 그것이 동기에 미치는 궁극적 영향보다 덜 중요하다. 왜냐하면 이러한 보상은 당면 활동으로부터 주의를 돌려 상을 타고, 벌을 피하고, 그걸 할당한 자들을 만족시키는 새로운 게임으로 향하도록 하기 때문이다. 그 과정에서 학생들에게 도전 과제에 대한 흐트러짐 없는 집중과 지속적 몰입만을 산출하는 자기 보상 양성의 원천은 사라진다.

반면 정보를 제공하는 피드백은 진행 중인 활동에 초점을 맞춘다. 이는 투지를 잃지 않으면서도 드러나지 않게 학생들이 그다음 조정(유능감에서 한 걸음 더 성취하는 데 필수적인 약간의 지식을 필요로 하는)을 탐지하도록 도와주면서 시행착오를 잘 수행해낸다. 이러한 피드백의 시간적 틀은 현재이며, 그 반응은 시기적절하고 진행 중이다. 아울러 그 경험상 초점은 자기 목적적이다. 다시 말해, 정보를 제공하는 피드백은 과제의 요구와 발전하는 기술이 꼭 맞게 실현될 때 나타나는 플로의 징후에 반응한다.

이는 정보 제공 양식의 교수법이 미온적이거나, 애매하거나, 경쟁력이 없다는 뜻이 아니다. 사실 가장 존경받는 이들은 대개 바로 가장 엄격한 교사다. 왜냐하면 그들이 제공하는 피드백은 명확하고, 적절하며, 외부에서 작용하는 고려 사항에 휘둘리지 않기 때문이다. 오히려 이러한 피드백은 필요한 기준이 노력하면 얻을 수 있는 범위 안에 있다는 것을, 그리고 학습자들에게 계속해서 자기 발전의 궤적에 대한 더 큰 통제력을 허용할 것임을 의미한다. 플로 교사들은 종종 제자에게 많은 것을 기대한다. 하지만 그들은 이러한 기대를 비판적 성찰의 본보기, 개인적 성취의 기록, 더 나은 개선을 향한 실마리로서 실수 인정이라는 실천 양식으로 간주한다.

세 번째 플로 교수법의 차별적인 초점은 두 번째와 밀접한 관련이 있다. 이는 학습자들의 변화하는 욕구를 읽어내는 것을 포함한다. 플로 경험에는 선택의 감정, 명확성, 자의식 결여, 그리고 행동과 인식 사이의 협력 같은 요인들이 융합적으로 포함되어 있다. 결국 이것들은 플로를 지속하려면 균형 잡힌 긴장 속에 유지해야 하는 학습 환경 조건의 종합에 해당한다. 그러나 복합성이 증대하면서 학습자가 이런 융합을 달성하는 데 필요한 일단의 조건을 조정하기가 어려워진다. 숙달의 고급 단계에서 플로는 교사나 코치에게 탄력적이고 역동적인 주의 스타일을 요구한다. 이런 스타일에는 학습자와 그 활동 사이의 복합적 상호 작용에 대한 면밀한 시선, 그리고 학습자가 도전 과제에 기술을 맞추려 노력할 때 개입하고 뒤로 빠지는 순간과 비판하고 격려하는 순간 사이를 기꺼이 오가고자 하는 의향이 수반된다.

8장에서 우리는 내적 보상을 즐기는 자녀의 능력을 향상시키는 부모-자녀 관계의 네 가지 특징을 명시했다. 이 네 가지 차원(지지, 화합, 개입, 자유)은 교사들이 재능 발달 속도를 조정할 때 유지해야 하는 유동적인 주의 집중과도 마찬가지로 관련이 있다. 자유를 다룰 때 플로 교사는 학생들이 자신의 관심사와 공부 스타일에 학습 상황을 맞출 기회를 만들어준다. 여기에는 연구 재료와 주제를 선택할 기회, 그리고 가능한 한 어디서든 과정의 속도를 제어할 자유도 포함된다. 어쩌면 학교 교육이 전통적으로 개별적 표현을 방해해왔기 때문에 선택 기준이 교실에서의 내적 보상 실현에 가장 중요한 요소라는 점은 거의 틀림없을 것이다.

그러나 자유가 학생의 동기에 중요하다고 해서 그 자체로 재능의 장기적 육성을 보증할 수는 없다. 학생들이 제한된 주의 자원을 보존하고 쏟는 것을 돕기 위해 교사들은 자신의 경험에 의지해야 할 순간이 있다. 학생들이 몰입에 도전할 때 플로 교사는 그들의 관심사에 보조를 맞추고, 그들의 현재 능력의 범위를 확장하는 갈수록 복잡한 활동에 학생들을 일치시키기 위해 행동을 취한다. 그러한 도전을 최적화하고자 교사는 반드시 각 학생들의 활동 목표가 그 또는 그녀의 에너지에 대한 다른 요구와 계속 조화를 이루도록, 그리고 학생에 대한 그들의 수행 기대치가 분명하고 현실적이도록 해야 한다. 학생을 시야의 중앙에 둠으로써 플로 교사들은 외부의 산만한 요소를 최소화하고, 플로에 대한 구체적인 '지금-여기 의식(here-and-now consciousness)'을 촉발시키는 데 시기적절하고 명료하고 효과적이게 수행한 피드백을 제공한다. 끝으로, 플로 교사가 학생들에게 주는 지지는 그들을 단순한 학습자 이상으로 인식한다. 교사는 자기 학생들을 복잡한 인간으로 바라보며, 그들이 실패나 불확실성을 해결하려 노력할 때 한 인간의 인지적이고 동기적인 욕구는 물론 감정적인 부분에도 주의를 기울인다. 이러한 노력에서 자라나는 서로의 믿음이 없다면, 십대들은 새로운 도전의 수용이 필연적으로 수반하는 자아 존중감에 대한 위협을 경계하면서 정체한다.

영역별 플로 교수법

학습의 내적 보상을 향상시키기 위해 필요한 것은 5개 재능 영역별로 교사마다 다를까? 이 질문에 대한 상세한 검토는 불가능하지만(우리 연구는 교사가 아닌 학생들에게 초점을 맞추었다), 몇몇 흥미로운 차이점을 밝힐 가치는 있다. 우리가 연구한 수학과 과학 영재들은 교과 과정의 표준화와 경직, 그리고 교사들이 매우 구조화한 프로그램에서 벗어나는 걸 주저하는 데 가장 자주 불만을 토로했다. 도전 의식이 높고 목표가 비교적 명확한 반면, 이들 영역에서 특히 지도 속도와 관련한 선택 가능성은 여전히 최소였다. 이런 상황은 수학과 과학 교실에서의 경험에 대한 매일의 ESM 보고에서 매우 극명하게 나타났다. 이런 수업은 전형적으로 유난히 높은 수준의 집중을 요구하지만, 이례적으로 높은 수준의 긴장과 혼란 또한 자아내고 자아 존중감의 급격한 하락을 초래했다. 과학 영재들은 자기 과목에 정통하고, 설명이 명확하고, 공식 시험보다 훨씬 앞서 실전 연습 문제에 대한 유익한 피드백을 자주 제공하는 교사들이 가장 좋다고 느꼈다.

반면 미술과 음악 영재들은 훨씬 더 호의적이고 즐거운 매일의 교실 경험을 보고했다. 미술 수업은 과학 수업보다 통제력과 유능감을 제공할 가능성이 훨씬 높았다. 미술 수업은 확실히 학생들이 순수하게 하고 싶어 하는 활동에 훨씬 더 자주 그들을 참여시켰다. 미술 영재들이 비판적일 때, 그들은 자신이 충분히 도전하지 못하도록 하는 교사를 비난하는 경향이 있었다. 그들은 자신의 장점을 스스로 알아보게끔 하고 독특한 개인적 스타일을 종합적으로 끌어내는 힘든 프로그램을 짜내는 교사들에게 특히 열광했다. 운동선수들은 교사에 대한 언급이 가장 적었다. 아마도 스포츠란 게 즐거움을 창출하는 매우 즉각적인 구조를 갖고 있는 만큼 코치들의 기여도가 희미하기 때문인지도 모른다. 그러나 한편으로는 코치가 선수들을 개별적으로보다는 한 팀의 구성원으로 더 자주 지도하는 경향이 있고, 가장 많은 도움을 필요로 하는 이들은 팀 공헌도에서 가장 떨어지는 선수이기 때문일 수도 있다. 정말 뛰어난 코치들은 위기의 순간 십대들의 요구에 세심하게 응하고, 즐거운 시합에 참가한다는 보상을 강조한 데서 인정을 받았다.

가르치는 것과 즐거움: 결론

차이점보다 훨씬 더 돋보인 것은 재능 영역을 불문하고 영향을 끼친 교사에 대해 청소년들이 지닌 인식을 통합시킨 스타일과 감수성의 유사성이었다. 자기 자신의 관심사에 주의를 기울이고 학생들을 현명하게 양성함으로써 교사들은 이번 장 앞에서 언급한 장인-견습생 모델의 일부 장점을 실현했다. 재능 있는 십대는 자신의 지도자들에게서 반드시 유능함을 요구한 반면, 전지전능함이나 스타 자질을 바라지 않았다는 사실을 언급해야겠다. 그 대신 십대들이 주목한 것은 재능의 표현을 의미 있고 강렬한 삶의 방식, 다른 이들과 공유할 만한 가치 있는 삶의 방식에서 필수적인 하나의 구성요소로 즐기는 법을 습득한 한 성인으로서의 징후였다. 이는 교사들에게 분명 희소식일 것이다. 특히 이따금 어른의 기준으로 봐도 주눅 들게 하는 재능을 가진 십대를 상대해야 하는 교사들에게는 말이다. 그러나 교사들이 재능 있는 학생에게 영향을 미치게끔 만드는 특성은 그들이 어느 학생에게나 영향을 끼치는 특성과 같다. 지지와 화합을 제공함으로써 통합을 독려하고 개입과 자유를 가능하게 만듦으로써 분화를 자극하는 교사는 천재성을 타고난 아이뿐 아니라 자폐아를 데리고도 성공할 것이다.

기술의 영향으로 우리는 정보를 제공하기만 하면 배움의 과정이 당연히 이뤄진다고 기대하는 그릇된 생각을 갖게 되었다. 다른 말로 하면, 우리는 자료를 잘 구성하고 논리적으로 설명한다면 학생들이 그걸 배울 것이라고 가정한다. 이것만큼 현실과 동떨어진 것은 없을 것이다. 학생들은 자신에게 동기가 있을 때에만 배우려 한다. 동기는 외적(졸업 후 보수가 좋은 직업을 얻고 싶은 욕망)일 수 있지만 한 사람의 자아에 필수적인 학습은 분명 내적으로 보상을 주는 것이다. 인간이 지식 추구를 즐기지 않는다면, 학습은 더 이상 필요치 않게 되는 순간 한쪽으로 치워질 도구로 전락할 것이다. 따라서 교사들이 정보를 제공하는 방법뿐 아니라 학습의 즐거움에 불을 붙이는 방법을 확실히 가르쳐주지 않는다면 우리 아이들이 진정으로 교육받길 기대해서는 안 된다.

3부
재능의 육성

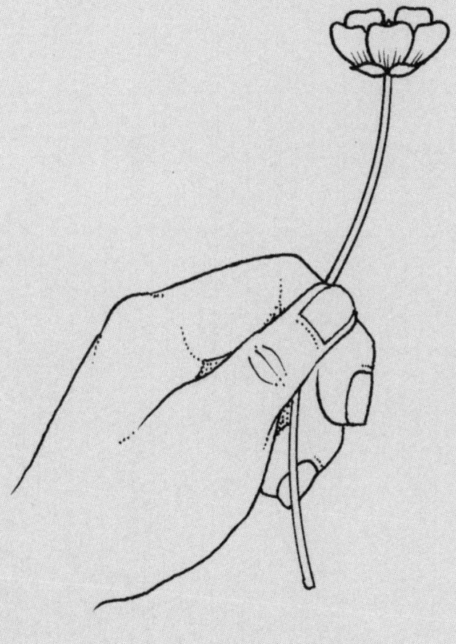

10 재능에 대한 전념과 그 상관관계

이전 장들에서 우리는 재능 있는 십대들이 덜 특출한 또래와 어떻게 다른지, 청소년기에는 재능을 어떻게 경험하고 표출하는지, 그리고 가족과 교사들이 어떻게 하면 우수한 능력을 계발하는 힘든 과제의 토양이 될 수 있는지 설명했다. 여기서 우리가 알게 된 내용의 영향은 재능 있는 십대에 국한한 것이 아니다. 이는 출중하든 그렇지 않든 어떤 학생이라도 자신이 소유하고 있는 육체적이고 정신적인 어떤 기술을 발전시키려 할 때 수행할 필요가 있는 것들을 시사한다. 우리가 재능 있는 학생들의 사례에서 명확하게 알 수 있는 것은 모든 청소년의 성장과 성숙에도 적용된다.

이 시점에서 우리는 새로운 질문과 일련의 새로운 쟁점으로 넘어가려 한다. 어떤 학생들이 고등학교를 거치며 자기 재능을 계속 발달시키는가, 그리고 어떤 학생들이 도중에 흥미를 잃는가? 재능과 관련해 진정으로 중요한 문제는 누가 그것을 가졌고 얼마나 많이 가졌느냐가 아니라 그것으로 무엇을 하느냐이기 때문이다. 식자층 사이에서 "재능은 널려 있다"는 말을 종종 하곤 한다. 잠재적 능력으로는 충분하지 않다는 뜻이다. 잠재적 재능이 유용하기 위해서는 실질적 성과로 옮겨가야 한다.

재능 발달의 장벽

이번 연구를 시작할 때, 우리는 교사들이 선정한 13세의 십대 영재 중 상당수가 17세에는 더 이상 전도유망해 보이지 않을 거라고 예상했다. 고등학교 4년 동안 재능 계발에서 이탈할지도 모를 많은 일이 일어날 수 있다. 부모가 실직하거나 이혼해서 청소년의 소질을 함양하는 데 필요한 감정적·물질적 지원을 더 이상 제공하지 못할 수도 있다. 십대가 흥미를 잃고, 다른 관심사를 발전시키고, 교사나 또래로부터 멀어질 수도 있다. 사실상 이 4년 동안의 이탈 가능성은 거의 무궁무진하다.

물론 과학에 재능 있는 청소년이 11학년 무렵 저널리즘이나 비즈니스로 분야를 옮기기로 결심했다고 해서 반드시 잠재적 재능의 유감스러운 낭비를 뜻하는 것은 아니다. 이런 학생이 과학에 몰두했을 경우보다 사회에 훨씬 더 큰 공헌을 할 수도 있다. 예를 들어, 윈스턴 처칠은 젊은 시절 순회기자로 일할 때 자기 재능을 허비하는 것처럼 보였을지도 모른다. 처칠의 경우 엄청난 재능이 모습을 드러내기 시작한 것은 바로 중년에 접어들 무렵이었다. 사실 특히 창의적인 인물 중에는 청년기의 시작 단계에서 몇 차례 실패와 갑작스러운 방향 전환을 경험한 경우가 결코 드물지 않다.

그러나 주어진 분야에 기여하는 대다수 사람에게는 지속적인 발달이 한층 전형적인 사례다. 그 이유는 꽤 뚜렷하다. 음악 재능을 가진 사람이 끊임없는 연습에서 손을 떼는 사치를 부리면 반드시 재능이 녹슬게 마련이다. 계속해서 경쟁력을 가지려면 어린 과학 천재나 수학 영재는 꽤 엄격한 커리큘럼을 통과해야 하고 그 분야의 발전 사항에 뒤처지지 말아야 한다. 어린 미술 영재가 중도에 과학으로 전환하는 데 성공하거나 그 반대의 경우는 상당히 드물다. 이런 이유로 고등학교 때 자기 재능 영역을 벗어난 영재들은 사실상 드문 기회를 놓쳐버린 셈이다. 자기 영역에 남아 있기보다는 다른 일을 하면서 더욱 행복할 수 있고, 나중에 훨씬 더 중요하고 유용한 뭔가로 전환할 수도 있고, 이탈한 것이 절대적으로 옳았을 수도 있다. 그럼에도 불구하고 현재의 관점에서 봤을 때 재능에 대한 소홀을 가볍게 여길 수 없다는 사실은 여전하다. 특출한 재주란 정의상 흔치 않으므로 이런 능력 중 하나라도 계발하지 않는다면 인류 전체, 그리고 관련 있는 특정 사회에 막대한 손실이다. 이어지는 장들이 이 책의 주제와 관련해 대단히 중요한 이유는 바로 이 때문이다. 여기서는 가장 중요한 이슈를 여러 가지 방식으로 다룬다. 어떻게 고등학교 내내 재능에 전념하도록 할 수 있고, 따라서 이탈을 막을 수 있는가? 비록 우리가 재능 있는 학생들에게 초점을 맞추고 있지만, 이에 대한 대답은 비범한 아이들이라는 한정된 테두리를 훨씬 넘어서까지 영향을 미친다. 우리 연구에서 재능 이탈 예방과 관련해 발견한 사실은 아무리 사소할지라도 모든 유형의 인간 잠재력 발달을 더욱 용이하게 만들 수 있다.

재능에 대한 전념 측정

청소년이 자신의 재능을 계발하는 데 전념하고 있는지, 아니면 거기에서 이탈하고 있는지 어떻게 알아볼 수 있을까? 극단적 사례는 구별하기 쉽다.

가령 재능 영역에서 가장 고난도인 강좌를 전부 수강 중이고, 대학에서 재능과 관련한 전공을 해 그 분야에서 경력을 쌓을 의향이 있고, 교사들이 봤을 때 초기의 장래성에 부합하게 지내는 학생이라면 전념하고 있다고 확실하게 말할 수 있다. 반면 고급반 수업 수강을 그만두고, 그 영역에 흥미를 잃고, 대학에서도 그걸 계속 공부할 계획이 없고, 교사들이 능력 이하의 성적이라고 판정한 학생이라면 이탈의 확실한 사례라고 할 수 있다. 이런 학생이 많은 위대한 업적을 성취할 수도 있지만, 특정 재능을 최대치로 발전시킬 가능성은 없다.

그러나 이런 극단은 상대적으로 드물다. 많은 학생들은 전념이든 이탈이든 아주 명확하게 분류할 수 없다. 어떤 학생들은 참여의 모든 차원에서 평범한 전념 수준을 보인다. 다른 학생들은 한 가지 차원의 관점(말하자면 교사의 의견)에서 보면 대단히 전념하는 것처럼 보이지만 다른 차원에서는('미래의 계획'이라는 관점 같은 것으로 보면) 이탈한 것처럼 보인다. 청소년이 재능 계발에 전념하고 있는지 여부를 측정하는 공인된 일반적 단일 척도는 없다. 그래서 이번 연구의 목적을 위해 우리는 우리만의 척도를 개발해야 했다. 이어지는 절에서는 재능에 대한 전념을 측정할 수 있는 네 가지 방식을 기술한다. 그런 다음 어떤 학생들이 고등학교 내내 자기 재능에 계속 전념하는지, 어떤 학생들이 그렇지 못한지를 우리 연구에서 수집한 다양한 지표가 어느 정도까지 예측할 수 있는지 살펴보도록 하겠다.

교사의 평가

어떤 학생이 재능을 계속 키우는지 측정하는 가장 손쉬운 (하지만 반드시 최선은 아닌) 방법은 교사들에게 묻는 것이다. 교사야말로 학생들의 수행 능력을 가장 잘 아는 해당 분야의 전문가이니 말이다. 우리는 각 재능 영역의 학생들을 가르치는 교사에게 두 차례에 걸쳐 수행 능력의 10개 차원별로 그들을 평가해달라고 요청했다. 첫 번째 교사 평가는 연구의 첫해 말에, 두 번째는 학생들이 11학년이나 12학년을 마친 3년째 말에 수집했다. 교사 평가에 기초한 전념도 측정은 두 번째 교사 평가의 7개 항목을 종합한 것이다. 이들 항목에는 잠재력 실현, 주의의 질, 도전의 즐거움, 재능 영역 작업에서의 몰입 정도, 독창성, 독립적으로 작업하는 능력 그리고 어려운 과제에 대한 작업 선호도를 포함했다. 우리는 교사들에게 '전혀'에서 '매우 많이'까지 7점 척도로 응답할 것을 요청했다. 7개 항목은 서로 긴밀한 상관관계가 있다. 요컨대 응답을 갖고 수행한 요인 분석에서 모든 항목은 똑같은 요인 부하값(factor loading: 요인 분석에서 요인과 요인 사이의 상관관계를 나타내는 값—옮긴이)을 가진다.[1]

주관적 전념

교사의 평가는 전문가들이 보는 관점에서 발전을 가리키는 좋은 척도를 제공하지만, 학생들 자신이 얼마나 전념했다고 느끼는지는 반영하지 못한다. 우리는 이런 측면에 접근하기 위해 연구 3년차 말이나 4년차 초에 모든 응답자를 인터뷰했다. 인터뷰 때 던진 많은 질문 중에서 전념 주제와 관련한 것은 다음과 같다. (a) "당신은 현재 〔해당 재능 영역〕과 관련된 일을 얼마나 자주 합니까?" 〔학생들은 다음 중 하나를 선택하도록 요청받았다. '매일', '매주 1~2회', '매주 몇 번(매주 1~2회는 넘고 매일은 아닌 경우를 말함—옮긴이)', '한 달에 한 번 이상', '한 달에 한 번 이하' 혹은 '전혀 안 한다'.〕 (b) 〔해당 재능 영역〕에서 당신의 관심을 2년 〔또는 3년〕 전과 비교하면 어떻습니까? (학생들은 다음 옵션 중 하나를 선택했다. '관심이 더 생겼다', '관심에 변함이 없다' 혹은 '관심이 덜해졌다'.) (c) "〔해당 재능 영역〕에서 당신의 기술을 2년 〔또는 3년〕 전과 비교하면 어떻습니까?" (학생들은 다음 선택 중 하나를 골라야 했다. '향상됐다', '똑같다' 혹은 '나빠졌다'.) (d) "〔해당 재능 영역〕에서 도전을 2년 〔또는 3년〕 전과 비교하면 어떻습니까?" (학생들은 다음 중에서 선택해야 했다. '더 도전하고 싶다', '똑같다' 혹은 '덜 도전하고 싶다'.) (e) "당신은 대학에서도 〔해당 재능 영역〕을 계속할 생각입니까?" (이에 대한 옵션은 '그렇다', '아마도' 그리고 '아니다'였다.) (f) "당신은 대학에서 전공으로 〔해당 재능 영역〕을 계속할 생각입니까?" (다시 한 번, 학생들은 다음 중 하나를 선택하도록 요청받았다. '그렇다', '아마도' 그리고 '아니다'.)

모든 개별 질문에 대한 응답은 높은 점수가 높은 수준의 주관적 전념을 반영하도록 코딩했다. 첫 번째 질문의 점수는 범위가 0~6까지였다. 다른 모든 질문은 0~3까지의 점수를 매겼다. 그런 다음 각 질문의 점수를 개인별로 합산해 0~21까지의 범위를 가진 주관적 전념(Subjective Commitment) 점수를 산출했다.

최고 재능 수준

전념에 대한 쉽고 설득력 있는 척도는 한 학생이 해당 재능 영역 수업을 어디까지 선택하느냐이다. 가령 어떤 학생은 두 학기의 수학만으로도 이 특별한 고등학교 과정을 졸업할 수 있다. 그러나 어떤 학생들은 각 학기마다 최소 한 개의 수학 수업을 듣고, 수학 분야에서 제공한 많은 것을 급속히 소화한다. 그 분야의 정보를 흡수하는 이런 열의는 한 학생이 얼마나 전념하고 있는지와 관련해 당장 채택할 수 있는 훌륭한 증거다.

우리는 관련 고등학교 교직원의 도움을 받아 각 과목별로 최고 재능 수준(Highest Talent Level) 척도를 설정했다. 대부분의 과목, 특히 수학·과학·음악 강좌는 위계적으로 정리했다. 즉 학생은 초급 수준의 필수 과정을 통과하기 전에는 더 높은 수준의 수업을 들을 수 없도록 했다. 해당 영역 교사들의 도움을 받아 우리는 각각의 과목에 1점(최하)부터 6점과 8점(최상. 과목에 따라 다름) 범위의 난이도 수준을 배정했다. 이 변인에서 8점을 받은 학생은 더 낮은 점수를 받은 학생보다 더욱 전념하는 것으로 추정할 수 있다.

종합 참여 점수

참여에 관한 단일 척도를 얻기 위한 시도로 우리는 교사 평가와 주관적 전념을 종합 점수를 산정하는 데 추가했다. 우리가 방금 기술한 4개의 지표 중 어느 것에도 학점처럼 학업적인 성공을 측정하는 '경직된' 척도는 포함하지 않았다는 걸 주목해야 한다. 우리는 학점이 한 학생의 전념이라는 주제와 직접적 연관이 있다고 생각하지 않았다. 사람은 타고난 능력 부족, 주의력에 상충하는 요구, 개인적 문제 등을 포함한 다양한 이유로 인해 낮은 학점을 받음에도 불구하고 매우 전념하며 주어진 상황에서 진짜 최선을 다할 수 있다. 반대로 쉬운 과목들만 수강함으로써 높은 평점을 얻을 수도 있다. 우리의 의도는 성공이 아니라 전념을 측정하는 데 있었다. 그럼에도 불구하고 우리는 평점, 곧 재능 강좌에서의 평점과 최고 수준 재능 강좌의 학점 등 학업 성취도에 관한 데이터도 철저하게 수집했다. 적절한 때가 오면 언제든 이런 지표와 관련한 결과도 발표하도록 하겠다.

전념 척도 간 상관관계

예상했던 대로 전념의 다양한 척도는 서로 완벽하게 일치하지 않았다. 사실 이러한 척도 사이의 상관관계는 통계적으로 매우 유의미하긴 해도 공통분모의 결여가 상당했다(표 10.1 참조). 교사 평가와 주관적 전념 사이에는 변인의 19퍼센트만이 공통적인 것으로 나타났는데,[2] 이는 교사가 높이 평가한 학생들이 매우 자주 자기 재능에서 이미 벗어났다고 느끼거나 그 역

표 10.1 전념 척도 간 상관관계

	TR	SC	CE	HTL
교사 평가(TR)	1.0	.44**	.85**	.28**
주관적 전념(SC)		1.0	.84**	.50**
종합 참여(CE)			1.0	.44**
최고 재능 수준(HTL)				1.0

주: 통계는 표본 크기 160에 기초한 것이다. 왜냐하면 일부 학생에게는 어느 한 가지 전념 척도가 없었기 때문이다.

**$p < .01$, 단측 검증.

이 성립한다는 것을 시사한다. 종합 참여 점수는 각각 2개의 하위 척도와 71퍼센트 정도 겹치므로 두 가지 모두의 척도로 타당해 보인다.

최고 재능 수준 척도는 3개의 다른 지표와 강한 상관관계가 있지만, 역시 공통분모는 그다지 높지 않았다. 요컨대 교사 평가와는 8퍼센트, 주관적 전념과는 25퍼센트, 종합 참여와는 19퍼센트 겹쳤다. 따라서 고등학교에서 학생들이 얼마나 높은 수준까지 선택할 수 있는지가 전념을 측정할 수 있는 다른 방법을 반드시 반영하는 것은 아니다. 해당 학생이 재능에 얼마나 참여하고 있는가라는 척도로서 강력한 표면적 타당성을 갖긴 하지만 말이다.

이런 상관관계의 행렬을 5개의 재능 영역 각각에 대해 따로따로 반복해서 적용하자 똑같은 패턴의 상관관계와 똑같은 관계의 상대적 강도를 획득할 수 있었다. 가령 교사 평가와 주관적 전념 사이의 상관계수는 수학에 재능을 가진 학생은 .31($p < .05$), 과학에 재능을 가진 학생은 .46($p < .01$), 음악에 재능을 가진 학생은 .59($p < .01$), 체육에 재능을 가진 학생은 .48($p < .01$) 그리고 미술에 재능을 가진 학생은 .43($p < .05$)였다. 다시 말해, 학생의 재

능과 상관없이 관련 교사가 해당 학생이 잠재력을 실현하고 있다고 평가할 경우, 그 학생은 아직 관심 있고 몰두하고 있다고 말할 가능성이 상당히 높다는 얘기다. 비록 두 척도 사이의 공통분모가 수학에서는 단 9퍼센트, 음악에서는 35퍼센트 사이에 걸쳐 있긴 했지만 말이다.

이는 무엇을 의미하는가? 다양한 척도는 기저에 흐르는 과정을 설명하는 데서 명백히 일치한다. 그러나 이런 과정이 일원적이지 않고 수미일관하지 않다는 점 역시 명백하다. 고등학교에서 가능한 수학 강좌 전체를 듣고 있는 학생이 반드시 대학에서 수학을 전공하기로 결정하는 것은 아니다. 자신이 음악가가 될 것이라고 개인적으로 가장 확신하는 학생이 교사가 잠재력을 실현하고 있다고 평가한 학생일 수도 아닐 수도 있다. 전념(혹은 그 반대인 재능으로부터의 이탈)은 '모 아니면 도'의 과정이 아니다. 청소년들이 자신과 꼭 맞고 통하는 미래를 선택하는 데는 엄청난 망설임과 수많은 시행착오가 있게 마련이다. 한 17세 청년은 교사에게 장래가 촉망되는 과학자로 보일 수 있지만, 내심 자기 일생을 과학에 바치는 데 대해 의심을 품고 있을지 모른다. 한 17세 숙녀는 교사에게는 장난처럼 보일지 몰라도 마음속으로 피아노 연주자가 되겠다는 단호한 의지를 발전시키고 있을지 모른다. 위의 네 가지 지표 중 어느 것이 앞으로 일어날 일들에 대한 좀더 확실한 징후일까? 시간만이 말해줄 것이다. 결국 전념의 다양한 방식은 반드시 나중까지 수렴될 것이다. 좀더 세월이 지난 후 "맞습니다. 이 젊은이는 더 이상 과학자가 아니라 성공한 사업가입니다" 그리고 "맞습니다. 이 젊은 여성은 정말로 훌륭한 피아노 연주자입니다"라는 사실이 모든 이들에게 명백해질 때까지.

전념의 징후 중 우리가 학생들에 대해 이전에 알았던 것과 연관 있는 것이 있을까? 가령 좀더 혜택 받은 집안의 학생들이 좀더 끈기 있게 해나갈 가능성이 높을까? 공부하는 동안의 경험의 질로 재능 영역에서 미래의 몰입을 어느 정도 예측할 수 있을까? 자기 목적적인 가정의 아이들이 더욱 전념할까? 인내심과 성취 지향성이 도움을 줄까? 예비대학수학능력평가, 곧 PSAT로 측정한 학력은 재능의 추가적 발달을 예측하는 데 얼마나 중요할까? 지금부터는 사회경제적 지위(socioeconomic status, SES)와 재능에 대한 전념의 관련성을 검토하는 것으로 시작해 이런 질문에 답해보도록 하겠다.

사회경제적 배경과 재능 발달

4장에서 우리는 재능 있는 아이들의 가정이 여러 가지 혜택을 제공한다고 언급했다. 그들은 경제적으로 더 풍족하고, 부모의 학력과 직업적 지위도 더 나았다. 이런 결과는 놀랍지 않지만 재능 발달 자체가 화이트칼라 아이들의 성공이 블루칼라의 또래를 능가한다는 더 이상 신비스러울 것 없는 불편한 가능성을 시사한다. 따라서 SES가 이탈의 다양한 척도에 중요한 기여를 하는지 아닌지 점검하는 것이 매우 중요하다. 가족의 SES 변인 중 어떤 것도 네 가지 전념 척도 중 하나와 유의미한 관련이 있다는 희미한 기미조차 보이지 않는다(부록 10.1 참조). SES 변인과 전념 척도 사이의 상관계수는 .1에서 -.1까지로 모두 무의미하다. 따라서 부유하고 학력 높은 가정에 재능 있는 청소년이 있을 가능성이 높다 하더라도, 가족의 물질적 지원이 아이가 재능 계발에 한 발 더 나아가도록 도와주는 것 같지는 않았다. 우리가 알아낸 관계성 결여는 부분적으로는 표본에서 SES의 제한된 범위 때문이다. 약 20퍼센트의 가족만을 낮은 SES로 특징지을 수 있고, 학생 5명 중 4명은 중간층에서 중상층에 해당하는 가정 출신이었다. 분명 이 집단에 거의 반영되지 않은 하층 계급 아이들을 더 많이 포함했다면 상관관계는 긍정적이었을 가능성이 높다. 왜냐하면 상대적으로 좀더 극단적으로 혜택 받지 못한 아이들이 재능을 포기했을 것이기 때문이다. 그러나 이런 가정의 자녀들은 최종 명단에서 빠졌다.

따라서 부모의 소득과 학력은 어린 시절 아이들에게 제공하는 초기 혜택이 지나고 나면 고등학교 시기의 재능 발달에는 더 이상 기여하지 않는 것 같다.

성별 간 차이 부재

재능의 전념에 관한 한 격차가 없어 보이는 또 하나의 인구학적 변인은 성별이다. 남학생과 여학생이 고등학교 졸업 무렵 자기 재능 영역에서 지속하거나 이탈할 가능성은 똑같았다. 게다가 성별은 이번 장 나머지 부분에서 우리가 검토할 관계 중 어느 것과도 상호 작용하지 않았다. 따라서 차후의 분석에서는 이 변인을 제외했다. 요컨대 남학생과 여학생에 대한 결과를 합산했다. 지금부터의 논의는 따로 명시하지 않을 경우 남녀를 구별하지 않는다.

성격, 학업 능력 그리고 전념

재능 있는 학생들과 평범한 또래를 구분하는 2개의 변인은 특정 성격과 인지적 특징이다(4장 참조). 특히 재능 있는 학생들은 강한 성취욕, 인내심, PSAT 점수에서 나타난 것과 같은 높은 학업 수행 능력으로 구분할 수 있다. 이런 특성은 또한 재능 발달이 진척되도록 돕는 게 분명하다. 그러나

표 10.2 성격 및 인지적 변인과 재능에 대한 전념 간 상관관계

	교사 평가	주관적인 전념	종합 참여	최고 재능 수준
작업 성향(성취+인내심) (n=140/177)[a]	.12	.38**	.32**	.22**
PSAT 2(언어+수학) (n=167/203)[a]	.06	.04	.06	.08

[a] 모든 학생이 검사 전체를 완료한 것은 아니므로 수치가 다양하다.

**p<.01.

표 10.2가 보여주듯 결과는 뒤섞여 있다.

높은 성취동기와 강한 인내심은 더 많은 개인적 참여 척도(전념하고 있다는 주관적 느낌)에 기여하고 해당 영역의 강좌를 수강하는 데 학생들이 어디까지 갈 것인지 긍정적으로 예측하기도 한다. 반면, 교사 평가나 재능 강좌에서의 학점(표 10.2에서는 언급하지 않았다)은 모두 이런 성격의 측면과는 관련이 없다.

더욱 놀라운 것은 PSAT로 측정한 학업 능력과 전념 지표 중 어느 것도 유의미한 상관관계가 없었다는 점이다. 그러나 상관관계의 이러한 결핍은 두 가지 주요 재능 유형에서 학업 능력이 맡고 있을지도 모를 다른 역할 때문이었을 수 있다. 따라서 상관관계는 재능 영역에 따라 별도로 언급했다.

재능 발달과 PSAT 점수와의 관계를 5개 재능 영역마다 별도로 조사하자 복잡하지만 기본적으로 합리적인 패턴이 나타났다. 다음은 그 중요한 특징이다. (a) 미술과 체육 영역에서 PSAT 점수는 전념 척도 중 무엇과도 유의미한 관계를 보이지 않았다. (b) 음악 영역에서 PSAT 점수는 교사 평가하고만 상관관계가 있었다(r=.25, p<.05). (c) 과학 영역에서 PSAT 점수는 교사 평가(r=.40, p<.01)와 재능 영역 학점(r=.46, p<.01)과 상관관계가

있었다. 그리고 (d) 수학 영역에서 PSAT 점수는 학생이 택한 최고 재능 수준의 과목하고만 상관관계가 있었다($r=.44$, $p<.01$). 이러한 패턴은 학업 능력이 주로 과학에서 재능 발달에 일조한다는 것을 시사하지만, 그렇더라도 주관적 전념에 대한 느낌과는 거의 관련이 없어 보이며 주로 교사들의 의견과 학점에 영향을 주는 것 같다.

경험의 질과 재능에 대한 전념

학생들의 재능 계발을 도와줄 게 분명한 확실한 이점(가족의 물질적 지원, 재능과 관련 있는 성격적 특성, 그리고 우수한 학습 잠재력)은 별다른 차이를 만드는 것 같지 않았다. 그렇다면 관계가 있을지도 모르는 좀더 미묘한 영향들로 넘어가보자. 이런 영향은 학생들이 자기 재능 영역에서 작업에 몰입하는 동안 얻는 경험의 질과 관련이 있다.

플로 이론에 기초한 이번 연구의 가장 중요한 예측 중 하나는 수학에 소질 있는 십대가 수학 하는 경험을 즐긴다면, 고등학교 내내 그 작업을 계속해서 수학자가 될 가능성이 더 높다는 것이었다. 물론 똑같은 추론을 다른 영역의 재능 있는 십대들에게도 적용할 수 있다. 이러한 가설을 검증하기 위해 1985년 수집한 ESM 자기 보고서를 1988년 수집한 전념 척도에 접목시켰다.

이런 검사가 왜 효과적이지 않은지에는 많은 이유가 있다. 우선 ESM을 수집한 주간이 자기 재능을 향한 학생의 감정을 진정으로 대표하지 않을 수 있다. 어떤 학생들은 그 주간에 단 한 차례나 두 차례만 재능 영역에 몰입하는 동안 호출 신호를 받았을지 모른다. (그런데도 이를 예측의 기반으로 삼기에 충분한가?) ESM이 정말로 학생들이 자기 재능에 대해 어떻게 느끼는지에 대한 타당한 평가를 제공했다 하더라도 이런 느낌이 3~4년 후 전념에 대해 무엇을 말해줄까?

13세 때 재능 관련 작업을 하는 동안의 기분과 17세 때 재능에 대한 전념 사이의 유의미한 연관성을 찾을 수 없을 거라는 이 모든 타당한 이유에도 불구하고, 우리는 사실상 몇 가지 연관성을 발견했다. 첫 번째 전념 기준인 교사 평가는 3~4년 전 학생들이 자기 재능에 몰두했을 때 어떻게 느꼈는지와 가장 관련이 적은 지표다. 오직 세 가지 변인만이 교사 평가와 유의미한 연관이 있었다. 요컨대 교사들은 좀더 개방적이고 남을 의식하지 않는다고 느낀 학생들, 그리고 타인의 기대에 맞추고 있다고 느낀 학생들을 더욱 전념하고 있다고 평가하는 경향이 있었다.

반대로 두 가지 다른 결과, 즉 주관적 전념과 최고 재능 수준은 각각 일곱 가지 경험 변인으로 예측할 수 있었다. 자기 재능에 몰두하는 동안 명랑하고, 강하고, 신나고, 개방적이고, 성공적이라고 느낀 아이들은 그걸 지속하고 싶어 할 가능성이 더 높았다. 그들은 실제로 자기 재능 영역에서 상급 강좌를 반드시 수강했다.

표 10.3의 세로 줄은 일부 경험 변인이 다른 것보다 전념 척도와 더 강한 연관성을 가졌음을 보여준다. '개방적이다'는 전념 척도 전체와 한층 긍정적인 관계를 갖고 있는 것 같다. '폐쇄적이다'보다 한층 '개방적이다'라고 보고한 학생들은 고등학교 졸업 때까지 좀더 전념했다. 다른 강한 변인은 '명랑하다', '강하다', '신난다', '주위를 의식하지 않는다', 내적 동기('하고 있다면 좋겠다'), '성공적이다' 그리고 '능숙하다'이다. 이런 경험 변인 각각은 적어도 2개의 전념 결과와 유의미한 상관관계가 있었다.

표에 나타난 패턴은 재능 있는 아이들의 성격에 관한 이전의 발견과 내

표 10.3 재능 영역에서 작업하는 동안 경험의 질(ESM으로 측정)과 재능에 대한 전념(3년 뒤 측정) 간 통계적으로 유의미한 상관관계

경험	전념			
	교사 평가	주관적 전념	종합 참여	최고 재능 수준
감정				
행복하다	—	—	—	—
명랑하다	—	.17*	.19*	.20*
사교적이다	—	—	—	—
유능감				
강하다	—	.15*	—	.20*
적극적이다	—	—	—	—
정신이 맑다	—	—	—	—
신난다	—	.17*	—	.16*
인지적 효율				
집중하고 있다	—	—	—	—
개방적이다	.18*	.19*	.21**	.19*
명확하다	—	—	—	—
주위를 의식하지 않는다	.22**	—	—	.25**
동기				
하고 있다면 좋겠다	—	.17*	—	.26**
몰입하고 있다	—	—	—	—
통제하고 있다	—	—	—	—
자아 존중감				
좋은 느낌이다	—	—	—	—
성공적이다	—	.17*	.17*	.18*
자신의 기대에 맞추고 있다	—	—	—	—
타인의 기대에 맞추고 있다	.17*	—	—	—
기타				
능숙하다	—	.24**	.20**	—

주: '대시' 기호는 통계적으로 유의미하지 않은 상관관계를 나타낸다.

*$p < .05$. **$p < .01$.

적 동기의 플로 이론 모두를 확인해준다. 인지적 유형으로서 개방의 중요성은 4장에서 언급했다. 재능 관련 활동, 내적 동기, 그리고 숙련도 및 성공에 대한 감정에 몰입하는 동안의 자의식 결여는 플로 이론이 예측한 경험의 차원이다. 마지막으로 긍정적 감정과 유능감도 학생들이 자기 재능을 계속 발전시키고 싶어 할 가능성을 더욱 높여주는 종류의 경험을 포함한다.

다른 변인을 통제한 이후 경험과 전념 간 관계

표 10.3에 나타난 관계가 표에 들어 있지 않은 다른 변인에 의해 어지럽혀질 수 있다는 주장이 가능할 것이다. 가령 강한 일 지향성을 성격적 특성으로 갖고 있는 학생들은 재능 관련 작업을 더 많이 즐긴다고 볼 수 있고, 따라서 즐거움과 전념 간 상관관계는 일 지향성과 전념 간 근원적이고 더욱 강한 상관관계의 하위 결과(spurious result)다.

가능성 있는 이런 대안을 확인하기 위해 표 10.3에서 제시한 상관관계를 반복하되 이번에는 세 가지 다른 잠재적 혼재 변인(confounding variable)의 영향을 제거하는 통계적 관리를 활용했다. 요컨대 (a) 학업 적성을 측정하는 학생의 PSAT 점수(언어와 수학 합산), (b) 부모에게 받은 영향의 효과를 나타내는 자기 목적적 가족 점수, 그리고 (c) 일 지향성 혹은 학업 성취도와 가장 강한 상관관계를 갖는 '잭슨 성격 검사' 요인이 그것이다.

이런 변인을 통제하자 표 10.3에서 유의미했던 똑같은 상관관계가 여전히 유의미했다. 동기 그리고 자신의 성공과 역량에 대한 학생의 인식 같은 몇 가지는 통제의 기여 부분을 제거하자 통계적으로 더 유의미해졌다. 게다가 일부 새로운 경험 변인이 전념과 강한 연관성을 보였다. 예를 들어, 학생들이 자기 재능 영역에서 작업하는 것을 얼마나 중요하게 생각하는지는 PSAT, 가족 유형, 그리고 일 지향성이 일정할 때 그들의 전반적 목표에 비추어 주관적 전념($p<.05$)과 최고 재능 수준($p<.001$) 모두와 상관관계가 있었다. 따라서 재능이 그 사람의 미래에 중요할 거라는 믿음은 몰입을 지속하는 데 상대적으로 낮은 역량과 그 밖에 다른 촉진 조건의 결핍을 보충하고도 남을 중요한 구성 요소인 듯하다.

동기와 전념

동기를 측정하기 위해 '하고 있다면 좋겠다' 항목을 활용하는 것 외에도 우리는 학생들이 자기 재능 영역에서의 작업을 자발적인 것으로 인지하는지 검사함으로써 동기의 정도를 가늠해보았다. 학생들은 호출기에 응답할 때마다 하고 있던 일을 왜 했는지 그 이유를 표시해야 했다. 선택 답안은 '하고 싶었기 때문에', '해야만 했기 때문에', '달리 할 게 없어서' 또는 그것들의 조합이었다. 이 분석에서 우리는 학생이 재능 영역 작업을 하는 동안 '하고 싶었기 때문에'에 표시하면 그때마다 그 학생은 내부에서 발생한 동기가 있다고 가정했다.[3] 바꿔 말하면, 그 학생은 재능 영역에서의 작업을 개인적이고 자발적인 선택으로 여겼다는 것이다.

표 10.4는 학업 능력(PSAT 종합 점수), 자기 목적적 가정 환경, 성격(성취와 인내심의 결합 요인), 앞에서 사용한 재능 관련 참여의 세 가지 답안에 대한 내적 동기의 ESM 측정이 상대적으로 기여한 정도를 보여준다. 여기에 우리는 네 번째 것, 곧 학생들이 재능 영역과 관련해 수강한 가장 높은 수준의 수업에서 받은 학점을 추가했다.

교사 평가는 학생들의 학업 능력과 그들의 가정 환경으로 가장 잘 예측할 수 있다. 성격이나 동기는 어느 것도 교사 평가에 영향을 주지 않는다. 학업 능력은 유일하게 학생들이 가장 어려운 재능 강좌에서 받은 학점을

표 10.4 재능 영역에서 작업하는 동안의 학업 능력, 가정 환경, 성격 그리고 내적 동기가 3년 후 측정한 재능 전념에 미친 상대적 기여를 검사한 변량 분석

	전념 척도(F)			
	교사 평가 (n=142)	최고 강좌 학점 (n=152)	주관적 전념 (n=170)	최고 재능 수준 (n=152)
학업 능력(PSAT 종합 점수)	4.3*	8.7**	0.2	5.4*
자기 목적적 가정 환경	4.0	2.1	0.1	0.4
성격(성취+인내심)	0	0	10.4**	8.6**
동기(재능을 '하고 싶었기 때문에' ESM)	2.6	0	3.1*	11.6***

*p<.05. **p<.01. ***p<.001, 양측 검증.

예측하도록 해준다. 반대로 주관적 전념은 학생들의 성취욕과 인내심에서 강한 영향을 받으며, 동기로부터는 경미한 영향을 받고, 학업 능력이나 가정 환경에 의해서는 전혀 영향을 받지 않는다. 학생들이 재능 영역 수업을 듣는 데 어느 수준까지 올라갈 것인지는 그들의 동기를 보면 가장 잘 예측할 수 있고, 그다음이 성격이다. 학업 능력은 예측을 하는 데 최악이었다.

이 데이터는 다시 한 번 다양한 결과 척도(outcome measure)가 학생들의 다른 특성에 반응한다는 것을 시사한다. 교사 평가와 학점은 학업 능력에 더 의존하는 반면, 학생들이 자기 재능 영역에서 어느 지점까지 올라갈 수 있는지와 개인적 몰입감은 동기와 성격에 많이 달려 있다. 다른 말로 하면, 학생들의 동기와 성격을 안다고 해서 학점이나 학생에 대한 교사의 의견을 예측하는 데 도움을 주지는 않을 것이다. 반면 학생들이 공부를 얼마나 잘 하는지와 가족으로부터 얼마나 지지를 받는지 안다고 해서 그들이 얼마나 높은 수준까지 갈 것인지와 개인적으로 얼마만큼 전념하는지 예측하는 데 도움을 주지는 않을 것이다. 5개 재능 영역 전체에서 패턴은 거의 동일하다.

플로와 재능에 대한 전념

이번 연구의 주요 예측 중 또 다른 하나는 재능 영역에 조기 노출됐을 때 플로를 경험한 학생들이 끈기 있게 버틸 가능성이 높을 거라는 것이었다. 이런 가설은 즐거운 활동은 무엇이든 반복하게 된다는 좀더 일반적인 명제에서 비롯된 것이다.[4]

한 학생이 재능 영역에서 플로를 경험했는지 여부를 측정하는 간단한 방법은 그 학생이 고등학교 3학년 때 작성한 플로 설문지의 항목 중 하나를 활용하는 것이었다. 이 항목에는 플로 경험을 설명하는 4개의 간단한 상황문(예를 들어 "당신은 집중력이 너무나 강하고 주의가 전혀 분산되지 않으며 당신이 하고 있는 일에 완전히 몰두한 나머지 보통 때는 주목하는 것들을 알아채지 못하는 어떤 일[활동]을 할 때가 있습니까?")이 있고, 각각의 설명 뒤에는 "이렇게 느낀 적이 전에 있었습니까?"와 "만일 그렇다면 당신은 무엇을 하고 있었습니까?"라는 질문을 덧붙였다. 3개의 질문 중 하나에라도 뒤에 자기 재능 영역을 열거하면서 응답한 학생은 재능에 몰입하는 동안 플로를 경험한 것으로 간주했다.

표본의 절반 정도는 플로 경험 사례로 자기 재능 영역을 지목했지만, 영역 간에는 큰 차이가 존재했다. 과학 영재 중에는 9퍼센트, 수학 영재 중에는 17퍼센트만이 그렇게 답했다. 반면 미술 영재들은 62퍼센트, 음악 영재들은 68퍼센트, 그리고 운동선수는 74퍼센트가 각각의 재능 영역에서 플로 사례를 제공했다. 이런 결과는 썩 편치는 않지만 예상 못한 것도 아니었다. 진짜 질문은 바로 이것이다. 그 학생이 재능 활동에 참여하는 동안 플로를 경험하는지 여부가 차이를 만드는가? 대답은 표 10.5에 있다. 여기서 변량 분석은 플로, 학업 능력, 자기 목적적 환경 그리고 성격이 전념에 관한 다양한 척도에 미치는 기여도와 정반대다. 학생이 재능에 몰입하는 동

표 10.5 재능 영역에서 학업 능력, 가정 환경, 성격 그리고 플로가 재능에 대한 전념에 미친 상대적 기여를 검사한 변량 분석

	전념 척도(F)			
	교사 평가 (n=185)	최고 강좌 학점 (n=183)	주관적 전념 (n=210)	최고 재능 수준 (n=183)
학업 능력(PSAT 종합 점수)	10.2**	5.0*	0.2	1.6
자기 목적적 가정 환경	7.6*	6.7**	0.1	0.2
성격(성취+인내심)	0.3	0.3	34.4***	5.3*
플로(플로 경험으로 재능을 언급했을 경우)	21.4***	5.7*	65.3***	22.7***

*p<.05. **p<.01. ***p<.001, 양측 검증.

안 플로를 경험했다고 말하느냐 여부가 학업 능력이나 가족의 지지 또는 성격보다 전념에 대해 훨씬 더 예측력이 있음을 보여주는 결과다. 플로가 최고의 예측 변수가 되지 않은 성과는 오직 최고 수준 재능 강좌의 학점뿐이다. 그러나 이는 네 가지 성과 변수 전체를 유의미하게 예측하는 유일한 변인이다.

표 10.5는 4개의 예측 변수가 4개의 성과와 다르게 연관되어 있음을 생생하게 입증한다. 학업 능력과 자기 목적적 가정 환경은 교사 평가와 가장 강한 연관성을 갖고 있지만, 주관적 전념이나 최고 재능 수준과는 연관이 없다. 성격과 플로는 둘 다 주관적 전념을 가장 잘 예측하지만, 성격은 교사 평가나 최고 수준 재능 강좌의 학점과 연관이 없다.

그림 10.1은 자기 재능 영역에서 플로를 경험했다고 언급한 학생과 그렇지 않은 학생 간 전념의 차이가 5개 재능 영역 전체에 걸쳐 하나같이 유의미하다는 사실을 한눈에 보여준다. 여기서는 교사 평가에 주관적 전념을 더한 합계로 이루어진 종합 참여 성과만을 사용했다. 수학 하는 것을

그림 10.1 플로 경험으로 재능 영역을 언급한 학생과 그렇지 않은 학생에 대한 평균 종합 참여 점수

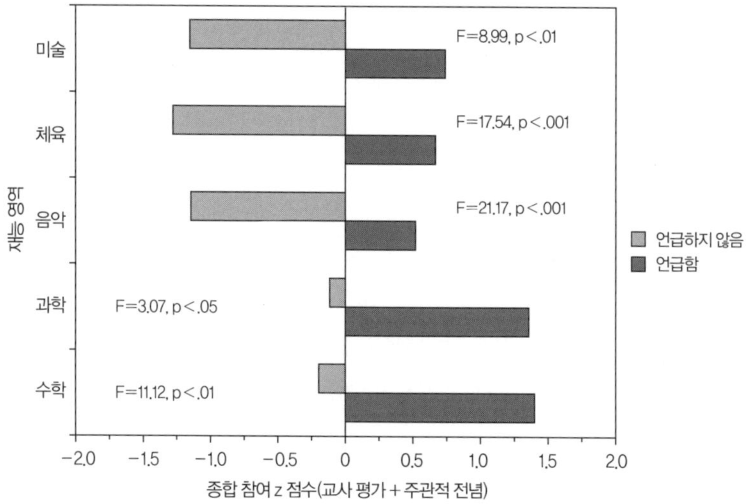

플로 경험으로 언급한 수학 영재 9명의 경우 수학을 플로로 언급하지 않은 39명의 그것보다 표준 편차가 1.5 더 높은 평균 종합 참여 점수를 보였다(F=11.1, p<.01). 참여에서의 똑같은 차이는 과학이 플로 경험과 관련 없는 35명으로부터 과학에서 플로를 창출한 4명의 과학도를 구분 짓는다. 가장 큰 차이는 음악에 재능 있는 학생들에서 나타났다. 여기서 음악을 플로와 연관시킨 학생 41명의 경우 평균값보다 표준 편차가 0.5 높은 평균 참여 점수를 보인 반면, 그렇지 않은 14명은 1.3 낮은 평균 점수를 보였다(F=21.2, p<.001).

이 그림을 다른 식으로 해석할 수도 있다. 요컨대 이는 재능 있는 미술 영재와 운동선수들이 하고 있는 일을 좋아하지 않을 때 계속 전념하지 않을 가능성이 있음을 시사한다. 반면 과학 영재와 수학 영재는 내적 보상이

없을 때조차도 최소한 중간 정도는 계속 전념할 가능성이 있다. 이런 분야의 외적 보상이 반드시 약간의 몰입을 보장하기에 충분하기 때문인 것으로 추측된다. 그러나 수학과 과학에서 진짜로 플로를 경험하는 비교적 소수는 자기 재능 영역(들)에 엄청나게 전념할 가능성이 높다.

요약과 결론

재능에 대한 전념을 어떻게 측정해야 하는지 결정하기는 쉽지 않다. 이는 교사들에게 남긴 인상, 선택한 수업의 난이도, 혹은 미래에 자기 재능을 계속 키우려는 의지로 정의할 수 있을 것이다. 전념을 측정하는 이런 방식 각각은 다른 것들과 상당히 겹치지만 결코 완전히 겹치지는 않는다. 미래의 전념으로 이어질 특징을 예측하는 게 불가능한 것은 이런 수렴 부족에서 연유하는 것 같다. 그러나 이 암울한 결론에는 한 가지 예외가 있다. 만일 십대가 재능을 즐거운 것으로 경험한다면, 어떤 전념 척도를 채택하든 그걸 지속할 가능성이 있다. 그러나 플로와 재능에 대한 지속적 몰입의 연관성을 검토하기 전에 무엇이 각각의 다양한 성과 척도를 예측하는지 간단하게 요약하는 게 유익할 것이다.

교사 평가 교사가 한 학생이 자기 재능 영역에서 기대에 부응하고 있다고 생각하는지 여부는 그 학생이 재능을 플로 경험으로 생각하는지와 관련이 있다. 아울러 학업 능력 및 지지해주는 가정 환경과도 관련이 있다. 그 밖에 교사는 개방적이라고 느끼고, 남을 의식하지 않는다고 생각하고, 재능에 몰입하는 동안 다른 사람의 기대에 부응한다고 느끼는 학생들에게 더 높은 평가를 내린다. 교사 평가와 전념 간 관계를 이해하는 데 마찬가지로 중요한 것은 어떤 변인이 교사 평가와 무관한지 아는 것이다. 어떤 학생이 재능 관련 작업을 할 때 행복한지, 강한지, 자신감 있는지, 또는 동기를 부여받는지는 교사 평가와 무관하며, 성취도와 인내심이라는 2개의 중요한 성격 차원 역시 마찬가지다.

최고 재능 수준의 학점 학생들이 재능 영역의 최고 수준 강좌에서 얼마나 잘하는가는 교사 평가에서와 같은 관계 패턴을 드러낸다. 바꿔 말해 플로는 우수한 예측 변인이지만,[5] 이 경우 학업 능력과 가정 환경이 훨씬 더 나은 예측 변인이다.

주관적 전념 학생의 지속적 몰입감과 재능 영역을 계속 유지할 것이라는 기대감 역시 재능 영역에서 플로를 경험하는 것과 가장 유력한 연관이 있다. 그러나 이 경우 성격도 한몫한다. 성취욕과 인내심 많은 아이들은 개인적으로 전념할 가능성이 훨씬 높다. 실제로 재능 영역 작업을 하는 동안 명랑하고, 강하고, 신나고, 개방적이고, 성공적이고, 능숙하고, 동기를 부여받는다고 느끼는 학생들은 몇 년 뒤 더욱 전념한다. 그러나 교사 평가의 강한 예측 변인인 학업 능력과 가정 환경은 주관적 전념에 어떤 역할을 하는 것 같지 않다.

최고 재능 수준 아마도 재능 계발을 지속하려는 학생의 야심은 고등학교에서 선택한 강좌의 난이도로 가장 잘 드러나는 듯싶다. 가장 어려운 과목에 도전장을 던지는 경향은 다시금 재능이 플로를 제공하는지 여부와는 가장 강하게, 성격과는 다소 적게 연관되어 있다. 가정 환경과 학업 능력은 관련이 없는 것처럼 보인다. PSAT 점수와의 연관성은 수학 영역에서만 유의미한데, 플로를 고려에 넣으면 그것조차 유의미 수준 이하로 떨어진다. 달성한 최고 재능 수준과 상관관계가 있는 ESM 변인은 다음과 같다. 즉 명랑하다, 강하다, 신난다, 개방적이다, 남을 의식하지 않는다, 성공적이다, 그리고 내적으로 동기를 부여받는다.

이런 패턴은 전념에 두 가지 기본 유형이 있음을 시사한다. 요컨대 외부적 성공(예를 들어 교사 평가와 최고 수준 재능 수업의 학점)의 관점에서 발현되는 것과 내적 욕구(예를 들어 주관적 전념과 최고 재능 수준)를 반영한 것이다. 그중 첫 번째 유형은 많은 부분 학생의 역량에, 그리고 분화와 통합 모두를 장려하는 복합적이고 자기 목적적인 가정의 지원에 달려 있다. 전념의 두 번째 유형은 성취욕과 인내심 같은 성격적 특성의 작용이 더 크며, 재능 영역에 몰입할 때 학생이 경험하는 긍정적 느낌에 의해 도움을 받는다.

교육적 영향

어떤 전념 척도를 사용하든 아마도 가장 중요한 연구 결과는 학생들이 자기 재능 영역에서 작업하는 동안 플로를 경험할 때 타고난 소질을 계속 계발할 가능성이 유의미하게 증가한다는 사실일 것이다. 이 결론의 중요성을 과소평가하기란 어려울 것이다. 이는 교사들이 학습을 즐겁게 만드는 쪽에 노력을 집중한다면 교육 목적을 가장 잘 달성할 수 있으리라는 것을 시사한다. 학생이 난해한 수학적 증명에 성공하거나 참신한 화학 실험을 설계하는 흥분을 맛볼 때마다 그 영역을 계속 탐구하려는 동기는 한층 강해진다. 학습을 플로 경험으로 전환하는 것의 중요성은 수학과 과학에서 특히 시급한 것 같다. 우리가 살펴봤듯 음악, 미술, 체육에 소질 있는 학생들은 자기 재능을 즐기는 데 전혀 문제가 없다. 그들에게 장벽은 내적이라기보다 외적이다. 요컨대 그들이 하고 싶어 하는 일을 계속할 수 있도록 생존 가능한 진로를 찾는 것이다. 그러나 '딱딱한' 영역에 소질 있는 아이들이 부딪히는 문제는 내적 동기의 결핍이다. 그중 너무나 많은 아이들에게 수학과 과학은 여전히 무미건조한 과목이며, 장기적으로는 유용하지만 당장은 즐겁지 않다.

이런 현상의 책임 일부는 정확히 교육자들의 어깨에 달려 있음이 분명하다. 교사와 학부모는 전통적으로 진지한 학습은 즐거울 수 없다고 여겨왔다. 일부 운동 코치들이 쓰는 "고통 없이 얻는 것은 없다"는 모토가 우리 교육철학에 너무도 많이 배어 있다. 그러나 과학자나 수학자들이 자기 일을 묘사할 때 즐거움이 얼마나 중요한지 너무나도 명백해 압도될 정도다. 새로운 해결책을 발견하는 게 어떤 기분인지에 대한 그들의 아름답고 열정적인 표현은 미술가나 작곡가들이 자기 작품에 대해 들려주는 설명만큼이나 황홀하다.[6] 현역 과학자와 수학자가 그들의 작업에서 즐거움이 얼마나 중요한지, 아울러 그게 얼마나 만족스러울 수 있는지 안다면, 우리는 왜 그런 이해를 초보자들에게 전달할 수 없는 것일까?

현대의 교육 관행은 학습 전파에 관한 한 급성 다중인격을 앓고 있는 것처럼 보인다. 한편으로, 우리는 지식을 논리적 요소로 분해하고 가능한 한 가장 합리적인 형태로 정보를 제시한다는 목표에 사로잡혀 있다. '신수학(new math: 1960년대 이후의 집합론에 기초한 수학을 가리킴—옮긴이)'에서부터 컴퓨터 프로그램에 영감을 받은 모든 다양한 커리큘럼에 이르기까지 교육가들이 집착하는 것은 학습자들이 그걸 어떻게 경험할까와 무관하게 특정 이론의 개요를 좇는 일이다. 반면, 대부분의 교과서와 많은 교사는 반대 경향에 무릎을 꿇어왔다. 상업 미술과 방송 편집의 영향을 받은 교과서는 가장 현란하게 시선을 끄는 방식으로 정보를 보여주려 애쓴다. 알록달록한 보충 설명, 온갖 서체, 생생한 사진이 학생들로 하여금 그 내용의 일부를 흡수하길 바란다. 마찬가지로 다수의 필사적인 교사는 학생들의 관심을 끌기 위해 다양한 형태의 개인기에 호소한다. 이러한 전략은 단기적으로는 효과가 있을지 몰라도, 그 뒤에 더욱 도전적인 방법을 바로바로 내놓지 않으면 곧 학생들의 관심이 다시 떨어져나갈 것이다.

오늘날의 교육에는 학생들로 하여금 계속 배우고 싶게끔 만들고, 갈수록 힘든 지적 도전을 감행하게끔 하는 내적 동기에 대한 건전한 이해가 부족하다. 이런 동기는 오늘날 학습을 좀더 구미 당기게 만드는 모델로 사용하는 TV 프로그램이나 그 밖에 다른 유형의 오락거리에 의해 유도된 아무 생각 없는 휴식과는 거의 상관이 없다. 이는 자전거를 타거나, 수영을 하거나, 어려운 퍼즐을 풀거나, 탁자 제작 방법을 배우는 적극적인 재미와 훨씬 더 관련이 있다. 다른 말로 하면, 내적으로 보상을 주는 학습이 성장과 숙달을 경험하게 하고, 자기 능력을 확장하는 데 성공했다는 느낌을 창출한다.

플로 모델은 이런 경험을 어떻게 유도할 수 있을지 설명하는 데 도움을 준다. 앞장에서 살펴봤듯 교사는 학생들에게 당장의 명확하고 실현 가능한 목표, 학생들의 현재 포부와 애초 관련 있는 목표를 제시하는 것이 중요하다. 학생이 인지한 지적 도전은 그 학생의 역량에 가능한 한 가까이 부합해야 하며, 성공 가능성이 대략 50 대 50일 수 있도록 너무 어렵거나 너무 쉬워서도 안 된다. 학생들이 몰입한 채로 있기 위해서는 즉각적이고 지속적인 피드백을 얻을 수 있도록 그들의 수행을 관찰하는 것이 중요하다. 이 피드백은 통제하기보다 정보를 제공하는 것이어야 한다. 즉 학생의 자아가 위협을 덜 받을수록 남을 덜 의식하면서 자기 작업에 몰두할 수 있다.[7] 외부의 방해는 최소화해야 한다. 학생들이 한 지식 영역을 일상적 현실의 부분집합으로 바라보는 한 그 영역은 흐릿하고 하찮아 보일 것이다. 그러나 수학이나 음악을 고유의 독특한 목표·원칙·보상을 갖춘 별도의 현실로 바라보는 순간, 학생들은 일상생활의 집착으로부터 자신을 해방시켜 이 끝없이 매혹적인 영역을 탐구하고 발견하는 데 몰두할 수 있다.

물론 이렇게 시간을 잡아먹는 교육 전략을 시행하기란 쉽지 않다. 그러나 따분하고 고통스러운 방식으로 지식을 전달하려고 노력하는 데 얼마나 많은 돈과 노력을 소모하는지 생각한다면, 우선순위를 변경하는 데 막대한 추가 비용이 들지 않을 수 있다. 만일 도전과 즐거움을 강조하는 법을 배우는 데 다시 초점을 맞춘다면, 적어도 우리는 많은 이들이 현재 그러는 것보다 더 큰 희망을 갖고 교육을 바라볼 것이다. 아울러 우리가 미래를 위한 견고한 기반을 구축하고 있을 뿐 아니라 우리 아이들의 삶을 풍부하게 만들고 있다는 사실도 깨달을 것이다.

이번 장에서는 학생들이 재능을 발전시키고 청소년기 내내 그것에 열중하고자 할 경우 자기 재능을 즐기는 것이 얼마나 중요한지 살펴보았다. 다음 장에서는 복합적 성장의 이론적 모델이 전념하는 학생과 그렇지 못한 학생 간의 차이를 해석하는 데 어떻게 도움을 주는지 밝히고, 그렇게 함으로써 재능 발달에 몰두하는 것과 관련해 좀더 논리 정연한 그림을 제공하고자 한다.

11 평생에 걸친 재능 육성

존 듀이는 금세기 초에 쓴 글에서 즐거움과 학습 사이의 연관성을 확실히 이해했다. 그는 저서《경험과 교육(Experience and Education)》에서 이렇게 썼다.

> 모든 것은 획득한 경험의 질에 달려 있다. 어떤 경험의 질이든 2개의 측면이 있다. 마음에 들고 안 들고 하는 즉각적 측면이 있고, 이것이 이후 경험에 미치는 영향이 그것이다. ……그런고로 경험에 기반을 둔 교육의 중심 문제는 그다음 경험 안에 풍부하게 그리고 창의적으로 살아 있는 현재의 경험을 선택하는 것이다.[1]

듀이는 이렇게 교육철학의 기반을 순간적 관심사와 미래의 관심사 간 연결에 두었다. 진정한 교육이란 듀이에 따르면 나선형이며 변증법적 과정이다. 교사의 임무는 학습 환경 안에서 학생들이 혼자 힘으로 이러한 경험을 반복하고 싶도록 즐거운 경험을 자극하는 데 있다.

> 두 가지를 동등하게 보는 것이 교육자가 책임질 부분이다. 첫째, 문제는 현재 얻은 경험 상황에서 발전해 커지고, 학생들은 그걸 감당할 수 있다. 그리고 둘째, 이는 학습자에게서 정보와 새로운 아이디어 창출에 대한 적극적 탐구를 불러일으킨다. 이렇게 획득한 새로운 사실과 새로운 생각은 추후 경험을 위한 기반이 되며, 그런 경험에서 새로운 문제가 등장한다. 그 과정은 나선 형태로 거듭된다.[2]

그러나 듀이의 철학은 보편적으로 그 안에 담긴 통찰이 찬사를 받으면서도 많은 논쟁을 도발해왔다. 가장 눈에 띄는 것으로는 진보적 교육관을 지지하는 이들과 전통적 교육관을 지지하는 이들 사이의 논쟁이 있었다. 각각의 이데올로기를 지지하는 사람들은 종종 참된 교육에 필요한 유연성을 오해했다. 전통주의자들은 교실에서의 더 많은 규율과 기본적 기술 지도를 원하고, 진보주의자들은 자유와 감성을 변론한다. 시카고 지역의 초등학교에서 일하는 한 행정 직원은 그 문제를 이런 식으로 기술했다. "듀이를 언급할 때, 대부분의 교사는 아이들을 장난감 많은 넓은 방에 넣어놓고 원하는 대로 놀게 내버려두는 것으로 생각한다." 듀이는 오도된 이런 공방이 태동하는 것을 보았지만 그의 노력으로는 이를 막을 수 없었다.

경험의 질을 측정하는 적절한 방법의 부족은 분명 이런 오해가 존속하는 이유 중 하나다. 입증할 필요가 있는 요점은 단기적 즐거움과 장기적 몰입이 교육 과정과, 따라서 재능 발달과 밀접하게 연관되어 있다는 것이다. 경험표집법, 곧 ESM은 그런 가정(assumption)에 대한 검사를 시작하기 위해 활용할 수 있는 방법이다. 이번 장에서는 자기 재능 영역에서 작업하고 있는 십대들의 관점에서 이 두 가지 차원을 탐구한다.

단기적 몰입과 장기적 몰입 간 차이는 통합과 분화 변증법의 또 다른 발현이다. 이런 수준의 분석에서 단기적이거나 자발적이거나 순간적인 몰입은 의식에서 통합에 해당한다. 즉 학생들은 눈앞의 재능 관련 작업 때문에 압도당하거나 유리되었다고 느끼지 않으며, 오히려 스스로와 자신의 행동을 무결절의(seamless) 전체로서 경험한다. 그들은 무엇을 하고 있든 거기에 '빠진다'. 한편 장기적이고 목표 지향적인 몰입은 의식에서 분화를 가리킨다. 다시 말해, 학생들은 지금 현재 자기가 하고 있는 일이 자신의 성장과 미래에 파문을 남기는 뭔가 새롭고 도전적인 것임을 자각한다. 이런 차원을 전부 갖춘 의식 상태는 복합적일 것이다. 즉 학생들은 자신의 재능 활동이 (성장과 변화의 수단일 뿐 아니라) 그 자체로 즐거운 목적이기도 하다고 걸 느낄 것이다. 우리 연구에서는 자기 재능 계발에 가장 전념하는 학생들이 이런 복합 의식 상태를 더 자주 보일 것이라고 예상했다.

경험과 재능 발달

복합성이란 개념은 성격과 가정 환경에 관한 앞선 논의(예를 들면 6장과 8장)에서와 같이 여기서도 통합하는 힘과 분화하는 힘이 동시에 존재하는 것을 나타내는 데 사용할 것이다. 복합적 성격과 복합적 가정 환경은 다차원적이므로, 즉 안정과 성장 모두를 지향하기 때문에 성장을 위해서는 최적이라고 설명한 바 있다. 이번 장에서는 이런 일반적 변증법을 경험의 질에 적용할 것이다. 복합적 경험은 즐거우면서도 미래 관심사 및 성장과 관련 있는 경험이다. 이런 의미에서 복합적 경험은 내적 동기와 외적 동기가 결합하고 활동의 즉각적 보상을 미래의 보상에 대한 기대와 연관 짓는 경험이다. 학생들의 자기 재능 참여 형태를 이런 변증법적 긴장으로 특징지을 경우 그들의 재능은 커나갈 가능성이 있다.

10장에서 논의한 것처럼 우리 연구는 부분적으로 이런 관찰을 확인했다. 표본 전체를 놓고 ESM 데이터는 2년 뒤 재능에 대한 참여를 예측했다. 자기 재능 관련 작업을 하는 동안 개방적이고 신난다고 보고한 학생들은 자신이 하고 있는 일을 스스로의 전반적 목표에 중요하다고 인식한 아이들처럼 끈기 있게 버틸 가능성이 훨씬 높았다. 다른 말로 하면, 순간적 흥미와 몰입 그리고 장기적 목표는 모두 참여의 다양한 차원에 지속적으로 연관이 있었다. 분명히 이런 질적 측면 중 어떤 것도 재능 발달을 얘기할 때 간과할 수 없을 듯싶다.

그런가 하면 10장에서 보고한 결과는 이런 변인 사이에 상승 작용을 일으키는 연관성에 관해 우리에게 말해주는 것이 거의 없다. 몰입은 재능 발달을 예측하기에 충분한가? 혹은 자기가 하고 있는 일의 장기적 중요성에 대한 인식은 당사자가 고등학교 교과 과정을 성공적으로 헤쳐 나가도록 하기에 충분한가? 가장 적극적으로 참여하는 학생들이 마찬가지로 현재의 순간도 즐길 것이며, 현재 활동과 미래 목표 사이의 연결 고리를 자각하고 있으리라는 점은 아마 사실일 것이다.

앞장에서 기술한 플로 경험이 재능 발달과 맺는 연관성은 똑같은 역학적 고려를 제기한다. 요컨대 높은 기술은 새로운 정보에 즐겁고도 수월하게 몰두할 발판을 제공할 수 있지만, 만일 성장을 위한 도전에 대한 인식이 없다면 플로가 발생할 가능성은 없다. 따라서 이번 장에서 다룬 또 다른 쟁점은 가장 적극적으로 전념하는 학생들이 기술과 도전 사이의 상승 관계(synergistic relation)를 보여주는지 여부다.

듀이의 통찰에 의거해 이번 연구에서는 재능 발달을 해당 경험의 특정 양식에 의해 나타나는 변증법적 혹은 나선형의 과정으로 인식한다. 은유적 표현으로는 "마음과 함께 가는 길"[3]이라고 할 수 있다. 이를테면 여행 자체를 즐기는 사이 종착점에 다다를 때의 느낌이다. 순간적 몰입을 측정하기 위해 '몰입하고 있다', '개방적이다', '신난다' 같은 변인의 종합 ESM 점수를 사용했다. 장기적 목표는 "당신의 전반적 목표와 비교해 이 활동은 얼마나 중요했습니까?"라는 단일 항목으로 측정했다. 특정 호출 신호에 반응한 학생이 높은 몰입도 및 미래 목표와 관련해 높은 중요성을 모두 나타낼 때(즉 모든 변인에 평균 이상일 때) 그 경험을 복합적인 것으로 분류했다. 아울러 세 가지 다른 양식을 구분했다. 높은 몰입도와 낮은 중요성, 높은 목표 중요성과 낮은 몰입도, 그리고 낮은 몰입도와 낮은 중요성(6장과 8장 참조). 전념하는 학생들은 그렇지 않은 학생보다 더 자주 몰입도와 중요성을 동시에 보여줄 것으로 기대했다.

플로 모델[4]은 복합적 경험 양식을 탐구하는 두 번째 방법을 제공했다. 다시 한 번 네 가지 경험 유형을 고려했다. 높은 기술과 높은 도전(플로 경험을 위한 최상의 조건), 높은 기술과 낮은 도전(잠재적 권태), 높은 도전과 낮은 기술(잠재적 불안), 그리고 낮은 기술과 낮은 도전(무관심)이 그것이다. 우리는 재능에 대한 높은 몰입도는 높은 기술과 높은 도전의 '생산적 긴장'으로 특징지을 수 있을 것이라고 예상했다.

분산되지 않은 주의: 전념하는 학생들의 경험 양식

교사가 학생들에게 흐트러짐 없는 주의를 요청할 때 바라는 것은 당면 과제에 대한 몰입만은 아니다. 만일 그렇다고 한다면, 수업 시간의 요점이 교실 문지방 이상을 넘지 못해 종이 울리고 학생들이 떠나면 바로 잊힐지도 모른다. 교사가 진정으로 원하는 것은 학생들의 주의가 괜찮은 학점을 얻기에 충분한 내용만 배우고 싶은 것과 데이트나 게임에 관한 공상에 남겨 둔 관심을 쏟는 것 사이에서 흐트러지지 않는 것이다.

단기적 즐거움과 장기적 목표에 대한 몰입이 어떻게 재능에 대한 전념과 상호 작용하는지 문제를 탐구하기 위해 우리는 우선 각 재능 영역에 전념하고 있는 학생 그룹, 곧 고등학교 말까지 지속적인 재능 참여를 전형적으로 보여준 학생들을 선별했다. 기준은 단순하고 간단했다. 우리는 주관적 참여 척도(2장과 10장 참조)에서 가져온 2개의 질문을 활용해 (a) 매일 재능 관련 활동을 하고 있다면, 그리고 (b) 대학에서 재능 영역을 전공하기로 계획했다면 그 학생들을 전념한다고 분류했다. 바꿔 말하면, 전념하는 학생을 고등학교 말까지도 여전히 자기 재능에 많은 에너지를 투자하고 미래에 많은 에너지를 투자할 계획을 세운 아이들로 정의했다. 이 2개 요소의 합은 성취도 수준(즉 학점, 평가 등등)을 보여주지 않아도 좋은 전념 척도를 제공하는 것처럼 보였다. 이런 선별 방법에 기초해서 호출 신호를 받았을 때 재능 영역의 응답을 충분히 해준 31명의 학생을 전념한다고 분류했다. 그중 5명은 한 개 이상의 재능 영역에 전념하고 있었다. 이로써 학생 12명은 수학, 6명은 과학, 11명은 음악, 2명은 체육, 그리고 5명은 미술에 전념하는 것으로 정리했다. 체육은 표본이 작은 관계로 재능 영역 전반에 걸친 일부 분석에서는 제외했다.

전념 그룹 학생들한테는 재능 몰입에 관한 인상적인 프로파일이 있었다. "언제나 줄리어드 음대에 가는 꿈을 가졌던" 키라는 선별한 학생의 전형적 타입이었다. 집과 학교 모두에서 키라의 일주일은 음악을 중심으로 짜여졌다. 키라는 태연하게 말했다. "인생에서 반드시 성공할 수 있도록 저는 다른 모든 걸 포기해야 해요." 키라는 학교 오케스트라에서 연주하고, 외부의 다른 두 오케스트라에도 들어갔다. 개인 레슨을 위해 시카고 도심까지 다냈고, 많은 시간을 연습으로 보냈고, 인터뷰 당시에는 권위 있는 여름 방학 연구 프로그램을 위한 오디션 테이프를 준비하고 있었다. 키라는 "갈수록 잘한다는 것을 내 귀로 들을 수 있기" 때문에 그토록 많은 에너지를 음악에 투자한다고 말했다. "이만큼 왔으니까 멈출 순 없죠. 그러고 싶지 않아요. 〔설령 그렇다 해도〕 저는 그냥 그럴 수가 없어요."

그러나 압도적인 헌신에도 불구하고 이 그룹 학생들은 중요한 측면에서 전념하지 않는 학생들과 다르지 않았다. 가정 소득은 대략 같았고, 어머니와 아버지는 비슷한 학력 수준이었으며, 학업 적성(PSAT로 측정한)도 그다지 다르지 않았다(전념 그룹=101.08, 비전념 그룹=98.50). 두 그룹 학생들은 아버지의 직업적 명망, 형제자매의 서열상 위치(가령 첫째나 외동 vs. 그렇지 않은 쪽), 가족 규모(1명이나 2명 vs. 3명 이상), 부모의 혼인 여부(기혼이나 이혼) 또는 성별로 봤을 때도 다르지 않았다.

경험의 질과 재능에 대한 전념

이들 전념하는 학생은 2년 전 더욱 복합적인 경험 양식으로 특징지어졌을까? 우리는 이런 주요 질문으로 넘어가기에 앞서 우선 재능 영역에서 경험의 질에 관한 ESM 척도에 근거해 전념하는 학생들과 그렇지 않은 학생을 비교했다. 이 비교는 앞장에서 언급한 긍정적 경험과 재능 발달 사이의 관련성을 확인시켜줬으며, 가장 전념한 학생들을 나머지와 비교하자 이런 관련성이 한층 더 강해진다는 사실이 드러났다. 가령 다음 변인들에 대해서는 유의미한 차이($p<.05$, 단측 검증)를 관찰했다: 행복하다, 명랑하다, 강하다, 적극적이다, 사교적이다, 자랑스럽다, 몰입하고 있다, 신난다, 개방적이다, 능숙하다, 성공적이다, 하고 있다면 좋겠다, 전반적 목표에 중요하다, 남을 의식하지 않는다. 그림 11.1~11.3은 종합적 ESM 변인인 감정과

그림 11.1 재능 관련 활동에 참여하는 동안 전념하는 학생과 그렇지 않은 학생의 감정

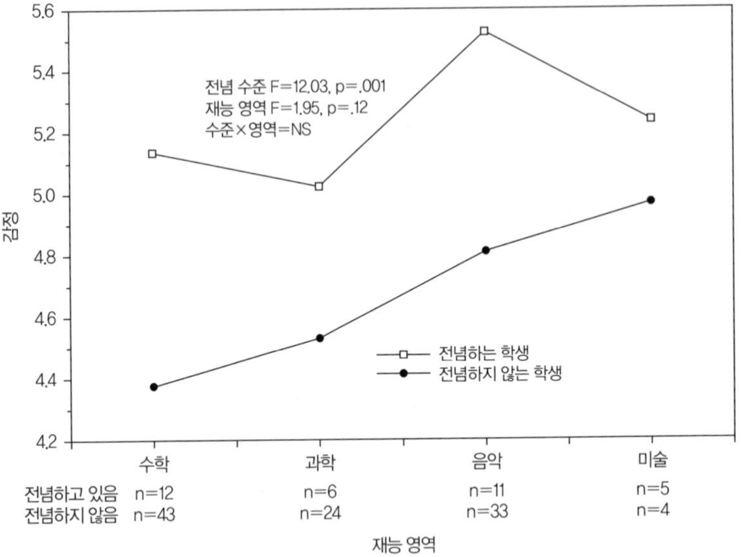

유능감 그리고 동기적 변인인 '하고 있다면 좋겠다'를 활용해 이런 추세를 보여준다. 아울러 모든 재능 영역에 걸쳐 학생들을 비교한다.

수학, 과학, 음악, 미술에 전념하는 학생들은 자기 재능에 참여하는 동안 더 긍정적인 감정, 좀더 큰 유능감, 그리고 더욱 강한 내적 동기를 느꼈다. 이 그림들은 또한 재능의 전 영역에 걸쳐 일관성을 보여준다. 이는 경험의 질, 전념 그리고 재능 유형 간에 아무런 상호 작용이 없음을 의미한다. 따라서 앞장에서 보여준 긍정적 상관관계는 재능 영역의 소산으로 설명할 수 없다. 예를 들어, 참여와 경험의 질 사이의 긍정적 연관성은 음악이나 미술 영재들에게 주된 책임이 있었던 것은 아니다. 같은 패턴이 과학과 수학 영재들에게도 역시 유효했다. 음악과 미술 영재들이 재능 영역에

그림 11.2 재능 관련 활동에 참여하는 동안 전념하는 학생과 그렇지 않은 학생의 유능감

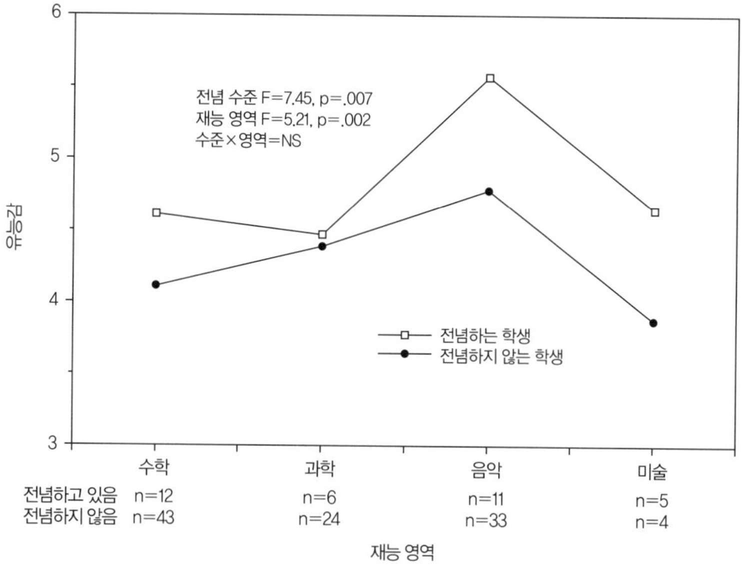

서 작업하는 동안 전반적으로 더 높은 수준의 감정·유능감·내적 동기를 보고하는 경향이 있긴 했지만, 수학과 과학에 전념하는 학생들은 나머지 영역의 학생과 견줄 만했다.

복합적 경험과 재능 발달

행동 계획하고 무관한 신나는 순간과 목적은 있으되 즐겁지 않은 순간은 교육에 필수적인 연관성에서 실패한 양측을 대표한다. 따라서 우리는 자기 재능 계발에 전념하는 학생들이 이 두 가지 양식을 좀더 적게 경험할 것이라고 예상할 수 있다. 대신 전념하는 학생들은 더욱 복합적인 경험 양식, 즉 단기적 흥미와 장기적 관심사 모두로 특징지을 수 있는 양식, 재미있으

그림 11.3 재능 관련 활동에 참여하는 동안 전념하는 학생과 그렇지 않은 학생의 동기

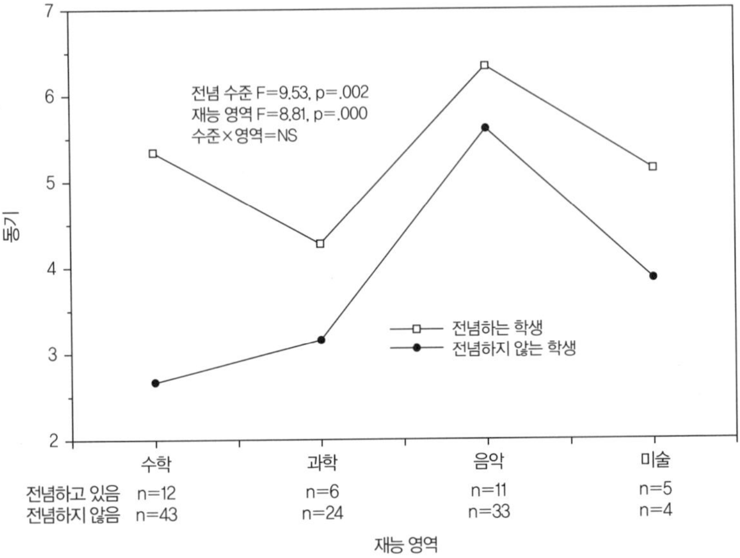

면서도 동시에 진지한 양식을 보고할 게 분명했다.[5] 듀이는 순전히 순간적 흥분과 자극을 흥미와 연관 짓는 것을 조심스럽게 피해가면서 흥미라는 개념을 명백히 이런 식으로 사용했다. 그리고 흥미 개념과 그것이 교육 이론[6]에 미치는 중요성에 대한 요즘의 연구는 미래 목표에 주어진 인지적 중요성 못지않게 긍정적 감정 몰입과 내적 동기 모두를 강조한다.

위에서 언급한 대로 순간적 참여는 '개방적이다', '몰입하고 있다', '신난다'라는 ESM 항목을 추가함으로써 측정했다. 경험과 장기적 목표 사이의 관계는 단일 ESM 항목인 "당신의 전반적 목표에 이 활동이 얼마나 중요했습니까?"로 측정했다. 이 두 변인의 분포에 대한 중간값 분리(median split)를 기초로 우리는 모든 재능 관련 호출 신호를 4개의 사분면 중 하나로 분

그림 11.4 순간적 몰입과 목표에 대한 중요성의 수준에서 본 전념하는 학생과 그렇지 않은 학생 비교

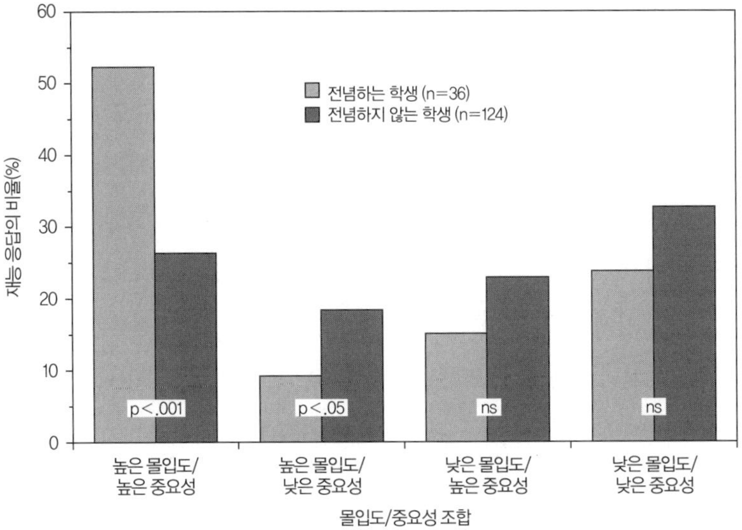

류했다. 높은 순간적 몰입도/높은 목표에 대한 중요성, 높은 몰입도/낮은 중요성, 낮은 몰입도/높은 중요성, 그리고 낮은 몰입도/낮은 중요성이 그것이다. 이어 학생들의 ESM 신호 응답을 집계해 4개의 사분면 각각에 대한 백분율 점수를 산출했다. 바꿔 말하면, 특정한 음악 영재가 음악 수업 중 4개의 재능 관련 신호에 응답하고, 그중 한 개씩이 모든 사분면에 들어간다면 각각에 해당하는 백분율은 25퍼센트다.

그림 11.4는 방금 기술한 방법을 사용해 전념한 학생들과 그렇지 않은 학생들의 비교를 보여준다. 예상대로 전념한 학생들은 순간적 즐거움과 아울러 장기적 목표에 중점을 두는 게 특징인 상황에 훨씬 더 자주 처해 있다고 보고했다. 재능을 대하는 이런 방식은 전체 횟수의 50퍼센트 이상(비

전념 학생들보다 2배 많다)에서 그들의 경험을 특징지었고, 단연 우세한 작동 양식이었다. 반대로 비전념 학생들의 경우 재능 참여의 일차적 양식은 낮은 몰입도/낮은 목표 중요성으로서 전체 시간의 30퍼센트 넘게 그들의 재능 참여를 특징지었다. 이런 연관성은 각 재능 영역에 걸쳐 두루 유효했다. 다시 말해, 수학, 과학, 음악 그리고 미술에 전념한 학생들은 모두 높은 몰입도/높은 중요성 양식에서 더 높은 비율이 나왔다.

두 그룹 사이에서 또 하나의 유의미한 차이는 비전념 학생들이 순간적으로 자기 재능에 관심을 갖지만 그것이 장기적 목표와 관련 있다고 느끼지 않는 상황에 더 자주 처하는 경향이 있었다는 점이다. 비전념 학생들 중 일부는 여전히 재능 관련 과제를 즐겼을 수 있지만(아마도 자신이 그것을 잘했기 때문일 것이다), 그게 미래를 위해 중요한 기회를 제공한다는 생각은 그만두었다.

6장에서 논의한 대로 단기적 흥미와 장기적 흥미의 동시적 발생이 각 재능 영역에서 전념하는 데 중요하긴 하지만, 한편으로 우리는 전념하는 학생들과 비전념 학생들이 예체능(즉 음악, 체육 또는 미술)에 몰두하느냐 아니면 과학(즉 수학이나 과학)에 몰두하느냐에 따라 높은 몰입도/낮은 중요성 양식에서와 낮은 몰입도/높은 중요성 양식에서 다른 프로파일을 드러낼 것이라고 예상했다. 우리는 연구를 하면서 일반적으로 과학 영역 학생들이 자신이 하고 있는 일의 장기적 목표에 대한 중요성을 더욱 자주 자각한 반면, 순간적 흥미는 낮게 느낀다는 것을 발견했다. 그에 반해 예술 방면 학생들은 훨씬 빈번하게 그 순간에 몰입한다고 느꼈지만 재능 관련 과제의 미래 중요성은 알지 못했다.[7]

자신의 재능 영역에 전념한 학생들은 일시적 연관성이나 즐거움의 부족을 보충할 수 있었다. 표 11.1은 과학에 전념한 학생들이 어떻게 그 순간

표 11.1 순간적 몰입과 미래 목표에 대한 중요성 수준에서 본 예술과 과학 영재 비교(재능 영역에서 작업하는 시간의 백분율)

	높은 몰입도/ 높은 중요성	높은 몰입도/ 낮은 중요성	낮은 몰입도/ 높은 중요성	낮은 몰입도/ 낮은 중요성
수학과 과학 영재				
전념(n=18)	45.5	11.6	11.6	31.3
비전념(n=67)	20.2	14.7	32.4	32.7
	$p<.01$	NS	$p<.05$	NS
음악, 운동, 미술 영재				
전념(n=18)	59.3	6.5	18.1	16.2
비전념(n=57)	33.4	22.6	11.4	32.6
	$p<.01$	$p<.05$	NS	NS

을 더 즐길 수 있는지, 그리고 반대로 예술에 전념한 학생들이 지금 하고 있는 일을 어떻게 장기적 목표와 좀더 자주 연관 짓는지를 보여준다. 이렇게 해서 각각의 전념 그룹 학생들은 높은 몰입도/높은 중요성 양식에서 좀 더 큰 비율이 나와 비전념 또래와 유의미하게 구별되었으며, 이런 패턴이 그들의 재능 활동을 가장 빈번하게 특징지었다. 그러나 전념한 어린 과학자와 미술가 사이의 가변성에 유념하는 것이 중요하다. 전자의 그룹에서는 후자의 59퍼센트에 비해 46퍼센트만이 높은 몰입도와 높은 목표 중요성을 보고했다. 이렇게 각 영역이 최적의 경험을 위해 제공한 기회의 관점에서 봤을 때, 전념한 학생들 사이에서조차도 수학과 과학은 음악·체육·미술보다 못했다(논의의 확대를 위해서는 6장 참조).

우리는 관심이 계속 분산된, 즉 자기 영역에 부족한 차원을 보강할 수 없는 학생들이 재능을 계발할 가능성이 더 낮을 것으로 예상했다. 바꿔 말해, 그날그날의 일을 즐길 수 없는 과학 영재들과 자기 작업에서 어떤 미래도 보지 못하는 미술 영재들이 전념하지 않은 채로 남을 가능성이 가장 높았다. 표 11.1은 이러한 예측을 확인해준다. 비전념 과학도들은 즐기기보다 하고 있던 일의 중요성을 볼 가능성이 3배 더 높았다. 음악, 운동, 미술 영역에서 전념하지 않는 학생들은 그것을 자기의 미래 목표와 연관 짓기보다는 학교에서 하는 일을 즐길 가능성이 3배 이상 더 높았다. 확실히 과학에서 재능 발달의 주요 장애물은 즐거움의 부족인 데 반해, 예술에서 주요 장벽은 미래의 실현 가능한 전망의 결핍이다. 이러한 연구 결과는 최고의 흥미와 몰입을 방해하고 이로 인해 성장 가능성을 저해하는 조건의 불균형을 학생들이 바로잡을 수 있도록 교사와 부모들이 도움을 줄 필요성을 여실히 보여준다.

플로와 재능에 대한 전념

높은 기술과 도전에 대한 인식은 플로 경험을 위한 심리적 전제 조건을 제공한다. 높은 기술과 높은 도전 사이의 생산적 긴장은 통합적이고 분화된 경험 양식의 또 다른 발현이다. 매우 능숙한 과학도는 이해할 만하고 자극을 주는 새로운 재료를 발견할 가능성이 있다. 그러나 이 재료가 듀이의 표현대로 "학습자에게서 정보와 새로운 아이디어 창출에 대한 적극적 탐구를" 불러일으키지 않는다면(요컨대 만일 학생에게 도전 의식을 북돋우지 않는다면), 학생은 그 재료를 즐기지 않든가 아니면 배우지 않든가 둘 중 하나일 것이다. 역으로 만일 어떤 과학도가 끊임없이 새로운 정보의 포격을 받으면서도 거기서 멀어졌다고 느낀다면, 경험과 교육 사이의 연결 고리는 무너진다. 주의를 집중한 플로는 도전과 기술의 상호 작용이 균형 잡힌 긴장을 만들어낼 때에만 발생할 가능성이 있다. 이런 긴장은 발달을 자극하는 질서와 변화 사이의 변증법적 운동을 유발한다.

학생들이 어떤 때 높은 기술과 높은 도전 상태에 있다고 인식하는지 밝히기 위해 두 가지 플로 측정을 ESM 데이터에서 산출했다. 첫 번째는 자기 자신의 주간 평균보다 높은 도전과 기술을 인식했다고 보고한 학생의 재능 관련 신호의 백분율에 기초한 것이다. 예를 들어, 한 학생이 네 차례 호출을 받고 그중 두 번 평균 이상의 도전과 기술을 보고했다면, 플로 백분율은 50퍼센트다. 두 번째도 비슷하지만 집단의 주간 평균과 비교했을 때 평균 이상의 도전과 기술을 인식한 것에 대한 플로의 백분율을 산출했다. 달리 표현하면, 두 번째 측정에 따른 플로 응답은 해당 학생의 동급생들이 전형적으로 인식한 것보다 더욱 높은 도전과 기술을 그 학생이 자각했음을 나타낸다. 첫 번째 측정에 의하면 모든 학생이 적어도 약간의 플로 경험은 갖고 있었다. 그리고 두 번째 측정에 의하면 한 학생이 언제나 플로 상태에 있고(즉 도전과 기술에서 집단 평균 이상) 또 다른 학생은 항상 무료함이나 무관심 상태에 있을 가능성이 있다.

그림 11.5는 최적 경험이 재능에 대한 전념과 연관이 있으며 전념한 학생들이 자기 재능에 참여하는 지배적 양식은 더욱 복합적임을 다시 한 번 시사한다. 전념에 관한 정보보다 2~3년 전 수집한 이 척도는 학생들이 자기 재능을 경험하는 자연스러운 방식을 반영한다. 전념 그룹 십대들은 자신이 재능 관련 일을 하고 있을 때의 65퍼센트에서 높은 기술과 도전을 보고했다. 이는 재능 영역에서 일하는 것이 도전과 기술에 대한 그들의 주간 평균 인식과 견주었을 때 역동적 플로 조건을 상당히 일관되게 촉발했음을 뜻한다. 반대로 비전념 그룹의 재능 관련 신호 중 절반 이하(48퍼센트)가 플로 응답이었다. 아울러 이런 연관성은 전 재능 영역에 걸쳐 유효했다. 다시 말해, 예술과 과학에 전념한 학생 모두가 각자의 재능 영역에서 일할 때

그림 11.5 재능 관련 작업의 기술과 도전 수준에서 본 전념하는 학생과 그렇지 않은 학생 비교

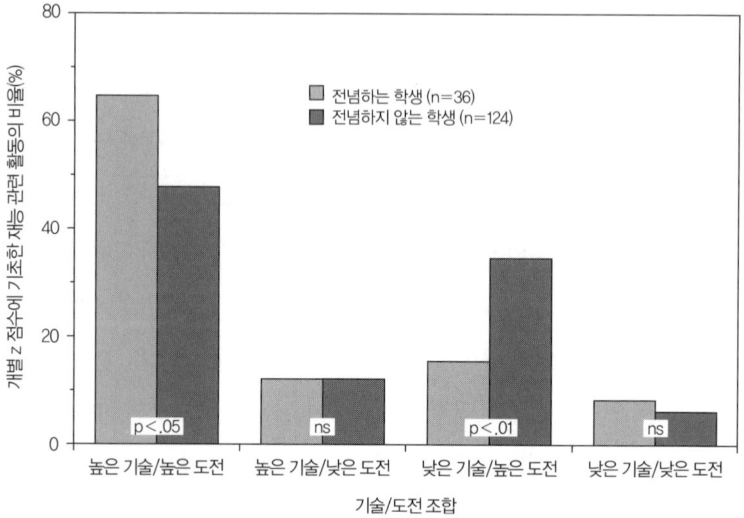

비슷한 비율의 플로를 경험했다.

전념 학생들이 재능에 참여할 때 플로 상황을 좀더 자주 경험한 반면, 비전념 학생들은 불안을 유발할 경향이 있는 낮은 기술과 높은 도전 환경에 더욱 자주 처했다. 이런 연구 결과는 다양한 재능 있는 학생 그룹과 수행했던 이전 연구들을 다시 한 번 검증하는 것이며,[8] 일부 학생들이 자기 재능으로부터 왜 멀어지는지에 관한 하나의 이유를 제기한다. 순간적 몰입의 주요 장벽은 불안인 것 같다. 이는 교육자들이 명심해야 할 중요한 사실이다.

그룹 평균을 플로 사분면 구축에 사용했을 때도 결과는 사실상 동일했다. 전념과 비전념 그룹 간에 플로와 불안 사분면에 대한 유의미한 차이가 드러났다. 이런 결과의 유사성은 중요한데, 전념 그룹의 학생들이 상대적

으로 높은 도전과 기술(자신들의 평균과 비교했을 때)을 보고했을 때 이러한 자각이 그룹의 절대적 기준으로 봤을 때도 역시 높았음을 나타내기 때문이다. 이렇게 두 가지 측정 방법 중 어느 하나를 사용해도 전념 학생들은 비전념 학생들보다 재능 영역에서 일하는 동안 높은 도전과 기술을 자각할 가능성이 높았다.

긍정적 경험의 장기적 효과

우리는 통합과 분화가 사회적 시스템과 성격 체계의 중요한 구성 요소라고 말해왔다. 이런 자질은 한 개인의 사회적 환경의 특징으로서 혹은 비교적 안정된 개인의 성향으로서 최적 경험을 가능케 한다. 복합적인 가정이나 성격 체계는 둘 다 안정적이며 동시에 성장 가능성을 내포한다. 이러한 가정과 성격은 재능 발달과 긍정적인 관련이 있다.

물론 모든 십대가 이렇게 도움을 주는 사회적 환경과 개인적 습성을 가진 것은 아니다. 재능 영역에서 즐거운 경험이 이러한 결핍을 보충할 수 있을까? 이것이 우리가 론 슈워츠라는 한 학생의 사례를 통해 던지는 질문이다. 론이 자신의 가족과 성격에 대해 들려준 걱정스러운 정보로 인해 우리는 그가 음악 재능을 포기할 것이라고 생각하는 데까지 이르렀지만, 사실은 그렇지 않다는 게 밝혀졌다.

론 슈워츠의 사례

론은 클래식의 구조적 형식보다 공연 음악, 블루스, 재즈 연주의 자유로움을 더 좋아하는 색소폰 연주자다. 그는 스스로를 진지하고, 기분 변화가 심하고, 감정적 극단을 쉽게 경험하고(론은 이것이 예술가한테는 전형적이라고 느낀다), 솔직하고, 다정하지만 또한 쉽게 만족하지 않는다고 묘사한다. 론은 자신이 전념 범주에 속하는 게 마땅하다는 것을 증명하고도 남을 만큼 충분한 헌신과 성과를 보여준다. 그는 막대한 시간을 음악에 쏟아 부으며, 이를 "삶의 필수 부분"이자 유일하게 "순수한 형태의 의사소통"으로 여긴다. 그의 계산으로는 학교 합창단에서, 재즈 밴드에서, 블루스 밴드에서 연주하는 것을 비롯해 학교 밖의 몇몇 지역 극단 그리고 프로 극단에서 연주하며 주당 60시간 넘게 음악에 빠져 보낸다. 극단에서는 연주자이자 이따금 음악 감독을 맡는데, 때론 자기보다 나이가 2배나 많은 뮤지션들을 이끈다. 그의 조숙함은 지역 신문을 포함해 많은 이들로부터 주목을 받았다.

론의 표현에 따르면, 음악은 그 자신을 유지하는 힘이다. 그는 돈 때문에 연주하지는 않는다. 돈은 성가신 존재이고 "당신의 모든 꿈을 파괴"하기 때문에 론은 진심으로 돈이 싫다고 말한다. 그보다 스스로 설정한 목표에 도달해야 하기 때문에 연주에 몰두한다. 이런 목표 지향성은 론이 즐겁게 주의를 집중하도록 해줄 뿐만 아니라 그의 신경을 산적한 다른 문제들로부터 돌리게끔 해준다. 그와 인터뷰한 내용 중에 이를 효과적으로 보여주는 대목이 있다.

지금까지 저는 언제나 목표를 설정해왔어요. 그러니까 하나의 목표 뒤에 다음 목표, 그리고 또 다음 목표를 세웠죠. ……그리고 저는 일하고, 일하고, 또 일하죠. 그게 좋아요. 목표에 도달할 수 있을 때는 기분이 좋지만, 이제 그런 목표가 점점 더 커지고 있어요. ……제 인생 전체가 목표죠. 사실 가만히 앉아서 제 가족에 대해 생각하면, 기분이 완전히 잡쳐버릴 수도 있어요. 그래서 가족하곤 완전히 끊었어요. ……그러니까 가족이 존재한다는 모든 인식을 차단시켜버린 거죠. 제가 고등학교를 졸업해서 어려운 상황을 껴안을 때까지 가족이 2년만 기다려줬으면 좋겠어요. 그 이후에는 얼마든지 그 문제를 걱정할 수 있어요. 하지만 지금은 이것 말고도 천만 가지는 더 걱정할 일이 있어서 다른 것들은 차단해야 해요.

음악은 론의 방패이며, 그가 가족 문제, 특히 부모가 진행 중인 이혼에 대해 걱정하며 시간을 보냄으로써 발생할 수도 있는 심리적 엔트로피로부터의 보호 장치다. "지금은 가족한테 아무런 신경도 쓰지 않아요. 정말 행복한 사람들이 있는 집으로 귀가한다면 좋을 텐데 말이죠." 음악에 대한 론의 헌신은 부분적으로 불행을 회피하기 위해 이뤄낸 협소화한 집중의 결과라는 데 거의 의심의 여지가 없다. 그의 동기는 따라서 내적 이유와 외적 이유의 이례적인 혼합인 듯하다. 부분적으로는 현실 도피이자 탈출하려는 욕구이며, 또 일부는 음악을 연주하는 즐거움이다. 론은 성공적인 공연에서 생겨나는 황홀감과 목표에 도달하고 "점점 더 나아지고 또 나아지는" 데서 오는 좋은 느낌을 잘 알고 있다. 이런 의미에서 그의 참여 양식은 복합적이다. 요컨대 활동 자체를 목적으로 삼고 그 목적에 이르는 수단으로서 음악을 즐기는 것이다.

론의 ESM 응답은 음악에 대한 깊은 관심이 어떻게 다른 문제를 초월하는 데 일조하는지 극적인 사례도 제공했다. 지역 공연의 리허설을 하던 어느 날 저녁, 론은 세 시간 동안 네 차례의 ESM 신호에 응답했다. 처음 신호는 론이 극장으로 색소폰을 운반하고 공연할 음악의 리허설을 준비하고 있을 때인 오후 5시 15분에 있었다. (자신이 이끌던) 동료 밴드 멤버들이 도착하지 않자 론은 기다리는 동안 재빨리 응답을 하기로 결정했다. 이때 그는 자기 보고 양식에 이렇게 언급했다. "하루는 왜 36시간이 될 수 없을까." 이 무렵 론은 약간 긴장하긴 했지만, 기분이 특별히 부정적이지는 않았다.

15~20분 후 두 번째 신호를 받았다. 밴드 멤버들은 아직도 나타나지 않았다. 이때 걱정에 휩싸인 론은 남의 시선을 의식하고, 상황을 통제 못하고, 매우 짜증이 나고, 부끄럽고, 신경이 날카롭다고 보고했다. 세 번째 신호는 7시 정각에 받았다. 론은 아직도 혼자였다. 극장 주변을 돌아다니며 "왜 그리고 어떻게 사람들이 그렇게 잔인해질 수 있는지" 생각했다. 멤버들은 리허설을 위해 결국 나타났다. 하지만 론은 그들이 자신에 대해 관심이 없다고 느꼈고, "내가 그렇게 형편없는 인간인가?" 하는 의문을 품었다. 기분이 훨씬 더 나빠졌다. 이제는 집중하기도 어렵고 여전히 느끼던 긴장과 수치감에 덧붙여 "외롭고 소외된 느낌"이 들었다.

이런 부정적 감정은 부분적으로 론이 음악에서 자기 친구들에게 두었던 비중의 결과였다. 그는 교사들과 긴밀한 관계를 유지했고, 그중 몇몇은 훨씬 나이가 많았다. 그리고 밴드 멤버들과 함께 있는 것을 좋아했다. 부모와의 관계가 너무나 형편없었기 때문에 친구들과 보내는 시간의 중요성이 커졌던 것 같다. 어쩌면 불안정한 가정 상황 때문에 타인들이 느끼는 자신의 가치와 관련해 회의와 우울증에 취약했을 수 있다. 세 번째 ESM 신호를 받을 즈음 리허설 시간이 다가왔다. 이 무렵 론은 우울한 자기 성찰(친구들과 함께 있는 밤이면 이따금 반복하던 시나리오)에 골몰해 있었다. 기분이 너무 가라앉아 7시 정각에 호출을 받고 작성한 ESM 보고에는 그 주에서 최악의 짜증이 담겨 있었다.

그러나 8시 30분에는 기적적으로 그 주에서 최상의 기분으로 호출기 신호에 응답했다. 무엇이 이토록 극심한 차이를 만들고, 어두운 우울을 기고만장으로 바꿔놓았을까? 론은 공연에서 색소폰을 연주했고, 플로 경험을 했음이 분명하다. 그는 이때 높은 기술/높은 도전(각 척도에 9점. 가능한 가장 높은 응답)을 자각한다고 보고했다. 아울러 통제력이 매우 풍부했고, 꽤 행복했고, 명랑했고, 사교적이었고, 개방적이었고, 편안했고, 정신이 맑았고, 명확했고, 집중했고, 내적 동기가 있었고, 몰입했고, 그리고 자기가 하고 있는 일이 자신의 전반적 목표에 중요하다고 느꼈다. 다시 한 번 우리는 론에게 음악이 중요한 역할을 한다는 것을 알 수 있다. 이는 론에게 즐겁고 미래에 중요한 어떤 것에 자신을 몰입시킬 기회는 물론 개인적 문제 때문에 '무너지는 것'을 회피하는 방법을 선물했다. 악기를 손에 들고 스스로를 추스를 수 있는 한, 그리고 마음속으로 방황하더라도 샤워를 하거나 다른 일상적인 일을 하는 동안 음악을 들을 수 있다면 행복하고 만족감을 느꼈다.

론의 삶은 재능에 대한 전념이 복합적 가정 및 건강한 성격과 연관될 가능성이 더 높기는 하지만, 한편으로 재능 관련 활동을 하는 동안 양질의 최적 경험이 한 청소년으로 하여금 그렇지 않았다면 저항하기 힘들었을 스트레스를 극복하도록 도와줄 수 있다는 점을 입증한다. 개인적 난관을 극복하는 것은 창의적 재능 계발을 연구하는 이들에게 익숙한 스토리다. 수많은 전기 작가와 연구자는 부정적 사건이 놀라운 성취를 향한 초기의 추동력을 제공하는 것으로 해석해왔다. 우리가 여기서 강조하고 싶은 것은 부정적 사건에 의해 자극받은 발달 과정과 긍정적 사건에 의해 그렇게 된 과정 사이의 유사성이다. 바꿔 말하면, 재능 발달에 필수적인 것은 (긍정적 요인이 개입됐건 부정적 요인이 그렇건 상관없이) 오랜 기간에 걸쳐 높은 관심을 쏟은 재능 영역에서 유의미한 문제라는 것이다. 우리는 분야, 영역, 가족, 교사 그리고 성격의 복합성이 어떤 식으로 주의 집중에 도움을 줄 수 있는지 얘기해왔는데, 이러한 요인은 통합과 분화의 과정을 거쳐 한 학생의 성장 욕구를 촉진시키는 재능 발달에 필요한 것이다. 그러나 방금 기술한 사례 연구가 보여주듯 다른 요인도 집중의 원인일 수 있다.

그렇다 하더라도 부정적 요인의 중요성을 부풀리는 것은 잘못일 것이다. 부정적 요인은 우리 문화 안에서 너무나도 자주 낭만적으로 그려진다. 우리는 삶이 거의 끝나갈 무렵 자신의 시를 위해 너무나 많은 것을 포기해버렸다고 언급한 T. S. 엘리엇 같은 존경받는 인물들을 믿지 않는 경향이 있다. "가족이 존재한다는 인식"을 차단하는 데 성공한 론 같은 학생에 비해 자신의 개인적 문제로 인해 옴짝달싹 못하는 사람이 분명 많을 것이다. 게다가 이런 '부정적' 동기에 의존하는 재능 기반은 불안정할 수 있다.

가령 음악이 아직 그 존재를 감추고 있긴 하지만 차후에 문제가 될 씨앗이 이미 론 안에 심어져 있을지도 모른다. 그의 ESM 응답은 음악이 감정적 발산을 제공하기에 여의치 않을 때 마약과 알코올에 잠시 손댔던 것을 보여준다. 도피의 대안인 이런 길들은 언젠가 론의 주의를 놓고 음악과 경쟁하다가 파국을 초래할 수도 있다. 더욱이 가족 문제를 차단하는 데 성공한 것은 일시적일지도 모른다. 론은 모순과 더불어 살고 있다. 그는 인터뷰의 한 시점에서 부모가 일을 그만둘 수 있도록 음악을 해서 많은 돈을 벌고 싶다고 말했다. 하루하루의 (재정적인 그리고 그 밖의) 부담을 제거해 부모를 덜 비참하게 만들어주고 싶은 것이다. 이렇게 론의 두 가지 부담(돈과 가족)은 그 후로도 영원히 모두를 행복하게 살도록 하겠다는 판타지와 얽힌다.

론의 발달에 중요한 이 시점에서 볼 때 한 가지는 분명하다. 그는 음악을 즐긴다. 이는 론이 순간을 즐겁게 살면서 미래를 바라보는 방식(목표를 설정하고 그 목표를 이루기 위해 필요한 훈련을 계속하는 것)을 제공한다. 전념 그룹의 다른 학생들에게 전형적인 것처럼 론의 재능 경험은 복합적이며, 쾌락주의적 기쁨인지 각고의 노력인지 쉽사리 분류할 수 없다. 재능을 타고난 청소년들은 개방적이고, 자신이 하고 있는 일에 몰입하며, 그것이 자신의 장기적 목표에 중요하다는 것을 알고 있다. 그들은 높은 기술을 갖고 있고 높은 도전 의식이 있다고 느낌으로써 연속성에 대한 욕구와 변화 욕구 사이의 긴장을 유지할 수 있는 것 같다.

결론

경험과 교육 사이의 관계를 더욱 잘 이해하는 것이 중요한 데는 많은 이유가 있는데,[9] 그중 가장 중요한 것은 많은 가정과 학교에서 골치를 썩는 이데올로기적 차이를 조율하는 일이다. 현대 사회에는 흔히 적대적인 것처럼 보이는 2개의 교육철학이 작용하고 있다. 한쪽 집단의 부모와 교사들은 충동 제어, 훈련, 근면성실에 더 큰 비중을 둬야 한다고 확신한다. 또 다른 쪽은 진정한 교육은 학생들이 학습에 관해 즐겁고 흥미를 느끼는 데 달려 있다고 본다. 따라서 어떤 부모는 교육 문제에 관해 '심각하고', 어떤 부모들은 장난기 가득한 자유와 자주성을 강조한다. 어떤 교사들은 엄격한 훈련을 강화하고 '책대로' 가르친다는 평판을 얻고자 노력하고, 다른 교사들은 스스로를 자유롭고 '재미있고' 흥미롭다고 생각한다. 더 보수적인 집단은 지나치게 재미에 치중하는 것이 직업관의 기반을 약화시킬까봐 걱정하고, 더 자유주의적인 집단은 규율 강조가 탐구의 즐거움을 구속할까봐 걱정한다.

이번 장에 제시한 결론은 이렇게 견고한 입장이 경험과 교육 사이의 관계에 대한 불충분한 이해에서 비롯되었다고 말한다. 전념하는 학생들의 프로파일을 보면, 진지한 목표 지향성이 당면한 과제를 하는 즐거움 및 흥분의 느낌과 결합할 수 없다고 믿는 게 틀렸음을 시사한다. 청소년의 재능 발달을 (복합적 가정 및 성격과 관련 있는 것은 물론이고) 높은 순간적 몰입도와 높은 목표 중요성, 그리고 높은 기술과 높은 도전으로 예측할 수 있다는 사실은 왜 양자택일의 교육철학이 효과가 없는지를 암시한다. 복합성의 본질 자체가 이러한 추론에 저항하며, 어쩌면 이런 다양한 체계 안에서 복합성의 기능은 이 같은 편파성이 수반하는 성장 장벽에 저항하는 것인지도 모른다.

이번 장에서는 재능 발달 혹은 일반적 발달 연구에서 변증법적 모델의 중요성을 실증적으로 뒷받침했다. 통합과 분화를 측정하는 게 어려웠음에도 불구하고, 아울러 유희의 측면이나 진지함의 측면 중 하나를 지지하고픈 유혹에도 불구하고, 발달에 대한 통찰의 견지에서 얻어낸 것은 이런 대안 간의 긴장이 계속 유지되도록 노력할 만한 가치가 있게끔 한다.

우리가 연구한 전념 학생들을 언어로 쉽게 표현할 수는 없다. 그들은 자신의 재능 과업을 즐겼지만 고난과 수련을 회피하는 쾌락주의자는 아니었다. 사실 그들은 매우 열심히 일하면서도 불안해하거나 스트레스를 받지 않았다. 비록 어린 학생들로 구성된 엘리트 집단 중에서도 엘리트인 하위 표본이었고, 어떤 연구자들은 이러한 시각으로 발달을 이해하는 데 반기를 들지도 모르지만, 매슬로가 건강을 연구하는 것은 적어도 병리학 연구만큼 중요하다고 했던 말은 아마 옳은 듯싶다.[10] 우리는 긍정적인 극단을 연구함으로써 일반적 발달에 관해 많은 것을 배울 수 있다.

론 슈워츠조차 재능 발달에 대해 많은 것을 가르쳐준다. 그가 가졌을지 모르는 어떤 다른 약점에도 불구하고, 혹은 어쩌면 그것들 때문에 론은 음악이 무질서를 질서로 바꾸게 하는 방식을 발견해왔다. 이전 연구들에서 우리는 생명체가 어떻게 혼돈을 이용하고 흩어지는 에너지를 활용해 질서를 창조하는지 설명하는 '산일 구조(dissipative structure)'라는 용어를 생물학 분야에서 차용했었다.[11] 심리적 산일 구조는 상충되는 정보를 이용해 경험

속에서 질서를 창조해내는 주의의 습성이다.[12] 론은 자기 삶에 질서를 잡기 위해 음악으로의 몰입을 이용하는 듯했다. 그것이 마침내 진정한 산일구조가 되어 론이 자신의 문제를 변화시키고 그냥 회피하지 않도록 도움을 줄 것이라고 말하기는 너무 이르다. 그러나 론의 이야기는 약점을 장점으로 변화시키는 인간 의식(human consciousness)의 위력에 대해 말해준다.

복합적 경험의 즐거움이 만일 가장 적극적으로 참여하는 고등학생들의 작업에서 중심이 된다면, 평범한 학생들의 일과에서는 그게 얼마나 자주 누락되는지 묻는 것이 유용하다. 모든 청소년이 자신의 잠재력을 실현하도록 돕기 위해서는 모든 학생을 위해 교육적 경험의 질을 향상시키는 것의 중요성에 더 높은 가치를 두는 게 시급해 보인다. 부모와 교육자들이 이런 지식을 실행에 옮긴다면, 엄청나게 많은 재능의 허비를 피할 수 있을 것이다.

12 우리는 무엇을 배웠는가

우리 연구가 밝혀낸 것은 어떤 면에서는 다른 연구자들도 보고했거나 상식적으로 알 수 있는 것과 일치한다. 가령 강한 성취욕이 있는 아이들은 자기 재능 영역에서 훨씬 더 앞서간다는 게 놀라운 일은 분명 아닐 것이다. 재능에 몰입할 때 자의식 결여의 중요성 같은 그 밖의 연구 결과는 경험표집법, 곧 ESM처럼 상세한 세부 사항을 포착할 수 있는 도구 덕분에 밝혀낼 수 있었다.

그러나 우리에게 이번 연구의 가장 중요한 결과는 그 세부 사항의 풍부함과 구체성에 있지 않다. 우리가 연구를 통해 끌어낸 가장 주목할 만한 결론은 특별한 데이터 패턴의 다양성 아래 놓인 통일성이다. 가장 단순하게 설명하면, 우리가 깨달은 것은 재능 발달에 영향을 주는 다수 요인을 이해하기 위한 구성 원리로서 심리적 복합성의 중요성이다. 복합성(또는 분화하는 과정과 통합하는 과정의 동시적 실재)은 재능 있는 십대, 그들의 가족, 그리고 그들의 학습 접근법의 성격을 구분 짓는다. 우리는 재능 발달 후기에도 그 기저에 있는 분화와 통합의 똑같은 작용을 발견했다.

복합성은 얼마 전부터 교육심리학과 성격심리학을 몹시 괴롭혀온 일부 위험한 이론적 오해를 해결하는 데 도움을 주므로 하나의 구성 개념으로서 중요하다. 복합성 개념은 심리학자와 교육자들이 인위적으로 떼어서 반대편에 서게 했던 다음의 경향을 종합하게끔 해준다. 성취욕 대(對) 순수한 호기심, 협소화한 집중 대 새로움에 대한 개방성, 외적 동기 대 내적 동기. 이 밖에 많은 반의어들이 재능 있는 사람과 그들의 환경 안에서 조화를 이룬다. 이러한 통찰에 기초해 우리는 최적 인간 발달의 모델을 구축할 수 있다. (과거 몇몇 위대한 심리학자, 특히 윌리엄 제임스와 존 듀이가 예측한 것이라고 밝혀진 모델이다.) 우리가 인간의 행동을 이해하고자 한다면 심리적 복합성을 고려해야 한다는 사실을 부모, 교사, 그리고 이 분야 동료들에게 경고하는 것 이상을 해내지 못한다 할지라도 우리는 이 책의 중요성은 인정받을 것이라고 생각한다.

그러나 이번 연구의 전체적 함의를 검토하기 이전에 실증적 결과에 기초한 결론을 한 번 더 요약하는 것이 중요하겠다. 데이터는 무엇을 밝혀냈고, 재능 발달 향상에 대해 무엇을 제시하는가?

재능 발달과 연관된 요인 요약

1. 아이들이 재능을 발달시키기 위해서는 우선 그 재능을 인정받아야 하며, 따라서 그들의 문화에서 유용하다고 여기는 능력을 갖고 있어야 한다(우리 사례에서는 공간적-수학적, 음악적, 체육적 또는 미술적 자질). 이는 아주 명확해 보여도 언급할 만한 가치가 있다. 그러나 이 문장이 담고 있는 좀더 깊숙한 의미는

그다지 명확하지 않다. 가령 아이들이 갖고 있어도 그걸 지지할 확고한 영역이나 분야가 없기 때문에 인정받지 못하는 많은 능력이 있다. 어떤 사람은 냄새나 다른 이의 기분에 남다른 예민함을 갖고 있다. 또 어떤 사람은 남달리 도덕적 감수성이 발달한 경우도 있다. 이런 것들은 재능으로 인정하지 말아야 하는가?

이 문장은 역으로 부모와 교사 그리고 십대들이 재능 하나만으로는 미래의 성공을 보장받지 못한다는 사실을 깨달아야 한다고 암시한다. 모든 잠재적 재능을 유용하게 적용하려면 수년간 엄청난 훈련을 통해 갈고닦을 필요가 있다. 10세 때의 뛰어난 음악 재능은 유용한 기술로 전환하지 않을 경우 30세에도 별다른 차이가 없을 것이다.

2. 재능 있는 학생들은 집중(예를 들면 성취욕과 인내심)뿐 아니라 경험(예를 들면 인식(또는 직감)과 이해력)에 대해 마음을 여는 데 도움을 주는 성격적 특성을 갖고 있다. 이 네 가지 특성은 재능 있는 남성과 여성 모두를 평범한 십대들과 구분 짓는다. 이는 첫째, 재능 있는 아이들이 평범한 아이들보다 성에 대한 고정관념이 적고, 따라서 인간 잠재력의 더 깊은 곳까지 탐구하는 데 한층 자유롭다는 것을 시사한다. (성취 지향성은 남성들에게 좀더 전형적이고, 직감은 일반적으로 여성적 특징이다. 하지만 우리 표본에서는 남성이 직감적이고, 여성이 성취 지향적인 경우도 있었다. 아울러 자신의 성에 따른 전형적인 특징도 갖고 있었다. 다른 연구 결과들도 역시 양성의 특징을 더 많이 가진 프로파일을 보여준다. 4장 참조.) 둘째(이게 더욱 중요하다), 재능 있는 십대들은 또한 강력한 자기 목적적 조합을 이뤄낼 상호 보완적 자질을 갖추고 있다. 경험에 대한 개방성은 새로운 도전을 인식하는 데 도움을 주고, 인내심과 성취 지향성은 기술을 일관되게 지속시키는 데 필수적이다.

이런 상호 보완적 자질은 재능 발달의 최고 단계에서도 역시 필요하다.

저명한 독일 시인 힐데 도민(Hilde Domin)은 자신의 글쓰기가 두 가지 국면으로 이뤄져 있다고 설명한다. 하나의 경험을 언어로 공식화하는 데 깊이 몰두한 시기와 그다음의 일보 후퇴 시기, 다시 말하면 자신이 해온 것을 평가하는 비교적 객관적인 시각을 찾는 시기다. 이런 생각은 아래의 시에 잘 드러나 있다.

> 인간은 사라질 수 있어야 한다
> 아울러 그래도 한 그루 나무처럼 존재해야 한다
> 마치 땅속뿌리가 남아 있듯
> 마치 풍경이 바뀌어도 우리는 튼튼하게 서 있듯[1]

종종 걸출한 학자들은 성공한 동료들이 이상적으로 균형 잡힌 자질을 갖추고 있다고 말한다. 자신의 작업에 스스로를 쏟아 붓고 필요한 정보를 소화하는 능력, 특정 주제를 언제 형성하고 언제 마무리하고 언제 단념할지 아는 능력이 그것이다. 두 요소는 재능 있는 십대들의 프로파일(열심히 일하는 데 필요한 성취와 인내심 성향, 그리고 새로운 도전을 찾는 데 필요한 경험에 대한 개방성)을 상기시킨다.

3. 재능 발달은 재능을 키우는 데 유리한 습관을 익혀온 십대들에게 더욱 수월하다. 가령 재능 있는 학생들은 친구들과 그냥 어울리거나 돌아다니는 데 시간을 덜 쓴다. 대신 친구들과 더욱 활동적이고 도전적인 일, 예를 들어 취미 생활과 공부를 공유했다. 그들은 주의를 조절할 줄 알았다. 학교에서 좀더 많이 집중했고 친구 교제, 집안일, TV 시청을 할 때는 덜 집중했다. 또한 미래의 기술을 구축하는 모든 이들에게 필수적인 혼자만의 시간을 훨씬 더 많이 보냈다. 더 많은 고독과 더 많은 생산적 활동이 아마도 평

범한 십대들보다 더 우울한 일주일의 기분을 설명해줄 수 있을 것이다. 그러나 재능 있는 십대들은 부정적 기분을 견디는 방법을 습득했고, 평범한 십대들보다 생산적인 일에 참여할 때 좀더 행복하고, 명랑하고, 적극적이고, 동기를 부여받는다고 보고했다.

재능 있는 집단을 구분하는 그 밖의 특성은 한층 직접적으로 가정 환경에서 비롯된 것이었다. 가령 우리가 연구한 십대들 같은 경우에는 집안일과 돈벌이 같은 현실적 과제에 많은 주의를 투자할 필요가 없었다. 이는 부모의 학력, 직업적 지위, 소득을 놓고 볼 때 전혀 놀랍지 않다. 재능 있는 십대들은 평범한 십대들에 비해 자기 가족이 심리적으로 더욱 힘을 준다고, 즉 응집력 있고 유연하다고 보고했다. ESM은 그들이 가족과 더 많은 시간을 보내는 편이며, 부모와의 일대일 접촉도 더 많다는 것을 보여준다. 이러한 물질적이고 심리적인 지원이 더욱 효율적인 주의 사용 패턴을 확립하도록 도와주는 듯했다. 다른 말로 하면, 경제적인 걱정과 아르바이트, 많은 집안일, 그리고 부모와 더 많은 긴장 상태에 있는 십대들은 쳇바퀴처럼 반복되는 활동과 문제에 대처하느라 소중한 시간을 허비할 가능성이 있다.

이 일부 혜택 받은 습성과 특성은 재정적으로 안정된 집안에서 태어났거나 '좋은 유전자'를 타고났기 때문이라는 것을 결코 부인할 수 없지만, 한 사람의 에너지를 최대한 활용하는 기본 원칙은 모든 사회 계층의 개개인과 능력 수준에 포괄적으로 적용된다. 따라서 연구 결과는 에너지를 비필수적인 과제에 쓰지 않도록 여러 가지 기회를 모색하고, 그것을 더욱 생산적인 방향으로 전환하는 일의 중요성을 암시한다. 십대들에게 시간제 일자리는 정말 필요한가? 많은 연구에 따르면, 십대들의 아르바이트는 긍정적인 발달 성과에 거의 기여하지 않는다.[2] 집안의 허드렛일을 좀더 효율적으로 처리하는 것은? TV는 얼마나 많은 시간 켜둬야 하는가? 십대가 다른 방에서 혼자 공부하면 집중 방해 요소가 적어질까? 여기서 논의하지 않은 습관을 포함하다 보면 고찰해야 할 미심쩍은 활동 목록이 무한정 늘어날 수 있다. 가령 아침에 밥 먹고 옷 입는 데 얼마나 많은 시간을 쓰는가?

이런 질문이 따분하고 하찮게 보일지 모르지만, 이는 종종 가장 생산적이고 창의적인 인물에게조차 아이디어를 제공한다. 이와 관련해 아인슈타인의 유명한 일화가 하나 있는데, 그는 아침마다 선택하는 데 드는 시간을 줄이기 위해 매일 똑같은 종류의 옷을 입었다고 한다. 많은 교사들이 교복을 재도입하는 게 학생들의 주의 집중을 향상시키고, 자신을 다른 학생과 비교하느라 허비하는 시간을 없앨 것이라고 생각한다. 패션 스타일 같은 작은 요인조차도 주의 사용 방식에 영향을 미칠 수 있다는 얘기다. 그 밖의 시간 절약 습관을 키우는 방법은 더욱 명확하다. 저명한 한 생물학자는 자기 직업의 매우 다른 두 가지 측면(공항 터미널에서 기다리는 것과 지원금 계획서를 쓰는 것)을 싫어하곤 했다. 어느 날 간단한 해결책이 그의 머릿속에 떠올랐다. 두 가지 싫어하는 활동을 합치는 것이었다. 이제 그는 비행기 출발을 기다리거나 탑승 수속 창구와 세관 검사대에서 줄을 서고 있는 동안 연구 계획서를 녹음기에 구술하고, 허비하던 시간을 반으로 줄인 데서 깊은 만족감을 맛본다. 누구나 일단 주의를 절약하겠다는 목표를 확실히 세우고 나면 좀더 생산적인 습관을 개발할 방법을 찾을 수 있다. 재능 있는 학생들은 이런 면에서 유리한 출발을 하지만, 모든 십대 또한 자기 시간을 더 잘 사용하는 데서 이익을 얻을 수 있다.

4. 네 번째 연구 결과(역시 주의 절약과 관련이 있다)는 재능 있는 십대들이 성적 태도에서 한층 보수적이며 생산적인 작업과 또래 관계 사이의 갈등에 대해 알고 있다는 것이다. 재능 있는 남성과 여성 모두 오퍼의 자아상 설문지, 곧 OSIQ의 '성적 태도' 요인에서 평범한 십대들보다 점수가 낮았다. 이는 그

들이 사춘기, 곧 사회적·성적 유능감에 대한 떠오르는 관심이 필연적으로 심리적 에너지에 부담을 가중시키는 시기를 거치면서 성적 이슈에 비교적 보수적으로 접근한다는 것을 시사한다. 아울러 인터뷰에 의하면, 그들은 이성 친구에게 시간을 투자하는 것과 재능에 투자하는 것 사이의 갈등에 대단히 예민한 것 같았다. 또 이러한 동향은 방금 언급한 ESM 연구 결과, 즉 그들이 친구와 어울리거나(즉 만나서 그냥 시간을 보내거나 파티에 참석하는 것) 스포츠와 게임을 하는 데 더 적은 시간을 쓰고, 친구들과 공부하고 생각하고 취미 생활을 하는 데 더 많은 시간을 쓴다는 사실로도 뒷받침된다.

로마 가톨릭교회에서 되풀이해온 쟁점으로 성직자의 금욕이라는 게 있다. 결혼한 성직자라는 개념은 결혼이 신의 과업에 바쳐야 할 에너지와 주의를 분산시킬 것이라는 주된 이유로 인해 교회 지도부로부터 거부를 당해왔다. 그리고 비슷한 이유로 금욕은 다양한 동양 종교에 널리 퍼져 있다. 훨씬 덜 극단적인 형태이긴 하지만 기본 쟁점은 재능 있는 십대들에게도 유사하다. 보수적인 성적 태도의 가치는 수학, 과학, 음악, 운동, 미술에 더 많은 에너지를 허락한다는 데 있다. 십대들은 사춘기의 생물학적 욕구에, 특히 상업화한 성적 이미지의 끊임없는 공격에 쉽사리 휩쓸릴 수 있다. 그 결과 전체 삶의 맥락 안에서 섹스의 중요성을 인식하는 데 실패할 수도 있다. 그런데 재능 있는 청소년들은 어쩌면 잃을 게 더 많다는 사실을 알기 때문에, 혹은 가족이 잘 대처해주기 때문에 이런 일이 발생하게 놔두지 않는다. 그들의 이런 태도는 현재 정의된 사회적 성숙의 일부 측면을 지연시킬 만큼 지나치게 신중한 반응일지 모른다. 하지만 우리 청소년 문화의 특징인 또래와 성에 대한 과도한 관심이 자연스럽다거나 옳다고 가정하는 것은 오산일 것이다. 재능 있는 십대들이 보여주는 성에 대한 신중한 접근이 억압의 징후라고, 20세기의 가공할 망령이라고 믿을 이유는 전혀 없다. 우리는 오히려 또래의 에너지와 시간을 점령한 인위적으로 불타오르는 성적 관심에 끊임없이 참견해야 할 필요에서 해방된 아이들이 바로 재능 있는 십대라고 말하고 싶다.

5. 다섯 번째 결론은 지지와 도전을 모두 제공하는 가정이 재능 발달을 향상시킨다는 것이다. 재능 있는 표본의 청소년들은 평범한 십대들에 비해 가족이 더욱 응집력 있고 유연하다고 보고했다. 자신의 가족 환경이 통합적이고 분화되었다(응원해주고, 화합하고, 도전 의식을 북돋우고, 자유롭다)고 인식한 아이들은 가족과 함께 있을 때 더 많은 플로 경험을, 그리고 집에서 한층 질 높은 경험을 보고했다. 그들의 부모 역시 가족과의 상호 작용에서 더 많은 보상을, 배우자와 더 많은 화합을, 개인의 삶에서 더 많은 행복감을, 그리고 자녀들의 진로와 관련해 내적 동기에 대한 더 큰 기대를 보고했다. 통합적이고 분화된 가정의 십대들은 숙제를 하는 데 많은 시간을 들였고, 그러는 동안 더욱 정신이 맑고 목표 지향적이었다. 이런 생산적 습관은 학교 환경으로도 옮겨갔다. 학교에서 그들은 더욱 행복하고 머리가 맑고(가족 통합과 관련 있는 결과), 중요한 기대와 목표에 한층 집중했다고(가족 분화와 관련 있는 결과) 보고했다. 똑같은 패턴이 재능 관련 작업과 일반적 학업에서도 나타나 학점과 교사들의 평가에 따르면, 복합적 가정 출신의 십대들은 두 종류의 작업을 모두 더 효과적으로 수행했다.

도대체 부모는 자녀들이 이렇게 긍정적인 방식으로 깨닫는 환경을 어떻게 만들까? 이를 말로 설명하는 건 불가능하지만, 한 가지 사례가 이러한 목표를 달성하기 위해 일부 가정이 무엇을 하는지 생생하게 보여준다. 우리 동료 중 한 명(여기서는 '쿠퍼 여사'라고 부르도록 하겠다)은 고등학교 졸업반이며 생태학, 자연, 동물에 매우 관심 있는 아들 앤디에 관해 다음과 같은 이야기를 들려줬다. 초등학교 2학년 때 앤디는 엄마와 함께 두 사람이 좋아하는 풍경 하나를 지나 학교까지 걸어가곤 했다. 박물학자이자 오늘날에도 여전히 사용하고 있는 식물과 동물 종의 분류 체계를 발명한 스웨덴 과학자 린네의 동상이었다. 어느 날 방과 후, 쿠퍼 여사는 몇 가지 일을 마무리하기 위해 앤디를 자기 사무실에 데려갔다. 엄마가 바쁘게 일하는 동안 아들은 동물을 '야생'과 '가축'으로 분류하는 도표를 작성하기 시작했다. 아들은 몇 가지 범주(조류, 포유류, 파충류, 양서류 등)를 만들고, 도표의 초안을 그린 뒤 엄마에게 철자를 고쳐달라고 했다. 그리고 각종 사진과 사무실에 있던 사전에서 베낀 정의를 토대로 마무리 작업에 착수했다.

이윽고 집에 돌아갈 시간이 됐을 때, 앤디는 망설였다. 그러곤 좀더 있으면서 작업을 하면 안 되냐고 말했다. 자신의 아들이 좋아하는 프로젝트를 그냥 지나치는 관심 이상으로 전환시킬 기회라는 걸 깨달은 쿠퍼 여사는 도표들을 사무실에 두고 가자고 말했다. 그리고 둘이 같이 자주 와서 그것을 완성하자고 제안했다. 쿠퍼 여사는 새 서류철에 아들의 작품을 조심스럽게 넣었다. 자신이 그 작품의 질과 완성도를 존중한다는 사실을 보여준 것이다. 서류철을 선반에 꽂은 다음 그들은 집을 향해 떠났다. 앤디는 그날 오후의 일에 매우 만족했고, 집으로 가는 동안 엄마한테 일주일에 두세 번 사무실에 들러 작업을 할 수 있게 해달라고 말했다.

이 이야기는 가족의 개입과 도전에 대한 격려가 어떻게 순수한 흥미의 발달을 뒷받침하는 환경을 창조할 수 있는지 보여주는 흥미로운 사례다. 엄마와 사무실에 있을 때 앤디는 편안하고 사랑을 받는다고 느꼈다. 야생동물과 가축의 도표를 갖고 놀기에 완벽하고 안전한 공간이었다. 그러나 어머니가 그냥 양육만 하고 미래에 더욱 자기 주도적이 되게끔 하는 데 신경 쓰지 않았다면, 앤디의 흥미는 목적이 불분명한 장난거리가 되고 말았을 것이다. 도표를 사무실에 보관하고 나중에 다시 보러 오자고 한 어머니의 행동은 아들의 개성을 존중하고 목표를 향해 작업하는 능력에 신뢰를 보낸 것이다. 어떤 활동에 몰두하는 능력을 향상시키는 환경을 만들어준 것과 더불어 쿠퍼 여사는 처음의 몰입을 확장시킬 기회가 있는 환경을 창조했다. 이러한 기회는 결국 앤디를 가족 내에서 독특한 인물로 돋보이게 하는 데 일조할 것이다. "이쪽은 제 아들 앤디예요. 어렸을 때부터 생태학과 동물에 관심이 많았죠."

6. 하지만 최상의 가정 환경조차도 학교에서의 부정적 학습으로 약화할 수 있다. 여섯 번째 연구 결과는 재능 있는 십대들은 자신을 지지해주고 한 분야에서 즐거운 몰입의 모범이 되는 교사를 가장 좋아했다는 점이다. 학생들은 이런 교사들이 자신에게 지속적인 관심을 보여주고, 지지와 자극에 대한 믿음을 주고, 자신의 흥미에 마음을 써줬다고 말했다. 한편 이런 교사들은 보통 그들 스스로 교실 밖에서 자기 분야에 몰두하는 사람이고, 학습을 위해 신나는 환경을 창조하도록 하는 존재감과 다른 이들을 전염시키는 열정이 있었다. 그저 마지못해서가 아니라 학생들이 진정 자기 일에 깊이 몰두하길 바랐다. 아울러 반드시 학생의 능력 수준에 상응하는 방식으로 도전의식을 북돋아주었다.

가정 환경이 생산적인 작업의 즐거움을 습득할 수 있는 장소가 못 된다면, 교사들이야말로 많은 학생이 자기 길을 찾는 마지막 기회를 대표한다고 할 수 있다. 학생과 교사의 관계가 부모 자식의 관계만큼 직접적이고 감정적으로 강하지는 않지만, 교사들은 많은 학생에게 특정 재능 분야에서 어른과의 최초 만남을 대변한다. 세심하게 위안을 주고 아이의 관심사를 건드리는 교사는 그 학생에게 적합한 타입의 성인, 그리고 자신이 되고 싶어 할 수도 있는 어른 유형에 관해 많은 것을 보여준다. 이렇게 통합이라는 주제는 교사가 학생들에게 매력적으로 보이는 전문가적 정체성 모델이 되는 것도 포함한다. 학생의 분화를 위한 기회 역시 중요하다. 학생은 자기한테 해당 분야에 기여할 독특한 뭔가가 있으며, 교사가 자신의 개인적 능력을 알아본다고 느낄 수 있어야 한다.

이런 우호적인 조건이 교실에 존재할 때, 도전의 속도가 능력 수준에 맞을 가능성이 훨씬 높다. 교사는 학생들을 잘 알고, 학생들도 교사를 잘 알 것이다. 따라서 그들은 서로 조율하고, 교사는 너무 어렵거나 너무 쉬운 도전을 학생들에게 제공하는 실수를 더 적게 저지를 것이다. 그러면 학생들은 더욱 편안하고, 남의 시선을 개의치 않고, 활동 목적이 명확하고, 자기 관심과 역량에 적합한 작업에 초점을 맞출 수 있다. 양육 기술처럼 교수법은 학생의 미래에 치명적일지도 모르는 순간을 잡아채는 신속한 반응을 요구한다. 다시 한 번 말하지만 어떤 하나의 공식도 이 과업에서 교사를 인도하기에 충분하지 않다. 하지만 성공적인 교사들은 매일같이 이런 일반 원칙을 수천 가지 방식으로 수행하고 있다.

우리가 수년간 관찰해온 인디애나폴리스의 실험적 공립학교 키 스쿨(Key School)은 이런 관점에서 대여섯 가지 단계를 밟아왔다. 교사는 1년이 아니라 2년 동안 똑같은 학생들을 맡고, 같은 학년의 다른 교사들과도 한층 긴밀한 관계를 유지한다. 모든 교사는 학교 차원의 주제에 관해 하루 수업의 일부를 준비해야 한다. 교사들은 따라서 개별적으로 창의적이어야 하고 더 열심히 일해야 하며, 동료들과 더 많이 협력해야 한다. 많은 성공 사례가 이러한 접근법에서 탄생했다. 학생들은 지리학에서 미술로, 다시 음악으로 갔다가 과학으로 옮겨갈 수 있다. 하지만 그런 가운데서도 여전히 똑같은 주제, 가령 열대우림에 대해 공부한다. 한 학년 중 세 번, 학생들은 학교 전체의 주제와 관련한 그들만의 프로젝트를 선택할 수 있다. 그들의 관심사는 이런 식으로 풍부하게 표출될 기회를 부여받고(요컨대 분화의 기회를 지원받는다), 이는 학교의 테마라는 나무 몸통에 붙은 가지처럼 서로 연결된다. (요컨대 통합되어 있다.)

7. 재능 발달은 표현적이면서 동시에 매개적인 보상을 필요로 하는 과정이다. 예체능(음악, 체육, 미술)에 대한 몰입은 학생들에게 강한 긍정적 감정, 즉 표현적 몰입을 환기시키는 경향이 있었다. 반면 과학(수학을 포함한)에 대한 몰입은 미래의 목표에 유용하다고 판단되는, 즉 매개적인 인센티브를 제공하는 경향이 있었다. 그러나 어느 쪽 영역의 재능 발달이건 이런 보상이 상승효과를 일으키는 조합을 필요로 했다. 바꿔 말하면, 성공한 어린 예술가들은 어린 과학자들한테서 전형적인 어떤 자질이 엿보이고, 전념하는 어린 과학자들은 예술가들이 보통 자기 작품에 대해 갖는 것과 같은 방식으로 느꼈다.

데이터의 몇 가지 패턴은 예술과 과학 사이에 널리 신봉되는 표현적-매개적 구분을 확인해주었다. 학생 예술가들은 '그것을 하는 게 즐겁다'라는 인터뷰 항목을 더 자주 지지했다. 과학도들은 '그것은 유용하다' 같은 것들을 더 빈번하게 지적했다. 6장에서 예체능 영재들은 호출을 받았을 때 자신이 하고 있던 일이 마음을 사로잡고 신나긴 하지만 미래의 목표에는 중요하다고 느끼지 않는다고 보고했다. 과학 영재들은 상반된 패턴을 보고했다. 요컨대 그들은 매개적으로, 즉 자신이 하고 있는 일이 중요하긴 하지만 즐겁지는 않다고 생각했다. 덧붙여 예체능 영재들은 재능 관련 활동을 하는 동안 감정·유능감·내적 동기를 더 높게 보고했으며, 호출기에 응답할 때는 그것을 '하고 싶었기 때문에'라고 더 자주 말했다. 과학도들은 더 집중하는 경향이 있고 자기 일을 '해야만 했기 때문에'라고 말했다. 물론 이 연구 결과 중 어느 쪽에도 많은 부모나 교사나 학생은 놀라지 않을 것이다. 놀라운 것은 (찬찬히 생각해보면 매우 합리적이기는 하지만) 앞날을 생각하지 못한 예체능 영재들과 그 순간 자기 작업을 즐기지 않은 과학 영재들은 몇 년 후 자신의 재능에 적극적으로 참여할 가능성이 더 낮았다는 점이다.

11장에서 우리는 자기 재능 계발에 전념하는 학생들은 2~3년 전 순간적인 몰입과 장기적 목표 또는 표현적 몰입과 매개적 몰입 사이의 상승효과를 달성했음을 밝힌 바 있다. 이는 예체능과 과학 모두, 그리고 수학·과학·음악·체육·미술 영역 각각의 참여에 두루 해당됐다. 물론 예술가-과학자의 이상이 새로운 것은 아니다. 열정과 비전이라는 디오니소스적이고 아폴론적인 미덕을 성공적으로 결합한 니체의 '예술적 소크라테스'는 서구 문헌에 많이 등장하는 사례 중 하나다. 그러나 이런 은유에 실체를 보태는 실증적 연구는 매우 드물다.

위의 연구 결과는 학교에서 벌어지는 상황에 관한 상식적 견해를 뒷받침한다. 예체능 교사들은 해당 과목의 순간적이고 감각적인 보상을 강조하는 경향이 있고, 고등학교 새내기들은 '만만한' 음악과 미술 수업을 고대한다. 우리와 얘기를 나눈 재능 있는 아이들도 예외는 아니었다. 반면 학생들은 과학이 '심각하다'는 것을 일찍부터 안다. 이 수업의 전형적인 교실 분위기는 좀더 격식 있고 지시적이며, 학생들의 관심사에는 신경을 덜 쓰고, 종종 아주 따분하다.

이런 상태에 대한 모든 화살을 교사들이 받아야 마땅한 것은 분명 아니다. 선입견은 우리 교육 제도에 깊숙이 뿌리박혀 있다. 교육심리학자들이 내적인 목표와 동기를 외적인 것들과 병치하면서 문제를 가중시킨다. 그들은 종종 장기적 관심이 순간적인 것과 어떻게 양립할 수 있는지 명시하지 않은 채 이런 성향을 마치 반의어인 양 바라본다. 예체능과 과학에서의 전념에 관해 방금 검토한 결론은 혼란의 소지를 보인다. 미래의 목표(보통 '외적 동기'라고 부른다)에 대한 지나친 강조는 호기심이나 재미있는 과제와 관련한 몰입(보통 '내적 동기'라고 부른다)을 과도하게 강조하는 것만큼이나 한 사람의 생산적 주의 사용에 해를 끼친다.

순간적 몰입과 장기적 목표를 결합시킬 기회를 늘림으로써 이런 불균형을 많이 수정할 수 있다. 예술의 구체적이고 즉각적인 영향은 표현적 몰입을 불러올 수 있고, 과학의 추상적이고 매개적인 상징은 현재를 넘어 확장된 비전에 가장 잘 맞을 수 있다. 그러나 이런 장점을 과장하면 약점이 된다.

불균형을 바로잡기 위한 첫 번째 단계는 언제나 아이가 자발적으로 무엇을 하고 싶어 하는지 발견한 다음, 점진적으로 어려운 도전을 던져주면서 자연스러운 흥미와 호기심을 알아내는 것이다. 예를 들어, 고양이를 사랑하고 고양이 그림 그리는 걸 좋아하는 아이는 고양이가 얼마나 빨리 뛰는지, 얼마나 오래 사는지, 몸이 인간의 신체와 얼마나 비슷하고 다른지, 세계의 어떤 지역 토종인지, 왜 인간은 그들에게 끌리는지, 왜 수많은 신화 속에서 상징으로 등장하는지, 또는 왜 털이 어떤 사람한테 재채기를 하게 만드는지에 대해서도 호기심을 가질 수 있다. 이렇게 고양이에 대한 사랑을 통해 세상을 바라봄으로써 아이는 약간의 수학, 생물학, 지리학, 심리학, 신화 등을 배울 수 있을 것이다. 한 반에 있는 30명의 아이들을 이런 식으로 돕는 것은 엄청나게 어렵지만(아마 불가능할 것이다), 즉각적인 것과 매개적인 것과 구체적인 것과 추상적인 것에 다리를 놓아주는 것은 바로 이런 방식을 통해서다. 만일 어떤 교사(또는 부모)가 아이의 주의를 끄는 게 무엇인지 관찰하고, 그 아이의 특별한 지렛점(leverage point)을 발견하고, 약간의 상상력을 발휘해 연구 과정 준비에 필요한 작업을 한다면 그 교사(또는 부모)는 아이를 자기 주도적 학습 과정에 안착시킬 수 있다.

8. 이는 재능 발달을 촉진하는 요인에 대한 최종 결론을 끄집어낸다. 지

금까지 우리가 언급한 모든 것은 다음과 같은 요점을 보강한다. 최적 경험을 생산하면 재능은 발달할 것이다. 최적 경험이 재능 발달에 공헌한다는 사실은 10장과 11장에서 제시한 결론들로 분명해졌다. 예를 들어, 학생들이 자기 재능 영역에서 플로를 경험했느냐가 참여에 유의미하게 연관되어 있었으며, 이는 네 가지 참여 변수 전체, 즉 교사 평가, 재능 수업 학점, 주관적 전념, 도달했던 최고 재능 수준과 관련 있는 유일한 예측 변인이었다. 예비대학수학능력평가, 곧 PSAT 점수와 복합적 가정은 교사 평가와 학점 같은 외적 기준의 최고 예측 변인이었지만, 플로는 주관적 참여 그리고 학생이 자기 재능 영역에 해당하는 학교 교과 과정에서 어느 정도까지 올라갔는지에 대한 최강 예측 변인이었다. 더욱이 그룹에서 가장 전념하는 학생(즉 매일 작업을 하고 대학에서 해당 영역을 전공할 계획인 학생)들은 자기 재능 영역에서 작업하고 있을 때 기술과 도전이 높았고 균형 잡혔다는 것을 더욱 자주 인지했다.

다른 ESM 변인은 플로 이론이 제시한 대로 경험의 질이 참여를 촉진한다는 것을 보여줬다. 가장 강한 경험적 예측 변인 중에는 '개방적이다', '명랑하다', '강하다', '신난다', '남을 의식하지 않는다', '내적으로 동기를 부여받고 있다', '성공적이다', 그리고 '능숙하다'와 '장기적 목표의 방향으로 작업하고 있다고 느낀다' 등이 있었다. 우리는 어떤 학생의 재능 관련 작업의 즐거움이 자기 재능 계발 여부를 결정하는 가장 중요한 요인이라는 것을 어느 정도 확신을 갖고 말할 수 있다. 이는 성별, 사회경제적 지위, 학업 적성 같은 그 밖의 요인을 고려할 때조차 주효했다. 능력, 성격, 생산적 습관 그리고 자기 목적적인 가정과 학교 환경처럼 위에서 마찬가지로 중요하다고 거론한 다른 몇몇 요인이 이러한 관념을 강화시킨다. 바꿔 말하면, 이런 요인 전체가 긍정적으로 주관적 경험의 질에 영향을 준다. 다양한 연구 결과가 일맥상통한다는 것은 바로 이런 의미에서다.

불행히도 자신이 즐기는 직업을 추구하지 못한 많은 어른들은 이런 일반적 결론을 수용하는 데 망설일 것이다. 그들은 흥미와 노력, 그리고 놀이와 일을 분리된 영역으로 보는 경향이 있다. 왜냐하면 자기 삶에서 평소 경험하는 방식이 그렇기 때문이다. 하지만 사람들은 대부분 아무리 짧더라도 수월한 통제감, 명확성, 집중력으로 즐거운 도전에 정신없이 빠져들었던 때를 기억한다. 이는 운동장에서 발생했을 수도 있고, 보이 스카우트 견학이나 고등학교 합창단에서 일어났을 수도 있지만 이런 순간은 종종 기억 속에 새겨져 스트레스가 심할 때면 영감을 찾는 데 도움을 준다.

최적 경험은 부분적으로는 다음의 이유 때문에 재능 발달에 중요하다. 요컨대 최고조의 순간에 대한 기억은 학생들이 똑같은 강도의 경험을 다시 얻으려는 바람 속에서 계속 앞으로 나아가게끔 하는 원인이 된다. 가장 강력한 참여의 예측 변인 중 하나였던, 자기 재능이 플로의 원천이었다고 보고했는지 여부가 이런 해석을 뒷받침한다. 이 주제와 관련한 질문은 학생들에게 자기 재능이 플로를 생산했는지 떠올려보게 했다. '그렇다'는 응답은 따라서 그들이 어느 시점에선가 최적의 순간을 경험했음을 나타낸다. 최적 경험의 중요성을 강조한다고 해서 재능과 관련한 매 순간이 내적으로 보상을 줘야 한다는 뜻은 아니다. 학교 공부는 십대 중 가장 열성적이고 재능 있는 아이들한테조차도 최고로 기분 좋은 일은 아니다. 재능 발달이 최적 경험과 연결된다고 해서 자신의 수업 시간에 웃는 얼굴이 줄지어 앉아 있는 것을 보지 못하는 교사를 기죽게 만들서는 안 된다.

한 사람의 과거에서 몇몇 순간이 이렇게 에너지를 내뿜는 효과를 갖고 있다는 것을 안다면 아마도 용기를 얻을 것이다. 앞선 연구에서 어떤 음악가는 자기 최초의 강력한 플로 경험을 회상했다. 청중들 앞에서 즉흥 연주를 한 일이 그것이었다. 당시 16세이던 그는 라이브 연주를 한다는 생각만으로도 겁이 났다. 자의식이 긴장을 풀고 과감하게 제대로 된 즉흥 연주에 도전하는 것을 방해해온 한 가지 요인이었다. 그러나 플로 경험이 그가 날짜, 시간, 곡명과 함께 자신이 받은 인상을 종이 한 장에 기록해 기타 뒷면에 붙여놓을 만큼 충분한 영향을 미쳤다. 이후 그는 이런 경험과 그것을 되찾는 방법을 알아내는 걸 의식적인 목표로 삼고, 자신의 정신 작용을 설명하는 데 도움을 줄 책을 찾아 헤맸다. 그리고 5~6년 후, 이러한 경험이 종종 어떤 새로운 기술, 예를 들면 새로운 음계나 새로운 운지법을 연습한 다음 그걸 즉흥 연주에 적용한 뒤 찾아온다는 것을 깨달았다. 그 기술이 제2의 자질이 되어 과감하게 즉흥 연주를 했을 때 이따금 즐거운 경험에 완전히 몰입할 수 있었던 것이다. 그는 플로 상태에서 완벽한 솜씨로 '새로운' 것을 연주할 때 음악의 리듬과 자기 자신의 감정이 더욱 잘 맞아떨어지는 것을 느낀다고 기술했다.

요약하면 첫째, 재능 있는 십대들에게는 유용하고, 공인된 분야와 영역의 지지를 받는 기술이 있다. 둘째, 재능 있는 십대들에게는 어려운 작업 및 경험에 대한 개방성 모두에 유리한 성격이 있다. 이것이 재능 있는 십대들이 성에 대한 고정관념을 덜 갖도록, 그리고 자신의 흥미를 유지하고 확장할 준비를 더 잘하도록 만든다. 셋째, 재능 있는 십대들은 혼자서 그리고 가족과 함께 더 많은 시간을 보내고, 또래와 어울려 다니는 데 시간을 덜 쓴다. 하지만 생산적 활동을 하는 데 더 많은 시간을 들이는 식의 효율적인 생활 습관을 키운다. 이것이 그들의 주의를 절약하고 에너지의 많은 부분을 재능으로 돌리게 했다. 넷째는 앞의 것과 관련 있는데, 재능 있는 십대들은 섹스와 이성 친구에 대해 더욱 보수적인 성향이 있다. 이것이 그들로 하여금 사춘기의 격동하는 변화를 계속 균형 잡힌 시각으로 바라볼 수 있게 돕는다. 다섯째, 더욱 통합적이고 분화된 가정 환경을 보고한 재능 있는 십대들은 생산적 활동에서도 높은 경험의 질을 보고하고 학교 성적도 더 좋았다. 여섯째, 재능 있는 학생들은 자기 목적적인 가정처럼 자신을 지지해주고 자극을 준다고 느끼는 환경을 조성한 교사들로부터 가장 많은 영향을 받는다. 일곱째, 재능 발달은 표현적이면서 매개적인, 그리고 그 순간 만족스러우면서 동시에 장기적 보상이 유망한 몰입 양식에 의해 향상된다. 예술과 과학에 전념하는 학생들은 이 두 가지 양식을 이분법적으로 바라볼 때 생겨나는 비생산적 교착 상태를 면할 수 있다. 여덟째, 재능에 대한 참여는 최적 경험이 재능 관련 작업과 연관이 있을 때 향상한다.

이론적 모델: 복합성과 재능 발달

위에서 요약한 주요 연구 결과는 재능 발달과 관련 있는 다양한 요인을 반영한다. 이 마지막 절에서 우리는 거시적 관점에서 연구의 영향을 점검하고 어떻게 특정 연구 결과가 일관성 있는 패턴을 반영하는지 재검토하고자 한다. 그러한 연구 결과를 이해하기 위해 사용한 구성 원리를 '심리적 복합성' 또는 '분화와 통합 과정의 동시적 실재'라고 부르도록 하자. 재능 있는 십대들이 성격, 습관, 가족, 경험에서 보여준 긴장은 이런 일반적인 변증법적 원리를 모델로 한 사례로 볼 수 있다는 게 우리의 생각이다. 이러한 모델은 이번 연구나 데이터로부터 돌연 완전하게 무르익은 것은 아니다. 사실 윌리엄 제임스와 존 듀이의 저술에도 그 전례가 있는데, 이런 관찰에 대한 역사적 맥락을 제공하기 위해 그들의 견해 역시 점검할 것이다.

연구 결과 전체를 두루 살펴보면, 그러한 결과 사이에서가 아니라 그 내부에 모순과 불일치가 존재하는 것처럼 보인다. 고된 작업에 적응했지만 생각과 느낌이 흥미롭다는 이유로 거기에 주의를 기울이는 사람을 우리는 어떻게 보아야 할까? 인정 많고 다른 가족 구성원과 협조하면서도 무척 독립적인 사람, 평범한 십대들보다 가족과 함께 그리고 혼자 더 많은 시간을 보내는 사람, 어려운 작업을 요구하면서 재미까지 있는 교사를 가장 좋아하는 사람, 약간은 예술가처럼 그리고 약간은 과학자처럼 행동하는 사람, 순간을 즐기면서도 미래를 내다보는 사람, 그리고 능숙하지만 도전 의식을 느끼는 사람을 우리는 어찌해야 할까? 이런 사람은 좋은 와인처럼 복합적이고, 놀라움을 주고, 다차원적이고, 오랠수록 좋아지는 것 같다. 언뜻 보면 혼란스러운 개인들의 집단과 뒤얽힌 결론의 집합인 것 같아도, 우리는 이런 명백한 모순이 일관성 있는 하나의 패턴임을 보여준다고 주장한다.

복합성을 통합하고 분화하는 과정의 동시적 실재로 정의한다면, 우리의 연구 결과가 말하는 것은 재능 자체가 복합적인 현상이며, 이러한 재능은 복합성의 경향을 따라, 즉 통합과 분화의 과정을 거쳐 발달한다는 사실이다. 어떤 학생이 언제나 호기심이 있지만 끈기가 없다면 그 호기심의 결실은 소멸될 것이다. 언제나 가족에게 의지하는 학생은 홀로 서기를 배우지 못할 것이며, 반대로 너무 일찍 가족을 밀어낸다면 절대 홀로 설 힘을 갖지 못할 수 있다. 혼자 있는 시간이 너무 많으면 무심함으로 이어질 수 있고, 타인들과 보내는 시간이 너무 많으면 순응을 초래할 것이다. 만일 재미있는 교사만을 좋아한다면 그들은 경박해질 것이다. 반면 무엇을 할지 시켜주는 교사만 좋아한다면 그들은 고분고분한 사람이 될 것이다. 그 밖에도 많다. 예를 들어 만일 어떤 학생의 주의가 지나치게 통합적이어서 새로운 것을 발견할 수 없다면 성장이 멈출 것이다.

발달은 미지의 것을 탐구하는 기초로서 이미 숙달한 것 위에 구축되며,

그런 다음 이를 기존의 패턴과 혼합함으로써 그것을 변화시키는 나선형 과정 안에서 진행된다. 따라서 이번 연구에 등장한 것과 같은 패턴을 식별하는 탄력적 모델 없이는 재능 발달 혹은 일반적 인간의 발달을 연구하기 어렵다. 가까운 과거에 몇몇 위대한 심리학자와 철학자들이 이런 사실을 내다봤고, 그런 모델을 수립하기 위해 노력했다.

제임스와 듀이: 경험 연구를 위한 맥락

칼 융(Carl Jung)은 어떤 원형, 즉 패턴이 다양한 문화권과 시대에 걸쳐 집단적 무의식의 발현으로 반복된다고 주장했다.[3] 이런 집단 무의식 중 융의 주된 관심사는 다양한 삼위일체 상징 안에 반영된 변증법적 패턴에 있었다. 예를 들어 그는 이집트와 플라톤 그리고 기독교 삼위일체의 유사성을 지적했다. 각각은 통합, 분열 그리고 재통합에서 발달했다. 유사한 변증법적 체계를 생각해내고 근대적 의식 관념에 엄청난 영향을 끼친 헤겔이나 피아제 같은 다른 사상가들의 목록을 나열하기는 어렵지 않을 것이다. 우리가 제기한 심리적 복합성 모델은 통합에서 분열을 거쳐 재통합으로, 그 다음에 다시 새로운 주기로 향하는 비슷한 움직임을 나타낸다. 어쩌면 이 패턴은 집단적 원형에 의거해 설명할 수 있을 것이다. 그러나 주의를 어떻게 의식에 활용하는가라는 관점에서 더 잘 설명할 수 있을 것 같다. 윌리엄 제임스와 존 듀이는 후자의 접근법을 채택해 경험에 기초한 변증법적 모델을 발전시켰다.

제임스는 2개의 "자매 같은 열정들"에 대해 이렇게 말했다.

> 사실들의 혼돈이 단일한 근본적 사실의 표현이라는 것을 발견하는 데서 얻는 우리의 기쁨은 혼란스러운 소리 덩어리를 선율이나 화성의 질서로 분해하는 데서

오는 음악인의 안도감과도 같다. ……절약에 대한 열정, 사고하는 수단의 절제에 대한 열정은 탁월한 철학적 열정이다. ……이는 구별에 대한 열정이다. 이는 전체를 이해하기보다 부분들을 알고자 하는 충동이다.[4]

제임스는 이러한 열정 중 어느 쪽도 폄하하지 않았다. 오히려 이를 상호 보완적인 것으로 보았으며, 적절한 철학적 태도는 이 두 가지 주의 사용의 균형에 달려 있다고 생각했다. 그리하여 삶이 충만한 전체 남성(혹은 여성)에 대해 그는 다음과 같이 기술한다.

〔다양성의〕 구체적 충돌에 지치면 …… 그는 〔통일성의〕 영원한 샘에 자신을 흠뻑 담그는 것으로 원기를 회복할 것이다. ……그러나 그는 그저 손님일 것이다. ……그리고 그녀가 가진 문제의 회색빛 단조로움이 피곤해질 때 …… 구체적인 세계의 풍요로움……으로 언제나 유쾌하게 도피할 것이다.[5]

변증법은 이렇게 주관적 상태, 즉 "원기 회복"의 필요성, "단조로움"의 제거, "피곤"을 느끼는 것 그리고 세계의 "풍요로움"으로의 "유쾌한" 도주가 우러나오는 다양성과 통일성 사이에서 제기된다. 이러한 변증법은 결코 안주하지 않고 언제나 전진한다.

그런고로 우리의 모든 사색은 만족스럽지 못할 것이다. 한편으로는 사색의 관점에서 다양성을 유지하는 한 실증적인 모래 더미의 세상에서 우리를 꺼내줄 수 없다. 다른 한편으로는 사색이 다양성을 제거하는 한 실리적인 사람은 그 공허한 무력함을 경멸한다.[6]

제임스는 이러한 욕구 중 하나를 제거하거나 하나를 다른 것에 종속시키는 철학 체계는 결코 보편적인 인정을 얻지 못할 것이라고 말했다. 이러한 철학 체계는 충분히 만족스럽지도 흥미롭지도 못할 것이고, 따라서 환영받지 못할 것이다.[7] 그는 "유일하게 가능한 철학은 추상적인 단조로움과 구체적인 비균질성 간의 타협임이 분명하다"라고 말한다. 이 두 욕구 사이의 균형이 삶의 충만함을 허락한다. 이는 인간의 두 가지 관심, 똑같이 행동하고자 하는 욕구와 반대로 행동하려는 욕구 사이의 만족을 감안한다. 우리는 전자를 주의의 통합 과정, 후자를 분화 과정이라고 부른다.

경험에 관한 듀이의 많은 저술을 훑어보기만 해도 제임스와의 강한 유사성이 드러난다. 듀이 역시 자신이 생각하는 생산적 리듬을 생성해낸 상반된 자질의 최적 균형을 제안했다. 그는 다양한 각도에서 자신의 변증법적 논거의 핵심을 담기 위해 여러 가지 용어를 나란히 열거했다. 직접적-우회적, 종합-분석, 함축적-명시적, 감정-지성, 가깝다-멀다, 감각-정신, 무의식-의식, 수동적-적극적, 구체적-추상적, 동일시-구별, 우려-이해, 자각-인정, 즉각적-매개적 등등. 듀이는 제임스처럼 주의가 의식의 양식(mode) 사이를 왔다 갔다 움직이며, 이것 말고는 어떤 것(둘 중 하나의 가능성을 부수적으로 여기거나 제거하는 어떤 것)에도 만족하지 않는다고 주장했다. 다른 말로 하면 이런 것들 사이의 역동적 운동은 그것들이 불러일으키는 긍정적인 주관적 반응에 의해 추진된다.

이러한 언급으로 비추어볼 때, "장난기 가득하면서 동시에 진지한 것은 …… 이상적인 정신 상태를 규정한다"[8]고 말한 듀이의 속뜻을 파악할 수 있다. "진지한 놀이"라는 이런 양식 안에서 주의의 두 가지 활용을 모두 행사할 수 있고, 교육의 적인 광대 짓(진지한 공부 없는 장난스러운 호기심)과 고역(놀이 없는 공부)을 피해갈 수 있다.[9] 따라서 듀이는 최적의 흥미를 위한 이상적 조건이란 가령 교실에서, 학생의 순간적 즐거움을 촉진하는 한편 동시에 장기적 목표를 향해 작업하도록 만드는 것이라고 상정했다. 이 내적 연결 고리가 주의에 동기를 부여할 때, 교육을 위한 이상적 조건이 존재한다.

이런 논평은 듀이와 제임스의 견해 및 우리 연구에서 제기한 통합-분화 모델 사이에 유사성이 있음을 시사하기에 충분하다. 이들 사이의 추가적 유사성은 주관적 경험의 질을 강조한다는 점과 그것을 자유롭거나 유연한 주의의 움직임에 달려 있는 것으로 본다는 점이다. 제임스와 듀이 모두 우리가 최적 경험이라고 지칭하는 것에 큰 비중을 두었다. 제임스는 로버트 루이스 스티븐슨(Robert Louis Stevenson)을 인용하며 이렇게 말한다. "즐거움을 놓치는 것은 모든 것을 놓치는 것이기에 행위자들의 즐거움에 모든 행위의 의식이 달려 있다. 이것이 설명이자 이유다."[10] 그리고 나중에는 이렇게 말한다. "하지만 만일 그것이 이처럼 홍미진진한 의의(意義)를 가진 감정에 달려 있지 않다면 …… 시간의 소중함은 그 밖에 어떤 종류의 가치에 달려 있단 말인가?"[11] 아울러 듀이는 교육에 대해 이렇게 평한다. "모든 것은 획득한 경험의 질에 달려 있다."[12]

경험에 관한 이런 관심을 전제로 제임스는 세기 전환기에 동시대의 인지심리학과 매우 다른 심리학을 마음속에 그렸다. 제임스는 흔히 이러한 심리학의 아버지로 여겨진다. 다음은 그의 견해를 명확히 보여준다.

> 〔교육의〕 문제는 …… 인간을 어떻게 하면 그들이 가진 에너지의 가장 유용한 〔최적의〕 최대치까지 훈련시킬 수 있는가이다. ……'에너지'와 '최대치'가 독자들의 마음속에 필시 양(量)만을 떠오르게 할지 모르지만, 반면 …… 양은 물론 질을 고려해야 한다.[13]

그러니 정말 많은 것을 인정하라. 그리고 온전한 자아[최적 에너지]에 못 미친다는 비난이 어떤 사람에게는 다른 이들에게보다 훨씬 더 적합하다는 것도 인정하라. 그러고 나면 실리적인 질문이 뒤따른다. 더 나은 사람은 그들의 도피에 무엇을 빚지고 있는가? 그리고 모든 사람이 에너지를 북돋우는 자기만의 일정한 변동 속에서 개선이 일어난다면 이는 어디에서 연유하는가?[14]

2개의 질문, 우선 우리 역량으로 가능한 범주의 것 그리고 둘째로 거기에 접근하는 온갖 방안에 관한 것, 곧 다양한 개인 안에서 그것을 열어주는 다양한 열쇠가 개인과 국가의 교육 문제 전체를 지배한다. 우리한테는 인간 역량의 한계에 관한 지형학이 필요하다. ……또한 에너지 저장고에 매력을 어필하고 그것을 풀어놓는 다른 방식과 관련해 인간의 다채로운 유형 연구가 필요하다. 모든 종류의 전기(傳記)와 개인적 경험이 여기서 증거로 이용될지도 모른다.[15]

제임스는 이런 질문이 과학적 탐구를 위한 방법론적 프로그램으로 받아들여지자 "정신과학과 행동과학 전체가 그것들 아래 자리를 잡을 것"[16]이라고 생각했다. 불행히도 제임스는 다양성과 통일성의 균형에 관한 자신의 견해를 발전시켜 그것을 "최적 에너지"에 조직적으로 연관시키지 않았으며, "인간 역량의 한계에 관한 지형학"을 완수하지도 않았다. 주관적 인식의 중요성을 심각하게 고려하지만 심리적 에너지를 투자하는 합리적 유형들만 강조하는 인지과학이 제임스의 주의(attention) 의제를 차지했다.

미국 교육의 양상이 지난 수십 년간 너무나도 극적으로 변하면서 다양성이 표준이 되었다. 따라서 이 책에서 소개한 아이들처럼 비교적 유복하고 재능 있는 일군의 십대를 연구하는 것에서는 그다지 쓸 만한 것을 얻을 수 없을 거라고 주장할 수도 있다. 그러나 제임스가 넌지시 언급했듯 만일 어떤 개인이 그 밖의 사람들보다 자신의 최적 에너지 정점에 더욱 충실한 게 사실이라면, 그리고 이것이 발생하는 조건을 발견하는 것이 심리학의 주요 과제라고 한다면, 재능 있는 학생들을 탐구하는 것은 동시대 연구에서 중요한 역할을 충족할 수 있다. 어떻게 하면 인간은 잠재력의 최고치까지 도달할 수 있는가? 누군가가 이런 호기심을 가진다면, 특별히 재능 있는 개인들을 그 최고 시기에 연구하는 것(아울러 또한 정신적으로 가장 장애가 심한 사람들을 그들의 가장 병적인 순간 배타적이지 않게 연구하는 것)은 말이 된다. 어떤 심리적, 사회적, 문화적 조건이 정점을 가능케 하는지 아는 것은 제임스가 지적했듯 오늘날까지도 거의 시작조차 하지 않은 연구 의제다.

우리가 연구한 청소년들은 발달에 대한 전형적이고 명확한 제약에서 비교적 자유로웠다. 가정의 깊은 불화 혹은 집에서의 재정적 자원이나 지원 부족으로 피폐해진 아이들도 거의 없었다. 따라서 그들은 에너지의 최적 수준에 도달할 수 있도록 하는 좀더 섬세한 과정을 눈에 띄게 만들어줬다. 우리가 인간의 발달을 평가하는 잣대를 바란다면, 그리고 더 이상 선험적인 보편적 원칙에서 이러한 기준을 기대할 수 없다면, 실제 재능 있는 개인들에 대한 연구(인간 역량의 최대치에 관한 지형학)가 그 간극을 채울 수 있을지도 모른다.

그 잣대는 어느 때보다도 지금 필요하다. 요즘 대체로 무엇이 성장을 위한 최고 환경을 구성하는지에 관한 우리 관념은 한편으로는 엄격한 의미의 훈련과 순응을 지지하는 쪽, 그리고 다른 한편으로는 완전히 해방된 개인의 자유와 독립에 가치를 두는 쪽 사이를 오간다. 요컨대 3R's(읽고, 쓰고, 셈하기 따위의 기초 교육—옮긴이), 아니면 '네 멋대로 해라'인 것 같다. 그러나 적어도 아리스토텔레스 이후 이런 문제에 대해 생각한 이들은 이상적 성장에는 한 사람이 가진 독특한 잠재력에 비례해 탁월함을 성취하는 것도 포함된다는 것을 깨달았다. 하지만 탁월함은 특이해서는 안 된다. 요컨대 탁월함은 공동체의 인정과 승인에 의존한다. 이런 이유로 그 개념에는 다른 사람들에게 의미 있는 방식으로 그 사람의 개성을 표출하려는 각고의 분투가 포함되어야 한다.

다음 세대의 성장에 책임을 진 성인들로서 우리가 청소년들에게 제대로 살 기회(즉 청소년들이 최선을 다할 기회)를 주지 않는다면 그 임무를 다하고 있지 않은 것임을 알아야 한다. 올바른 사회란 남성과 여성, 부자와 빈자, 천재와 장애인 각자가 자기 재능에 따라 모든 능력을 활용하고 증대시킬 동등한 기회를 갖는 사회다. 그 목표에 도달하려면 아직 한참 멀었지만, 우리가 그 방향을 향해 내딛는 모든 걸음은 모든 이들의 삶을 더욱 풍요롭고 의미 있게 만들 것이다.

부록

부록 3.1 ESM 주요 장소 코딩과 최종 ESM 표집에 나타난 빈도 요약

장소 범주		신호 횟수	%
학교(재능과 무관)			
학교(일반)		120	1.5
교실		1,306	16.7
복도와 사물함 구역		269	3.4
도서관		154	2.0
구내식당		254	3.3
학생 회관		126	1.6
학교 운동장이나 버스		58	0.7
방과 후 장소		32	0.4
기타		52	0.7
학교(재능 관련)			
교실	수학	395	5.1
	과학	335	4.3
	음악	85	1.1
	미술	56	0.7
	체육	140	1.8

방과 후	음악	153	2.0
	운동	43	0.6
	미술	6	0.1
공공장소			
야외에서 도보나 자전거		258	3.3
자동차		177	2.3
대중교통		5	0.1
친구네 집		312	4.0
직장		137	1.8
가게나 식당		149	1.9
레저 시설		38	0.5
오락 시설		56	0.7
종교 시설		44	0.6
집			
집(일반)		371	4.7
자기 침실		905	11.6
다른 가족의 침실		40	0.5
부엌		463	5.9
식당		176	2.3
거실		455	5.8
서재나 가족실		346	4.4
욕실		116	1.4
지하실		105	1.3
마당이나 차고		24	0.3
코딩 불가		50	0.6
합계		7,811	100.0

부록 3.2 ESM 주요 활동 코딩과 최종 ESM 표집에 나타난 빈도 요약

활동 범주		신호 횟수	%[a]
생산적 활동: 재능과 무관			
교실 활동		1,745	22.3
숙제와 공부		526	6.7
시험 준비		57	0.7
방과 후		34	0.4
일 관련		102	1.3
생산적 활동: 재능 관련			
숙제와 공부		247	3.2
시험 준비		33	0.4
방과 후	과학과 수학	42	0.5
	음악	180	2.3
	운동	84	1.1
	미술	26	0.3
레저			
사교		836	10.7
전화 통화		175	2.2
운동(비공식 경기 등)		83	1.1
TV 시청		715	9.2
매체나 행사 참여		64	0.8
음악 감상		94	1.2
독서		234	3.0
취미(재능과 무관)		44	0.6
생각과 명상		299	3.8
쇼핑		42	0.5

개인 관리		
식사	374	4.8
몸단장	393	5.0
이동	414	5.2
집안일과 심부름	361	4.6
휴식이나 앉아 있기	244	3.1
기타	304	3.8
코딩 불가	59	0.8
합계	7,811	100.0

[a] 이러한 빈도는 다양한 활동에 소요된 시간을 정확히 반영하지 않는다. 생산적 활동의 사례를 가능한 한 많이 얻기 위해 학기 중에 더 많은 신호를 보냈기 때문이다. 과다 표집을 보충하는 편중된 빈도는 표 5.1에 나타나 있다.

부록 3.3 ESM 주요 동반자 코딩과 최종 ESM 표집에 나타난 빈도 요약

동반자 범주	신호 횟수	%[a]
가족 구성원		
어머니하고만	266	3.4
아버지하고만	141	1.8
형제자매하고만	485	6.2
어머니와 아버지	150	1.9
어머니와 형제자매	137	1.8
아버지와 형제자매	78	1.0
다른 친척들	4	0.1
혼합 가족 모임	57	0.7
학교 관련		
급우와 교사	2,255	28.9
학교의 어른하고만	44	0.6

친구		
친구들하고만	1,608	20.5
친구들과 그 가족	122	1.6
혼자		
완전히 혼자	1,957	25.1
공공장소에서 낯선 이들 틈에	334	4.3
기타(상사와 동료 포함)	101	1.2
코딩 불가	72	0.9
합계	7,811	100.0

[a] 이러한 빈도는 다른 동반자와 보낸 시간을 정확히 반영하지 않는다. 생산적 활동의 사례를 가능한 한 많이 얻기 위해 학기 중에 더 많은 신호를 보냈기 때문이다. 과다 표집을 보충하는 편중된 빈도는 표 5.2에 나타나 있다.

부록 3.4 개방형 개인 인터뷰에 포함된 질문 요약(연구 1단계)

1부: 개인적 경험

1. (자아 개념) 지금까지 당신에게 많은 서식을 작성하라고 드렸습니다. 이제 당신에 대해 스스로 말씀할 기회를 주고 싶습니다. 자신을 어떻게 설명하겠습니까? 자신에 대해 좋아하는 것과 싫어하는 것은 무엇입니까? 당신에게는 어떤 종류의 활동이 중요합니까?
2. (개인적 영향) 다음은 현재의 당신을 만든 것, 당신의 성격을 형성해온 영향·경험 그리고 계획에 대한 몇 가지 질문입니다. 당신이 기억할 수 있는 만큼 과거로 돌아가서 지금까지의 삶에 미친 영향에 대해 말씀해주십시오. 이에 대해 생각할 시간을 충분히 가져도 좋습니다.
3. (현재의 목표와 개인적 도전 과제) 현재의 삶에서 가장 중요한 목표는 무엇입니까? 향후 몇 년간 당신에게 찾아올 주요 도전 과제는 무엇이라 생각합니까? (참고: 학생들은 학업적, 직업적, 개인적 목표에 대해 조사를 받았음.)
4. (목표에 대한 동기) 왜 이것을 미래의 가장 중요한 목표/도전 과제로 삼게 되었습니까?

2부: 재능 계발

1. (복수 재능 학생들에게) 다음 과목 중 무엇이 당신에게 가장 중요합니까? 〔인터뷰 진행자는 학생의 재능 영역을 열거한다.〕
2. (단일 재능 학생들에게) 당신은 특히 〔재능 영역〕에 몰입하는 것으로 알고 있습니다. 〔재능 영역〕에 참여할 때 당신이 관심을 갖는 다른 것이 있습니까?

〔참고: 선호 재능 영역 또는 단일 재능 영역과 관련해 나머지 질문을 던짐. 시간이 남을 경우 비선호 재능 그리고/혹은 개인적으로 관심 있는 새로운 영역과 관련해 똑같은 질문을 하도록 노력함.〕

3. 〔재능 영역〕에 관심을 가진 지 얼마나 오래됐습니까?
4. 처음 어떻게 〔재능 영역〕에 관심을 갖게 됐습니까?
5. 누군가가 당신을 〔재능 영역〕으로 이끌었습니까?
6. 언제 〔재능 영역〕에서 최초로 공식적인 훈련을 시작했습니까?
7. (좋았던 때와 나빴던 때) 그 이후 〔재능 영역〕의 훈련은 무엇이었습니까? 당신이 기억하는 특별히 좋았던 때나 나빴던 때가 있습니까?
8. 현재 〔재능 영역〕에 대한 자신의 관심에 대해 어떻게 느낍니까?
9. 언제 〔재능 영역〕이 가장 즐겁습니까?
10. 고등학교 내내 이 과목을 계속할 거라고 생각합니까? 아니라면 이유가 무엇입니까?
11. 대학교에서 이 과목을 전공하겠습니까?
12. 어른이 된 당신의 삶에서 이 과목이 어떤 역할을 할 거라고 생각합니까?
13. 다음은 어떤 사람들이 〔재능 영역〕을 밀고 나가는 이유의 목록입니다. 1~6의 척도로 그 이유가 당신에게 얼마나 중요한지 점수를 매겨주십시오〔1=완전히 무관; 6=매우 중요〕.
    a. 친구들이 좋아하고, 그들과 함께 있고 싶어서
    b. 즐거우니까
    c. 잘하니까
    d. 필요하니까
    e. 경쟁이 치열하고, 나는 경쟁을 좋아하므로
    f. 생계에 유용할 것이라서
    g. 학점이 잘 나와서
    h. 재미있어서
    i. 다른 사람을 감동시킬 수 있어서
    j. 여학생/남학생이면 잘해야 하는 것이라서
    k. 발전하거나 배우는 데서 만족을 얻으므로
    l. 내 문제들로부터 벗어나는 길이므로
    m. 기타〔직접 쓰시오〕

부록 3.5 부모의 설문지에 있는 질문(연구 1단계)

1. 인구학적 정보

1. 당신의 최종 학력은 무엇입니까?
   척도: 중등학교 졸업(1)에서 대학원/전문대학원 졸업(4)까지
2. 세금 공제 전 가구 총소득은 얼마입니까?
   척도: 1만 달러(1)에서 20만 달러나 그 이상(8)까지

3. 현재 직업을 나열하십시오. 〔참고: 부모 보고서를 구할 수 없는 경우 직업 정보는 이차적으로 학생의 자기소개 설문지에서 가져왔음.〕

2. 부모의 삶 만족도

1. 모든 것을 고려할 때, 생계를 위해 하는 당신의 일(전업주부의 경우도 포함)에 얼마나 만족합니까? 당신이 느끼기에 얼마나 만족스러운지 혹은 불만족스러운지 가장 가까운 숫자에 동그라미를 치십시오.

   척도: 완전히 만족스럽다(1)에서 완전히 불만족스럽다(7)까지

3. 부모의 불일치

1. 당신과 배우자 사이의 의견 일치 혹은 불일치 정도를 대략 명시하십시오. 당신의 관계를 가장 잘 설명하는 칸 아래 있는 숫자에 동그라미를 치십시오: 가계 경제 관리, 레저 문제, 애정 표현, 친구, 부부 관계, 관례(옳은/착한 행동), 인생철학, 인척을 대하는 방식.

   척도: 언제나 일치(1)에서 언제나 불일치(6)까지

4. 부모의 내적 기대

1. 당신 자녀의 직업이나 진로의 관점에서 봤을 때, 다음 각각의 특성이 자녀의 직업을 특징짓는 것을 얼마만큼 선호합니까?: 즐거움, 직업에 적합한 관심과 기술, 배움의 기회, 성취감과 인정, 도전 의식을 주는/자극하는 일.

   척도: 중요하지 않음(1)에서 매우 중요(5)까지

5. 부모의 외적 기대

1. 당신 자녀의 직업이나 진로의 관점에서 봤을 때, 다음 각각의 특성이 자녀의 직업을 특징짓는 것을 얼마만큼 선호합니까?: 괜찮은 수입, 유연한 시간, 결정권 보유, 출세 기회, 고용 보장, 평가와 인정, 권위, 집에서 독립하기.

   척도: 중요하지 않음(1)에서 매우 중요(5)까지

6. 부모의 보상 측정

1. 연구에 참여하는 당신의 자녀에 대해 생각할 때, 다음 각각은 어느 정도까지 보상을 가져다줍니까?: 자녀의 성취를 통해 당신이 얻는 기쁨, 자녀의 발전에 조력하는 것, 자녀가 보여주는 사랑, 자녀가 보여주는 모습에 대한 뿌듯함, 자녀라는 인간 자체에 대한 호감, 자녀와 뭔가를 같이하는 기쁨, 특별하고 대체 불가능함, 자녀의 성장과 변화를 지켜보는 것, 자녀가 형제자매와 잘 지내는 것.

   척도: 전혀 그렇지 않음(1)에서 매우 그러함(4)까지

7. 부모의 매개적 보상

1. 연구에 참여하는 당신의 자녀에 대해 생각할 때, 다음 각각은 어느 정도까지 보상을 가져다줍니까?: 자녀가 나를 필요로 하는 것, 문제가 생길 때 자녀에게 갈 수 있는 것, 자녀가 나를 도와주는 것, 자녀가 내게 주는 의미와 목적, 내가 더 나은 사람으로 변하게끔 도와주는 자녀의 방식.

   척도: 전혀 그렇지 않음(1)에서 매우 그러함(4)까지

부록 3.6A 수학 숙달 수준 코딩

등급	강좌명 혹은 성취도
0	불참
1	대수학 1/2S
	대수학 1/2A
2	A 대수학 1/2A
	컴퓨터 프로그래밍
3	평면 기하학 1/2
	평면 기하학 1/2A
4	기하학 1/2A
	고급 대수학 1/2
	고급 컴퓨터과학
5	고급 대수학/삼각법 1/2A
	삼각법 (238)
6	대학 대수학/삼각법 1/2A
	대학 대수학 (2462)
7	확률과 통계 A (247)
	해석 기하학 A (248)
	대학 과목 선이수 컴퓨터과학
8	대학 과목 선이수 미적분학 1/2AB
9	대학 과목 선이수 미적분학 1/2BC
10	고급 수학 1/2A
	졸업반 수학 부문 수상
11	대학 수준 수학 강좌

부록 3.6B 과학 숙달 수준 코딩

등급	강좌명 혹은 성취도
0	불참
1	생물학 1/2
	생물학 1/2A
2	지구과학 1/2
3	지구과학 1/2A
	인류학
	항공과학
	환경과학
4	지질학 1/2
	화학 입문 1/2
	물리학 1/2P
	천문학
5	물리학 1/2
	화학 1/2
6	화학 1/2A
	물리학 1/2A
7	2학년/3학년 과학 부문 수상
8	대학 과목 선이수 생물학
	대학 과목 선이수 화학
	대학 과목 선이수 물리학
9	졸업반 과학 부문 수상
10	지역/전국 과학 부문 인정

부록 3.6C 음악 숙달 수준 코딩

등급	강좌명 혹은 성취도	
	학교 1	학교 2
0	불참	불참
1	음악의 기초	미국의 음악
	록에서 바흐까지	1학년 합창
	초급 기타	초급 기타
2	에올리언 합창	1학년 합창
	아폴로 합창	관악기 협주
	밴드 콘서트 1학년	해외 민속 기타
	오케스트라 콘서트 1학년	
3	리리안 합창	2학년 합창
	밴드 콘서트 2/4학년	고급 밴드 콘서트
	오케스트라 콘서트 2/4학년	성악 테크닉 1학년
	실용음악 1학년	
4	고음역 합창	합창 콘서트 1학년
	학교 대표 합창단	교향악 밴드 1학년
	관악 합주 1학년	교향악 오케스트라 1학년
	교향악 오케스트라 1학년	성악 테크닉 2/4학년
	실용음악 2/4학년	
5	OPRF 성악가 1학년	합창 콘서트 2/4학년
	관악 합주 2/4학년	교향악 밴드 2학년
	재즈 앙상블 1학년	교향악 오케스트라 2학년
	교향악 오케스트라 2학년	재즈 밴드 1학년
6	OPRF 성악가 2/4학년	학교 대표 합창단
	아카펠라 합창	재즈 밴드 2/4학년
	재즈 앙상블 2/4학년	교향악 밴드 3/4학년
	교향악 오케스트라 3/4학년	교향악 오케스트라 3/4학년

7	화성악 이론	음악 이론
	음악 문헌 1/2학년	
8	지역·주 선발 또는 그 밖의 인정	같음
9	전미 성악가나 연주자	같음
	주요 콩쿠르 결선 진출자	같음
10	음악 장학금 수상자	같음

부록 3.6D 체육 숙달 수준 코딩

등급	설명
0	불참
1	참가 수료증
2	수업량
3	2군 팀/군소 대회 수료증
4	대표팀/주요 대회 수료증 1·2학년
5	대표팀/주요 대회 수료증 3·4학년
6	선수권 대회 팀 선발 선수 (대표팀: 연맹 수준 이상)
7	최우수 선수(MVP)
	〈파이어니어 프레스〉 선정 이 주의 선수
	〈시카고 트리뷴〉 선정 이 주의 선수
8	전 영역/전 연맹/전 지역 선수 지명
9	개인 또는 소그룹(4명 이하 경쟁자) 수준으로 주 선수권 대회 토너먼트 참가
10	소그룹(4명 이하 경쟁자) 수준으로 주 선수권 대회 결승전 진출
	주 대표팀 선발-2군
11	개인 종목 주 선수권 대회 결승전 진출자
	주 대표팀 1군 선발
	미국 대표팀 선발

부록 3.6E 미술 숙달 수준 코딩

등급	강좌명 혹은 성취도
0	비미술가를 위한 미술/불참
1	미술의 기초
	드로잉과 디자인 입문
	도예/보석 세공 입문
	사진
	패션 디자인과 일러스트레이션
	건축 설계
	설계 입문
	설계 테크닉
2	중급 드로잉과 회화
	2-D 스튜디오
	상업 디자인
	중급 도예
	3-D 스튜디오
	고급 사진
	영화 미술
	중급 보석 세공
	고급 설계(레벨 3)
	건축 설계(레벨 4)
3	고급 드로잉과 회화(레벨 3)
	고급 상업 디자인
	고급 도예
	고급 보석 세공
	고급 설계(레벨 4 또는 5)
	건축 설계(레벨 5)

4	고급 드로잉과 회화(레벨 4)
	대학 과목 선이수 미술사
5	시각예술 계약 3, 4
6	시각예술 계약 5
7	미술 경시대회 수상 또는 우수성 공식 인정
8	중고등 과정 이후 미술 장학금

부록 3.7 교사 평가 서식 샘플(연구 2단계)

다음 질문은 재능 영역 교사들로부터 7점 척도에 의거해 각 과목의 발달 수준에 대한 견해를 끌어내기 위해 고안한 것이다.

1. 잠재력에 비해 이 학생은 이렇게 수행하고 있다.
   (0=잠재력에 훨씬 못 미치게; 6=잠재력을 전부 발휘해서)
2. 이 학생의 주의는 대체로 이렇다.
   (0=매우 집중한다; 6=매우 산만하다)
3. 선택권이 주어질 경우 이 학생은 이런 활동을 선호한다.
   (0=달성하기 쉬운; 6=달성하기 힘든)
4. 이 학생은 당면 과제에 깊이 몰입하는가?
   (0=언제나 그렇다; 6=결코 아니다)
5. 이 학생의 수행은 어느 정도의 독창성이나 독특한 개인 스타일을 보여주는가?
   (0=매우 조금; 6=매우 많이)
6. 이 학생은 감독과 상관없이 작업을 추구할 수 있는가?
   (0=결코 아니다; 6=언제나 그렇다)
7. 이 학생은 〔재능 영역〕에서 마주친 어려운 과제를 즐기는가?
   (0=결코 아니다; 6=언제나 그렇다)
8. 고급반 〔재능 영역〕 수업의 다른 학생들과 비교해 이 학생은 재능을 얼마나 보유하고 있는가?
   (0=평균 이하; 6=평균 이상)
9. 이 학생은 〔재능 영역〕에서 진로를 추구할 역량을 갖고 있는가?
   (0=확실히 아니다; 6=확실히 그렇다)
10. 이 학생은 〔재능 영역〕에서 진로를 찾겠다는 관심을 갖고 있는가?
   (0=확실히 아니다; 6=확실히 그렇다)

부록 3.8 플로 경험과 관련한 질문 개요(연구 2단계)

A. 플로 설명

(a) 연구 대상자들이 플로를 경험하는지, (b) 어떤 활동이 플로를 가장 자주 가져다주는지, (c) 일반적으로 얼마나 자주 플로가 일어나는지〔1=1년에 몇 차례; 7=하루에 몇 차례〕, (d) 네 가지 특정 상황(혼자 있을 때, 가족과 함께 있을 때, 친구들과 있을 때, 급우들과 있을 때)에서 얼마나 자주 플로가 일어나는지 등 4개의 경험을 각각 평가한다.

1. 당신은 집중력이 너무나 강하고 주의가 전혀 분산되지 않으며 당신이 하고 있는 일에 완전히 몰두한 나머지 보통 때는 주목하던 것들(가령 타인들이 말하는 것, 시끄러운 소음, 시간의 경과, 배고픔이나 피곤함, 약속이 있다는 사실, 신체적 불편)을 알아채지 못하는 어떤 일을 할 때가 있습니까?
2. 당신은 기술이 너무나 '제2의 천성'처럼 되어 가끔씩 모든 것이 '자연스럽게' 또는 '수월하게' 당신한테 다가오는 듯하고, 어떤 새로운 도전 과제에라도 대처할 준비가 된 것 같은 자신감이 드는 어떤 일을 할 때가 있습니까?
3. 당신은 그 활동이 그 자체로 할 만한 가치가 있다고 느끼는 어떤 것을 할 때가 있습니까? 다시 말해, 그것과 연관된 어떤 다른 혜택(가령 경제적 보상, 향상된 기술, 타인의 인정 등)이 없더라도 여전히 할 만한 어떤 일을 할 때가 있습니까?
4. 당신은 어떤 식으로든 삶(혹은 당신 자신)에 대한 당신의 시각을 변화시킨 독특하고 매우 기억에 남는 순간(그것으로 인해 극도로 행운이고 감사하다고 느낀)을 가져다준 어떤 일을 할 때가 있습니까?

B. 플로 척도(Mayers, 1978)

연구 대상자들은 다음의 활동 상황마다 11가지 경험의 강도를 평가한다: 주요 플로 활동, 도전 의식을 가장 북돋우는 학교 과목, 가장 좋아하는 활동, 가족과 함께 있는 것, TV 시청, 숙제하기.

1. 몰입하게 된다
2. 무엇을 해야 하는지 분명히 알고 있다
3. 상황에 필요한 것을 다룰 수 있다고 느낀다
4. 그것을 하는 게 따분해지곤 한다
5. 할 필요가 없다 해도 그것을 하겠다
6. 신나게 느낀다
7. 나 자신에 대해 좋게 느낀다
8. 정신이 산만해진다
9. 강하다고 느낀다
10. 내게 중요하다
11. 그것이 나를 불안하게 만든다

C. 개인 관심사 조사

다음 질문은 모든 십대의 재능 계발에 대한 전념 정도를 평가하기 위해 고안한 것이다. 십대들은 각각 자기 재능 영역(들)을 동그라미로 표시한 설문지를 받았다. 학생들은 적절한 응답 옆에 있는 빈칸에 각 재능의 숫자를 적음으로써 자기 재능 영역을 평가했다.

(1 수학　2 과학　3 음악　4 체육　5 미술)

1. 당신은 지금 현재 동그라미를 친 영역들과 관련한 일을 얼마나 자주 합니까?
   ____ a. 매일
   ____ b. 매주 1~2회
   ____ c. 매달 1회 이상
   ____ d. 매달 1회 이하
   ____ e. 전혀 안 함
2. 2년 전과 비교해 지금 (동그라미 친 영역들에서) 당신의 관심은 어떻습니까?
   ____ a. 관심이 더 생겼다
   ____ b. 관심에 변함이 없다
   ____ c. 관심이 덜해졌다
3. 2년 전과 비교해 지금 (동그라미 친 영역들에서) 당신의 기술은 어떻습니까?
   ____ a. 향상됐다
   ____ b. 똑같다
   ____ c. 나빠졌다
4. 2년 전과 비교해 지금 (동그라미 친 영역들에서) 당신의 도전은 어떻습니까?
   ____ a. 더 도전하고 싶다
   ____ b. 관심에 변함이 없다
   ____ c. 덜 도전하고 싶다
5. (현재 3학년의 경우) 당신은 (동그라미 친 영역들을) 고등학교 내내 계속할 생각입니까? (현재 졸업반의 경우) 대학교에서 계속할 생각입니까?
   ____ a. 그렇다
   ____ b. 잘 모르겠다
   ____ c. 아니다
6. 당신은 (동그라미 친 영역들을) 다음의 상태로 계속할 것이라고 생각합니까?
   ____ a. 대학에서의 취미　그렇다　아니다　아마도
   ____ b. 대학에서의 전공　그렇다　아니다　아마도

부록 4.1A 수학과 과학 영재들에 대한 표준화한 성취도 결과

		수학 (N=40)	과학 (N=19)	수학/과학 (N=28)
캘리포니아 학력검사	언어	89.8	89.8	95.7
	수학	95.7	90.8	97.8*
PSAT 언어		49.6 (90 %ile)	50.4 (90 %ile)	55.0* (95 %ile)
PSAT 수학		60.6 (90 %ile)	53.8 (88 %ile)	62.8** (92 %ile)
SAT 언어		558.6 (88 %ile)	578.3 (88 %ile)	618.6* (93 %ile)
SAT 수학		655.7 (91 %ile)	613.9 (85 %ile)	691.8** (95 %ile)
ACT 언어		24.4 (89 %ile)	24.6 (89 %ile)	27.2** (95 %ile)
ACT 수학		29.1 (98 %ile)	27.6 (96 %ile)	32.70** (99 %ile)
ACT 자연과학		29.5 (99 %ile)	29.9 (99 %ile)	31.6 (99 %ile)

주: 백분위수는 대학 평균 점수에 대한 비교.

*$p < .05$, **$p < .01$, 양측 검증 유의 수준: 수학/과학 영재들과 단일 영재들 비교.

부록 4.1B 수학과 과학 영재들에 대한 고등학교 첫 2년간의 학업 성취도 결과

	수학 (N=40)	과학 (N=19)	수학/과학 (N=28)
전 과목 평점	3.28	3.46	3.81**
수학 평점	3.14	–	3.73***
과학 평점	–	3.67	3.87*
백분위 점수	85	90	96***

*p<.05, **p<.01, ***p<.001, 양측 검증 유의 수준: 수학/과학 영재들과 단일 영재들 비교.

부록 4.1C 재능 있는 선수들과 평범한 고등학교 급우들의 10학년 말 체육 성취도

	수상 수준		
	수업량	2군 팀	대표팀
재능 그룹			
남학생(N=29)	29(100%)	28(97%)	5(17%)
여학생(N=29)	29(100%)	25(86%)	15(52%)
합계(N=58)	58(100%)	53(91%)	20(35%)
평범한 그룹			
남학생(N=844)	342(41%)	281(33%)	19(2%)
여학생(N=867)	242(28%)	177(20%)	35(4%)
합계(N=1,711)	584(34%)	458(27%)	54(3%)

주: 비율은 2학년 말까지 낮은 수준의 성취에 도달한 학생들의 수치를 나타냄.

부록 4.2 부모의 소득, 교육 수준, 직업 수준의 관점에서 재능 있는 십대와 전체 지역 사회 비교

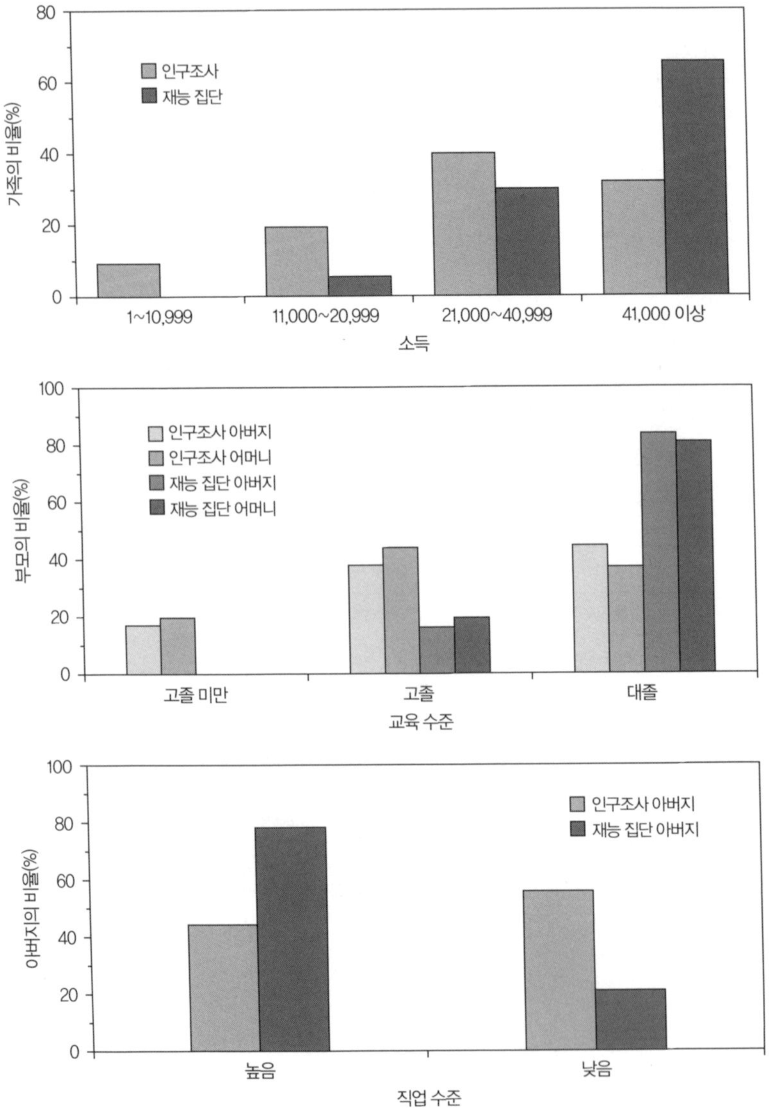

주: 인구조사 수치는 각 학교가 위치해 있는 지역 사회를 나타낸다.

부록 8.1 복합적 가족 설문지(연구 2단계)

다음 질문은 4점 척도로 평가했다(1=전혀 아니다, 2=대개 아니다, 3=대개 그렇다, 4=매우 그렇다).

1. 당신의 가정에는 말다툼과 언쟁이 많습니까?
2. 집 안 곳곳에 가족 구성원에게 많은 의미를 주는 물건, 예를 들면 사진·그림·골동품·가보·애지중지하는 소장품 등이 있습니까?
3. 가족 구성원은 집에서 생각할 만한 조용한 장소를 찾습니까?
4. 다른 가족 구성원은 자신에게 중요한 일에 참여할 때 진지하고 열정적입니까?
5. 집안을 부드럽게 돌아가게끔 하는 명확한 원칙이 있습니까?
6. 당신이 우울하게 느끼거나 문제가 있을 때 그것에 대해 말하지 않아도 다른 사람들이 알아챕니까?
7. 당신이 필요할 때 혼자만의 시간을 갖고 '자신만의 세계'로 도피하는 것이 어렵습니까?
8. 당신 가족은 규칙적으로 교회에 나가지 않는다 해도 '종교적'이거나 '영적'이라고 할 수 있습니까?
9. 가족 구성원은 며칠에 걸쳐 서로에게 계속 화를 내는 편입니까?
10. 가족 구성원은 서로에게 비판적이고 다른 사람의 감정에 무감각합니까?
11. 당신이 정말 하고 싶은 어떤 일을 시작할 때 다른 가족의 일 때문에 종종 방해를 받습니까?
12. 당신 가족의 구성원은 시사적인 사건이나 문제에 무관심하거나 냉담합니까?
13. 당신의 집안 환경은 정신없이 바쁘고 무질서합니까?
14. 당신의 가족에겐 가정의 소속감과 통합 느낌을 향상시키는 생일과 명절 축하의 전통적 방식이 있습니까?
15. 다른 가족 구성원이 당신을 대신해서 당신의 계획을 수정합니까?
16. 당신은 다른 가족 구성원으로부터 관심을 받습니까? (당신은 가끔씩 관심의 초점이 됩니까?)
17. 당신의 가족 구성원은 행동에 일관성이 있습니까?
18. 가정의 특별한 문제, 가령 자동차 사용과 밤중 귀가 시간 등에 관한 최종 결정을 누가 내리는지 당신과 다른 가족 구성원에게 명확합니까?
19. 집에서 당신이 좋아하는 음악을 듣고 좋아하는 TV 프로그램을 볼 기회가 있습니까?
20. 가족 구성원이 게임이나 운동을 할 때 강한 경쟁심이 있습니까?
21. 가족 구성원이 함께 뭔가를 할 때(가령, 여행을 하거나 외식할 때), 당신은 당혹스럽거나 가족이 부끄럽습니까?
22. 당신이 집에서 '자기 모습 그대로' 있고 노닥거리며 재미있게 보내는 게 어렵습니까?
23. 가족 구성원은 자긍심이 있고, 열심히 일하고, 이상과 가치를 갖고 있습니까?
24. 가족 곁에서 당신은 수줍거나 불편합니까?

부록 8.2 청소년 PSAT 점수와 부모의 소득 및 학력에 대한 가족 집단 비교

변인	복합	통합	분화	단순	F	p
PSAT 능력 점수	101.7(41)	104.3(29)	98.5(23)	101.8(42)	0.40	NS
부모 학력	3.4(26)	3.1(20)	3.5(14)	3.3(28)	1.30	NS
부모 소득	4.8(26)	4.5(20)	4.6(14)	4.4(28)	0.32	NS

주: 부모 학력과 소득에 있는 괄호 안 숫자는 부부(어머니+아버지)의 수를 나타낸다.
학력 코딩: 1=<고졸, 2=고졸 혹은 대학 중퇴, 3=학사 학위, 4=석사 학위 또는 그 이상.
소득 코딩: 1=<10,999달러, 2=11,000~20,999달러, 3=21,000~40,999달러, 4=41,000~60,999달러, 5=61,000~80,999달러, 6=81,000~100,999달러, 7=101,000~200,999달러, 8=201,000달러 또는 그 이상.

부록 8.3 다양한 혼합 변인에 대한 가족 집단 비교

변인	복합 (n=48) (%)	통합 (n=35) (%)	분화 (n=26) (%)	단순 (n=56) (%)	x^2	p
종교						
개신교	32	31	48	33		
가톨릭	32	34	26	46		
유대교	4	3	4	2	9.98	NS
없음	6	14	4	10		
기타	26	17	17	10		
인종 기원						
백인	85	81	81	82		
아프리카계 미국인	2	6	5	2		
히스패닉	2	–	–	2	4.95	NS
아시아인	2	3	5	8		
기타	9	9	9	6		

(선호하는) 재능 영역						
수학	17	32	12	13	11.4	NS
과학	15	15	15	13		
음악	32	24	31	32		
체육	23	12	31	21		
미술	9	15	8	18		
한 개 이상	4	3	4	4		
성별						
남성	40	43	50	46	0.91	NS
여성	60	57	50	54		
형제 서열						
첫째(또는 외동)	44	32	42	34	1.73	NS
둘째	56	68	58	66		
가족 크기						
1~2명	77	65	81	73	2.38	NS
3명 이상	23	35	19	27		
혼인 여부						
결혼	90	94	92	80	4.80	NS
이혼 또는 재결합	10	6	8	20		

주: 인종 기원과 종교에 대한 자유도 12; 재능 영역에 대한 자유도 15; 나머지 분석에 대한 자유도 3.

부록 10.1 가족의 사회경제적 지위, 곧 SES 변인과 재능에 대한 전념의 상관관계

	교사 평가	주관적 전념	종합적 참여	최고 재능 수준
아버지의 학력 (n=115)	−.01	.07	.04	.02
어머니의 학력 (n=151)	.04	.00	.02	−.11
가족 소득 (n=167)	.03	.11	.09	−.03

주

01 서문

1. 시간을 두고 일단의 '우수한' 아이들(지능지수가 높은 아이들을 의미)을 추적한 최초의 연구는 60년도 훨씬 전에 수행한 터먼의 종단 연구(Terman, 1925)로서 아직도 계속되고 있다(Oden, 1968). 터먼의 접근법은 영재성의 판단 기준으로 오직 높은 지능에만 초점을 맞춘다는 점에서, 그리고 재능 발달에 개입된 폭넓은 사회적·문화적 변수보다 주로 심리적 특성과 관련 있는 것에만 중점을 둔다는 점에서 우리 접근법과 달랐다. 영재성 혹은 재능 발달에 관한 최신 연구, 예를 들어 Albert & Runco, 1986; Eccles & Harold, 1992와 이 책 사이의 차이점에 관해서도 똑같은 얘기를 할 수 있을 것이다. 이 주제에 대한 연구를 집대성한 최근의 저서로는 Colangelo, Assouline, & Ambroson, 1992 참조.
2. Klint & Weiss, 1986.
3. Getzels & Csikszentmihalyi, 1976. 이 책이 기반으로 삼은 종단 연구는 미술 영재들의 어떤 특성이 예술적 성공을 예견하는지 알아내기 위해 20년 동안 약 300명의 어린 화가 집단을 지속적으로 관찰했다.
4. Hansen & Neujahr, 1976.
5. Stanley, Keating, & Fox, 1974.
6. O'Donnell & Andersen, 1977.
7. Bamberger, 1982.
8. 존스 홉킨스 대학의 스탠리와 현재 아이오와 주립 대학에 재직 중인 벤보는 수학 재능의 발달에 관한 연구, 특히 수학 재능의 성별 차이에 관한 연구를 개척해왔다.

그들의 많은 저서 중에서 Benbow, 1991; Benbow & Stanley, 1983; Stanley & Benbow, 1983을 인용할 수 있다.

9. Bamberger, 1986.
10. 문화 영역, 사회 분야 그리고 우수한 개인의 상호 작용을 기술하는 이론 모델은 Csikszentmihalyi & Robinson, 1986에서 최초로 거론했다.
11. Janos, 1990.
12. Stanley & Benbow, 1986, p. 368.
13. Albert & Runco, 1986; Rimm, 1991. 부모가 영재 자녀에게 제공해야 하는 고단한 사회적 지원에 대한 가장 상세한 언급은 Bloom, 1985에 있다.
14. Gardner, 1983.
15. Csikszentmihalyi, 1990b; Csikszentmihalyi & Robinson, 1986.
16. Carter & Ormrod, 1982.
17. Aliotti, 1981; Pivik, Bylsma, Busby, & Sawyer, 1982; Torrance, 1978.
18. Jenson, Cohn, & Cohn, 1989; Mohan & Jain, 1983.
19. Henderson & Gold, 1983; Marr & Sternberg, 1986; Terman, 1925; Thornburg, Adey, & Finnis, 1986.
20. Csikszentmihalyi, 1990c.
21. Goertzel & Goertzel, 1962.
22. Van Tassel-Baska, 1989.
23. Dunn, Putallaz, Sheppard, & Lindstrom, 1987.
24. Rathunde, 1988, 1989a,b, 1991b.
25. Albert & Runco, 1987; Green, Fine, & Tollefson, 1988; West, Hosie, & Mathews, 1989.
26. Bloom & Sosniak, 1981; Walberg, 1984. 논평으로는 Janos, 1990 참조.
27. Csikszentmihalyi & McCormack, 1986. 부다페스트의 수학 교육 역사, 그리고 걸출한 과학자와 수학자 세대를 키워내는 데 기여한 전국 경시대회와 뛰어난 교사들의 역할에 대해서는 곧 출간할 Hersh & John-Steiner 참조.
28. Schlick, 1934.
29. Drake, 1978.
30. Chandrasekhar, 1987, p. 25.

31. Griessman, 1987, p. 133.

32. Deci & Ryan, 1985.

33. Amabile, 1983.

34. Dewey, 1913; Evans, 1971; Hidi, 1990; Hidi & Baird, 1986; Schiefele, 1988.

35. Carter, 1982; Cooke, 1980; Tamir & Lunetta, 1978.

36. Geffert, 1985.

37. Barrilleaux, 1961; Frandsen & Sorenson, 1969; Runco & Okuda, 1988; Schiefele, Winteler, & Krapp, 1991; Sjoberg, 1984; Subotnik, 1988a,b.

38. Weiss, 1990, p. 151.

39. Dossey, Mullis, Lindquist, & Chambers, 1988.

40. Csikszentmihalyi, 1988a, b, 1990c.

41. Csikszentmihalyi & Larson, 1984; Csikszentmihalyi & Nakamura, 1986, 1989; Mayers, 1978; Nakamura, 1988.

42. Buescher, 1987; Fimian & Cross, 1986; Galbraith, 1985.

43. Eccles & Midgely, 1989; Janos, 1990; Mayers, 1978; Redding, 1989.

44. Csikszentmihalyi & Csikszentmihalyi, 1988; Csikszentmihalyi & Larson, 1984, 1987; Csikszentmihalyi, Larson, & Prescott, 1977; deVries, 1992; Hormuth, 1986; Kubey & Csikszentmihalyi, 1990; Massimini & Inghilleri, 1986.

45. Csikszentmihalyi, 1978, 1990a; Hasher & Zacks, 1979; Hoffmann, Nelson, & Houck, 1983; Kahneman 1973; Simon, 1969, 1978.

46. Bertalanffy, 1968; Werner, 1957.

47. Olson, Sprenkle, & Russell, 1979.

48. MacIntyre, 1984, p. 160.

49. Csikszentmihalyi, 1975, 1990a.

50. Csikszentmihalyi & Csikszentmihalyi, 1998; Massimini & Inghilleri, 1986. 플로 인터뷰에 대한 가장 큰 규모의 기록은 밀라노 대학교 의과 대학에 있는데, 파우스토 마시미니(Fausto Massimini) 교수와 안토넬라 델레 파베(Antonella delle Fave) 박사 및 그 연구팀이 정리한 것이다.

51. Csikszentmihalyi, 1990a; Rathunde, 1989a, b.

02 재능이란 무엇인가

1. Bamberger, 1986; Benbow & Stanley, 1983.

2. Bloom, 1985.

3. 터프츠 대학교의 데이비드 펠드먼(David Feldman, 1986)은 아마도 일단의 '신동들', 즉 우리가 일반적으로 받아들이는 인지적 발달에 대한 관념에 도전장을 던질 만큼 너무나도 보통 사람들과 동떨어진 정신적 능력을 가진 아이들을 반복적으로 관찰하며 추적한 유일한 심리학자일 것이다.

4. McKnight et al., 1987.

5. Stigler, Lee, & Stevenson, 1990, p. 25. 미국 전역에 걸쳐 2만 명의 학생을 널리 조사한 것에 기초한 전국 교육 성취도 평가(National Assessment of Educational Progress)는 학생들의 무지(無知)에 대해 믿을 수 없는 결과물을 계속 보고하고 있다. 가령, 최근 조사는 8학년의 51퍼센트만이 해가 동쪽에서 뜨고 서쪽으로 진다는 사실을 안다고 보고했다(Jones et al., 1992).

6. Csikszentmihalyi, 1988a.

7. 이 주제에 관한 많은 연구를 잘 요약한 것으로는 Csikszentmihalyi & Csikszentmihalyi, 1988 참조.

8. Carney, 1986.

9. 플로 경험과 동기의 관련성에 대한 최초의 완전한 설명은 *Beyond Boredom and Anxiety*(Csikszentmihalyi, 1975)에서 제시했다. 플로 이론의 차후 발전에 대해서는 Csikszentmihalyi, 1982, 1985, 1990a; Csikszentmihalyi & Csikszentmihalyi, 1988; Inghilleri, 1986 참조.

10. Csikszentmihalyi & Csikszentmihalyi, 1988; Csikszentmihalyi & LeFevre, 1989.

03 연구 수행의 방법과 절차

1. Feldman, 1986; Gardner, 1983.

2. Csikszentmihalyi & Robinson, 1986; Newland, 1976; Roth & Sussman, 1974; Tidwell, 1980.

3. Bamberger, 1982; Janos, 1990; Robinson & Robinson, 1982.

4. 통계학에서 '1종 오류'는 지나치게 자유로운 결론을 가리키는데, 여기서 그릇된 결과가 사실로 인정을 받는다. '2종 오류'는 지나치게 조심스러운 결론으로, 옳은 결과를 잘못된 것이라고 거부한다. 이런 오류는 통계적 결론의 불가피한 결과로서 결코 확실성으로 이어질 수 없고 개연성만을 다룰 뿐이다.

5. 다양한 단순 통계 표기법 중에서 통계학에 밝지 못한 독자들도 이른바 p, 즉 '확률치'에 대해서만큼은 익숙해질 필요가 있다. p값은 특정 통계 검사나 관계가 우연에 의한 것일 확률을 가리킨다. p값이 작을수록 우연의 가능성은 적으며, 따라서 그 차이가 사실일 확률이 높아진다. p값 .05 혹은 우연일 확률 5퍼센트는 보통 통계적 유의미함의 상한치로 여겨진다. 더 작은 값이 더욱 유의미하다. 우리가 논의 중인 사례의 경우, 9학년과 10학년 사이의 차이가 확률 .002 수준에서 유의미하다는 것은 천 번의 시도 중 단 두 번만 이런 차이가 우연히 발생할 수 있을 거라는 걸 뜻한다. 따라서 독특한 점은 이 학교의 10학년이 998 대 2의 비율로 9학년보다 연구에 더 기꺼이 참여했다는 것이다.

6. 폭넓은 검토를 위해서는 Csikszentmihalyi & Csikszentmihalyi, 1988; deVries, 1992에서 보고한 정신병리학의 최신 적용을 참조할 것.

7. Csikszentmihalyi & Larson, 1984; Csikszentmihalyi & Nakamura, 1986.

8. 재검토를 위해서는 Csikszentmihalyi & Larson, 1984, 1987 참조.

9. Csikszentmihalyi & Larson, 1987; Kubey, 1984 참조.

10. Osgood, Suci, & Tannenbaum, 1957.

11. Csikszentmihalyi & Csikszentmihalyi, 1988.

12. Csikszentmihalyi & Wong, 1991.

13. Csikszentmihalyi, 1975, pp. 44-46.

14. Jackson, 1984; Offer, Ostrov, & Howard, 1978.

15. Rathunde, 1989a.

04 재능 있는 십대들은 누구인가

1. 어떤 다른 직업군보다도 젊은 미술가들은 자신의 천직에 적합한 가치를 모든 다른 것을 배제할 만큼 높이 평가한다(Getzels & Csikszentmihalyi, 1976). 다른 말로 하면, 그들은 성직자가 종교를 가치 있게 생각하는 것 이상으로 미학을 소중하게 생각한다. 마찬가지로 한 가지 목적에만 골몰하는 성향은 학과목에 대한 그들의 관심 부

족에서도 엿볼 수 있다.

2. Wilson, 1987, pp. 57, 58.

3. Miller, 1982.

4. Beattie & Csikszentmihalyi, 1981.

5. Cole, Gay, Glick, & Sharp, 1971; Ogbu, 1978, 1990; Snow, Barnes, Chandler, Goodman, & Hemphill, 1991.

6. Olson, Bell, & Porter, 1982.

7. Olson, Sprenkle, & Russell, 1979.

8. 'NS'는 주어진 통계적 검사가 유의미하지 않음을 나타낸다.

9. Beavers & Voeller, 1983.

10. Csikszentmihalyi & Larson, 1984; Erikson, 1968; Offer & Offer, 1975.

11. Offer, Ostrov, & Howard, 1981.

12. Csikszentmihalyi & Larson, 1984; Griffin, Chassin, & Young, 1981; Offer, Ostrov, & Howard, 1982.

13. Whalen & Csikszentmihalyi, 1989.

14. Nesselroade & Baltes, 1974.

15. Galligan, 1982; Spence & Helmreich, 1978.

16. Rossi, 1987.

17. Dewey, 1934/1980.

18. Maslow, 1971; Piaget, 1977; Rogers, 1961; Tetlock, 1983.

19. Csikszentmihalyi, 1975; Csikszentmihalyi & Csikszentmihalyi, 1988.

20. Csikszentmihalyi & Larson, 1984.

21. 예를 들어, 미국 성인들은 여가 시간보다는 직장에서 훨씬 더 자주 플로 경험을 하는 것으로 나타났지만, 직장에서의 동기 부여는 여가 시간보다 한결같이 더 낮았다(Csikszentmihalyi & LeFevre, 1989).

22. 현재 아동과 성인 모두 자유 시간 대부분을 TV 시청으로 소모하는데, 경험의 질은 다른 어떤 것을 할 때보다 TV를 볼 때 통상 더 나쁜 것으로 알려져 있다(Kubey & Csikszentmihalyi, 1990). 이러한 연구 결과는 분명 인간 본성과 관련해 더욱 알 수 없는 미스터리 중 하나다.

05 재능 있는 십대들은 어떻게 사는가

1. Csikszentmihalyi & Larson, 1984.
2. Richard Kubey, personal communication, 1990.
3. Csikszentmihalyi & Larson, 1984; Larson & Csikszentmihalyi, 1978; Larson, Mannell, & Zuzanek, 1986.
4. 예를 들어, 우리의 예전 연구 중 하나를 보면 평범한 십대는 하루에 고작 5분 정도 아버지와 보냈다(Csikszentmihalyi, 1990a, p. 274; Csikszentmihalyi and Larson, 1984, p. 73).
5. 청소년들이 자신의 삶을 형성하는 다른 활동에서 어떤 느낌을 갖는지에 대한 가장 완벽한 규범적 데이터는 Csikszentmihalyi & Csikszentmihalyi, 1988; Csikszentmihalyi & Larson, 1984; Csikszentmihalyi & Wong, 1991에서 찾아볼 수 있다.
6. Csikszentmihalyi & Larson, 1984. 사실상 모든 연령대에서 사람은 혼자 있을 때 더 저조한 기분을 보고한다(Larson & Csikszentmihalyi, 1978; Larson, Mannell, Zuzanek, 1986).

2부 재능의 발달

06 청소년기의 재능 분야와 영역

1. Holton, 1973/1988. 과학자들의 사유 기저를 이루는 주관적 가정을 다룬 고전으로는 Michael Polanyi, 1958 참조.
2. Dewey, 1934/1980, pp. 73-74.
3. Langer, 1957.
4. Csikszentmihalyi & Larson, 1984.
5. Weisskopf, 1991.
6. Coleman, 1961; Henry, 1965.
7. Getzels & Csikszentmihalyi, 1976.
8. Chandrasekhar, 1987, p. 25에서 인용. 노벨상을 수상한 이 천체물리학자는 자신의 유명한 책《진리와 아름다움(Truth and Beauty)》에서 과학의 미학적 고려의 중요성에 관해 종종 의견을 피력한 적이 있다.

9. Dirac, 1978, p. 7.

10. Schlick, 1934.

11. Kuhn, 1970, p. 36. 쿤은 젊은 과학자들이 틀렸음을 입증해서라기보다 지루해졌기 때문에 과학적 패러다임이 대부분 바뀐다는 것을 암시한다.

12. Hart and Goldin-Meadow, 1984.

13. 즐거움의 진화론적 기원과 기능에 관한 훌륭한 요약은 Lionel Tiger, 1992 참조.

14. Csikszentmihalyi, 1990b.

15. Rathunde, 1991a, b도 참조.

16. Weisskopf, 1991.

17. Rathunde, 1991a, 인쇄 중.

18. Dewey, 1938, p. 71.

19. Gadamer, 1986.

20. Hauser, 1951. 보티첼리, 베로키오, 레오나르도 같은 미술 천재들조차도 자신의 평판을 떨어뜨린다는 걸 느끼지 못한 채 대단히 많은 시간을 가구, 장식, 그 밖에 다른 유용한 물건을 디자인하는 데 보냈다. 순수 미술이 실용적인 필요와 거리를 둬야 한다는 관념은 낭만주의적 이데올로기에 기반을 둔 근대의 자만에서 비롯되었다.

07 재능의 경험

1. Csikszentmihalyi & Beattie, 1979; Csikszentmihalyi & Larson, 1984.

2. McCormack, 1984

3. 삶에 대한 연구에서 해석적 방법론으로서 내러티브의 역할에 대한 생각을 알고 싶다면 Cohler, 1982 참조.

4. Choe, 1991.

5. Csikszentmihalyi, 1990a, p. 203.

6. Chandrasekhar, 1987, p. 26.

7. Choe, 1991.

8. 변량 분석이란 이러한 집단이 어떤 변수(들)에 대해 상호 유의미하게 다른지를 확인하기 위해 각 집단(우리의 경우는 재능 영역)을 비교하는 통계 방법이다. 여기서는 보상의 순위가 변수다.

9. 이런 방식의 플로 측정은 메이어스가 학위 논문(1978)에서 처음 사용한 뒤 널리 쓰인 플로 설문지와 플로 척도(Csikszentmihalyi, 1975)를 적용한 것이다(Csikszentmihalyi & Csikszentmihalyi, 1988 참조).

10. Albert, 1990; Oden, 1968.

11. 퍼트리샤 로렉(Patricia Lorek, 1989)은 박사 논문에서 가족 구조와 재능 발달 사이의 관계를 연구했다.

08 가족은 재능 발달에 어떤 영향을 주는가

1. 미국인도주의협회(American Human Association, 1989)에 따르면, 미국의 아동 학대 및 방치는 1986년 이전까지 10년간 70만 건 미만에서 210만 건 이상으로 300퍼센트 증가했다. 지난 40년 동안 미혼모 출산이 600퍼센트 증가(지금은 전체 신생아 출산의 총 25퍼센트)한 것에 대해서는 Harris, 1990 참조. 전 세계 가족과 아동의 조건을 검토하려면 UNICEF의 보고서 *The State of the World's Children*(1990) 참조.

2. 건강한 성인으로 발달하기 위해 아이들에게 필요한 것에 관한, 그리고 특히 부모가 아동의 발달을 촉진할 수 있는 것에 관한 좋은 논평은 코너의 최근 저서에 실려 있다(Konner, 1991).

3. Hodgkinson, 1985.

4. Blos, 1979.

5. Baumrind, 1987; Cooper, Grotevant, & Condon, 1983; Damon, 1983; Hauser et al., 1984; Hill, 1987; Maccoby & Martin, 1983.

6. Offer, 1969.

7. Dornbusch et al. 1985; Steinberg & Silverberg, 1986.

8. Irwin, 1987.

9. Ainsworth, Bell, & Stayton, 1971; Matas, Arend, & Stroufe, 1978.

10. Fagen, 1981.

11. Rathunde, 1989a,b, 1991a; Rathunde & Csikszentmihalyi, 1991a도 참조.

12. Amabile, 1983; Csikszentmihalyi, 1975; Csikszentmihalyi & Csikszentmihalyi, 1988; deCharms, 1976; Deci & Ryan, 1985; Dewey, 1913; Groos, 1898; Harter, 1978; Maslow, 1968; White, 1959.

13. Rathunde, 1991a.

14. Rathunde, 1989a,b, 1991b; Rathunde & Csikszentmihalyi, 1991a,b.

15. Rathunde, 1989a,b.

16. Maccoby & Martin, 1983.

17. Kubey & Csikszentmihalyi, 1990 참조.

18. Mayers, 1978.

19. Rathunde, 1991b.

20. 같은 책.

21. Bloom, 1985.

22. Goertzel & Goertzel, 1962, p.130.

23. Rathunde, 1989a, 1991b도 참조.

09 학교, 교사 그리고 재능 발달

1. Feldman, 1986.

2. Csikszentmihalyi & Larson, 1984. 교사가 칭기즈칸의 중국 침략과 1215년의 베이징 함락에 관해 강의하던 전형적인 역사 교실에서 27명 중 2명만이 호출기 신호를 받았을 때 중국에 대해 생각하고 있었다. 2명 중 1명은 중국집에서 가족과 함께 마지막으로 외식을 했을 때 먹었던 음식을 떠올렸고, 또 다른 한 명은 왜 중국 남자들은 말총머리 스타일을 했을까 궁금해했다. 어느 누구도 칭기즈칸이나 1215년의 베이징을 언급하지 않았다.

3. Csikszentmihalyi & McCormack, 1986; Mayers, 1978.

4. Csikszentmihalyi & Larson, 1984; Youniss & Smollar, 1985.

5. Csikszentmihalyi & McCormack, 1986.

6. Plihal, 1982.

7. 플로 경험에서 가장 널리 언급하는 차원 중 하나는 도전과 기술 사이의 균형이다(Csikszentmihalyi, 1985, 1990a). 이는 응답자가 남성이건 여성이건, 어리건 나이 들었건, 부유하건 가난하건, 미국인이건 아시아인이건 해당된다. 이러한 균형은 활동의 성격과 상관없이 중요하다. 예를 들어 도전이 의식 자체에 대한 직접적인 통제에 달려 있는 명상에서만큼이나 경쟁적인 스포츠에서도 적용된다.

8. Walters & Gardner, 1986.

9. Whitehead, 1929, pp. 29ff.

3부 재능의 육성

10 재능에 대한 전념과 그 상관관계

1. 요인 분석은 검사나 설문지에서 다른 항목에 대한 응답이 서로 다른 군집을 형성하는지 찾아내는 통계 방법이다. 이 경우 7개 항목은 단일군에 '로딩'되는데, 이는 교사 평가가 알려진 대로라면 '잠재력 실현'이나 '도전의 즐거움' 같은 다른 차원을 측정하고 있기는 하지만, 사실은 참여라는 단일 차원을 측정하는 것으로 간주할 수도 있음을 시사한다.
2. 두 변인 사이의 공통 변인은 그것들의 상관계수의 제곱이다. 표 10.1에 있는 교사 평가와 주관적 전념 사이의 상관관계는 r=.44의 계수를 나타낸다. 따라서 공통 변인은 .44×.44=.19이다. 만일 두 변인이 정확히 똑같다면 공통 변인은 100퍼센트이고 완전히 무관하다면 0퍼센트일 것이다. 공유 변인이 19퍼센트라 함은 비록 변인의 5분의 4가 겹치지 않긴 하지만 유의미하게 연관되어 있음을 의미한다.
3. Csikszentmihalyi, 1982.
4. Csikszentmihalyi, 1975, 1988b; Csikszentmihalyi & Csikszentmihalyi, 1988.
5. 여기서 '예측하다'라는 동사는 그 변인을 성과보다 더 일찍 측정했을 때 어떤 성과와 상관관계가 있는 변인을 명시하는 '상호 연관되어 있다'라는 수동태와 교체 사용했다. 가령 학력과 가정 환경은 전념을 측정하는 '최고 재능 강좌의 학점'이라는 성과 변인보다 2~3년 전에 측정했다. 이런 이유로 엄격히 말하면 상관관계는 인과관계를 함축하지 않긴 하지만 우리는 학력 등이 전념을 예측한다고 추론하고 있다.
6. Griessman, 1987; Schlick, 1934.
7. Amabile, 1983; Deci & Ryan, 1985; Nicholls, 1990.

11 평생에 걸친 재능 육성

1. Dewey, 1938, p. 27.
2. 같은 책, p. 79.
3. "마음과 함께 가는 길"이란 문구는 Castaneda, 1971에서 가져왔다. 이는 야키족

(Yaqui) 주술사 돈 후안(Don Juan)이 개인의 선택에 기반을 둔 삶을 기술하면서 사용한 말이다.

4. Csikszentmihalyi 1975, 1990a.
5. Rathunde, 1991a, 인쇄 중.
6. Schiefele, 1991 참조.
7. Rathunde, 1991a도 참조, 인쇄 중.
8. Nakamura, 1988.
9. Dewey, 1938.
10. Maslow, 1968.
11. Csikszentmihalyi, 1978; Prigogine, 1980.
12. Csikszentmihalyi & Larson, 1984.

12 우리는 무엇을 배웠는가

1. Hilde Domin, "Ich schreibe, weil ich schreibe," in *Von der Natur nicht vorgesehen: Autobiographisches* (Munich: Piper, 1974). 이 문장을 영어로 옮긴 번역본 중 하나를 보면 그 내용은 간직한 반면 리듬감이 사라져 있다.

    One must know how to go away
    and yet be like a tree.
    As if the roots stayed in the earth,
    as if the landscape moved and we stood still

    (Trans. Tudor Morris as "I write because I write," *Stand*, 17 [n.d.], 36-39 [p. 38].
2. Greenberger & Steinberg, 1986.
3. Jung, 1958.
4. James, 1890/1950, pp. 126-127.
5. 같은 책, p. 130.
6. 같은 책, p. 129.
7. 같은 책, pp. 128-130.
8. Dewey, 1933, p. 286.

9. Rathunde, 1991a, 인쇄 중.

10. James, 1917, p. 7.

11. 같은 책. p. 13.

12. Dewey, 1938, p. 27.

13. James, 1917, p. 42.

14. 같은 책, p. 45.

15. 같은 책, p. 57.

16. 같은 책, p. 44.

참고문헌

Ainsworth, M. D. S., Bell, S. M., & Stayton, D. J. (1971). Individual differences in strange-situation behavior of one-year-olds. In H. R. Schaffer (Ed.), *The origins of human social relations*. London: Academic Press.

Albert, R. S. (1990). Identity, experiences, and career choice among the exceptionally gifted and eminent. In M. A. Runco & R. S. Albert (Eds.), *Theories of creativity* (pp. 13-34). Newbury Park, CA: Sage.

Albert, R. S., & Runco, M. A. (1986). The achievement of eminence: A model of exceptionally gifted boys and their families. In R. J. Sternberg & J. E. Davidson (Eds.), *Conceptions of giftedness* (pp. 332-360). New York: Cambridge University Press.

Albert, R. S., & Runco, M. A. (1987). The possible different personality dispositions of scientists and nonscientists. In D. Jackson & J. P. Rushton (Eds.), *Scientific excellence: Origins and assessment* (pp. 67-97). Newbury Park, CA: Sage.

Aliotti, N. C. (1981). Intelligence, handedness, and cerebral hemispheric perference in gifted adolescents. *Gifted Child Quarterly, 25*, 36-41.

Amabile, T. M. (1983). *The social psychology of creativity*. New York: Springer-Verlag.

American Humane Association (1989). *Highlights of official aggregate child neglect and abuse reporting*. Denver, CO: Author.

Bamberger, J. (1982). Growing up prodigies: The midlife crisis. In D. H. Feldman

(Ed.), *New directions for child development: Developmental approaches to giftedness and creativity*. San Francisco: Jossey-Bass.

Bamberger, J. (1986). Cognitive issues in the development of musically gifted children. In R. J. Sternberg & J. E. Davidson (Eds.), *Conceptions of giftedness* (pp. 388-413). New York: Cambridge University Press.

Barrileaux, L. E. (1961). High school science achievement as related to interest and IQ. *Educational and Psychological Measurement, 21*, 929-936.

Baumrind, D. (1987). A developmental perspective on adolescent risk taking behavior in contemporary America. In C. E. Irwin (Ed.), *Adolescent social behavior and health.* San Francisco: Jossey-Bass.

Beattie, O., & Csikszentmihalyi, M. (1981). On the socialization influence of books. *Child Psychology and Human Development, 11*(1), 3-18.

Beavers, W. R., & Voeller, M. N. (1983). Family models: Comparing and contrasting the Olson Circumplex model with the Beavers systems model. *Family Process, 22*, 85-96.

Benbow, C. P. (1991). Mathematically talented children: Can acceleration meet their educational needs? In N. Colangelo & G. A. Davis (Eds.), *The handbook of gifted education* (pp. 154-165). Boston: Allyn & Bacon.

Benbow, C. P., & Stanley, J. C. (1983). Sex differences in mathematical reasoning ability: More facts. *Science, 222*, 1026-1031.

Bertalanffy, L. von (1968). *General system theory: Foundation, development, applications*. New York: Braziller.

Bloom, B. S. (Ed.). (1985). *Developing talent in young people*. New York: Ballantin.

Bloom, B. S., & Sosniak, L. A. (1981). Talent development vs. schooling. *Educational Leadership, 39*, 86-94.

Blos, P. (1979). The second individuation process. In P. Blos (Ed.), *The adolescent passage: Developmental issues of adolescence.* New York: International Universities Press.

Buescher, T. M. (1987). Counseling gifted adolescents: A curriculum model for students, parents, and professionals. *Gifted Child Quarterly, 31*, 90-94.

Carney, J. (1986). *Intrinsic motivation in successful artists from early adulthood to middle age*. Unpublished doctoral dissertation, University of Chicago.

Carter, G. E. (1982). Assessing students' interests in chemistry. *British Journal of Educational Psychology, 52*, 378-380.

Carter, K. R., & Ormrod, J. E. (1982). Acquisition of formal operations by intellectually gifted children. *Gifted Child Quarterly, 26*(3), 110-115.

Castaneda, C. (1971). *A separate reality*. New York: Simon & Schuster.

Chandrasekhar, S. (1987). *Truth and beauty*. Chicago: University of Chicago Press.

Choe, I. (1991). *Types of motivation and their effects on adolescent subjective experience, time investment and achievement*. Unpublished manuscript, University of Chicago.

Cohler, B. J. (1982). Personal narrative and the life course. In P. Bates & O. G. Brim (Eds.), *Life span development and behavior* (Vol. 4). New York: Academic Press.

Colangelo, N., Assouline, S. G., & Ambroson, D. L. (Eds.). (1992). *Talent development: Proceedings from the 1991 Henry B. & Jocelyn Wallace National Research Symposium on Talent Development*. Unionville, NY: Trillium Press.

Cole, M., Gay, J., Glick, J. A., & Sharp, D. W. (1971). *The cultural context of learning and thinking*. New York: Basic.

Coleman, J. S. (1961). *The adolescent society*. New York: Free Press.

Cooke, G. J. (1980). Scientifically gifted children. *Gifted/Creative/Talented, 12*, 17-18.

Cooper, C. R., Grotevant, H. D., & Condon, S. M. (1983). Individuality and connectedness in the family as a context for adolescent identity formation and role-taking skill. In H. D. Grotevant & C. R. Cooper (Eds.), *Adolescent development in the family*. San Francisco: Jossey-Bass.

Csikszentmihalyi, M. (1975). *Beyond boredom and anxiety*. San Francisco: Jossey-Bass.

Csikszentmihalyi, M. (1978). Attention and the wholistic approach to behavior. In K. S. Pope & J. L. Singer (Eds.), *The stream of consciousness* (pp. 335-358). New York: Plenum.

Csikszentmihalyi, M. (1982). Towards a psychology of optimal experience. In L. Wheeler (Ed.), *Review of Personality and Social Psychology* (Vol. 2, pp. 13-36). Newbury Park, CA: Sage.

Csikszentmihalyi, M. (1985). Emergent motivation and the evolution of the self. In D. Kleiber & M. H. Maehr (Eds.), *Motivation in adulthood* (pp. 93-119). Greenwich, CT: JAI Press.

Csikszentmihalyi, M. (1988a). Society, culture, and person: A systems view of creativity. In R. J. Sternberg (Ed.), *The nature of creativity: Contemporary psychological perspectives* (pp. 325-339). New York: Cambridge University Press.

Csikszentmihalyi, M. (1988b). The ways of genes and memes. *Reality Club Review, 1*(1), 107-128.

Csikszentmihalyi, M. (1990a). *Flow: The psychology of optimal experience.* New York: Harper & Row.

Csikszentmihalyi, M. (1990b). The domain of creativity. In R. Albert & M. Runco (Eds.), *Theories of creativity* (pp. 190-214). Newbury Park, CA: Sage.

Csikszentmihalyi, M. (1990c). Literacy and intrinsic motivation. *Daedalus, 119*(2), 115-140. Reprinted in S. R. Graubard (Ed.), *Literacy*. New York: Hill & Wang.

Csikszentmihalyi, M., & Beattie, O. (1979). Life themes: A theoretical and empirical exploration of their origins and effects. *Journal of Humanistic Psychology, 19*, 45-63.

Csikszentmihalyi, M., & Csikszentmihalyi, I. S. (Eds.). (1988). *Optimal experience: Psychological studies of flow in consciousness*. New York: Cambridge University Press.

Csikszentmihalyi, M., & Larson, R. (1984). *Being adolescent*. New York: Basic.

Csikszentmihalyi, M., & Larson, R. (1987). Validity and reliability of the experience-sampling method. *Journal of Nervous and Mental Disease, 175*, 526-536.

Csikszentmihalyi, M., Larson, R., & Prescott, S. (1977). The ecology of adolescent activity and experience. *Journal of Youth and Adolescence, 6*, 281-294.

Csikszentmihalyi, M., & LeFevre, J. (1989). Optimal experience in work and leisure. *Journal of Personality and Social Psychology, 56*(5), 815-822.

Csikszentmihalyi, M., & McCormack. J. (1986, February). The influence of teachers. *Phi Delta Kappan*, pp. 415-419.

Csikszentmihalyi, M., & Nakamura, J. (1986, August). Optimal experience and the uses of talent. Paper presented at the 94th Annual Meeting of the American Psychological Association, Washington, DC.

Csikszentmihalyi, M., & Nakamura, J. (1989). The dynamics of intrinsic motivation. In R. Ames & C. Ames (Eds.), *Handbook of motivation theory and research* (Vol. 3, pp. 45-71). New York: Academic Press.

Csikszentmihalyi, M., & Robinson, R. (1986). Culture, time, and the development of talent. In R. J. Sternberg & J. E. Davidson (Eds.), *Conception of giftedness* (pp. 264-284). New York: Cambridge University Press.

Csikszentmihalyi, M., & Wong, M. (1991). The situational and personal correlates of happiness. In F. Strack, M. Argyle, & N. Schwarz (Eds.), *Subjective well-being* (pp. 193-212). Oxford: Pergamon Press.

Damon, W. (1983). *Social and personality development*. New York: Norton.

deCharms, R. (1976). *Enhancing motivation: Change in the classroom*. New York: Irvington.

Deci, E. L., & Ryan, R. M. (1985). *Intrinsic motivation and self-determination in human behavior*. New York: Plenum.

deVries, M. (1992). *The experience of psychopathology*. Cambridge: Cambridge University Press.

Dewey, J. (1913). *Interest and effort in education*. Cambridge, MA: Riverside Press.

Dewey, J. (1933). *How we think*. Lexington, MA: Heath.

Dewey, J. (1938). *Experience and education*. New York: Macmillan.

Dewey, J. (1980). *Art as experience*. New York: Perigee. (Originally published

1934).

Dirac, P. A. M. (1978). *Directions in physics*. New York: Wiley.

Dornbusch, S., Carlsmith, J., Bushwall, S., Ritter, P., Leiderman, H., Hastorf, A., & Gross, R. (1985). Single parents, extended households, and the control of adolescents. *Child Development, 56*, 326-341.

Dossey, J. A., Mullis, I. V. S., Lindquist, M. M., & Chambers, D. L. (1988). *The mathematics report card*. Princeton, NJ: Educational Testing Service.

Drake, S. (1978). *Galileo at work: His scientific biography*. Chicago: University of Chicago Press.

Dunn, S. E., Putallaz, M., Sheppard, B. H., & Lindstrom, R. (1987). Social support and adjustment in gifted adolescents. *Journal of Educational Psychology, 79*, 467-473.

Eccles, J. S., & Harold, R. D. (1992). Gender differences in educational and occupational patterns among the gifted. In N. Colangelo, S. G. Assouline, & D. L. Ambroson, *Talent development: Proceedings from the 1991 Henry B. & Jocelyn Wallace National Research Symposium on Talent Development* (pp. 2-30). Unionville, NY: Trillium Press.

Eccles, J. S., & Midgely, C. (1989). Optimal classroom environment in adolescence. In C. Ames & R. Ames (Eds.), *Research on motivation in education: Goals and cognitions* (Vol. 3, pp. 139-186). San Diego: Academic Press.

Erikson, E. H. (1968). *Identity: Youth and crisis*. New York: Norton.

Evans, K. M. (1971). *Attitudes and interests in education*. London: Routledge & Kegan Paul.

Fagen, R. M. (1981). *Animal play behavior*. New York: Oxford University Press.

Feldman, D. H. (1986). *Nature's gambit*. New York: Basic.

Fimian, M. J., & Cross, A. H. (1986). Stress and burnout among preadolescent and early adolescent gifted students: A preliminary investigation. *Journal of Early Adolescence, 6*, 246-267.

Frandsen, A., & Sorenson, M. (1969). Interests as motives in academic achievement. *Journal of School Psychology, 7*, 52-57.

Gadamer, H. (1986). *The relevance of the beautiful*. New York: Cambridge University Press.

Galbraith, J. (1985). The eight great gripes of gifted kids: Responding to special needs. *Roeper Review, 8*, 15-18.

Gardner, H. (1983). *Frames of mind: The theory of multiple intelligences*. New York: Basic.

Geffert, E. (1985). Motivationale Grundlagen der mathematischen Begabung. *Zeitschrift für Psychologie, 193*, 431-441.

Getzels, J. W., & Csikszentmihalyi, M. (1976). *The creative vision: A longitudinal study of problem-finding in art*. New York: Wiley Interscience.

Gilligan, C. (1982). *In a different voice*. Cambridge, MA: Harvard University Press.

Goertzel, V., & Goertzel, M. G. (1962). *Cradles of eminence*. Boston: Little, Brown.

Green, K., Fine, M. J., & Tollefson, N. (1988). Family systems characteristics and underachieving gifted adolescent males. *Gifted Child Quarterly, 32*, 267-272.

Greenberger, E., & Steinberg, L. (1986). *When teenagers work: The psychological and social costs of adolescent employment*. New York: Basic.

Griessman, B. E. (1987). *The achievement factors*. New York: Dodd, Mead.

Griffin, N., Chassin, L., & Young, R. D. (1981). Measurement of global self-concept versus multiple role-specific self-concepts in adolescence. *Adolescence, 16*(61), 49-56.

Groos, K. (1898). *The play of animals* (E. L. Baldwin, Trans.). New York: Appleton.

Hansen, R. A., & Neujahr, J. (1976). Career development of high school students talented in science. *Science Education, 60*, 453-462.

Hart, L. H., & Goldin-Meadow, S. (1984). The child as a non-egocentric art critic. *Child Development, 55*, 2122-2129.

Harris, I. B. (1990, October). Child development and the cycle of poverty. Keynote address, American Academy of Child and Adolescent Psychiatry Annual Meeting, Chicago.

Harter, S. (1978). Pleasure derived from optimal challenge and the effects of extrinsic rewards on children's difficulty level choices. *Child Development,*

49, 788-799.

Hasher, L., & Zacks, R. T. (1979). Automatic and effortful processes in memory. *Journal of Experimental Psychology: General, 108*, 356-388.

Hauser, A. (1951). *The social history of art*. New York: Knopf.

Hauser, S. T., Powers, S. I., Noam, G. G., Jacobson, A. M., Weiss, B., & Follansbee, D. J. (1984). Familial contexts of adolescent ego development. *Child Development*, *55*(1), 195-213.

Henderson, B. B., & Gold, S. R. (1983). Intellectual styles: A comparison of factor structures in gifted and average children and adolescents. *Journal of Personality and Social Psychology, 45*, 624-632.

Henry, J. (1965). *Culture against man*. New York: Random House.

Hersh, R., & John-Steiner, V. (in press). A visitor to Hungarian mathematics. *Mathematical Intelligencer.*

Hidi, S. (1990). Interest and its contribution as a mental resource for learning. *Review of Educational Research, 60*, 549-571.

Hidi, S., & Baird, W. (1986). Interestingness—A neglected variable in discourse processing. *Cognitive Science, 10*, 179-194.

Hill, J. P. (1987). Research on adolescents and their families: Past and prospect. In C. E. Irwin (Ed.), *Adolescent social behavior and health*. San Francisco: Jossey-Bass.

Hodgkinson, H. L. (1985). *All one system: Demographics of education, kindergarten through graduate school*. Washington, DC: Institute for Educational Leadership.

Hoffman, J. E., Nelson, B., & Houck, M. (1983). The role of attentional resources in automatic detection. *Cognitive Psychology, 51*. 379-410.

Holton, G. (1988). *Thematic origins of scientific thought* (rev. ed.) Cambridge, MA: Harvard University Press. (Originally published 1973)

Hormuth, W. E. (1986). The sampling of experience in situ. *Journal of Personality, 54*(1), 262-293.

Inghilleri, P. (1986). La teoria del flusso di coscienza: Esperienza ottimale e sviluppo del se. In F. Massimini & P. Inghilleri (Eds.), *L'esperienza quotidiana:*

Teoria e metodo d'analisi (pp. 85-106). Milan: Franco Angeli.

Irwin, C. E. (Ed.). (1987). *Adolescent social behavior and health*. San Francisco: Jossey-Bass.

Jackson, D. N. (1984). *Personality Research Form manual*. Goshen, NY: Research Psychologists Press.

James, W. (1917). *Selected papers on philosophy*. London: Dent.

James, W. (1950). *The principles of psychology*. New York: Dover. (Originally published 1890)

Janos, P. M. (1990). The self-perceptions of uncommonly bright youngsters. In R. J. Sternberg & J. Kolligian (Eds.), *Competence considered* (pp. 98-116). New Haven, CT: Yale University Press.

Jenson, A. R., Cohn, S. J., & Cohn, C. M. (1989). Speed of information processing in academically gifted youths and their siblings. *Personality and Individual Differences, 10*, 29-33.

Jones, L. R., Nullis, V. S., Raizen, S. A., Weiss, I. R., & Weston, E. A. (1992). *1990 science report card: NAEP's assessment of 4th, 8th and 12th grades.* Washington, DC: National Center for Educational Statistics, U.S. Department of Education.

Jung, C. (1958). A psychological approach to the dogma of the Trinity. In H. Read, M. Fordham, & G. Adler (Eds.), *Collected works* (Vol. 11). Princeton, NJ: Princeton University Press.

Kahneman, D. (1973). *Attention and effort*. Englewood Cliffs, NJ: Prentice-Hall.

Klein, G. (1990). *Om kreativitet och flow*. Stockholm: Brombergs.

Klint, K. A., & Weiss, M. R. (1986). Dropping in and dropping out: Participation motives of current and former youth gymnasts. *Canadian Journal of Applied Sport Sciences, 11*, 106-114.

Konner, R. (1991). *Childhood*. Boston: Little, Brown.

Kubey, R. (1984). *Leisure, television, and subjective experience*. Unpublished doctoral dissertation, University of Chicago.

Kubey, R., & Csikszentmihalyi, M. (1990). *Television and the quality of life*. Hillsdale,

NJ: Erlbaum.

Kuhn, T. S. (1970). *The structure of scientific revolutions* (2d ed.). Chicago: University of Chicago Press.

Langer, S. (1957). *Philosophy in a new key*. Cambridge, MA: Harvard University Press.

Larson, R., & Csikszentmihalyi, M. (1978). Experiential correlates of solitude in adolescence. *Journal of Personality, 46*(4), 677-693.

Larson, R., Mannell, R., & Zuzanek, J. (1986). Daily well-being of older adults with family and friends. *Psychology and Aging*, *1*(2), 117-126.

Lorek, P. (1989). *Family structure and academic achievement in talented adolescents.* Unpublished doctoral dissertation, University of Chicago.

Maccoby, E. E., & Martin, J. A. (1983). Socialization in the context of the family: Parent-child interaction. In E. M. Heatherington (Ed.), *Handbook of child psychology: Vol 4. Socialization, personality, and social development* (pp. 1-101). New York: Wiley.

MacIntyre, A. (1984). *After virtue: A study in moral theory*. Notre Dame, IN: University of Notre Dame Press.

Marr, D. B., & Sternberg, R. J. (1986). Analogical reasoning with novel concepts: Differential attention of intellectually gifted and nongifted children to relevant and irrelevant novel stimuli. *Cognitive Development, 1*, 53-72.

Maslow, A. H. (1968). *Toward a psychology of being*. New York: Van Nostrand.

Maslow, A. H. (1971). *The farther reaches of human nature*. New York: Viking.

Massimini, F., & Inghilleri, P. (Eds.). (1986). *L'esperienza quotidiana: Teoria e metodo d'analisi. Milan*: Franco Angeli.

Matas, L., Arend, R. A., & Sroufe, L. A. (1978). Continuity of adaptation in the second year: The relationship between quality of attachment and later competence. *Child Development, 49*, 547-556.

Mayers, P. (1978). *Flow in adolescence and its relation to school experience*. Unpublished doctoral dissertation, University of Chicago.

McCormack, J. (1984). *Interpersonal influences and the channeling of goals in adolescence*. Unpublished doctoral dissertation, University of Chicago.

McKnight, C., Crosswhite, F., Dossey, J., Kifer, E., Swafford, J., Travers, K., & Cooney, T. (1987). *The underachieving curriculum: Assessing U.S. school mathematics from an international perspective*. Champaign, IL: Stipes Publishing for International Association for the Evaluation of Educational Achievement.

Miller, P. J. (1982). *Amy, Wendy, and Beth: Learning language in South Baltimore*. Austin: University of Texas Press.

Mohan, J., & Jain, M. (1983). Intelligence and simple reaction time. *Asian Journal of Psychology and Education, 11*, 1-4.

Nakamura, J. (1988). Optimal experience and the uses of talent. In M. Csikszentmihalyi & I. S. Csikszentmihalyi (Eds.), *Optimal experience: Psychological studies of flow in consciousness* (pp. 319-326). New York: Cambridge University Press.

Nesselroade, J. R., & Baltes, P. B. (1974). *Adolescent personality development and historical change: 1970-1972*. Monographs of the Society for Research in Child development, *39*(1, Serial No. 154). Chicago: University of Chicago Press.

Newland, T. (1976). *The gifted in socio-educational perspective*. Englewood Cliffs, NJ: Prentice-Hall.

Nicholls, J. G. (1990). What is ability and why are we mindful of it? A developmental perspective. In R. J. Sternberg & J. Kolligian, Jr. (Eds.), *Competence considered* (pp. 11-40). New Haven, CT: Yale University Press.

Oden, M. H. (1968). The fulfillment of promise: 40-year follow-up of the Terman gifted group. *Genetic Psychology Monographs, 77*, 3-93.

O'Donnell, J., & Andersen, D. G. (1977). Decision factors among women talented in math and science. *College Student Journal, 11*, 165-168.

Offer, D. (1969). *The psychological world of the teenager*. New York: Basic.

Offer, D., & Offer, J. B. (1975). *From teenager to young manhood: A psychological study*. New York: Basic.

Offer, D., Ostrov, E., & Howard, K. I. (1978). *The Offer Self-Image Questionnaire for Adolescents*. Chicago: Michael Reese Hospital & Medical Center.

Offer, D., Ostrov, E., & Howard, K. I. (1981). *The adolescent*. New York: Basic.

Offer, D., Ostrov, E., & Howard, K. I. (1982). Family perceptions of adolescent self-image. *Journal of Youth and Adolescence, 11,* 281-291.

Ogbu, J. U. (1978). *Minority education and caste: The American system in cross-cultural perspctive*. New York: Academic Press.

Ogbu, J. U. (1990). Cultural mode, identity, and literacy. In J. W. Stigler, R. A. Shweder, & G. Herdt (Eds.), *Cultural psychology* (pp. 520-541). New York: Cambridge University Press.

Olson, D., Bell, R., & Porter, J. (1982). *Family adaptability and Cohesion Evaluation Scales II*. St. Paul: University of Minnesota Publications, Family Social Science Department.

Olson, D., Sprenkle, D., & Russell, C. (1979). Circumplex model of marital and family systems: I. Cohesion and adaptability dimensions, family types, and clinical applications, *Family Process, 18*, 3-28.

Osgood, C. E., Suci, G. J., & Tannenbaum, P. H. (1957). *The measurement of meaning*. Urbana: University of Illinois Press.

Piaget, J. (1977). *The development of thought: Equilibration of cognitive structures*. New York: Viking.

Pivik, R. T., Bylsma, F., Busby, K., & Sawyer, S. (1982). Interhemispheric EEG changes: Relationship to sleep and dreams in gifted adolescents. *Psychiatric Journal of the University of Ottawa, 7*, 56-76.

Plihal, J. E. (1982). *Intrinsic rewards in teaching*. Unpublished doctoral dissertation, University of Chicago.

Polanyi, M. (1958). *Personal knowledge*. Chicago: University of Chicago Press.

Prigogine, I. (1980). *From being to becoming: Time and complexity in the physical sciences*. San Francisco: Freeman.

Rathunde, K. (1988). Family context and optimal experience. In M. Csikszentmihalyi & I. Selega Csikszentmihalyi (Eds.), *Optimal experience: Psychological studies of flow in consciousness* (pp. 342-363). Cambridge: Cambridge University

Press.

Rathunde, K. (1989a). The context of optimal experience: An exploratory model of the family. *New Ideas in Psychology, 7*, 91-97.

Rathunde, K. (1989b). *Family context and optimal experience in the development of talent*. Unpublished doctoral dissertation, University of Chicago.

Rathunde, K. (1991a, April). *A path with a heart: The role of interest in the development of talent*. Paper presented at the American Educational Resesarch Association Annual Meeting (Motivation in Education Program), Chicago.

Rathunde, K. (1991b, April). *Family influences on student interest and talent development*. Paper presented at the American Educational Resesarch Association Annual Meeting (Motivation in Education Program), Chicago.

Rathunde, K. (1992a). Playful and serious interest: Two faces of talent development in adolescence. In N. Colangelo, S. G. Assouline, & D. L. Ambroson (Eds.), *Talent development: Proceedings from the 1991 Henry B. & Jocelyn Wallace National Research Symposium on Talent Development* (pp. 320-324). Unionville, NY: Trillium Press.

Rathunde, K. (1992b). Serious play: Interest and adolescent talent development. In A. Krapp & M. Prenzel (Eds.), *Interesse, Lerner, Leistung* (pp. 137-164). Münster: Aschendorff.

Rathunde, K. (in press). The experience of interest: A theoretical and empirical look at its role in adolescent talent development. In P. Pintrich & M. Maehr (Eds.), *Advances in motivation and achievement* (Vol. 8). Greenwich, CT: JAI Press.

Rathunde, K., & Csikszentmihalyi, M. (1991a). Adolescent happiness and family interaction. In K. Pillemer & K. McCartney (Eds.), *Parent-child relations throughout life* (pp. 143-162). Hillsdale, NJ: Erlbaum.

Rathunde, K., & Csikszentmihalyi, M. (1991b). *Family context, interest, and adolescent school performance*. Manuscript submitted for publication.

Redding, R. E. (1989). Underachievement in the verbally gifted: Implications for pedagogy. *Psychology in the Schools, 26*, 275-291.

Rimm, S. B. (1991). Parenting the gifted adolescent: Special problems, special joys. In M. Bireley & J. Genshaft (Eds.), *Understanding the gifted adolescent* (pp. 18-32). New York: Teachers College Press.

Robinson, N. M., & Robinson, H. B. (1982). The optimal match: Devising the best compromise for the highly gifted student. *New Directions for Child Development, 17*, 79-94.

Rogers, C. R. (1961). *On becoming a person.* Boston: Houghton Mifflin.

Rossi, A. S. (1987). Parenthood in transition: From lineage to child to self-orientation. In J. B. Lancaster, J. Altmann, A. S. Rossi, & L. R. Sherrod (Eds.), *Parenting across the life span*. New York: Aldine De Gruyter.

Roth, J., & Sussman, S. (1974). *Educating gifted children*. Toronto: York Borough Board of Education.

Runco, M. A., & Okuda, S. M. (1988). Problem discovery, divergent thinking, and the creative process. *Journal of Youth and Adolescence, 17*, 211-220.

Schiefele, U. (1991). Motivationale Bedingungen des Textverstehens. *Zeitschrift für Pädagogik, 34*, 687-708.

Schiefele, U. (1988). Interest, learning, and motivation. *Educational Psychologist, 26*(3-4), 299-323.

Schiefele, U., Winteler, A., & Krapp, A. (1991). *The measurement of study interest and its relation to other motivational variables and the use of learning strategies*. Unpublished manuscript, University of the Bundeswehr, Munich.

Schlick, M. (1934). Über das Fundament der Erkentniss. *Erkentniss, 4*. (English translation in A. J. Ayer [Ed.], *Logical positivism*. New York: Free Pres, 1959).

Simon, H. A. (1969). *Sciences of the artificial*. Cambridge, MA: MIT Press.

Simon, H. A. (1978). Rationality as a process and as product of thought. *American Economic Review, 68*, 1-16.

Sjoberg, L. (1984). Interests, effort, achievement and vocational preference. *British Journal of Educational Psychology, 54*, 189-205.

Snow, C. E., Barnes, W. S., Chandler, J., Goodman, I. F., & Hemphill, L. (1991). *Unfulfilled expectations: Home and school influences on literacy*. Cambridge,

MA: Harvard University Press.

Spence, J. T., & Helmreich, R. L. (1978). *Masculinity and femininity: Their psychological dimensions, correlates, and antecedents.* Austin: University of Texas Press.

Stanley, J. C., & Benbow, C. P. (1983). Extremely young college graduates: Evidence of their success. *College and University, 58*, 361-371.

Stanley, J. C., & Benbow, C. P. (1986). Youths who reason exceptionally well in mathematics. In R. J. Sternberg & J. E. Davidson (Eds.), *Conceptions of giftedness* (pp. 361-387). New York: Cambridge University Press.

Stanley, J. C., Keating, D. P., & Fox, L. H. (Eds.). (1974). *Mathematical talent Discovery, description, and development*. Baltimore: Johns Hopkins University Press.

Steinberg, L., & Silverberg, S. B. (1986). The vicissitudes of autonomy in early adolescence. *Child Development, 57*(4), 841-851.

Stigler, J. W., Lee, S., & Stevenson, H. W. (1990). *Mathematical knowledge*. Reston, VA: National Council of Teachers of Mathematics.

Subotnik, R. F. (1988a). The motivation to experiment: A study of gifted adolescents' attitudes toward scientific research. *Journal for the Education of the Gifted, 11*, 19-35.

Subotnik, R. F. (1988b). Factors from the structure of intellect model associated with gifted adolescents' problem finding in science: Research with Westinghouse Science Talent Search winners. *Journal of Creative Behavior, 22*, 42-54.

Tamir, P., & Lunetta, V. N. (1978). Cognitive preferences in biology of a group of talented high school students. *Journal of Research in Science Teaching, 15*, 59-64.

Terman, L. M. (1925). *Mental and physical traits of a thousand gifted children.* Standford, CA: Stanford University Press.

Tetlock, P. E. (1983). Accountability and complexity of thought. *Journal of Personality and Social Psychology, 45,* 74-83.

Thornburg, H. D., Adey, K. L., & Finnis, E. (1986). A comparison of gifted and non-gifted early adolescents' movement toward abstract thinking. *Journal of Early Adolescence, 6*, 231-245.

Tidwell, R. (1980). A psycho-educational profile of 1593 gifted high school students. *Gifted Child Quarterly, 24*, 63-68.

Tiger, L. (1992). *The pursuit of pleasure*. Boston: Little, Brown.

Torrance, E. P. (1978). Images of the future of gifted adolescents: Effects of alienation and specialized cerebral functioning. *Gifted Child Quarterly, 22*, 40-54.

United Nations Children's Fund (UNICEF) (1990). *The state of the world's children 1990*. New York: Oxford University Press.

Van Tassel-Baska, J. (1989). The role of the family in the success of disadvantaged gifted learners. *Journal for the Education of the Gifted, 13*, 22-36.

Walberg, H. J. (1984). Improving the productivity of America's schools. *Educational Leadership, 41*, 19-27.

Walters, J., & Gardner, H. (1986). The crystallizing experience: Discovering an intellectual gift. In R. J. Sternberg & J. E. Davidson (Eds.), *Conceptions of giftedness* (pp. 306-331). New York: Cambridge University Press.

Weiss, I. (1990). *Report of the 1988-89 National Survey of Science and Mathematics Education*. Research Triangle Park, NC: Research Triangle Institute.

Weisskopf, V. (1991). *The joy of insight*. New York: Basic.

Werner, H. (1957). The concet of development from a comparative and organismic point of view. In D. Harris (Ed.), *The concept of development*. Minneapolis: University of Minnesota Press.

West, J. D., Hosie, T., & Mathews, F. N. (1989). Families of academically gifted children: Adaptability and cohesion. *School Counselor, 37*, 121-127.

Whalen, S., & Csikszentmihalyi, M. (1989). A comparison of the self-image of talented teenagers with a normal adolescent population. *Journal of Youth and Adolescence, 18*(2), 131-146.

White, R. W. (1959). Motivation reconsidered: The concept of competence. *Psychological Review, 66*, 297-333.

Whitehead, A. N. (1929). *The aims of education*. New York: Free Press.

Wilson, W. J. (1987). *The truly disadvantaged*. Chicago: University of Chicago Press.

Youniss, J., & Smollar, J. (1985). *Adolescent relations with mothers, fathers, and friends*. Chicago: University of Chicago Press.

찾아보기

* 쪽수 옆 괄호 안 숫자는 주 번호입니다

가드너, 하워드(영재성의 범주에 관하여) 20
가르침
  가르치는 것과 즐거움 255~256
  -과 재능 발달의 플로 248~253
가정 환경
  재능 발달에 미치는 영향 53, 100~104, 141, 176, 180~182, 200~201, 203~230, 317, 369(11), 369~370
  학생의 동기에 미치는 영향 22~23
가족
  -에 대한 부모의 인식 212~214, 344~345, 357
  -의 통합과 분화 29, 208, 211, 219~220, 303, 320, 330, 358~359
  -의 혼합 변인에 대한 집단 비교 358~359
가족 관계 하위 척도(재능 있는 십대 연구에 사용) 107
가족의 개입(아이들의 강화 요인으로서 -) 211, 255
가족 적응력 척도(재능의 식별에 사용) 102~104
각성도(재능 있는 십대의 -) 220~221
갈등(재능 발달에서의 역할) 198~199
갈릴레오 갈릴레이 23
감정적 반응(경험 표집 서식에서의 측정) 81
감정적 자율성(재능 발달에서의 역할) 55
감정 점수
  재능 있는 십대의 - 132~133, 191, 294~295
  평범한 십대의 - 132~133, 293~294
개인 사물함과 복도에서의 자유 의지와 주의 233~235
개인적 경험에 관한 인터뷰 질문 343~344
개인적 관심사 조사 353
  재능 있는 십대 연구의 일환으로서 -

88~90
개인적 접촉(재능 발달에서의 역할) 62
개인적 특성(재능 발달에서의 역할) 56, 62, 329~330
건강한 성인으로 발달하기 위해 아이들에게 필요한 것 369(2)
건축 재능 49
십대의 - 179
경제적 자원(재능 발달에 미치는 영향) 100~102, 141, 268~269
경험
분야, 영역 그리고 - 147~149
재능 발달과 - 289~303, 325~327
경험의 내적 차원(경험 표집 서식에서의 측정) 80~84
경험의 외적 차원(재능 있는 십대 연구에서의 측정) 76~80
경험표집법(ESM) 26~27, 63~91, 364~365
-에서 비교한 평범한 십대와 재능 있는 십대 118~119, 130
-에서 사용한 서식 76~80
-에서 사용한 통계 365(5)
-에서 사용한 표집 방법 63~72
-으로 측정한 경험 양식 163~164, 175~176, 182~183
-으로 평가한 고등학교 공간에서의 경험 233~237
-을 사용한 가족에서의 경험 분석 216~225
-을 사용한 전념 측정 271~274
-의 오류의 원인 71~72, 365(4)
-의 2단계 전략 72~73
- 적용 228, 291, 296~297
경험표집법의 동반자 코딩 80, 342~343
경험표집법의 장소 코딩 339~340
경험표집법의 활동 코딩 341~342
고대와 중세의 세계적 미술가 167
고독
기분과 - 367〔5(6)〕
재능 발달에서의 역할 55
"고통 없이 얻는 것은 없다"는 모토(교육철학에서 응용한 -) 283
공간 시각화 41
공감(영재성의 범주로서 -) 20
과잉 의존(십대의 -) 207
과학
미술과 대비되는 목표 146~147
- 숙달 수준 코딩 347
-에 대한 전념 299
-에서의 도제 관계 167
-에서의 분산된 관심 163~168
-의 교실 경험 254
-의 담론적 상징 149
-의 실행 144~145, 166~167
-의 외적 보상 151
-의 즐거움 156~157, 162
-의 학교 지도 161~163
과학 인용 색인에 의한 생산성 척도 112
과학자
-의 남성성과 여성성 척도 연구 111~

112
-의 사유 367〔6(1)〕
과학 재능
-의 발달 144
-의 식별 94~96
추구 이유 186
과학 재능이 있는 십대 22, 69
과학을 하는 동안의 경험 190, 193, 196
-의 저성취 12, 16~19, 148
-의 표준화한 성취도 결과 354
학업 성취도 355
과학적 패러다임의 변화 368(11)
관리 활동
경험 표집 서식의 범주로서 - 78
평범한 십대와 재능 있는 십대의 - 121, 124, 127~129
괴르첼 부부(창의력과 관련한 가족 불화에 관하여) 229
교사
-의 재능 있는 십대 평가 87~88, 94
재능 발달에서의 역할 35, 231~256, 370~371, 322~325
재미있는 사람으로서 영향을 주는 - 241~242
- 평가 서식 샘플 351
교사 평가 262~263, 370~371, 280~281
교사 평가 점수 88, 270, 275~276, 280~281, 371〔10(1)〕
주관적 전념 점수와의 결합 265, 273, 371〔10(2)〕
교수법(재능 있는 십대에 미치는 영향) 14
교실에서 십대의 자유 의지와 주의 233~235
교외의 고등학교(재능 있는 십대 연구의 장소로서 -) 66~67
교육(재능 발달에서의 역할) 53
교육적 실천과 학습에 대한 전념 282~285
구내식당에서 십대의 자유 의지와 주의 233~235
국가 장학생 95
규율적인 작업에 대한 과학의 강조 147
그레그(재능 있는 십대)에 관한 개인 스케치 59~60
그웬(재능 있는 십대)의 학습 경험 239~240
금욕과 에너지 보존 319~320
긍정적 감정(해당 영역에서 작업하는 동안 재능 있는 십대의 -) 190~194
긍정적 경험의 장기적 효과 303~309
기분
고독과 - 367〔5(6)〕
평범한 십대 대 재능 있는 십대의 - 130~132, 216~218, 316~317
기술/능력
도전과 - → 도전과 기술 참조
재능 발달에 필요한 - 314~315, 329
재능 있는 사람에 의한 계발 52~53, 114

남성의 정보 처리 방식 111~112
내러티브(삶에 대한 연구에서 해석적 방법론으

로서 -) 368(3)
내적 동기 156
-의 측정 82~83, 188
네트워크(재능 있는 십대를 위한 사람과 활동의 -) 142
노벨상 수상자 47
-의 끈기 15
-의 일에 대한 즐거움 23, 156
뉴턴, 아이작(만유인력의 발견에 관하여) 173
니체, 프리드리히 112, 325

달란트(동전)의 성서 우화 39~40
담론적 상징(과학에서 -) 147
대만의 과학과 수학 훈련 47~48
대학수학능력평가(SAT)(재능 있는 십대의 점수) 354
데시, E. L. 24
도나텔로 232
도민, 힐데(시) 316, 372(1)
도전과 기술(플로 경험에서의 균형) 242~246, 301~302, 370(7)
도전과 기술 점수(재능 있는 십대의 -)(ESM 연구) 83, 224~225
도제 제도(장인-견습생 모델)의 장점 232~233, 255
동기
내적 - 82~83
-에서 즐거움의 역할 30
예술 교육에서의 역할 147
-와 전념 275~276, 296
재능 발달에서의 역할 35, 53~54, 184~190
동기 점수(평범한 십대와 재능 있는 십대의 -) 132, 134
동반자(십대의 선택) 124~126
동족결혼 52
듀이, 존 30~31, 330
교육에 관하여 165, 287~288, 300
미적 경험에 관하여 112, 146
-의 변증법적 모델 332~338
재능 발달에 관하여 290~291
따분함(수학 재능이 있는 십대의 -) 14

라마누잔(수학 천재) 43, 187
라이언, R. M. 24
라파엘(견습생) 232
랭거, 수전(표상적 상징과 담론적 상징) 147
레오나르도 다빈치
견습생 시절 232~233
-의 실용적 활동 150, 368(20)
레이철(재능 있는 십대)의 개인 스케치 59
로저스, C. R.("완전히 기능하는 사람" 개념) 112
르네상스의 미술 부흥 50~51
리커트 척도(경험의 내적 차원 측정에 사용) 81~82

마시미니, 파우스토 363(50)

마약(재능 있는 십대의 이용) 308
"마음과 함께 가는 길" 비유 291, 371〔11(3)〕
마이컬슨, 앨버트 23, 156
말라(재능 있는 십대)의 개인 스케치 58~59
매슬로, A. H. 310
-의 "자아실현인" 성격 개념 112
메이어스, P.(사용한 플로 척도) 88, 215, 352, 369〔7(9)〕
멘토(재능 발달에서의 역할) 62
모녀 관계(재능 있는 십대의 -) 16~18, 27
목표와 목표 지향성(재능 있는 십대의 -) 164~165, 220~225, 297~300
몸단장(평범한 십대와 재능 있는 십대의 -) 127~129
몸동작(영재성의 범주로서 -) 20
문화 영역(재능 발달에서의 역할) 42, 362(10)
미국 교육부(학업 우수자에 관한 보고서) 21
미술
- 숙달 수준 코딩 350~351
-에 대한 전념 299
-의 교실 경험 254
-의 내적 보상 158
-의 학교 지도 161~163
표현적 수행으로서 - 143~144
미술 영재 학생들의 성공의 징후가 되는 특성 361(3)
미술의 표상적 상징 147
미술 재능 55~56
-으로 평가되는 미학 365(1)
-을 추구하는 이유 186
-의 내적 보상 152
-의 발달 143~144, 178~181
-의 식별 99
-의 외적 보상 152, 154~155
미술 재능이 있는 십대
미술 작업을 하는 동안의 경험 190, 193, 196
-에 관한 연구 68, 70~71
-의 저성취 13
미혼모 출산 369(1)
밀라노 의과 대학에서 얻은 플로 인터뷰 363(50)

바사리(예술에 몰두한 예술가들에 관하여) 187
범생이스럽다(재능 있는 십대에 대한 고정관념으로서 -) 129, 199
베로키오, 안드레아 델
견습생 시절 232
-의 실리적 활동 368(20)
베토벤, 루트비히 폰 158
벤(재능 있는 학생)의 초상 177~182, 188, 198
벤보, 커밀라(수학 재능이 있는 사람에 관한 연구) 361(8)
변화(진행 중인 발달에서의 역할) 28
보상
재능 발달의 - 149~159, 324~325
→ 외적 보상, 내적 보상도 참조
보위, 데이비드 248
보티첼리의 실용적인 활동 368(20)

복합성
구성 원리로서 - 313~314
-의 개념 26~31
재능 발달에서의 역할 330~338
플로와 - 31~34
복합 의식 27
복합 자아 27
복합적 가족/가정
생산적 활동에 집중할 때의 역할 218~223
우수한 학교 성적과 - 225~227
-의 정의 208~209, 289
-의 측정 211~212
재능 발달에서의 역할 208~214, 227~230, 303, 320
복합적 가족 설문지(CFQ) 357
-로 집에서의 경험 측정 214~216
-로 통합과 분화 측정 211~212
재능 있는 십대 연구의 일환으로서 - 90
복합적 경험과 재능 발달 295~300
복합적 성격 289, 303
복합 주의 구조 27
부다페스트
모델 고등학교의 학습 동기 부여 22~23
-의 수학 교육 362(27)
부모
재능 발달에서의 역할 203~230, 260, 369~370
→가족도 참조
부모의 내적 진로 기대 측정 213
부모의 삶 만족도 측정 213
부모의 설문지에 있는 질문 344~345
부모의 의견 불일치 척도 213
부모-자녀 관계의 네 가지 이로운 특징 252~253
부주의(수학에 재능 있는 십대에게 나타나는 -) 14
분야와 영역
- 그리고 경험 147~149
다양한 -에서 작업하는 재능 있는 십대 188~190
-에서의 통합과 분화 161~163, 166
-에서 작업하는 것의 중요성 194~195
-으로의 접근 54
-의 맥락 142~147
-의 복합성 159~163
-의 상징 149
재능 발달에서의 역할 49~50
재능 있는 십대의 경험의 질 190~195
청소년기의 - 141~168, 367~368
분화
가족에서의 - 208, 211, 219~220, 229~230, 303, 320
-의 정의 28~29
최적 성장에서의 역할 159~161, 180
브롱크스 과학고의 학습 동기 부여 22~23
블룸, 벤저민(재능 발달에 관한 연구) 45, 100, 201, 208

비디오(재능 있는 십대의 시청) 123

사고방식(재능 발달에서의 역할) 55
사회경제적 배경(재능 발달에서의 역할) 268~269
사회 분야(재능 발달에서의 역할) 42, 47, 362(10)
사회적 지원/지지(재능 있는 사람의 가정에서 제공하는 -) 211, 252, 362(13)
사회적 환경
십대의 동기에 미치는 영향 22
-에서 평범한 십대와 재능 있는 십대의 활동 127~130
재능 발달에서의 역할 62, 100~102
사회 체계의 연구 29
삶에 대한 인식(평범한 십대와 재능 있는 십대의 -) 130~136, 367〔5(5)〕
상호 작용 보상 척도 213
샌디(재능 있는 십대)의 초상 16~19, 26~27
샐(재능 있는 십대)의 초상 60
생산적 활동
경험 표집 서식의 범주로서 - 78
-에서 경험의 질 223~225
-에서 복합적 가족의 역할 218~223
평범한 십대와 재능 있는 십대의 - 121
생활 방식(재능 있는 십대의 -) 117~137, 367
샤넬, 코코 248
성격
-에서의 특성 체계 29
재능에 대한 전념, 학업 능력 그리고 - 269~271
성격 연구 서식(PRF)(재능 있는 십대 연구에 사용) 84, 105, 108~111, 115, 128
성격 특성(재능 있는 십대의 -) 104~111, 269~270, 315~316
성 고정관념(재능 있는 십대의 부족) 315
성 마태오의 인용 56
성별
재능에 대한 전념과 - 269
재능 있는 십대 연구의 요인으로서 - 74, 108~111
성적 욕망(재능 있는 십대의 -) 141, 318~319, 329
성적 태도 하위 척도(재능 있는 십대 연구에서 사용) 106~107, 318~319
성차
수학에 재능 있는 사람들에서 - 361(8)
운동에 재능 있는 사람들에서 - 97
성취의 하위 척도(재능 있는 사람의 반응) 115, 315~316
소련의 과학과 수학 훈련 47
소외(교실 생활에서의 -) 232~237
수전(재능 있는 십대)의 개인 스케치 60~61
수학
-숙달 수준 코딩 346
-에 대한 전념 299
-의 교실 경험 254
-의 실행 144, 166
-의 즐거움 156~158

수학 재능 46, 49~52, 55, 65
-에서의 성차 148, 361(8)
-으로부터 십대의 이탈 148
-의 계발 144
-의 식별 94~96
추구 이유 186
수학 재능이 있는 십대 67~69
수학을 하는 동안의 경험 190, 196
-의 저성취 13
표준화한 성취도 결과 354
학업 성취도 355
슈워츠, 론(재능 있는 십대)의 사례 연구 303~311
슐리크, M.(과학자의 일하는 즐거움에 관하여) 23
스탠리, 줄리언(수학적으로 재능 있는 사람에 관한 연구) 361(8)
스티븐슨, 로버트 루이스 335
스피어먼의 g 요인 44
습관(재능 발달에 유리한 -) 316~317, 329
시각 예술
-의 내적 보상 158
-의 재능 55
시각적 예리함(영재성의 범주로서 -) 20
시간 사용
재능 있는 십대의 - 119~124, 135~136, 141, 182~184, 188, 317~319
'평범한' 학생의 - 119~124, 135~136
시간 왜곡(플로 경험에서의 -) 32
시카고의 인종별 교육에 관한 연구 100
신동에 관한 연구 364〔2(3)〕
실라(재능 있는 십대)의 초상 59, 174~177, 188, 198
실험실 실험(도구적 수행으로서 -) 144
심리적 복합성(재능 발달의 구성 원리로서 -) 313, 330~338
심리적 에너지 119
-로서 주의 27
재능 있는 십대의 발달에서의 역할 19, 22, 126, 149, 230
십대
가족으로부터의 조기 이탈 206
복합적 가족에서의 학교 성적 225~227
재능 있는 - → 재능 있는 십대 참조
십대 남성
과학 재능 연구에서 - 68~69, 106~107
수학 재능 연구에서 - 67~68, 107
-에 관한 자아상 연구 106~107
운동 재능 연구에서 - 68, 70, 97
음악 재능 연구에서 - 68~69, 106~107
재능 연구에서 - 67~68, 106
십대 여성
과학 재능 연구에서 - 68~69
수학 재능 연구에서 - 67~68, 148
운동 재능 연구에서 - 68, 70, 97
음악 재능 연구에서 - 68~69
-의 자아상 연구 106~107
재능 연구에서 - 67~68

십대의 저성취 13

아동 학대(미국) 369(1)
아리스토텔레스 30, 47, 112
아버지와 십대가 함께 보낸 시간 367〔5(4)〕
아이겐, 만프레드 15
아인슈타인, 알베르트 318
아프리카계 미국인의 교육에 관한 연구 100
안정(통합과의 연관) 30
알코올(재능 있는 십대의 이용) 308
애머빌, T. M. 24
양성적 성격 패턴(성인기 창의력과의 관계) 111
에디슨, 토머스 14
에밀리(재능 있는 십대)에 관한 개인 스케치 60~61
엘리엇, T. S. 308
여가 시간 동안 성인의 플로 경험 366(21)
여가 활동
  경험 표집 서식의 범주로서 - 78
  재능 있는 십대의 - 121, 219~221, 223, 228
  평범한 십대의 - 121
여성적인 정보 처리 방식 111~112
역할 모델(재능 있는 십대에게 미치는 중요성) 181~182
영역 → 분야와 영역 참조
영역별 상징 149
영재아
  -에 대한 부모의 지원 362(13)
  터먼의 연구 361(1)
  → 재능 있는 십대도 참조
예비대학수학능력평가(PSAT)
  부모의 소득 및 학업 능력과 비교한 점수 358
  재능 있는 십대의 식별에 사용 95, 98~99, 212, 268~271, 274~275, 282, 293, 354
예술
  과학과 비교했을 때의 목표 145~147
  -에서의 경쟁 148~149
  -에서의 분산된 관심 163~168
  -의 표현적 수행 155
예술가-과학자의 이상 352
'예측하다' 동사의 용법 371(5)
올림픽 대회 48
옷을 고를 때 소모되는 시간 318
외적 보상
  장기적인 - 151~153
  재능 발달에서의 중요성 197
  재능의 - 150~151, 185~186
  즉각적인 - 153~155
요인 분석의 정의와 활용 371(1)
운동선수
  - 숙달 수준 코딩 349
  -에 대한 전념 299
  -의 경쟁 148~149
  -의 내적 보상 155
  -의 외적 보상 151~154
  -의 코칭 254~255

체육 영역 142
운동 재능
-의 계발 48, 142
-의 식별 96~99
추구 이유 186
운동 재능이 있는 십대
-에 관한 연구 68, 70
-의 저성취 13
참가 경험 196
학업 성취도 355
유능감(해당 영역에서 작업하는 동안 재능 있는 십대의 -) 190~194
유능감 점수
재능 있는 십대의 - 133, 293~295
평범한 십대의 - 133
유전학(재능 발달에서의 역할) 52~53, 62
융, 칼(패턴 반복에 관하여) 332
음악
- 숙달 수준 코딩 348~349
-에 대한 전념 299
-의 교실 경험 254
-의 내적 보상 158
-의 실행 144~145
-의 학교 지도 162
음악 재능 40
-의 계발 48, 55
-의 보상 154
-의 식별 68~69
추구 이유 186
음악 재능을 가진 십대
사례 연구 303~309
-에 관한 연구 69, 175~177, 184~185
음악을 연주하는 동안의 경험 190, 193, 196
-의 저성취 13, 40
응집력(가족 상호 작용의 한 차원으로서 -) 102~104
응집력 평가 척도(재능의 식별에 사용) 102
의식 체계 29
이솝(개미와 베짱이 우화) 136
이해의 하위 척도에 대한 재능 있는 십대의 반응 115
인내의 하위 척도(재능 있는 사람의 반응) 115
인지 능력(재능 있는 사람들의 -) 44
인지적 발달에 관한 피아제의 견해 28
인터뷰(재능 있는 십대 연구 참가자들과의 -) 85
일리노이 주 장학생 95
일본의 과학과 수학 훈련 47~48

자기 관리 활동(평범한 십대와 재능 있는 십대의 -) 127~129
자기 목적적 가족(재능 발달에서의 역할) 327~328, 330
자기 목적적 성격
복합적 가족의 - 210, 327
재능과 - 111~115
자기 목적적의 정의 113~114

자기 목적적 활동에서 플로 경험 32~33, 113~114
자기 보고 양식(경험표집법에서 사용) 26
자기 초월(플로 경험에서의 -) 32
자기 훈련(학업 성적 우수자들의 -) 21
자아상(재능 있는 십대의 -) 105~107
자아 존중감
영역에서 일하는 재능 있는 십대의 - 193
-의 측정 82
자유(아이들의 강화 요인으로서 가족에서의 -) 211, 252~253
자유 의지(고등학교의 다양한 장소에서의 -) 233~237
자의식
영역에서 일하는 재능 있는 십대의 - 193
플로 경험에서의 결여 32, 313
작업의 즐거움(재능 있는 사람의 -) 23~24, 155~156
장인-견습생 관계(과학에서 -) 167
재능
- 감소 20
-과 자기 목적적 성격 111~115
교사의 인정 247~248
사회 구조물로서 - 42
-에 대한 전념 259~285, 298~299, 371
-에 대한 전념의 측정 261~268
-에 대한 주관적 전념 263~264
-의 경험 169~201, 368~369
-의 낭비 13~20
-의 발달 → 재능 발달 참조
-의 요소 41~44
-의 육성 257~360, 371~373
-의 정의 39~62, 364
-의 징후 94~99
주관적 몰입과 - 88~90
평생에 걸친 - 육성 287~311, 371~372
플로로서 - 195~196
재능 발달/재능 계발 49~57, 139~256, 367~371
경험과 - 289~303
복합적 가족에서의 - 208~214
복합적 경험과 - 295~300
사회경제적 배경과 - 268~269
-에 대한 인터뷰 질문 343~344
-에서의 심리적 복합성의 역할 313, 330~338
-에서 플로 경험의 역할 33~34
-에 영향을 주는 요인 요약 314~338
-에 유리한 습관 316~317
-에 필요한 능력 314~315
-을 억제하는 것 16~19
-을 위한 분야의 강화 50~52
-을 위한 영역 발전 49~50
-의 보상 149~159, 324~325
-의 열쇠로서 동기 20~26
-의 장벽 260~261
-의 중요성 45~49
평생에 걸친 - 287~311, 371~372

재능에 대한 전념
가족 SES 변인과 - 360
경험의 질과 - 271~276, 293~295
교사의 - 261~268
동기와 - 275~276
-의 교육적 영향 282~285
-의 측정 261~268, 280~282
플로와 - 277~280, 300~303
"재능은 언젠가 드러난다"는 신화 14
재능의 내적 보상 149, 155~159, 169, 185, 188~189
재능의 사회적인 외적 보상 185~186
재능의 요소로서 특성 42
재능 있는 십대
경험표집법을 사용한 연구 26~27, 63~91, 364~365
고등학교의 다양한 장소별 자유 의지와 주의 233~237
-에 관한 시간 사용 연구 119~124, 182~184
-와 비교한 '평범한' 십대 21, 34~35
-의 동반자 선택 124~126
-의 미래 목표 165
-의 사회 활동 127~130
-의 삶에 대한 인식 130~137
-의 생활 방식 117~137, 367
-의 식별 63~72
-의 초상 58~62, 104~105, 170~182, 303~311
-의 취미 활동에 쓴 시간 121~122
-의 텔레비전 시청 122~124
-의 특징 93~116, 365~366
자신의 재능과 관련한 느낌 35, 169~201, 368~369
재능 추구의 이유 184~190
해당 영역에서 일할 때 경험의 질 190~195
→ 영재아도 참조
잭슨 성격 검사(학업 성취도와 -) 274
적응력(가족 상호 작용의 차원으로서 -) 102~104
전국 교육 성취도 평가에 의한 학생 연구 364(5)
전념 척도의 변량 분석 검사 276
전념하는 학생
-에게 목표의 중요성 297~298
-의 경험 양식 291~293
-의 재능 발달 330
정보(재능 발달에서의 역할) 53
정보 체계 29
제리(재능 있는 십대)의 집에서의 경험 216~217
제임스, 윌리엄 30, 330
-의 변증법적 모델 332~338
조숙함(재능 있는 십대에게 나타나는 -) 141
조시(재능 있는 십대)의 초상 170~174, 188, 198
종합 참여 성과 278~279
좌절감(수학에 재능 있는 십대의 -) 14
주관적 몰입(재능과 관련한 측정) 88~90

주관적 전념 점수
교사 평가 점수와의 결합 265, 270, 273, 371〔10(2)〕
-의 예측 272, 274~276, 281~282, 292
-의 적용 281~282, 292
주 대표 선수 지명(운동 재능의 식별에 사용) 97
주디(재능 있는 십대)의 학습 경험 237~238, 240
주요 활동(경험 표집 서식의 범주로서 -) 78
주의(전념하는 학생들의 분산되지 않은 -) 291~293
주의 구조
-의 측정 82~83
재능 발달의 열쇠로서 - 27, 55, 62, 291~293
주의 체계 29
중국에 관한 강의 370(2)
중도 하차(십대의 -) 13~14
중용(아리스토텔레스) 112
즐거움의 기원과 기능 368(13)
지능지수
높은 -는 부적응과 연관이 없다 199
-로 식별되는 영재아 44, 361(1)
지원/지지(자녀들의 강화 요인으로서 가정의 -) 211, 252
지원 체계
-로서 부모 317, 320
재능 있는 십대를 위한 - 14
지질학의 즐거움 157
직감 하위 척도(재능 있는 사람의 반응) 115, 315
직장에서 성인의 플로 경험 366(21)
진동(재능 있는 십대 연구의 신호 모드로서 -) 75
진화(미래를 위한 준비에서의 역할) 48~49
집에서의 경험에 대한 ESM 분석 216~218
집중력 점수(평범한 십대와 재능 있는 십대의 -) 132~134, 192

찬드라세카(과학의 미학적 측면에 관하여) 187~188, 367(8)
창의성
가족 배경과 - 229
플로 경험과 - 156
처칠, 윈스턴 260
천재로 인정 15
청소년기
-의 의존-독립 패턴 206~207
-의 재능 분야와 영역 141~168, 367~368
→재능 있는 십대, 십대도 참조
청소년을 위한 오퍼의 자아상 설문지(OSIQ)(재능 있는 십대 연구에 사용) 84, 105~106, 111, 117, 128, 130, 318~319
체계 이론(가족 연구에 미치는 영향) 29
초기술(재능 발달에서의 역할) 55
최고 재능 수준 264~265
-의 예측 272, 274~276, 281~282

최우수 선수(운동 재능의 식별에 사용) 97
최인수(재능 발달의 보상에 관한 연구) 185
최적 경험(재능 발달에서의 역할) 326~330
최적 성장
분야와 영역별 - 159~160
-의 통합과 분화 과정 160~161
취미 활동(재능 있는 십대가 추구하는 -) 122
친구 → 동반자 참조
칭기즈칸에 관한 강의 370(2)

카니, 진(예술적 성공에 관하여) 56
캘리포니아 학업 능력검사(CAT)(재능 있는 십대의 식별에 사용) 94~95, 354
컴퓨터(수학에서 즐거움의 원천으로서 -) 157~158
쿠퍼, 앤디(재능 있는 십대)에 관한 연구 320~322
크릭, 프랜시스 23
클라인, 조지, 《창의성과 플로》 156
키라(재능 있는 십대)의 전념 292~293
키 스쿨(인디애나폴리스)의 실험적 교육 방법 323~324

탁월함의 추구 35~36
터먼, L. M.(영재아에 관한 연구) 361(1)
테틀락, P. E.("복합" 인지 방식 성격 개념) 112
텔레비전(TV)
-을 보는 사람이 평가한 경험의 질 366(22)
재능 있는 십대의 시청 122~124
통계(경험표집법에 사용된 -) 365(5)
통제감(재능 있는 십대 연구에서 -) 83~84
통합
가정에서의 - 208, 211, 219~220, 303, 320
-의 정의 28~29
최적 성장에서의 역할 159~160

파베, 안토넬라 델레
펄먼, 이츠하크 14~15
페루지노(라파엘의 스승) 232
펠드먼, D. H. 231
신동에 관한 연구 364(3)
평점(전념과 학업적 성공과의 관계) 265
표현적 수행으로서 예술 143~144
플로
가르침과 재능 발달에서 - 248~253
복합적 가족에서 - 221
-에서 도전과 기술 사이의 균형 370(7)
영역별 교수법에서 - 254~255
-와 복합성 31~34
-와 재능 발달 57~61, 195~196, 290
-와 재능에 대한 전념 277~280, 300~303
-의 정의 31
-의 측정 369〔7(9)〕
플로 경험을 평가하는 데 사용한 질문 352~353

플로 모델
-에서 도전과 기술 사이의 비율 83
-의 설명 364(9)
-의 이론 83, 364(9)
창의성과 - 156
최적 경험의 - 30~31, 33, 284, 291
플로 설문지 277, 369〔7(9)〕
플로 척도(메이어스가 사용한 -) 88, 215, 352, 369〔7(9)〕
피드백
교육에서 정보를 제공하는 - 251~252, 284
교육에서 통제하는 - 251, 284
플로 경험에서의 역할 31
피렌체(이탈리아)의 미술 부흥 50~51
피아제, 장(인지적 발달에 관하여) 28, 112, 332

하디, G. H.(라마누잔의 멘토) 43
하이페츠, 야샤 14~15
학교
-에서의 분야 제공 143
-에서 청소년의 성적 225~227
-의 통합되고 분화된 교실 160
재능 발달에서의 역할 53, 142~143, 199~200, 231~256, 322~324, 370~371
학생의 동기에 미치는 영향 22~23
학문 영역의 재구조화 50
학습(재능 있는 사람이 갖는 관심) 24~25
학습 경험(기억에 남는 -) 237~240
학습의 즐거움 255~256, 282~283
학업능력검사(재능 있는 십대의 식별에 사용) 95, 98~99, 354
학업 능력, 성격 그리고 재능에 대한 전념 269~271
한 부모 가정
아동 발달과 재능 발달에 나쁜 환경으로서 - 200~201, 204~205
-의 출산 369(1)
항상성
-과 통합의 연관성 30
진행 중인 발달에서의 역할 28
행운(재능 발달에서의 역할) 56~57, 62
허비하는 시간의 제거 317~318
헤겔, 게오르크 F. W. 332
현재 활동(재능 있는 십대 연구에서 목표와의 관계) 83~84
혜택 받은 아이들에서의 자연 감소 15~16
혜택 받지 못한 아이들에서의 자연 감소 15~16
호출기(경험표집법에서 사용) 16~17, 26, 74~76, 164
혼자 있는 시간(평범한 십대와 재능 있는 십대의 -) 125, 132~136
화이트헤드, 앨프리드 노스(교육에 관하여) 249
화합(아이들의 강화 요인으로서 -) 211, 252
활동의 즐거움
재능 발달에서의 역할 55, 197~198, 231

플로 경험에서 - 31, 113, 282~283
훈련(재능 발달에서의 역할) 53~54
히스패닉 교육에 관한 연구 100

9학년 학생(재능 있는 십대 연구의 -) 68~69, 73~74, 365(5)
10학년 학생(재능 있는 십대 연구의 -) 68~69, 73~74, 365(5)
g 요인(성취도에서의 역할) 44